Günter Auferbauer • Luise Auferbauer

Themen- und Erlebniswege Steiermark

111 *kinderleichte* Ziele für alle Sinne

Attemsmoor

Günter Auferbauer • Luise Auferbauer

Themen- und Erlebniswege Steiermark

111 *kinderleichte* Ziele für alle Sinne

Herausgegeben in Zusammenarbeit mit dem
Steirischen Verkehrsverbund

STYRIA

Alle Fotos Günter Auferbauer, Graz.
Alle Wege wurden von den Autoren persönlich begangen und recherchiert.
Informationsstand vom November 2002.
Kartenausschnitte im Maßstab 1:50.000; Abdruck mit freundlicher Genehmigung der Firma freytag & berndt, Wien.
Zeichnung der Routen in den Kartenausschnitten Roland Auferbauer, Graz.

Herstellung:
Layout und Umbruch: Helmut Lenhart

Lithos:
Printmedienproduktion Classic
Gesamtherstellung:
Medienhaus Styria, Graz
ISBN 3-222-12978-9

Abkürzungen ...

... sind in der Natur aus guten Gründen generell verpönt; Tafeln mit dem Hinweis „Abschneider zerstören den Boden“ machen bewusst: Liebe Brüder und Schwestern aller Schuhgrößen! Bleibt bitte auf dem richtigen Weg.

Erst recht sollten *Lese*-Bücher keine Abkürzungen enthalten. Weil jedoch das vorliegende Druckwerk zur Kategorie „Sachbuch“ gehört, kommen insbesondere bei Kästchen-Texten (Anreise, Einkehr-Tipps usw.) folgende Abkürzungen vor:

ABB	Agrarbezirksbehörde
Bbf	Busbahnhof
BEV	Bundesamt für Eich- und Vermessungswesen
bew.	bewirtschaftet
Bf	Bahnhof
BS	Buschenschank
Di	Dienstag
Do	Donnerstag
fb	Freytag und Berndt
Fei	Feiertag
Fr	Freitag
GA	Gemeindeamt
GH	Gasthaus, Gasthof
gj.	ganzjährig
GKE	Graz-Köflacher Eisenbahngesellschaft
Hbf	Hauptbahnhof
Hm	Höhenmeter
Hst	Haltestelle
HU	Höhenunterschied
Mi	Mittwoch
Mo	Montag
MTB	Mountainbike
MVG	Mürztaler Verkehrs-Gesellschaft
NP	Naturpark
OeAV	Österreichischer Alpenverein
ÖBF	Österreichische Bundesforste
ÖBB	Österreichische Bundesbahnen
ÖK	Österreichische Karte (Herausgeber BEV)
ÖV	Öffentlicher Verkehr
PA	Postamt (gilt oft nur noch als Hst-Bezeichnung)
PHB	Planai-Hochwurzen-Bahnen (Busse und Seilbahnen)
R	Kürzel für Radroute bzw. Landes-Radweg; z. B. R2 Mur-Radweg
/R	Kürzel für Verbund-Regionalbahnlinie; z. B. ÖBB/R501 oder R501/ÖBB
(R)	Kürzel für Ruhetag, z. B. (R Mo) = (Ruhetag Montag). Wichtige Anmerkung: Bei Beherbergungsbetrieben ist an Ruhetagen nur der allgemeine Restaurantbetrieb geschlossen.
RVB	Ramsauer Verkehrsbetriebe
Sa	Samstag
So	Sonntag
STLB	Steiermärkische Landesbahnen
TB	Trekkingbike
TB/	Tälerbus
TRV	Tourismus-Regionalverband
TV	Tourismusverband
WK	Wanderkarte

Bewertung der Themen- und Erlebniswege

● **Blau:**	Einfach begehbar; kürzere Strecke; kaum oder geringe Steigungen.
● **Rot:**	Einfach begehbar; längere Strecke und/oder größere Steigungen.
● **Schwarz:**	Trittsicherheit unbedingt erforderlich; Kletterstellen.

111 *kinderleichte* Ziele für alle Sinne

Am Schöckl-Ostgipfel geht es oft bunt zu.

Noch nie waren Ausflüge in die Natur so spannend, so lebhaft, so interessant – und zugleich so locker. Die für diesen reich bebilderten Band ausgewählten 111 Themen- und Erlebniswege in der Steiermark bringen Schwung in Beine *und* Köpfe jeder Altersgruppe: Die vielen Ideen motivieren zu bewusster Bewegung, hautnah am Puls der Natur und im Rhythmus der Elemente.

Das bedeutet zugleich Sehen, Hören, Riechen, Schmecken und Tasten im Wandel von Licht, Luft, Erde und Wasser.

Alles Natur!

Die Auswahl an solch erlebnisreichen Exkursionen, Ausflügen und Wanderungen reicht beispielsweise von der „Via Salis" im Ausseerland und dem „Geo-Pfad" im Katschtal über die „Enns-Katarakte" im Gesäuse bis zum „Weinweg der Sinne" im Steirischen Vulkanland sowie vom „Eiszeitweg" im Naturpark Grebenzen und „Spirituellen Weg" in Weiz bis zum „Kirchen-Linden-Weg" im südweststeirischen Grenzraum bei Eibiswald.

Zu den Themen der unterschiedlich aufbereiteten Ausflugsziele zählen unter anderem Ameisen, Energie, Honig, Kalorien, Kuruzzen, Planeten und Vogelstimmen ebenso wie Kelten und Wünschelruten, Sagen und Schwärzer, Sonne und Mond. Mitunter – wie in Wenigzell und Soboth – ist man auch barfuß unterwegs.

Unterwegs sein bedeutet ebenso *In-sich-Gehen:* Wie am „Bibelweg", „Brahmsweg" und „Christmettenweg".

Lebensbäume und Lebensträume wie auch Arbeit, Musik und Berge sind in vielfältiger Weise thematisiert.

Manch einer der Themenwege mutierte dank vorbildlich gelungener Aufbereitung zu einem wahren Renner: Wie der „Romantische Bründlweg" und der einer wortecht feurigen Idee entstammende „Geo-Trail Kapfenstein".

Alle Themen- und Erlebniswege der Steiermark enthalten elementare Natürlichkeit, oft gebündelt mit lebhafter Historie. Wer solchen Wegen aktiv folgt, erfährt (s)einen neuen Freizeit-Sinn.

Die Auswahl der vorgestellten Ziele ist rein subjektiv erfolgt.

Die Ideen zu den Themenwegen reichen weit zurück, wie speziell bei so manchem „Waldlehrpfad" leicht wahrnehmbar. Das heißt, so manch klassischer Lehrpfad sollte in absehbarer Zeit *erlebnisreich* adaptiert werden.

Schlussendlich werden seit jüngerer Zeit die neu konzipierten Inhalte und Gestaltungselemente auf derart hohem Niveau weiter entwickelt, so dass der Erfolg die angestrebten Erwartungen oft weit übertrifft: Nicht nur Frequenzen mit Hundertschaften von Gästen beweisen, dass sich feurige Ideen lohnen.

Alle guten Ideen verdienen Dank. In diesem Sinne ist das vorliegende Buch unser Dankzeichen an all jene Menschen, die zu dieser einzigartigen Vielfalt an Themen- und Erlebniswegen in der Steiermark beigetragen haben.

Viel Spaß beim Besuch der „111 kinderleichten Ziele für alle Sinne" wünschen Ihnen

Graz, im März 2003 *Günter und Luise Auferbauer*

Ein Aushängeschild im Steirischen Weinland: das Dorf Kitzeck.

Wandern mit Bus & Bahn

Wandern und öffentlicher Verkehr ergänzen einander in kongenialer Partnerschaft: Vor allem dort, wo Ausflüge, Wanderungen und Touren „von A nach B" führen. Solche Strecken, bei denen Ausgangs- und Zielort nicht identisch sind, lassen sich grundsätzlich nur dann zurücklegen, wenn man unabhängig ist vom eigenen Verkehrsmittel.

Das heißt: Erst recht dort, wo Ausgangs- und Zielpunkt verschieden sind, kommt man per Bus und Bahn wortecht auf Touren.

Mittlerweile haben wir einen Schwerpunkt im Freizeitbereich gesetzt und bereits 24 attraktive Folder für „Wandern mit Bus & Bahn" aufgelegt. Diese überaus beliebten Wanderfolder sind bei „Mobil Zentral" in der Grazer Schönaugasse 6 kostenlos erhältlich. Der anhaltende Erfolg dieser wachsenden Folderserie war mit ein Beweggrund, dass der Verkehrsverbund nun auch bei der Herausgabe des vorliegenden Text-Bild-Bandes „Themen- und Erlebniswege Steiermark" mitwirkt: Jeder Tipp enthält einen Hinweis auf Zug- und Busverbindungen.

Im Netz des steirischen Verkehrsverbundes erreichen Sie auf Bahn- und Buslinien die schönsten Wander- und Ausflugsziele der Steiermark. Wir wissen aber auch genau, wie wichtig es ist, sich auf Ausflüge und Wanderungen, erst recht auf Touren gründlich vorzubereiten. Entsprechend umfangreich ist daher unser spezieller Service bezüglich der Logistik. Denn alle Kunden, die Bus und Bahn benutzen, sollen genau wissen: „So gut komme ich hier hin und so gut komme ich von dort zurück."

Bei „Mobil Zentral" in der Grazer Schönaugasse erhalten Sie deshalb zu jeder der von Ihnen persönlich geplanten Tour kostenlos einen Fahrplan. Außerdem erhalten Sie bei „Mobil Zentral" Fahrkarten für die gewünschte Fahrt. Auch diese haben Sie – dank des einfachen Verbundtarifsystems – rasch und preisgünstig in der Tasche.

Die Steiermark ist flächendeckend in den Verkehrsverbund Steiermark integriert. Alle Verkehrsmittel – egal, ob Bahn, Bus oder Straßenbahn – können mit einer einzigen Fahrkarte benutzt werden. Der Fahrpreis berechnet sich nach der Anzahl der durchfahrenen Zonen und der Dauer der Gültigkeit. Das Angebot reicht von der Stundenkarte für eine Zone bis zur Jahreskarte. Verbund-Tickets gibt es in allen Verkehrsmitteln und an Bahnhöfen. Bestimmte Ticketarten – beispielsweise 10-Zonen-Karten – sind auch im Vorverkauf erhältlich.

Für alle Auskünfte zu Fahrplan und Tarif im Verkehrsverbund steht Ihnen „Mobil Zentral" – die Erste österreichische Mobilitätszentrale – zur Verfügung:

- Telefonisch unter der Grazer Rufnummer 0316 / 82 06 06
- Persönliche Beratung in Graz, Schönaugasse 6
- Per E-Mail: service@mobilzentral.at
- Fahrpläne im Web: www.verbundlinie.at

Ihre Verbund Linie

Die Nummern der Eisenbahn-Regionallinien …

… des Steirischen Verkehrsverbundes (R) sind seit 15. Dezember 2002 identisch mit den Linienbezeichnungen der Eisenbahngesellschaften. (In Klammer: Der Ziel- bzw. Startbahnhof liegt außerhalb des Steirischen Verkehrsverbund-Netzes.)

R115/ÖBB
Mariazell – Mitterbach an der Erlauf (– St. Pölten)

R130/ÖBB
Selzthal – Admont – Hieflau – Großreifling – Weißenbach-St. Gallen (– Amstetten)

R131/ÖBB
Selzthal – Admont – Hieflau – Großreifling – Weißenbach-St. Gallen (– St. Valentin – Linz)

R140/ÖBB
Selzthal – Ardning (– Linz)

R170/ÖBB
Stainach-Irdning – Pürgg – Tauplitz – Bad Mitterndorf – Kainisch – Bad Aussee (– Attnang-Puchheim)

R250/ÖBB
Graz Hbf – Frohnleiten – Bruck an der Mur – Leoben – St. Michael – Mautern – Wald am Schoberpass – Gaishorn – Trieben – Rottenmann – Selzthal – Liezen – Stainach-Irdning – Gröbming – Schladming – Mandling (– Bischofshofen)

R500/ÖBB
Bruck an der Mur – Kapfenberg – Kindberg – Krieglach – Mürzzuschlag – Semmering (– Wien Südbf)

R501/ÖBB
Spielfeld-Straß – Leibnitz – Wildon – Graz Hbf – Peggau-Deutschfeistritz – Frohnleiten – Bruck an der Mur – Kapfenberg – Kindberg – Krieglach – Mürzzuschlag – Semmering (– Wien Südbf)

R520/ÖBB
Hartberg – St. Johann in der Haide – Rohrbach-Vorau – Friedberg – Pinggau – Tauchen-Schaueregg (– Wiener Neustadt – Wien Südbf)
Friedberg – Sinnersdorf – Pinkafeld – Oberwart

R530/ÖBB
Graz Hbf – Graz Ostbf – Raaba – Laßnitzhöhe – Gleisdorf – Studenzen-Fladnitz – Feldbach – Lödersdorf – Fehring – Hohenbrugg an der Raab (– Jennersdorf – Szentgotthárd)
Fehring – Hatzendorf/Riegersburg – Söchau – Fürstenfeld – Bierbaum – Bad Blumau – Bad Waltersdorf – Sebersdorf – Hartberg (– Wiener Neustadt – Wien Südbf)

R531/STLB
Gleisdorf – St. Ruprecht an der Raab – Fladnitz-Neudorf – Weiz

R532/STLB
Feldbach – Oedt – Gnas – Maierdorf – Hofstätten – Trautmannsdorf – Bad Gleichenberg

R540/STLB
Peggau-Deutschfeistritz – Deutschfeistritz – Zitoll – Waldstein – Übelbach

R550/GKE
Graz Hbf – Graz-Köflacher Bf – Straßgang – Lieboch – Söding – Krottendorf-Ligist – Voitsberg – Bärnbach – Köflach
Graz Hbf – Graz-Köflacher Bf – Straßgang – Lieboch – Lannach – Oisnitz-St. Josef – Preding-Wieselsdorf – Groß St. Florian – Deutschlandsberg – Hollenegg – Schwanberg – Bergla – Pölfing-Brunn – Wies-Eibiswald

R560/ÖBB
Spielfeld-Straß – Lichendorf – Weitersfeld – Mureck – Gosdorf – Purkla – Halbenrain – Bad Radkersburg

R600/ÖBB
Bruck an der Mur – Niklasdorf – Leoben Hbf – St. Michael – Kraubath – Knittelfeld – Zeltweg – Judenburg – Pöls-Thalheim – Unzmarkt – Scheifling – Neumarkt in Steiermark (– Klagenfurt)
Bruck an der Mur – Kapfenberg – Kindberg – Krieglach – Mürzzuschlag – Semmering (– Wien Südbf)

R620/ÖBB
Zeltweg – Weißkirchen – Eppenstein – Obdach (– Wolfsberg – Klagenfurt)

R630/STLB
Unzmarkt – Lind bei Scheifling – Frojach-Katschtal – Murau-Stolzalpe – St. Lorenzen/Kreischberg – Stadl an der Mur – Predlitz (– Tamsweg)

Nächste Doppelseite: Der Sandling über dem Ausseerland.

Ober-
steiermark

1

Weg durch die Wildnis

Von Bad Aussee durch die Koppenschlucht nach Obertraun

Auf den ersten Blick

Ausgangspunkt: Bf Bad Aussee (641 m).
Zielpunkt: GH Koppenrast (527 m).
Gehzeit: 2–2.30 Std.
Weglänge: 9,5 km.
Beste Jahreszeit: Mai bis Ende Oktober.
Orientierung:
• Info-Tafeln am Beginn und Ende des Themenweges.
• Folder „Weg durch die Wildnis".
• freytag & berndt, WK 281.
Informationen:
TRV Ausseerland–Salzkammergut, Bad Aussee; Tel. 03622/54040
info@ausseerland.at
www.ausseerland.at

Zwischen dem Sarstein (1975 m) und Zinken (1854 m) gischten, wirbeln und brüllen die grünen, klaren Wasser der Koppentraun durch einen bis zu 1400 Meter tief eingeschnittenen Schluchtgrund. Nicht nur die steilen Bergflanken erhöhen diesen Naturraum zu einem einzigartigen Erlebnis. Es gibt auch viele bunte Schauspiele: Wenn Kajaks und Schlauchboote auf den Wellen der Koppentraun reiten, triften und rotieren.

Der Weg in die Wildnis ist nicht zu verfehlen: Vom Bahnhof Bad Aussee einfach am linken Ufer flussabwärts zum Au-Steg; über ihn erreicht man das Anschlussstück am rechten Ufer: Ein Waldweg führt zum Weiler Sarstein und zur Mostschenke Ainhirn. Nach so viel Wasser-Erlebnis ist ja der Durst oft größer als bei einem Spaziergang unter blankem Sonnenschein. Wildwassersportler kennen dieses Phänomen.
Eine Hängebrücke leitet an das linke Ufer zurück. Der nun stets flussnahe Fußweg führt zu einem Schwemmplatz: Hier fällt ein großer Felsblock auf. Ein spannender Platz – zum Beobachten des Wassers, der Kanufahrer, der wilden Umgebung. Der Abschied von die-

Auf der Koppentraun.

sem Felsenthron fällt nicht leicht. Wo das Augelände an die herandrängende Bergseite stößt, bemerkt man moosbegrüntes Steinmauerwerk. Ab der kleinen Jausenstation im Auwald folgt man nun einer aufgelassenen (weil seinerzeit zu tief angelegten) Eisenbahntrasse und durchquert dann sogar einen alten Bahntunnel.
Nach Unterqueren einer kühn gebauten Eisenbahnbrücke steigt der Uferweg zur Koppenbrüllerhöhle an. Ab hier leitet eine wahre Promenade zum Ausgang der Schlucht beim Gasthof Koppenrast.

Einkehr-Tipp

Koppenrast, Ende April bis Mitte/Ende Oktober (R Di).
Schmankerln: Fisch-Spezialitäten.
Familie Stricker, Tel. 06131/231

Besonderer Erlebnispunkt

Koppenbrüllerhöhle: Größte aktive Wasserhöhle im Dachsteingebiet; mit Höhlensee, Tropfsteinvorhängen und 20 m hohem Wasserfall.
1. Mai bis Mitte September, täglich 10–16 Uhr; Mitte bis Ende September,
10.30–12 Uhr und 13.30–15 Uhr;
Führungsdauer ca. 1 Std.
Tel. 06134/8400
info@dachstein.at
www.dachstein.at

Koppentraun und Sarstein.

Anreise

Nach Bad Aussee.
Auto: Park+Ride-Platz am Bahnhof.
Bahn/Verbundlinie: ÖBB/R170;
Züge aus Richtung Stainach-Irdning oder Bad Ischl.
Bus/Verbundlinien: Post/955, 956; aus Richtung Altausseee bzw. Grundlsee
ÖBB/950; aus Richtung Stainach.
Rad: R19 Salzkammergut-Radweg.

Rückreise

Von der Bahn-Haltestelle Obertraun-Koppenbrüllerhöhle.
Bahn/Verbundlinie: ÖBB/R170;
Züge in Richtung Bad Aussee – Stainach-Irdning oder Bad Ischl – Attnang-Puchheim.

2

Via Salis

Auf den Spuren des Salzes: Von Altaussee zum Sandling

Der Inhalt dieses Themenweges ist so vielfältig wie die damit verbundene „Zeitreise“ zu den zahlreichen Stollen lang ist. Die Via Salis beginnt stimmungsreich: Man schlendert durch den Kurpark von Altaussee, im weiteren durch Bauernland, sodann in schönem Mischwald bergwärts zum Standort der ehemaligen *Pflindsburg*. An deren Stelle wurde im Jahre 2000 ein Aussichtsturm errichtet.

Der eigentliche *Salz-Lehrpfad* beginnt am Moosberg (1000 m): Der *Moosbergstollen* wurde bereits im Jahre 1209 „aufgeschlagen“. Jeder der insgesamt zahlreichen Stollen wird an Ort und Stelle ausführlich beschrieben. *Spurnagelhunte* bezeugen, wie man bereits zu historischer Bergbauzeit auf gebahnten Trassen

Auf den ersten Blick

Ausgangs- und Zielpunkt: Kurhaus Altaussee (723 m).
Höchster Punkt: Bräunerbergstollen (1058m).
Gehzeit: 3 Std.
Weglänge: 8 km.
Höhenunterschied: 340 m.
Beste Jahreszeit: Mai bis Oktober.
Orientierung:
- 22 Info-Tafeln; ausführliche Inhalte; auch Grafiken.
- Folder „Via Salis“.
- freytag & berndt, WK 281.
- TRV-Wanderkarte Ausseerland.

Informationen:
TV Altaussee;
Tel. 03622/71643
info@altaussee.at
www.altaussee.at

Spurnagelhunte vor dem Bräunerbergstollen.

das Abbaumaterial beförderte. Mehr als 700 Meter über dem Moosberg liegt der Sandlinggipfel (1717 m). Er ist ebenso in alpiner Hinsicht der Höhepunkt jenes *Haselgebirges,* in dem die historischen Salz-Abbaustätten liegen. Auf historischem Terrain leitet die informativ gestaltete „Via Salis" zu ihrem Herzstück, den publikumswirksamen „Salzwelten" am Steinberg. Von ihm steigt man zum aktiven Franzbergstollen ab. Schließlich leiten schöne Flurwege talauswärts nach Altaussee.

Die Aussichtswarte am Standort der ehemaligen Pflindsburg.

Zusatzstrecke

Sandling (1717 m): Nach dem Bräunerbergstollen folgt man dem AV-Weg 252 zur Ausseer Sandlingalm und erreicht einen kleinen Sattel; Wegweiser. Aus dem Sattel nordseitig gipfelwärts. Für den Abstieg benutzt man die westseitige Route: Der großteils mit Drahtseilen gesicherte Steig leitet in den prächtigen Sattel bei der Vorderen Sandlingalm (Landesgrenze). Ab hier geht man westseitig um den Sandling herum und gelangt über die Ausseer Sandlingalm zum Salzbergwerk am Steinberg. Gehzeit: Ab Bräunerbergstollen 4–4.30 Std.

Einkehr-Tipp

Knappenstüberl, am Steinberg; Öffnungszeiten wie die „Salzwelten Altaussee".

Besonderer Erlebnispunkt

Salzwelten Altaussee: Am Steinberg; Salzbergführungen und Schaubergwerk; Literatur-, Heimat- und Salzmuseum. Ende April bis ca. 25. September, täglich 10–16 Uhr; danach bis Ende Oktober täglich 10–15 Uhr; Führungsdauer 75 Minuten. Tel. 06132/200-2400 info@salzwelten.at www.salzwelten.at

Anreise

Nach Altaussee via Bad Aussee.
Auto: Parkplatz vor dem Kurpark Altaussee.
Bahn/Verbundlinie: ÖBB/R170; Bf Bad Aussee.
Bus/Verbundlinie: Post/955; Hst Altaussee Kurhaus.
Rad: R19 Salzkammergut-Radweg.

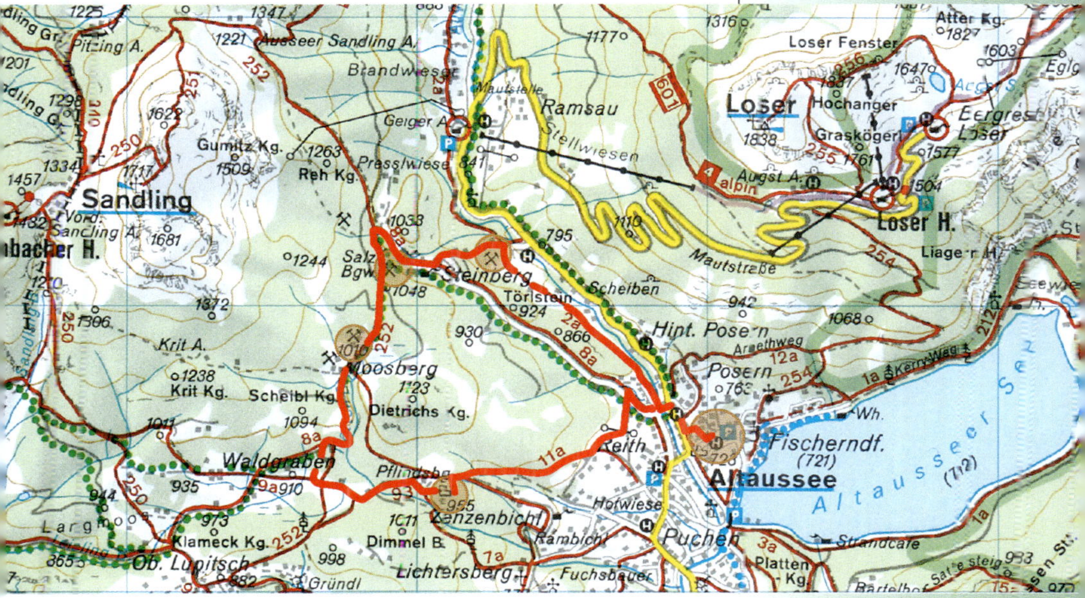

3

Geo-Erlebnisweg Loser

Landschaft und Geologie im Steirischen Salzkammergut

Auf den ersten Blick

Ausgangs- und Zielpunkt: Bergrestaurant Loser (1600 m).
Gehzeit: 1.30–2 Std.
Weglänge: 4 km.
Beste Jahreszeit: Juni bis Oktober.
Orientierung:
- 25 Stationen; nummerierte Bankerln.
- Broschüre „Geo-Erlebnisweg Loser"; 5 Euro.
- freytag & berndt, WK 281.

Informationen:
Loserstraßen GesmbH, Altaussee;
Tel. 03622/71490, Losermaut
Tel. 03622/71315, Büro
info@loser.at – www.loser.at

Die markanten Felsformationen des Loserstocks bestechen jedes Auge und sind daher ein weithin wahrnehmbarer Wegweiser zu diesem „Geo-Erlebnisweg auf höchstem Niveau". Er führt in rund 1600 Metern Seehöhe vom Bergrestaurant Loser zum nahen Augstsee, von diesem in das Kuhntal, daraus leicht bergwärts zur Bräuningalm (1607 m), wendet dort und leitet – großteils parallel zum Weitwanderweg 01 und wiederum einfach begehbar – zurück zum Bergrestaurant. Eine wirklich *kinderleichte* Exkursion.

Die von 1 bis 25 nummerierten Rastbänke stehen an jenen markanten Stellen des Geo-Erlebnisweges, welche in der gleichnamigen Farbbroschüre anschaulich und informativ beschrieben werden: Beispielsweise der alpine Karst sowie der Einfluss der Eiszeit und in deren Folge die Entstehung des Salzkammergutes.

Die Initiative zu diesem geologischen Erlebnisweg ging von DI Wolfhart Hofer aus; er sieht die Zukunft ausbaufähig: „Im weiteren soll der Geo-Erlebnisweg zur *Schwarzmooskogel-Eishöhle* führen. Das aktuelle Wegstück ist also der erste Teil; das gesamte Projekt sollte bis zur Landesausstellung im Jahre 2005 realisiert werden können."

Der gastliche Wegweiser zur Loserhütte.

Anreise

Auf den Loser via Altaussee und *Loser-Panoramastraße*; gj. befahrbar (Maut).
Auto: Parkplatz beim Bergrestaurant Loser.
Bahn/Verbundlinie: ÖBB/R170; Bf Bad Aussee.
Bus/Verbundlinie: Post/955; End-Hst Bergrestaurant Loser (Busse verkehren ab Beginn der Sommerferien bis Ende September); bis Losermaut gj.
Rad: R19 Salzkammergut-Radweg; MTB Alpentour; Loserstraße (860 Hm).

Besondere Erlebnispunkte

Der Geo-Erlebnisweg lässt sich auch gut mit Bergwanderungen verbinden. Jeweils wunderschöne Aussichtspunkte.
Bräuningzinken (1899 m): Markierter Steig; Anstieg 50 Min.
Loserfenster (1800 m): Mehrere Meter hohes Felsentor – ein wahres Naturphänomen. Anstieg 30 Min.
Greimuth (1871 m): Für Einsamkeit Suchende; Anstieg 50 Min.; z. T. unbezeichnet.
Loser (1837 m): Von der Loserhütte (1498 m) bzw. vom Bergrestaurant Loser (1600 m) leiten gut markierte Steige zum Gipfelkreuz; Anstieg 1 Std. Das Ausseerland sowie die Salzkammergutberge, das Dachsteingebirge und weite Teile des Toten Gebirges bereichern das weite Blickfeld. Der Abstieg beginnt mit dem Übergang zum nahen Hochanger (1838 m; mit Sender); von dort steigt man zum Loserfenster ab und mit Hilfe weniger Sicherungen in Richtung Augstsee (1643 m), wo man auch den Geo-Erlebnisweg erreicht. Gehzeit Insgesamt 2–2.30 Std.

Einkehr-Tipp

Bergrestaurant Loser; mit großer Sonnenterrasse; Tel. 03622/71316
Loserhütte (1498 m); OeAV; gj. Schmankerln: Gemischtes Pfandl, Wildgerichte.
Familie König, Tel. 03622/71202

Bild links unten: Loser und Loserhütte.

Durch das Loserfenster zum Schönberg.

4

Geo-Trail Grundlsee

Am Südufer nach Wienern und zum Toplitzsee

Auf den ersten Blick

Ausgangspunkt: Seeklause Grundlsee (708 m).
Zielpunkt: Gößl, Strandbad.
Gehzeit: 5–6 Std.
Weglänge: 12 km.
Beste Jahreszeit: Mai bis Oktober.
Orientierung:
- 34 Info-Tafeln; ausführliche Texte.
- Folder und Broschüre „Geo-Trail".
- freytag & berndt, WK 281.

Informationen:
TV Grundlsee;
Tel. 03622/8666
info@grundlsee.at
www.grundlsee.at

Bei dieser Exkursion werden im Umgebungsbereich der aus Grundlsee, Toplitzsee und Kammersee bestehenden „Drei-Seen-Kette" Hintergrundinformationen zugänglich, die ansonsten Besuchern allgemein verborgen bleiben. Denn die für diese „Wanderung durch Geologie und Landschaft" in der Natur platzierten Texte informieren u. a. über die regionale Geomorphologie, die unterschiedlichen Landschaftstypen sowie über hydro-geologische Besonderheiten. Aufgrund der Informationsvielfalt, nicht zuletzt aber auch wegen der vielen neuen Blickwinkel, lohnt es, den Geo-Trail aus beiden Richtungen kennen zu lernen.

Normalerweise beginnt man die Wanderung bei der Seeklause, wo die Traun aus dem Grundlsee abfließt. Man folgt am Grundlsee-Südufer dem in Richtung Wienern führenden Ufersteig. Im weiteren gelangt man zu den stillen Räumen der großflächigen Gößl-Wiesen. In einem urigen Waldstück liegt, nahezu versteckt, der *Stimitzbach-Quellkessel.* Nur zu bestimmten Jahres- bzw. Tageszeiten quillt Wasser aus den Karstlöchern: Insbesondere während der Schneeschmelze-Periode sowie nach starkem Regen.

Im Weiteren leitet der Geo-Trail in Richtung Ranftlmühle, von dort zu den Relikten verkarsteter *Gletschermühlen* – erkennbar als Erosionslöcher im Waldboden – und schließlich zum Quellbereich *Siebenbrunnen* nahe vom Toplitzsee-Ufer.
Die Flurstraße am Fuße der Gößler Wand leitet schließlich zur Bushaltestelle bzw. Schiffsstation in Gößl, dem offziellen Endpunkt des Geo-Trails.

Besondere Erlebnispunkte

Toplitzsee und **Kammersee:** Ab dem Ausflugsgasthaus „Fischerhütte" fahren *Plätten* – schlanke Holzboote – über den Toplitzsee. Dabei kommt man an einen hohen Wasserfall nahe heran.
Von der Boot-Anlegestelle spaziert man zum Kammersee; dieser ist nur zu Fuß erreichbar.
Hoch über dem Kammersee – in einer Felswand – entspringt die Traun *(Traun-Ursprung).*
Siehe Karte Seite 23.

Einkehr-Tipp

Rostiger Anker, Schiffstation und GH in Gößl (R Do; Mai bis September kein R).
Schmankerln: Fisch- und Wildspezialitäten.
Familie Scheck, Tel. 03622/8268
Fischerhütte, GH am Toplitzsee; Ostern bis Ende Oktober sowie Weihnachten bis 10 Tage vor Ostern (R Mi; im Sommer erst ab 17 Uhr)
Schmankerln: Fischspezialitäten.
Familie Syen, Tel. 03622/8296

Bei Gößl am Grundlsee. Im Hintergrund der Zinken.

Anreise

Zum Grundlsee via Bad Aussee oder Radling.
Auto: Parkplatz „Fischersteg".
Bahn/Verbundlinie: ÖBB/R170; Bf Bad Aussee.
Bus/Verbundlinie: Post/956 Bad Aussee – Grundlsee.
Rad: R19 Salzkammergut-Radweg.

Rückreise

Von Gößl in Richtung Grundlsee und Bad Aussee.
Bus/Verbundlinie: Post/956.
Schiff: Nach Grundlsee; besonders empfehlenswert!

Die Kapelle von Gößl.

5

Via Artis Grundlsee

Am Nordufer nach Gößl und zum Toplitzsee

Die einzigartige Landschaft des Ausseer Landes hat das Schaffen vieler Künstler und Intellektueller angeregt und bereichert. Die *Via Artis Grundlsee* stellt einige jener schöpferischen Menschen vor, für die der Grundlsee zum Anziehungspunkt und manchmal auch zur zweiten Heimat wurde. Diesen traditionsreichen Blickwinkel reflektiert der spezielle Folder „Via Artis" auf seiner Titelseite. Wer dem Künstlerweg folgt, wird an sich selber erfahren: Die Landschaft am Grundlsee inspiriert jeden sensiblen Menschen.

Ein Stück Erinnerung: Beim GH Ladner am Grundlsee.

Auf den ersten Blick

Ausgangspunkt: Seeklause Grundlsee (708 m).
Zielpunkt: Strandbad Gößl.
Gehzeit: 3 Std.
Weglänge: 10,5 km.
Beste Jahreszeit: Mai bis Oktober.
Orientierung:
• Tafeln mit ausführlichen Texten.
• Folder „Via Artis Grundlsee" und Broschüre.
• freytag & berndt, WK 281.
Informationen:
TV Grundlsee;
Tel. 03622/8666
info@grundlsee.at
www.grundlsee.at

Der Weg beginnt bei der Seeklause, dort, wo die Traun aus dem Grundlsee abfließt. Ein wahrer Promenadenweg leitet das nordseitige Ufer entlang. Mitunter spaziert man auch etwas weiter vom Ufer entfernt, vor allem dort, wo sich der Wanderweg auf einer leicht erhöhten Hangtrasse entlang schlängelt. Solche Passagen gewähren umfassende Überblicke auf den den Grundlsee umgebenden Kulturraum.
Die stilgerecht erhaltenen Häuser älterer Baujahre und die ebenso landschaftsgerecht gebauten jüngeren Objekte sowie die von Bauernhand gepflegte Landschaft sind der erlebenswerte und weiträumige Hintergrund bei dieser längeren Wanderung.
Von Gößl leitet der Künstlerweg auf der nur Fußgängern vorbehaltenen Flurstraße zum Toplitzsee. Im Weiteren gelangt man in einer Schleife – durch schönen Wald – zum idyllischen Platz bei der Ranftlmühle am Stimitzbach.
Der Künstlerweg endet – wie der Geo-Trail – in Gößl. Die Rückfahrt in den Ort Grundlsee erfolgt per Bus oder besser – weil romantisch und zugleich erholsam – mit dem Schiff.

Besondere Erlebnispunkte

Erzherzog-Johann-Stube: Im GH Ladner. Hier sah Erzherzog

Das Wappen der Gemeinde Grundlsee.

Johann im Jahre 1816 zum ersten Mal Anna Plochl, die als Zwölfjährige „bei einem Wechseltanz an ihm vorübersprang“.

Erzherzog-Johann-Gedenkstein: Am Toplitzsee; hier erwartete Anna Plochl gemeinsam mit drei anderen Mädchen am 22. August 1819 den Erzherzog.

Ranftlmühle: Benannt nach dem Maler Matthias Johann Ranftl (1805–1854), „der sich hier gern aufgehalten hat“.

Einkehr-Tipp

Ladner, GH am Grundlsee-Nordufer, nahe Gößl; Mai bis Oktober (R Mi).
Schmankerln: Saibling, Kaiserschmarrn; Schweins- und Kalbsbraten aus dem Holzofen.
Familie Ladner, Tel. 03622/8211

Vom Kaiserlichen Stall am Grundlsee in Richtung Gößl.

An- und Rückreise

wie beim „Geo-Trail Grundlsee“; siehe Nr. 4.

6

Via Artis Grimming-Orte

Von Knoppen nach Bad Mitterndorf und Tauplitz

In Obersdorf: Das Geburtshaus von Hans Fraungruber.

Die „Künstler-Spurensuche“ darf hier wörtlich genommen werden, denn für diesen Themenweg gibt es keine speziellen Wegweiser. Die Radwegtafeln des R19 Salzkammergut-Radweges sind jedoch besonders effizient, was unsere folgende Empfehlung verstärkt: Die Via Artis lernt man besser per Rad kennen. An ihr liegen außerdem viele natürliche, profane und sakrale Erlebnispunkte, die individuell entdeckt werden wollen. Womit sich insgesamt eine weiträumige und von persönlichem Interesse geprägte Spurensuche entwickelt.
In jedem der vier offiziell zu besuchenden Orte steht eine größere, dennoch eher unauffällig situierte Stations-Infotafel.

Station I: Knoppen, Nr. 17. Beim Geburtshaus des Erzählers und Lyrikers *Herbert Zand* (1923–1970) beginnt die Via Artis.
Station II: Obersdorf, Nr. 29. Es ist das Geburtshaus von *Hans Fraungruber* (1863–1933); er war Erzähler, Lyriker, Mundartdichter; in Wien Schuldirektor. In Graz-Mariatrost trägt eine Straße seinen Namen.
Station III: Bad Mitterndorf. Man schlendert im Ortskern und frägt zugleich nach, um weiteren Künstlern auf die Spur zu kommen:
Im Gries steht nächst einer kleinen Brücke ein Gedenkstein für den Mundartdichter *Herbert Grill* (1929–1983).
Am Haus Nr. 14 (Artwegerhaus) erinnert eine Gedenktafel an den Bildschnitzer und Maler *Johann Fortschegger* (1743–1827).
Im Haus Kasperer gibt es ein „Fraungruber-Stüberl“ und an der Fassade prangt *Hans Fraungruber* in einem Porträtrelief.
Station IV: Tauplitz. Im Haus Nr. 65 wohnte der Maler und Grafiker *Helmut Irmler* (1914–1982). Das Haus Nr. 14 – ehem. GH Peer – nutzte der Arzt, Erzähler und Mundartdichter *Dr. Hans Kloepfer* (1867–1944) als Sommersitz.

Auf den ersten Blick

Ausgangspunkt: In Knoppen (800 m) das Geburtshaus von H. Zand; nebenan die Volksschule.
Zielpunkt: In Tauplitz (896 m) der Musikpavillon; am Dorfplatz.
Gehzeit: 5 Std.
Weglänge: 16 km.
Beste Jahreszeit: Mai bis Oktober.
Orientierung:
- Vier Info-Tafeln (I bis IV) mit ausführlichen Inhalten; in Knoppen, Obersdorf, Bad Mitterndorf, Tauplitz.
- Folder „Via Artis Grimmingorte“ und Broschüre.
- freytag & berndt, WK 082.

Informationen:
TV Bad Mitterndorf;
Tel. 03623/2444
info@bad-mitterndorf.at
www.bad-mitterndorf.at

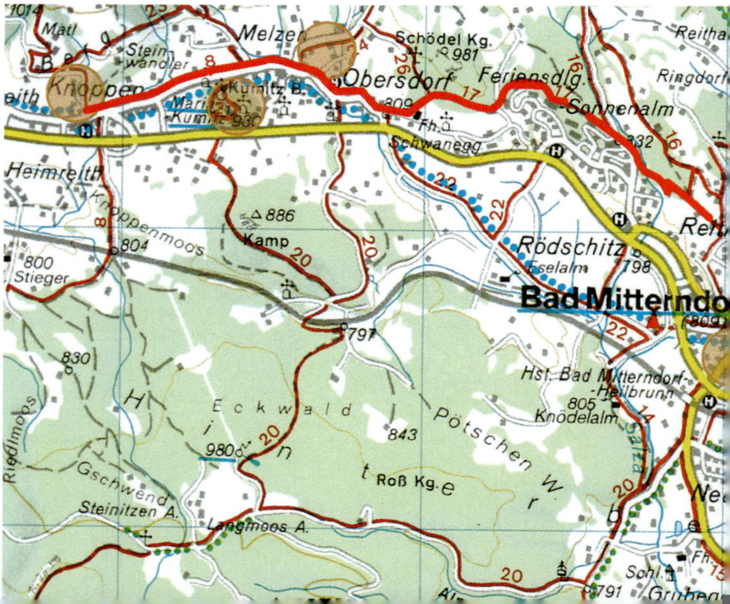

In Tauplitz: Vor dem Musikpavillon.

Ausklang: Der aus Stein geformte Rastplatz vor dem Musikpavillon liegt willkommen.
Wer die Via Artis genau nimmt, sucht noch den Ortsteil Klachau auf; hier verbrachte der Maler und Restaurator *Emmerich Sandig* (1893–1973) gern den Sommer.

Weitere Erlebnispunkte

Mühlreith:
- Haus-Nr. 11, Geburtshaus von *Paul Adler* (1770–1843); Sammler von Volksliedern und Sagen.
- *Karstquellen Strumern,* Zugang vom Parkplatz 20 Min.; wasserführend nur im April und Mai sowie nach starken Regenfällen.

Kumitzberg: Wallfahrtskirche Maria Kumitz; kürzester Zugang vom Parkplatz beim Friedhof, 10 Min.
Bad Mitterndorf: Haus Nr. 67, Heimatkundliche Sammlung *Franz Strick.*
Kulm: Die weltweit größte Natur-Flugschanze.
Tauplitz: Sesselbahn auf die Tauplitzalm.

Einkehr-Tipp

Bäckerei Schlömmer, Obersdorf (R So); gegenüber die **Obersdorfer Rad- und Wanderhütte,** Brunnen, Infostation.
Kirchenwirt, gute steirische Gaststätte, Bad Mitterndorf (R Do). Tel. 03623/2336
Landhotel Kanzler, Krungl (R Mo, Di). Tel. 03623/2260
Wanderhotel Seebacherhof, Tauplitz (kein R). Tel. 03688/2324

Anreise

Nach Knoppen (6 km westlich von Bad Mitterndorf).
Auto: Parkraum bei der Volksschule.
Bahn/Verbundlinie: ÖBB/R170; Bf Kainisch (2,5 km von Knoppen).
Bus/Verbundlinie: ÖBB/950: Hst Volksschule.
Rad: R19 Salzkammergut-Radweg.

Rückreise

Von Tauplitz.
Bahn/Verbundlinie: ÖBB/R170; Bf Tauplitz (im Ortsteil Klachau; 1,2 km vom Gemeindeamt).
Bus/Verbundlinie: ÖBB/950; Hst Gemeindeamt, Kegelbahn, Rüsthaus, Talstation Berglift oder Bahnhof.

7

Auf den ersten Blick

Ausgangs- und Zielpunkt: Bergstation am Hunerkogel (2687 m).
Höchster Punkt: Dachsteinwarte (2741 m).
Gehzeit: 2–2.30 Std.
Weglänge: 4–6 km.
Höhenunterschied: 150 m.
Beste Jahreszeit: Allgemein ganzjährig.
Besonderheit: Das Gletschergebiet nur bei sichtigem Wetter begehen.
Orientierung:
• Präparierter Gletscherweg, mit Stangenmarkierung.
• 26 Stationen; davon fünf mit Tafeln (für die Stationen 1–4 und 26) bei der Seilbahn bzw. im Gelände sowie eine Tafel bei der Dachsteinwarte (für Station 12).
• Folder und Broschüre „Wunderwelt in Stein & Eis".
• freytag & berndt, WK 281.
Informationen:
Dachstein-Südwandbahn/ Gletscherbahn Ramsau;
gj. in Betrieb (außer zur Revisionszeit: drei Wochen vor Weihnachten und fünf Wochen vor Pfingsten);
Talstation, Tel. 03687/81241
TV Ramsau am Dachstein;
Tel. 03687/81833
info@ramsau.com
www.ramsau.com

Wunderwelt in Stein & Eis

Hoch vom Dachstein an …

Diese besondere Art von „Wunderwelt" liegt an der Landesgrenze Steiermark/Oberösterreich. Im Allgemeinen ist das von Eis und Fels geprägte Terrain einfach begehbar. Man setzt in bewusster Weise Schritt für Schritt, erfährt aus eigener Kraft, wie leicht – oder doch etwas mühsam – Gehen im Schnee sein kann und bewegt sich hauptsächlich auf dem Hallstätter Gletscher.
Von den insgesamt 26 Stationen werden 20 Stationen in der handlichen Broschüre beschrieben.

Von der Seilbahn-Bergstation auf dem Hunerkogel (2687 m) überblickt man große Teile des speziell für Fußgänger präparierten Gletscherweges. Man folgt diesem bergab am Dirndlkolk in eine sattelähnliche Mulde. Eine weitere breite Spur leitet über den Hallstätter Gletscher mäßig steil bergan zur Seethalerhütte auf der Dachsteinwarte (2741 m). Den Rundweg setzt man fort zum Eisstein (2654 m), einem typischen *Nunataker*. So heißen Felsspitzen, die aus dem Gletschereis ragen. Der glaziologische Fachbegriff entstammt dem Grönländischen.
Vom selben Eisstein, leicht bergan steigend, wird der Gjaidsteinsattel (2680 m) erreicht.
In einer fast ebenen Querung über den Schladminger Gletscher kehrt man zurück zur Bergstation

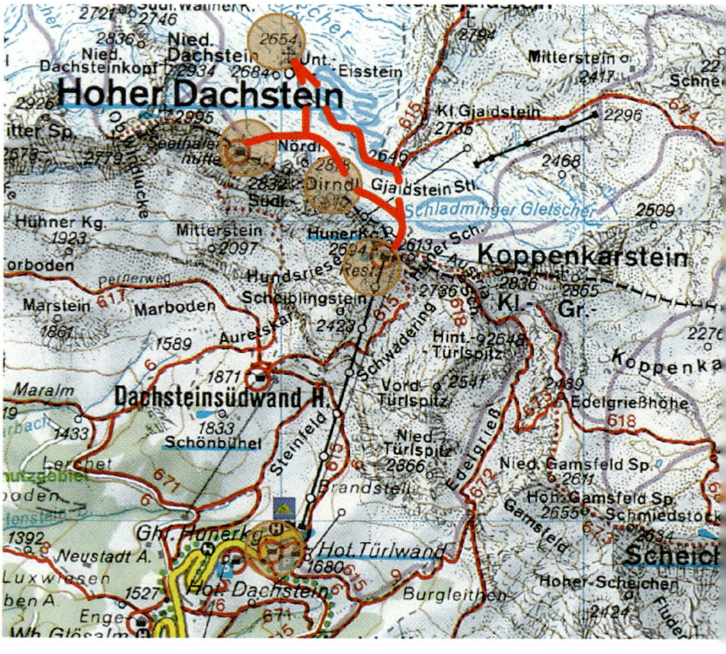

auf dem Hunerkogel. Hier treffen alle Besucher-Kategorien zusammen: Vor allem so potentielle Gruppen wie Bergsteiger, Kletterer, Langläufer und – natürlich – die Armada der „Nur-Schaulustigen". Seit mehr als 160 Jahren zieht das Dachsteingebirge „berghungrige Menschen" an. Am Hohen Dachstein (2995 m) liegt nicht nur der höchste Punkt der Steiermark. Symbolisch ähnlich hoch ist auch der Erlebniswert dieser populären Hochgebirgslandschaft. Sie hat zwei markant gegensätzliche Formen:
Nordseitig – auf oberösterreichischer Seite – liegen Eis und Schnee: Der Schladminger Gletscher, Hallstätter Gletscher (ursprünglich „Karl-Eisfeld" benannt) und Gosaugletscher werden ganzjährig touristisch genutzt.

Im Banne der Dachstein-Südwand

Auf steirischer Seite dominiert die *Dachstein-Südwand*: Sie zählt zu den alpenweit markantesten Felsformationen. Dieses kolossale Naturdenkmal, dessen Wände bis zu 1000 Meter hoch sind, erstreckt sich west-ostwärts vom Torstein entlang der Landesgrenze über den Mitterspitz, Hohen Dachstein, die Dachsteinwarte und Dirndln bis zum Hunerkogel. Erst auf dessen Gipfel steht die Bergstation der Seilbahn. Deren Trasse war ursprünglich geplant von der Maralm (1445 m) direkt auf den Gipfel des Hohen Dachstein. Mit dieser „Direttissima" wäre die Südwand optisch zerschnitten worden. In steirischer Breite wurde generell gegen das Projekt protestiert und schlussendlich folgender Kompromiss erzielt:

Vom Koppenkarstein über den Hunerkogel (mit Bergstation) zu den Dirndln.

Anreise

In die Ramsau und zur Talstation der Dachstein-Südwandbahn.
Auto: Parkplatz bei der Talstation.
Bahn/Verbundlinie: ÖBB/R250; C-Bf Schladming.
Bus/Verbundlinie: RVB/960; End-Hst Talstation Südwandbahn/Türlwandhütte.
Dachstein-Südwandbahn: Türlwandhütte – Hunerkogel; HU 1000 m.
Rad: R7 Ennstal-Radweg bis Schladming; MTB Alpentour in die Ramsau.

Der Gletscher lebt – und bewegt sich. Spalten am Weg zur Dachsteinwarte.

Zusatztour

Hoher Dachstein (2995 m): Nur für hochalpin Erfahrene, ansonsten mit Bergführer.
Von der Dachsteinwarte über die Schulter (gesicherter Alpinsteig) zur Randkluft. Hier erhöhte Vorsicht! Absturzgefahr! Auf dem mit Stahlbügeln gesicherten Normalweg auf den Gipfel. Abstieg wie Anstieg zur Randkluft, sodann einen Steilhang abwärts und zuletzt auf dem Gletscher eben zur Dachsteinwarte.
Gehzeit: Hin und zurück 2–2.30 Std.

Mit Verordnung der Bezirkshauptmannschaft Liezen (Zl. 7N9/66) wurde im Jahre 1965 die Dachstein-Südwand zum Naturdenkmal erklärt.
Das Seilbahnprojekt wurde naturschonend umgeplant: Die Trasse führt nun von der Türlwandhütte (1692 m) auf den Hunerkogel (2687 m). Die Seilbahn ging am 21. Juni 1969 in Betrieb. Seither transportierte die Dachstein-Südwandbahn – beim Tourismus heißt sie auch „Gletscherbahn Ramsau“ – über zehn Millionen Fahrgäste. Seit Eröffnung des Johann-Klettersteiges am 6. Oktober 1999 fahren noch mehr Bergsteiger mit. Dazu kommt eine weitere Klientel: Die Tages-Besucherschar der „Wunderwelt in Stein & Eis“.

Aus der Dachstein-Erschließung

Zwischen dem heutigen Stand des hochalpinen Tourismus und dessen Anfängen liegt auch am Dachstein eine interessante Zeitspanne. Die daran gekoppelte Erschließungsgeschichte beginnt mit einer alpinhistorisch interessanten Persönlichkeit:
Dr. Friedrich Simony (1813–1896), der erste Geographieprofessor an der Wiener Universität, beschäftigte sich ein halbes Jahrhundert lang mit der Erforschung des Dachsteingebirges. Simony durchwanderte und studierte das Dachstein-Massiv an allen Seiten und studierte sorgfältig die Gletscherwelt. Interessantes Detail: Simony forschte auch in der Venedigergruppe; bis dort reicht an klaren Tagen die Fernsicht vom Dachstein.
Am 17. Oktober 1840 erstieg Simony den Hohen Gjaidstein (2794 m); am 8. September 1842, um zwölf Uhr, erreichte der Herr Professor mit seinem Führer Johann Wallner aus Hallstatt den Gipfel des Hohen Dachstein. Als Abstiegsroute wählten die beiden Männer den Westgrat und Gosaugletscher.
Am 9. Februar 1874 wurde über Simonys Antrag das Dachsteingebiet zum „Exkursionsgebiet der Sektion Austria“ erklärt. Sie

Vom Dirndlkolk in Richtung Dachsteinwarte: Hoher Dachstein (links) mit Südwand; rechts Niederer Dachstein.

Bei der Dachsteinwarte: Hoher Dachstein mit Schulter (rechts) und Südwand.

betreut hier viele Wege, etliche Alpin- und Klettersteige sowie die folgenden fünf Schutzhütten:
Die *Adamekhütte* wurde 1908 erbaut.
Die *Austriahütte* steht seit 1880.
Das *Guttenberghaus* wurde am 28. Juli 1914 eröffnet, an jenem Tag, an welchem der Erste Weltkrieg ausbrach.
Die *Simonyhütte* wurde am 18. August 2000 bereits 125 Jahre alt, fand doch ihre Eröffnung schon 1877 statt.
Die *Seethalerhütte* – 1929 als Dachsteinwartehütte errichtet – dient seit dem jüngst erfolgten Umbau ebenfalls als vollwertige Schutzhütte: Nun kann auch hier genächtigt werden.
Die Hütten und Wege sind wie eh und je das komfortable Rückgrat bei jedem Ausflug, vor allem bei jeder Bergtour am Dachstein in dessen weiträumiger Wunderwelt aus Stein und Eis.

Besondere Erlebnispunkte

Dirndlkolk: Der Wind formt ununterbrochen am markantesten Gletscher-Merkmal, indem er am Fuße des Dirndls den Schnee ausweht. Dadurch bleibt zwischen dem Gletschereis und Dirndlfels eine beachtlich hohe Auswehung – also ein Kolk – erhalten. Der Dirndlkolk ist ein Spezifikum im Dachsteingebiet.
Dachsteinwarte: Der von hier aus mögliche Einblick in die Südwand des Hohen Dachstein ist einzigartig! Sie ragt zum Greifen nahe auf. Die Ausgesetztheit und Bänderung ist detailgenau erkennbar wie aus keiner anderen Perspektive.

Einkehr-Tipp

Seethalerhütte (2741 m), auf der Dachsteinwarte.
Schmankerl: Ein deftiges Bergsteigeressen – aber nur für jene Gäste, die auf der Hütte nächtigen:
Seit Herbst 2002 gibt es 20 Schlafplätze.
Familie Schrempf,
Tel. 03687/81036
Hotel Dachstein (1650 m): *Der* Bergsteigertreff, nahe Talstation.
Schmankerl: Verbilligtes Bergsteigeressen – und ein kurzer Plausch mit dem Chef.
Hans Walcher,
Tel. 03687/81219-0

8

Dachsteinweg und Roseggersteig

Zum Brandriedel, dem schönsten Aussichtsplatz in der Ramsau

„Die wenigsten Leute wissen, wie schön der Himmel ist schon auf Erden.“ Peter Rosegger wusste, wovon er sprach. Die Auseinandersetzung mit der Alltagswelt war ihm geläufig. Der Roseggersteig und Dachsteinweg fügen sich zu einer lohnenden Rundstrecke; sie ist inhaltlich kontrastreich: Zum einen erfährt man über die Erdgeschichte sowie Land und Leute; zum anderen reichern Aphorismen Peter Roseggers die Gedanken an, welche hier weiträumig sein mögen und zugleich geordnet wie dieses Stück Land.

Auf den ersten Blick

Ausgangs- und Zielpunkt: Heimatmuseum Grahhof (1200 m).
Höchster Punkt: Brandriedel (1725 m).
Gehzeit: 4 Std.
Weglänge: 9 km.
Höhenunterschied: 530 m.
Beste Jahreszeit: Mai bis Oktober
Orientierung:
- Am Dachsteinweg sechs Info-Tafeln.
- Am Roseggerweg Tafeln mit Aphorismen.
- freytag & berndt, WK 281.

Informationen:
TV Ramsau am Dachstein;
Tel. 03687/81833
info@ramsau.com
www.ramsau.com

Anreise

Nach Ramsau am Dachstein.
Auto: Parkplatz beim Grahhof.
Bahn/Verbundlinie: ÖBB/R250; IC-Bf Schladming.
Bus/Verbundlinien: RVB/960, 962; Hst Lärchenhof.
Rad: R7 Enntal-Radweg bis Schladming; MTB Alpentour in die Ramsau.

Eine erste Einstimmung bringt das Wegstück zwischen Grahhof und dem Gasthof Edelbrunn. Dann zieht man gemächlichen Schrittes zum Dachsteinhaus, wo es oft genug lustig zugeht mit Singen und Musizieren.
Am Sitzbühel, dem ersten Aussichtspunkt, tönt der Liedtext „Hier liegt die Ramsau schön und eben ...“ aus jenem typischen Landschaftsbild einer bäuerlich dominierten Streusiedlung.
Der nächste Infopunkt liegt am Waldeck und dokumentiert – *nomen est omen* – den Wald als Lebensquelle.
Bei der Brandalm (1550 m) erreicht man das für diese Höhenlage typische Gelände: Eine Almzone, die von prächtigen, lockeren Lärchenbeständen durchsetzt ist. Nun ist es zur Austriahütte (1638m) und zum Brandriedel (1725 m)

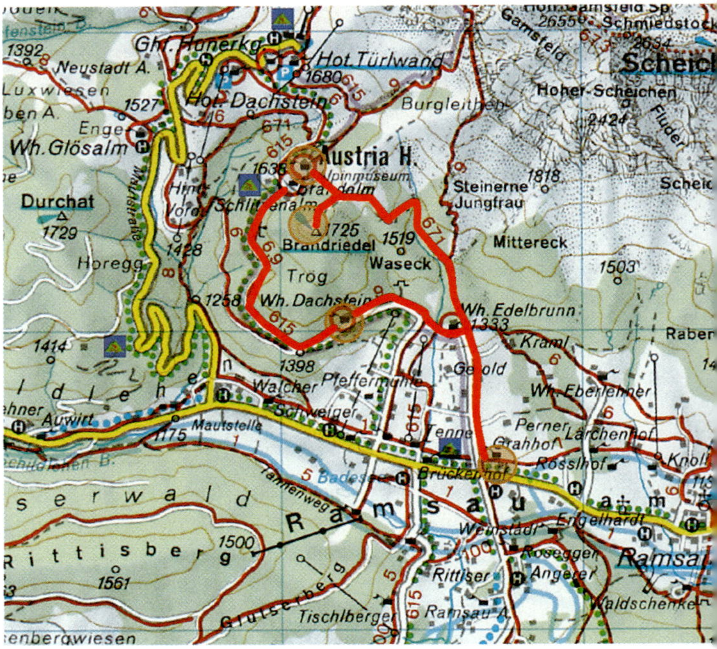

nicht mehr weit. Zugleich eröffnen sich prachtvolle Ausblicke zum Naturdenkmal „Dachstein-Südwand".
Vom Panorama-Bankerl am Brandriedel leitet der Roseggersteig talwärts: Anfangs steil bergab, sodann über Wurzelstufen und Waldboden. Dieser nach dem größten steirischen Heimatdichter benannte Wanderweg endet beim Edelbrunn.

Besondere Erlebnispunkte

Alpinmuseum: In der Austriahütte; Pfingsten bis 26. Oktober, täglich 10–17 Uhr.
Brandriedel: Prächtiger Aussichtsplatz oberhalb der Austriahütte.
Dachsteinhaus: Musikantenfreundliche Gaststätte; gj. jeden Dienstag ab 19 Uhr gemütliches Beisammensein mit echter Volksmusik. Von August bis Ende Oktober wird jeden Sonntag ab 14 Uhr „gsunga, poscht und gschpuit".
Grahhof: Ramsauer Heimatmuseum, Gehöft aus dem Jahre 1542; geöffnet im Sommer, Di–Fr, 14–17 Uhr. Informationen, Führungen: Gemeindeamt, Tel. 03687/81812

Einkehr-Tipp

Austriahütte: Pfingsten bis Anfang November und Weihnachten bis Ostern.
Spezialität: Ramsauer Krapfen. Familie Schütter, Tel. 03687/81522
Dachsteinhaus: Musikantenfreundliche Gaststätte. Familie Unterberger, Tel. 03687/81277
Edelbrunn: GH mit Kinderspielplatz; gj. (außer November und einige Wochen nach Ostern). Familie Wieser, Tel. 03687/81279

Vom Grahhof zu den Dachstein-Südwänden.

Am Brandriedel: Zauberhaft am Abend.

9

Ramsauer Panorama-Bankerln

Viele Wege zu zehn schönen Aussichtsplätzen

Auf den ersten Blick

Ausgangs- und Zielpunkt: Ramsau am Dachstein (1185 m).
Höchster Punkt: Brandriedel (1725 m).
Beste Jahreszeit: Mai bis Oktober.
Orientierung:
- Alle Panorama-Bankerln sind auf bezeichneten Wegen erreichbar.
- Folder „Ramsauer Panorama-Bankerln".
- freytag & berndt, WK 281.

Informationen:
TV Ramsau am Dachstein;
Tel. 03687/81833
info@ramsau.com
www.ramsau.com

Wer den schönsten Seiten der Ramsau auf einfach nachvollziehbare Weise auf die Spur kommen will, muss sich in diesem Fall nicht anstrengen, jedoch ausgiebig Zeit nehmen. Insgesamt sind zehn ausgewählte Punkte aufzusuchen, für jeden sollte man sich genügend Zeit nehmen, um das jeweilige Panorama ausgiebig zu genießen. Denn alle Panorama-Bankerl-Besucher sollen „die Ramsau" aus möglichst vielen Perspektiven kennen lernen. Die Ramsauer Panorama-Bankerln sind also keine Einrichtung für Eilige: Die Standorte aller Bankerln sind aussichtsreiche Plätze. Auf diesen gewinnt man jedoch ebenso manche Einsicht – und vor allem *innere* Ruhe.

Bei jedem Bankerl ist das ihm zugeordnete Panorama in einem dort aufliegenden Buch nachgezeichnet. Die Standorte aller zehn „Panorama-Bankerln" sind so gewählt, dass die Besucher von diesen zehn Aussichtsplätzen die steirische Ramsau von deren schönsten Seiten kennen lernen. Natürlich auch „im Banne der Dachstein-Südwand".
Die Standorte der Bankerln bzw. die Panoramaplätze verteilen sich folgend:

Von der Neustattalm in die Dachstein-Südwände: Hoher Dachstein (links), in der Mitte Hohes Dirndl.

Anreise

Nach Ramsau am Dachstein.
Auto: Parkplätze Ramsau-Kulm, Ramsau-Ort, Schildlehen, Vorberg u. a.
Bahn/Verbundlinie: ÖBB/R250; IC-Bf Schladming.
Bus/Verbundlinien: RVB/960, 962; Hst je nach Panorama-Bankerl.
Rad: R7 Ennstal-Radweg bis Schladming; MTB Alpentour in die Ramsau.

Von der Leiten über Vorberg und den Kulmberg zum Rittisberg sowie von Schildlehen über den Brandriedel bis zur Neustattalm. Aus den vielen Kombinationsmöglichkeiten ein Vorschlag:
Man spaziert aus dem Ort Ramsau zum Knollhof und gelangt über den Lärchenhof zum Panorama-Bankerl Nr. 9 beim Eberlehnerhof. Ein schöner Waldweg verbindet mit dem Gasthof Edelbrunn. Von hier geht man zum Holzerhäusl (von anno 1820) und in den Ort Ramsau zurück. Gehzeit: 1 Stunde.

Besonderer Erlebnispunkt

Neustattalm: Unter allen Aussichtspunkten in Talnähe liegt die Neustattalm der Dachstein-Südwand am nächsten gegenüber und gewährt daher auf dieses Naturdenkmal einen besonders eindrucksvollen Überblick.

Einkehr-Tipp

Jedes Panorama-Bankerl liegt nahe einer Einkehrstätte.

Panorama-Bankerl Nummer 9: Genussblick in die Ramsau.

10

Ramsauer Toleranzweg

Von der Reformationszeit zur Gegenwart

Schon wenige Jahre, nachdem Martin Luther seine 95 Thesen zu Wittenberg angeschlagen hatte (1517), trugen Bauern und Knappen des oberen Ennstales den Reformationsgedanken öffentlich mit. Zugleich nahm der Widerstand gegen das vom Erzbistum Salzburg ausgeübte Regime in starkem Maße zu und gipfelte schließlich 1525 im *Bauernaufstand von Schladming*. Die Bestrafung der Aufständischen war rigoros, ja sogar exemplarisch: Die Rädelsführer wurden hingerichtet; die Mauern der Bergstadt niedergerissen; Schladming das Stadtrecht aberkannt. Erst im Jahre 1875, anlässlich der Eröffnung der *Giselabahn* (heutige Ennstalbahn, Bischofshofen – Selzthal, 101 km) erhielt Schladming sein Stadtrecht zurück.

Auf den ersten Blick

Ausgangs- und Zielpunkt: Evangelische Kirche in Ramsau am Dachstein (1135 m).
Höchster Punkt/Wendepunkt: Predigtstuhl (1620 m).
Gesamtzeit: Hin und zurück 3 Std.
Höhenunterschied: 485 m.
Beste Jahreszeit: Mai bis Oktober.
Orientierung:
- Kleine Wegweiser und sechs Infotafeln.
- Infoblatt „Die Evangelische Kirche Ramsau am Dachstein".
- freytag & berndt, WK 281.

Informationen:
TV Ramsau am Dachstein;
Tel. 03687/81833
info@ramsau.com
www.ramsau.com

Etliche Anhänger der Lehre Luthers zogen sich aus dem Ennstal in abgelegene Siedlungsräume zurück. Auf dem Hochplateau der Ramsau entwickelte sich die größte protestantische Gemeinde der Steiermark.
Erst auf Grundlage des im Jahre 1781 von Joseph II. erlassenen *Toleranzpatentes* konnte die evangelische Ramsauer Bevölkerung ihre religiösen Zusammenkünfte öffentlich ausüben.
Der *Ramsauer Toleranzweg* führt heute dorthin, wo einst die Ramsauer Evangelischen heimlich zusammen trafen: Beim *„Predigtstuhl"*. Heute ist er noch immer einen Lokalaugenschein wert.
Der Anstieg ist relativ lang und dazu steil. Der Toleranzweg beginnt beim ehemaligen Bethaus, dem jetzigen Pfarrhaus nahe der Evangelischen Kirche.
Man folgt sozusagen „der religiösen Entwicklung", und zwar jener aus den Anfängen des Protestantismus. Dabei kommt man auch am blumenüberladenen *Moarhof* vorbei. Dieser weitum mit Abstand schönste Bauernhof spielte für die Ramsauer eine wichtige Rolle: In der Scheune des Moarhofs fanden bis zur Errichtung des Bethauses anno 1783 die evangelischen Gottesdienste statt.

Gut getarnt und hoch über der Ramsau: Der Predigtstuhl.

Die Evangelische Kirche von Ramsau; mit Schmiedstock (links) und Scheichenspitze (Bildmitte).

Weit oben, am Predigtstuhl – hinter Felslöchern, die zum Ausspähen gut geeignet waren – hatten die protestantischen Bauern ihre geheimen Zusammenkünfte.
Wer heute dem Weg zum Predigtstuhl folgt, fühlt die Reflexionen der einst mühsamen Entwicklung jenes damals „fremden" Glaubensgutes.
Insgesamt eröffnet der Ramsauer Toleranzweg den Gästen vor allem eine ‚höhere Perspektive", einen neuen Blickwinkel, aus dem sich die räumliche und soziale Entwicklung der Gemeinde Ramsau in anschaulicher Weise nachvollziehen lässt.

Besondere Erlebnispunkte

Dachstein-Rundflüge: Mit Kleinflugzeug; Kirchenwirt Pehab, der Chef pilotiert persönlich; Tel. 03687/81732
Predigtstuhl: Ein Felsgebilde aus Konglomerat mit interessanten Erosionen.

Einkehr-Tipp

Kirchenwirt, mit Almausflügen zur Pehabalm, Blick zur Bischofsmütze.
Schmankerln: Blutgröstl, Spargel und Wild.
Familie Pehab, Tel. 03687/81732
Moarhof, der „Blumenhof", Urlaub am Bauernhof.
Familie Fischbacher,
Tel. 03687/81911
www.tiscover.com/steiermark-bauernhofurlaub

Anreise

Nach Ramsau am Dachstein.
Auto: Parkplatz im Ort Ramsau.
Bahn/Verbundlinie: ÖBB/R250; IC-Bf Schladming.
Bus/Verbundlinien: RVB/960, 962; Hst Ramsau Ort.
Rad: R7 Ennstal-Radweg bis Schladming; MTB Alpentour in die Ramsau.

Umwelt-Erlebnispfad und Kinder-Klettersteig

Viele Wege führen am Sattelberg zu Kali, dem Ramsaurier

Anreise

Nach Ramsau am Dachstein.
Auto: Parkplatz beim Hotel Edelweiß (für Umweltpfad); Rössingstraße, bei der alten Mühle am Ramsaubach (für Klettersteig).
Bahn/Verbundlinie: ÖBB/R250; IC-Bf Schladming.
Bus/Verbundlinien: RVB/960; Hst Almfrieden/Edelweiß (für Umweltpfad); RVB/962; Hst Kalcher (für Klettersteig).
Rad: R7 Enns-Radweg bis Schladming; MTB Alpentour in die Ramsau.

Gipfelkreuz: Auch der Sattelberg hat solch einen Höhepunkt.

Der 1253 Meter hohe Sattelberg bei Ramsau-Kulm wurde zu einem Schrittmacher der besonderen Art entwickelt: An diesem für Kinder speziell adaptierten Berg entstand sowohl der „Erste Österreichische Natur- und Umwelt-Erlebnispfad für Kinder“ als auch der „Erste Kinder- Klettersteig der Alpen“. Der Klettersteig – ortsläufig „Kali-Steig“ genannt – und der Umwelt-Erlebnispfad lassen sich auch zu einer Runde verbinden.

Der Kali-Klettersteig beginnt nächst der alten Bauernmühle und leitet nordseitig über die *Einstiegsplatten, Zapfenrinne* und das *Flechtenwandl*, dann über den *Kleinen Turm* und *Plattengrat* zum *Gämsenturm*.
Die „Bergführer-Seilbahn“ und ein Zickzack-Weg verbinden schließlich zum „Umwelt-Erlebnispfad“ am westseitigen Rücken des bewaldeten Sattelberges. Er hat aber sogar einen richtigen Gipfel mit Gipfelkreuz.
Der Abstiegsweg leitet südseitig – entlang mehrerer Info-Stationen –

Von der alten Mühle am Ramsaubach nur wenige Minuten zu dieser Tafel am Einstieg beim „Kali-Steig“.

So gut ist der „Kali-Steig“ abgesichert.

zur Sattelberghütte und schließlich zum Ende bzw. Beginn des Umweltpfades. Ein markierter Weg führt nordseitig zurück zur alten Bauernmühle.

Besonderer Erlebnispunkt

Bei der Sattelberghütte: Kleiner Streichelzoo und eine „Wasserwelt für Kinder“.

Einkehr-Tipp

Panoramahotel Edelweiß: Mit Kinderspielplatz, für Tagesgäste Kaffee und Kuchen; ansonsten nur für Hausgäste.
Familie Putz, Tel. 03687/81988-0

Sattelberghütte: Jausenstation; Pfingsten bis Oktober.
Spezialitäten für Kinder: Kali-Suppe und Schokokuchen.
Familie Schrempf (Kielerhof), Tel. 03687/81148

Auf den ersten Blick

Ausgangs- und Zielpunkte:
- Für Klettersteig: Alte Bauernmühle am Ramsaubach (950 m).
- Für Umweltpfad: Panoramahotel „Edelweiß“ in Ramsau-Leiten (1100 m).

Gehzeiten: Klettersteig 1 Std.; Umweltpfad (Rundweg) 2 Std.; für die Kombination Klettersteig (Anstieg) und Umweltpfad (Abstieg) 2–2.30 Std.

Höhenunterschied: Bis zu 170 m.

Beste Jahreszeit: Mai bis Oktober.

Orientierung:
- Am Klettersteig: Große Infotafel am Einstieg.
- Am Umweltpfad: 15 lustig gestaltete Tafeln.
- Zeitschrift „Ramsaurier Kinderclub“.

Informationen:
TV Ramsau am Dachstein;
Tel. 03687/81833
info@ramsau.com
www.ramsau.com

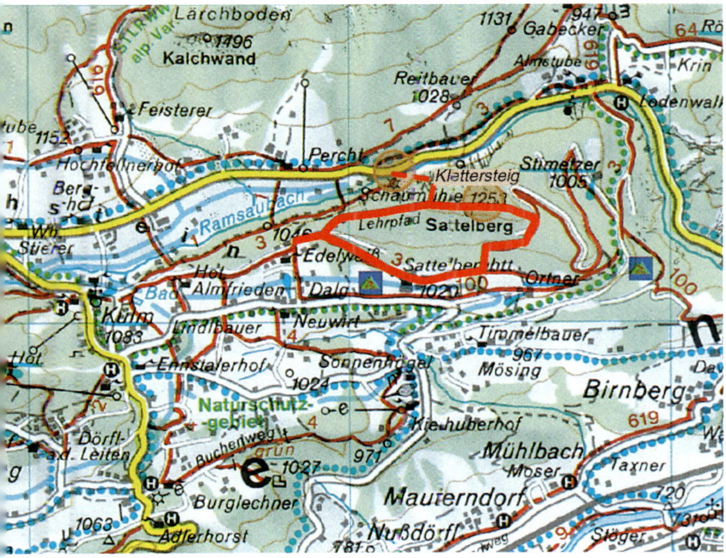

12

Schmelzofen-Rundweg

Im Rohrmooser Obertal auf Spuren von Nickel und Knappen

Auf den ersten Blick

Ausgangs- und Zielpunkt: Obertal, Parkplatz Hopfriesen (1062 m).
Gehzeit: 1 Std.
Weglänge: 3 km.
Beste Jahreszeit: Juni bis September.
Orientierung:
- Speziell beschildert.
- Beim ehem. Schmelzofen ausführliche Beschreibungen.
- Folder bzw. Broschüre in Vorbereitung.
- freytag & berndt, WK 201.

Informationen:
TV Rohrmoos-Untertal;
Tel. 03687/611470
info@rohrmoos-untertal.at
www.rohrmoos-untertal.at

Die steingrauen Mauern sind echtes Erinnerungsstück. Sie mussten jedoch der Natur entrissen werden. Denn armdicke Wurzeln des im Talboden bei Hopfriesen geradezu üppig gedeihenden Bergwaldes hatten das aufgelassene Bergwerksgelände mit der Natur allmählich vereint.
Nun aber stehen die Grundmauern frei da. Bergseitig wurden etliche Bäume geschlägert, so dass man das montan-historisch überaus interessante Werksgelände von allen Seiten her ungehindert betrachten kann.

Einst wurden in den Schladminger Tauern große Mengen Kupfer, Silber, Blei, Kobalt und Nickel abgebaut. So auch im Obertal. Hier liegen die Silberbau-Stätten der Bromriesen (Annastollen) und Hopfriesen.
In der Hopfriesen wurden bereits im Mittelalter beträchtliche Mengen an Silbererzen gewonnen. Ab dem 18. Jahrhundert gelang die Verhüttung von Kobalt und Nickel. Von 1825 bis 1880 wurde Nickelerz zeitweise in bedeutender Menge abgebaut.
Im gesamten Ostalpenraum war der *Krummofen* im Obertal eine der ersten Hochofenanlagen, die

der Nickelproduktion dienten. Den *Scmelzofen-Rundweg* beginnt man in Hopfriesen bei der Holdalm; man überquert eine große Weide.
Nach der Besichtigung des Schmelzofen-Areals geht man weiter, talauswärts, zur Wehrhofalm. Von dort leiten ein kinderfreundlich gestalteter Waldpfad und der anschließende begrünte Forstweg zurück zur Holdalm.

Besondere Erlebnispunkte

Bromriesen Silber-Schaubergwerk: Stollenführungen im *Annastollen*; für Gruppen ab fünf Personen; Führungsdauer 2 Std. Anmeldungen beim TV Rohrmoos.
Hopfriesen: Montanhistorisches Denkmal „Nickel-Kobalt-Schmelzhütte“; mit Schartenbunker. Areal frei zugänglich.
Wehrhofalm: Hausteich, Märchenweg und Streichelzoo.
Rohrmoos: Märchenweg und Schwammerlpfad.

Einkehr-Tipp

Holdalm, Almwirtschaft, Ende Juni bis Ende September.
Schmankerln: Almprodukte.
Wehrhofalm, Jausenstation, Mai bis Mitte Oktober.
Schmankerln: Forellen aus dem Hausteich; frische Almprodukte, z. B. Steirerkas, Buttermilch.
Familie Hochfilzer,
Tel. 03687/61645

Bild linke Seite:
Die Holdalm in Hopfriesen.

Am Schladminger Höhenweg Hochwurzen – Ignaz-Mattis-Hütte: Gedenk- und Dankzeichen für die Bergknappen.

Bild links oben:
Dem Zugriff des Waldes entrissen: Die Grundmauern der Schmelzhütte in Hopfriesen.

Anreise

In das Obertal via Schladming und Rohrmoos-Untertal.
Auto: Parkplatz in Hopfriesen (nahe „Tauerngold“).
Bahn/Verbundlinie: ÖBB/R250; IC-Bf Schladming.
Bus/Verbundlinie: PHB/973; Hst Wehrhofalm oder End-Hst Hopfriesen Holdalm.
Rad: R7 Ennstal-Radweg bis Schladming; MTB Alpentour Richtung Obertal; Rohrmoos – „Tauerngold“ 7 km.

13

Panorama-Rundweg Planai

Das Überziel „Ankommen, Verweilen, Ausblicken und Innehalten“ verwandelt jeden Alltag in einen Feiertag

Auf den ersten Blick

Ausgangs- und Zielpunkt: Schladminger Hütte, nächst Bergstation der Planai-Seilbahn (1828 m).
Gehzeit: 1 Std.
Weglänge: 2,5 km.
Beste Jahreszeit: Juni bis Oktober.
Orientierung:
• Zahlreiche Infotafeln.
• Folder „Planai & Hochwurzen“.
• freytag & berndt, WK 201.
Informationen:
Planai-Hochwurzen-Bahnen, Infopoint Talstation; Tel. 03687/22042-55 office@planai.at www.planai.at

Anreise

Auf die Planai via Schladming.
Auto: Planaistraße; ab Mittelstation Maut; Parkplatz beim GH Planaihof.
Bahn/Verbundlinie: ÖBB/R250; Bf Schladming.
Bus/Verbundlinie: ÖBB/900; PHB/Citybus/970; Hst Planai-Seilbahn.
Planai-Seilbahn: Sommerbetrieb Mitte Juni bis Anfang Oktober, bis Mitte Oktober Sa und So; jeweils 9–17 Uhr.
Rad: R7 Ennstal-Radweg; MTB-Strecke Planai; Seilbahn transportiert Räder.

„Eile mit Weile!“ Diesen Rundweg um den Planaigipfel beleben nicht nur einzigartige Dachstein-Tauern-Panoramen. Derselbe Weg lebt ebenso von der blühenden, grünenden Umgebung. Quellen glucksen; im Planai-Seelein spiegelt sich der weite Tauern-Himmel; Almrosenbüsche prangen; dicht aus Moos gewobene Teppiche bedecken das sanft geformte, dennoch urig anmutende Gelände am Rande der Waldkampfzone. Hier stemmen sich launig geformte Zirben als „höchste Pioniere“ gegen Wind und Wetter.

Auf den ersten Blick ist der Beginn dieses Panoramaweges eher „lehrhaft“ gestaltet. Dennoch: Es schadet niemanden, sozusagen im „Natur-Unterricht“ Wissenswertes zu erfahren über „Pflanzendecker der subalpinen Region“, Flechten und Moose, Weide und Feuchtwiesen wie auch zum Großthema „Wald“.
Der Panoramaweg lässt sich aber auch anfassen, beispielsweise bei den spaßig gestalteten Wurzelstöcken. Schließlich erzählt eine 128-jährige Fichte ihre Lebensgeschichte, und auf dem *Schneebrett Planai* sind Sonnentage und jede Menge Schnee von gestern dokumentiert. Der Rundweg schließt bei der Schladminger Hütte.

Besondere Erlebnispunkte

Kinderspielplatz Planai: Am Weg vom Parkplatz zur Bergstation.
Ort der Besinnung: Am Planai-Seelein; Motto: „Ankommen, Verweilen, Ausblicken und Innehalten“; begehbare Holz-Skulptur in Form eines Kreuzes; errichtet 1997. Mit der „Geramb-Rose“

Von der Schladminger Hütte zur Dachsteingruppe.

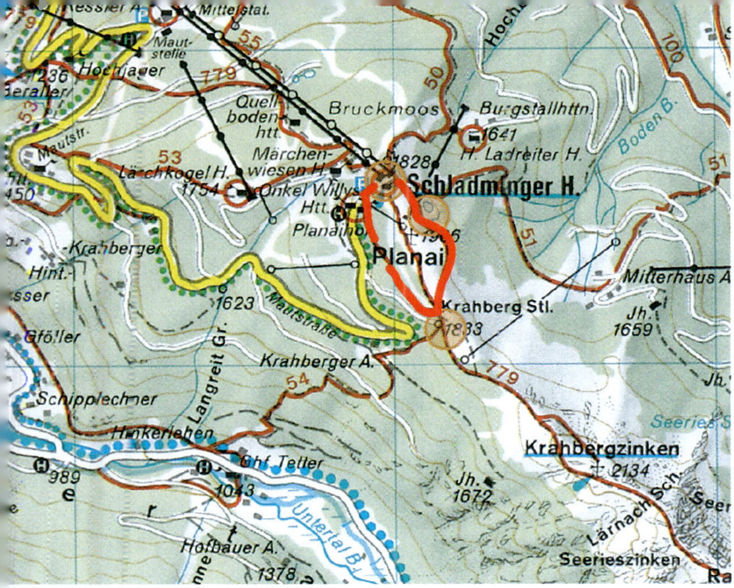

1998 ausgezeichnet „für gutes Bauen". Planer: Ing. Thomas Stiegler.
Uschis Bründl: Kleiner Brunntrog mit Überlauf; eine „natürliche Labestation" unweit des Planai-Seeleins.

Zusatzstrecken

Krahbergzinken (2134 m): Aus dem Krahbergsattel (1833 m) auf markiertem Weg zu einem breiten Hangrücken; Wegweiser. An einigen alten Stollenmündern bergwärts. Knapp vor dem Gipfel hilft ein Drahtseil über eine kurze plattige Stelle. Anstieg ab Krahbergsattel 50–60 Min.
Planaigipfel (1906 m): Ab dem Krahbergsattel 15 Min.

Einkehr-Tipp

Schladminger Hütte (1828 m); OeAV.
Schmankerln: Hausgröstl, Schladminger Würstlsuppe, Steirerkasnocken, Topfen-Heidelbeer-Strudel.
Familie Gerhardter,
Tel. 03687/22639

Inmitten eines Moos- und Blütenteppichs: Die junge, wetterfeste Zirbe am Weg zum Krahbergzinken.

Am Planai-Seelein: Ort der Besinnung mit dem begehbaren Kunstwerk. Im Hintergrund das Kemetgebirge mit den Luserwänden (links).

14

Wasserschaupfad Schwarzensee

Ein beliebter Spaziergang „mit Kind und Kegel“

Der Zugang entlang der Forststraße in Richtung Schwarzensee enthält den Wert einer Exkursion, weil man aus der Umgebung viele Details erfährt. Die von Werner Franck gestalteten Info-Tafeln beschreiben beispielsweise die *Veilchensteine (trentepohlia iolithus)*, das sind jene im Bachbett abgelagerten Steine, auf denen die Grünalgen von roten Algen überzogen wurden.

Weitere Info-Tafeln erläutern natürlich das Thema „Wasser“, ebenso die Tierwelt am Gebirgsbach, dazu Moose und eine „Kaltluftaustritt-Stelle“: Diese liegt unmittelbar am Wanderweg und macht sich insofern bemerkbar, wenn den kluftreich gelagerten, bemoosten Steinen kühle Luft entströmt. Es ist leicht nachvollziehbar, dass Almbauern diesen „Kühlschrank-Effekt“ zu nutzen wussten. Eine andere ökologische Rarität ist das „Fichten- und Kondenswasser-

Wasserschaupfad pur: Der Säusenbachfall vor dem Schwarzensee.

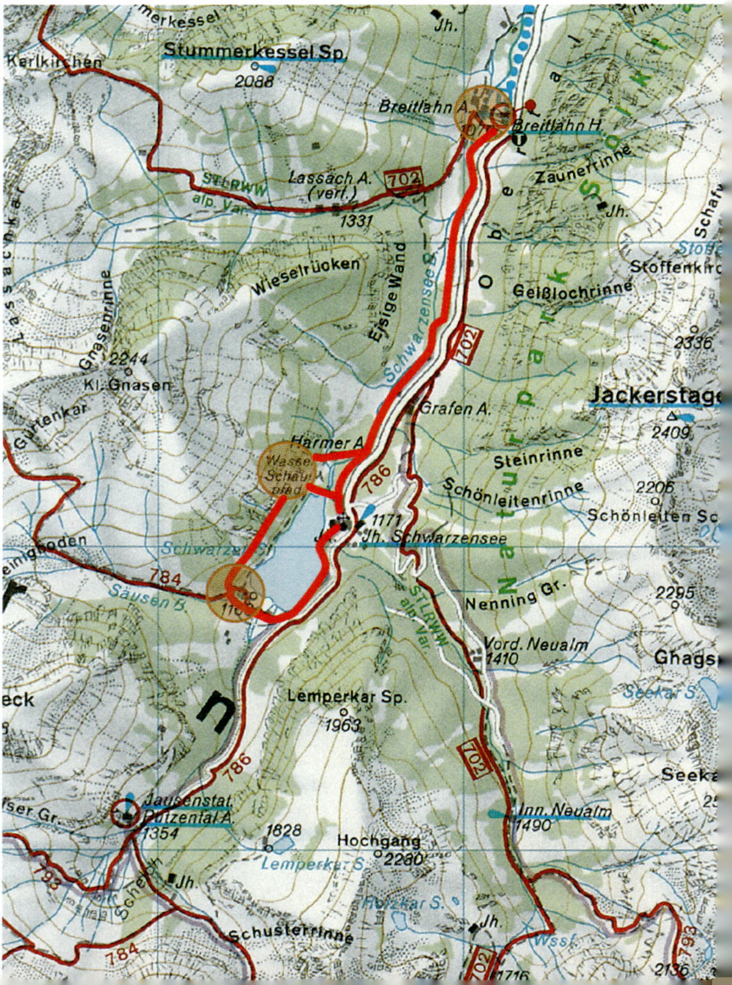

Auf den ersten Blick

Ausgangs- und Zielpunkt: Parkplatz Breitlahnalm (1070 m).
Gehzeit: 2.30 Std.
Weglänge: 8 km (Rundstrecke).
Beste Jahreszeit: Mai bis Oktober.
Orientierung:
- Markierte Wege.
- Mehrere Info-Tafeln; ausführliche Inhalte.
- Broschüre „Naturpark Sölktäler“.
- freytag & berndt, WK 201.

Informationen:
Naturpark Sölktäler, Stein an der Enns;
Tel. 03685/23180
naturpark@soelktaeler.at
www.soelktaeler.at
www.taelerbus.at

Treffpunkt zum Rasten für Mensch und Tier: Auf der Harmeralm.

moor". Schließlich umrundet man den Schwarzensee. An den Gestaden mit Rast- und Spielplätzen darf viel Zeit verstreichen. Dank Almwirtschaften ist gegen Hunger und Durst gut vorgesorgt. Deshalb kann dieser Ausflug auch einen ganzen Tag dauern.

Besondere Erlebnispunkte

Erzherzog-Johann-Fels: Am Südufer des Schwarzensees. Der Findling trägt eine Inschrift von 1959, die Erzherzog Johann (1782, Florenz–1859, Graz) als „großen Freund des Sölktales" würdigt.
Säusenbachfall: Unweit vom Schwarzensee ergießt sich der Säusenbach fotogen über eine Steilstufe. Im Nahbereich des Wasserfalles lässt sich gut rasten. Empfehlenswerter Zugang: Von der Harmeralm entlang des bergseitigen Uferweges, 20 Min.
Schwarzensee (1163 m): Eine Idylle. Die Wasseroberfläche des Sees beträgt 23 ha; die größte Tiefe 15 m. Das Volumen von rund 2 Millionen Kubikmeter entspricht einem Würfel von 126 m Kantenlänge.

Zusatzstrecke

Putzentalalm (1354 m): Urige Almhütten, mit Sennereibetrieb („Steirerkas"). Wasserfälle umgeben in einem Halbrund den Almboden.
Gehzeit: ab Schwarzensee 35 Min.; Forstweg.

Einkehr-Tipp

Breitlahnhütte (1070 m): Mai bis Anfang Oktober.
Schmankerln: Forellen aus dem Quellwasser.
Familie Gerhardter,
Tel. 0664/1806573
Harmeralm (1170 m), urige Almwirtschaft; Ende Mai bis etwa 10. Oktober.
Schmankerln: Butter, Käse, Milch, Buttermilch.

Anreise

In das Kleinsölktal von Stein an der Enns via Marmor-Steinbruch und Kleinsölk.
Auto: Parkplatz bei der Breitlahnhütte; Mautstraße.
Bahn/Verbundlinie:
ÖBB/R250;
Bf Stein an der Enns.
Bus/Verbundlinie:
Tälerbus/946;
End-Hst Breitlahnalm.
Rad: R7 Ennstal-Radweg bis Stein an der Enns; Radl-Parkplatz bei der Breitlahnhütte.

Wasser von allen Seiten. Vom Schwarzensee in den Talabschluss: Über den großen Karen (v. l. n. r.): Alpkarspitze, Schöneck, Schafkarspitze.

15

Geologischer Wanderweg Gumpeneck

Eine Zeitreise durch die jüngsten 500 Millionen Jahre

Durchgehend mit solchen Punkten bezeichnet.

Just hoch am Berg leitet diese gut zwei Stunden dauernde „Zeitreise" durch die beiden tief eingeschnittenen Sölktäler. Diese prägen jene Tauernlandschaft, deren Relief zwischen dem Sölkpass (1788 m) und Schöneck (2540 m) vom Hauptkamm nordseitig in das Ennstal ausläuft. Dessen Boden liegt rund 670 Meter hoch. Diesen Dimensionen großer Höhenunterschiede folgend, gleiten forschende Augenpaare tief und weit und beständig neugierig über prächtige alpine Panoramen. Schließlich gewährt der Gratrücken zwischen der Salzleck (1800 m) und dem Blockfeldspitz (1929 m) wortecht eine Edel-Perspektive.

Der Themenweg beginnt auf der oberen Gumpenalm, bei der Schleinhütte. Zugegeben: Man muss zu diesem Weganfang relativ lang ansteigen, nämlich rund eineinhalb Stunden. Dieser Aufwand erweist sich jedoch angesichts jener 500 Millionen Jahren Erdgeschichte, die man alsbald durchwandert, als wahres Schnäppchen. Im Gepäck sollte unbedingt der Naturpark-Geo-Führer mit dabei sein. Darin sind die 24 Stationen beschrieben. In der Natur markieren lediglich Nummern die einzelnen Infopunkte.
Die Stationen eins bis 14 veranschaulichen das Entstehen der Gebirgslandschaft einschließlich der Sölktäler und des Ennstales. Nach der Station 13 beginnt der Abstieg in das Gumpenkar. Darin weisen

Auf den ersten Blick

Ausgangs- und Zielpunkt: Parkplatz (1080 m) nahe Gehöft Koller.
Gehzeit: 5 Std.
Weglänge: 11 km; 900 Hm.
Beste Jahreszeit: Juni bis Oktober.
Orientierung:
- Markierte Wege.
- 24 nummerierte Stationen.
- Broschüren „Zeitreise durch die Sölktäler" und „Naturpark Sölktäler".
- freytag & berndt, WK 203.

Informationen:
Naturpark Sölktäler, Stein an der Enns;
Tel. 03685/23180
naturpark@soelktaeler.at
www.soelktaeler.at

Seite 44, unten: Vom Blockfeldgrat zum Gumpeneck.

Seite 45, oben: Von der Salzleck zum Gumpeneck. Die Schatten reichen in das Gumpenkar.

die Stationen 15 bis 24 auf zahlreiche charakteristische Geländeformen und geologische Besonderheiten hin: Beispielsweise die Karrenbildung (Station 19), Dolinen (20) oder Gesteinsfalten (22).
In Summe wird auf spannende Weise die populäre Annahme, „die Geologie ist tot", widerlegt.

Weiterer Erlebnispunkt

Schloss Großsölk: „1. Österreichisches Naturparkhaus"; mit Museum und Veranstaltungszentrum. Öffnungszeit: Ende Mai bis Mitte Oktober, jeden Di, Fr, So 11–16 Uhr. Tel. Infos beim NP-Büro.

Zusatzstrecke

Gumpeneck (2226 m): Ein lohnender Abstecher! Ab der Station 13 leitet ein markierter, einfach begehbarer Steig den hier breiten Bergrücken aufwärts zum Gipfelkreuz. Anstieg 30–40 Min.

Einkehr-Tipp

Schleinhütte (1650 m): Almwirtschaft; Juni bis September.
Schönwetterhütte (1442 m): Derzeit b. a. w. geschlossen.

Anreise

In das Großsölktal via Stein an der Enns oder über den Sölkpass. Ab Großsölk 3 km Hofzufahrt, asphaltiert.
Auto: Parkplatz nächst Gehöft Koller.
Bahn/Verbundlinie: ÖBB/R250; Bf Stein an der Enns.
Bus/Verbundlinie: Post/945; Hst Großsölk Weber.
Rad: R7 Ennstal-Radweg bis Stein an der Enns; Radl-Parkplatz beim Gehöft Koller.

16

NATURPARK SÖLKTÄLER

Wasserschaupfad Bräualm

Von St. Nikolai im Sölktal zum Wasserfall Kreuzsteg

Auf der Hohenseealm.

„Gemma Wasser schaun!" Das geflügelte Wort beflügelt ebenso. Denn Wasser bedeutet Leben und Ausflüge sollen möglichst lebhaft gestaltbar sein.
Dieser Themenweg führt entlang des Bräualmbaches und zeigt die Vielfalt, ja sogar etliche Besonderheiten „rund ums Wasser" auf, vor allem aber das „Leben am und im Gebirgsbach".

Entlang desselben Weges wird auch auf Heilkräuter aufmerksam gemacht sowie deren Anwendung empfohlen – nach jener Art und Weise, wie sie Pfarrer Kneipp erfolgreich erprobt hat.
Falls der fast ebene Spazierweg entlang des Bräualmbaches bis zum Wasserfall beim Kreuzsteg den einen oder anderen Besucher nicht auslastet: Wie der Kartenausschnitt andeutet, gibt es in der Umgebung von St. Nikolai eine Fülle von Wanderwegen. Einer davon führt in Richtung Hohensee. Wer entlang des gischtenden Hohenseebaches bergwärts steigt, kann zu Recht behaupten, „oben" gewesen zu sein: Ein schönes Stück näher dem Tauern-Himmel.

Besonderer Erlebnispunkt

Naturparkhäuschen: In Sankt Nikolai. Frei zugänglich, mit vielen Informationen zum „Naturpark Sölktäler".

Zusatzstrecke

Hohenseealm (1543 m): Vom Wasserfall im Talschluss (1203 m) leitet der gut markierte Steig – dieser dient zugleich dem Zentralalpen-Weitwanderweg 02 – über eine steile Geländestufe bergwärts zur Hohenseealm. Ein wirklich prächtiger Rast- und Aussichtsplatz! Inmitten einsamer Almlandschaft liegt wie ein dunkles Auge der Hohensee. Gehzeit: Ab dem Wasserfall 1 Std.; 340 Hm.

Auf den ersten Blick

Ausgangs- und Zielpunkt: St. Nikolai im Sölktal (1127 m).
Gehzeit: 2.30 Std.
Weglänge: 7 km.
Beste Jahreszeit: Juni bis Oktober.
Orientierung:
- Markierte Wege.
- Rund zehn Infotafeln; z. T. ausführliche Inhalte.
- Broschüre „Naturpark Sölktäler".
- freytag & berndt, WK 203.

Informationen:
Naturpark Sölktäler, Stein an der Enns;
Tel. 03685/23180
naturpark@soelktaeler.at
www.soelktaeler.at

St. Nikolai im Sölktal; im Hintergrund das Gumpeneck.

Anreise

Nach St. Nikolai im Sölktal via Stein an der Enns oder über den Sölkpass.

Auto: Zwei Parkplätze am Ortsrand.

Bahn/Verbundlinie: ÖBB/R250; Bf Stein an der Enns.

Bus/Verbundlinien: Post/945 + Talerbus; Hst St. Nikolai im Sölktal.

Rad: R7 Ennstal-Radweg bis Stein an der Enns; MTB Alpentour über den Sölkpass.

Einkehr-Tipp

Zum Gamsjäger, „Naturpark-Gaststätte" in der Ortsmitte von St. Nikolai (im Sommer kein R; ansonsten Mi).

Schmankerln: Ganzjährig Produkte aus dem Naturpark; im Juli Knödeltage, im November Wildspezialitäten.

Familie Tritscher, Tel. 03689/210

Die Niederen Tauern wirken geheimnisvoll: am Hohensee.

17

NATURPARK SÖLKTÄLER

Eiszeit-Lehrpfad Römerweg

Von der Erzherzog-Johann-Hütte auf den Sölkpass

Die Wegspuren, denen man oberhalb der Kaltenbach-Straßenkehre schrittweise bergwärts folgt, sind gut zweitausend Jahre alt. So wird *auch* die Geschichte des Römerweges anschaulich beschrieben. Der Schwerpunkt dieses Themenweges widmet sich speziell jener seit der jüngsten Eiszeit vielfältig gestalterisch wirkenden Verformung des Landschaftsreliefs.

Auf den Infotafeln sind Zeitabschnitte oder Merkmale beschrieben wie beispielsweise die „Sölktäler im Eiszeitalter"; die Nunataker bzw. eisfreien Gipfelregionen; das Großsölktal als „Relikt eines eiszeitlich überformten Trogtales"; die Landschaftsformen „der Sölktäler *vor* den Eiszeiten". Weiters wird man informiert über den in den Tauernbergen typischen Bürstlingrasen. Hinzu kommt Wissenswertes über Rentierflechten, Almmatten-Erosion *(Plaiken)* oder jene auffallenden „Glatthänge des Sölktales" wie beispielsweise am Schafdach. Gut klingt der Vergleich „Die Kaltenbachkehre – ein Lehmsessel der Eiszeit." Schließlich werden Pflanzen der Sölkpasshöhe beschrieben.
Insgesamt wird an diesem Lehrpfad das Rad der Zeit weit zurückgedreht und weckt eiskalte Fakten:

„Vor 1,8 Millionen Jahren setzte weltweit das Eiszeitalter ein, wobei auch die Alpen von mindestens fünf Vereisungssphasen erfasst wurden. Während dieser Phasen lag die Temperatur im Alpenraum bis zu 13 Grad niedriger als in der Gegenwart.
Während der bisher letzten Eiszeit (*Würm*, benannt nach dem gleichnamigen Fluss in Oberbayern), in welcher vor rund 20.000 Jahren die Vergletscherung ihren Höhepunkt erreicht hatte, füllten Eisströme die Alpentäler aus. In manchen Talsystemen erreichten die Eismassen Mächtigkeiten von über eintausend Metern."
Wer bei heißem Wetter dem „Eiszeit-Lehrpfad Römerweg" folgt, wünscht sich vielleicht gar einen Hauch aus der Eiszeit. Was keineswegs utopisch ist: Über den Sölkpass pfeift im Sommer mitunter eiskalter Wind.

Auf den ersten Blick

Ausgangspunkt: Erzherzog-Johann-Hütte (1490 m).
Zielpunkt: Sölkpass (1788 m).
Gehzeit: Anstieg 1.30 Std.; hin und zurück 2.30 Std.
Weglänge: 3 km.
Höhenunterschied: 300 m.
Beste Jahreszeit: Mai bis Oktober.
Orientierung:
- Zahlreiche Infotafeln; ausführliche Inhalte.
- Broschüre „Naturpark Sölktäler"; kostenlos.
- freytag & berndt, WK 203.

Informationen:
Naturpark Sölktäler, Stein an der Enns;
Tel. 03685/23180
naturpark@soelktaeler.at
www.soelktaeler.at
www.taelerbus.at

Der Römerweg an der Nordseite des Sölkpasses.

Anreise

Zur Erzherzog-Johann-Hütte via Stein an der Enns oder über den Sölkpass.
Auto: Parkplatz bei der E-J-Hütte.
Bahn/Verbundlinie: ÖBB/R250; Bf Stein an der Enns.
Bus/Verbundlinien: Post/945 (bis St. Nikolai); Tälerbus; Hst Erzherzog-Johann-Hütte
Rad: MTB Alpentour über den Sölkpass.

Besonderer Erlebnispunkt

Sölkpass und Erzherzog-Johann-Straße: Der *Steirische Prinz* wanderte oft über diesen Pass. Im Gedenkjahr 1959 wurde die Sölkpassstraße zu bauen begonnen und diese nach Erzherzog Johann benannt.
Die touristisch wertvolle Nord-Süd-Verbindung zwischen Stein an der Enns und Murau ist insgesamt 53 km lang.
Die 12 km lange Scheitelstrecke zwischen St. Nikolai im Sölktal und der Kreuzerhütte ist ungefähr ab Mitte Mai bis zum Wintereinbruch geöffnet. Auf der Passhöhe steht die anno 1978 erbaute Kapelle.
In jüngerer Zeit fanden speziell im Bereich des Passes intensive Grabungen statt. An Hand zahlreicher Funde wurde die historische Bedeutung des über den Sölker Tauern führenden Saumweges – der auch von den Römern benutzt wurde – nachgewiesen.

Zusatztour

Hornfeldspitze (2277 m): Überaus lohnend, prächtiger Ausblick auf die Schladminger und Wölzer Tauern. Gut markierter Steig ab dem Sölkpass. Anstieg 1.15 Std.

Einkehr-Tipp

Erzherzog-Johann-Hütte (1490 m): „Naturpark-Gaststätte"; Mitte/Ende Mai bis Ende September. Schmankerln: Kas- und Specknockerln; Schwammerln, Gamsgulasch. Familie Senekowitsch, Tel. 03689/455, im Tal 03686/4355
Kaltenbachalm (1560 m): Anfang/Mitte Juni bis Mitte September. Schmankerln: Hausbrot, Butter, Milch, Ennstaler und Murtaler Steirerkas, süße Krapfen, Steirerkrapfen.
Familie Stangl vlg. Berndl, Tel. 03685/22411

Die Sölkpass-Kapelle.

18 Öblarner Kupferweg

Der Montanhistorische Schaupfad in der Walchen öffnet auch Einblicke in die Schmelztechnik

Bis in das 20. Jahrhundert wurden im Walchental – das von Öblarn südwärts tief in die Donnersbacher Tauern zieht – Kupfer, Silber, Gold und Schwefelkies gewonnen. Die Erze wurden vor Ort verhüttet. Einem ersten sicheren Beleg zufolge war im Jahre 1434 eine Schmelzhütte in Betrieb. Höchstwahrscheinlich sind bereits zuvor Bergbau und Verhüttung betrieben worden.

In mehreren Horizonten wurden viele Kilometer Stollen in das kluftreiche Gebirge geschürft.
Die für Schauzwecke erforderlichen Revitalisierungsarbeiten erfolgen durch den Bergbauverein; er wurde im Mai 1998 gegründet. Seit dem Grubenunglück von *Lassing* (18. Juli 1998) sind die Genehmigungsverfahren für Schaubergwerke langwierig und die Auflagen außerordentlich aufwändig. Aus diesem Grunde verlaufen die Führungen zum großen Teil außerhalb des Stollens: Im Bergbaumuseum „Öblarner Steinkeller“, bei den Schmelzöfen und bei den historischen Verwaltungs- und Wohngebäuden aus der Bergbauzeit. Infolgedessen sanierte der Bergbauverein insbesondere die Kupferschmelzöfen und den einzigartigen *Silbertreibherd*.
Mit der Reaktivierung des *Thaddäusstollens* – er stammt von 1729 – wurde im Jahre 1999 begonnen.

Bild rechts: Gegenüber dem Berghaus die dem hl. Nepomuk geweihte Kapelle.

Instand gesetzt für Jugendgruppen und Familien: Das Berghaus der OeAV-Sektion Öblarn.

Derzeit können 130 Meter Strecke besichtigt werden. Dieser vorderste, technisch bestens gesicherte Abschnitt wurde im Juni 2000 eröffnet. Eine Verlängerung des Schaustollens wird angestrebt.
Bis zum Sommer 2002 wurden in den Öblarner Kupferweg rund 200.000 Euro investiert – und eine ungeheure Menge freiwilliger Arbeitsstunden.
Mittelfristig erfolgen weitere archäologische Arbeiten im Schmelzofenbereich, dazu Rekonstruktionen sowie Sicherungsarbeiten an den wichtigsten Verwaltungs- und Wohnanlagen aus der „Stampfer-Zeit" (17./18. Jh.).
Die Gesamtleitung des Projekts obliegt Günther Dembski, dem unermüdlich schaffenden Obmann des Bergbauvereines.
In der Walchen gibt es eine weitere interessante Neuerung: Die Mitglieder der OeAV-Sektion Öblarn unter ihrem Obmann Dr. Heinz Becvar revitalisierten das *Berghaus*: Ein Massivbau sondergleichen. Dieser diente ab 1709 als Knappenhaus bzw. Verwaltungsgebäude; zuletzt – bis 1958 – als Wohnhaus. Am 14. Juli 2001 wurde das „neue Berghaus" eingeweiht; es kann ganzjährig als Selbstversorgerhaus genutzt werden.

Besondere Erlebnispunkte

Bergkreuzkapelle: Im 16. Jh. auf den Mauern eines Knappenhauses errichtet; mit Bildnis der hl. Barbara. Mitunter zieht am Annatag (26. Juli) eine Prozession zur Kapelle.
Kupferweg mit Walchental-Express: Führung durch den Öblarner Steinkeller (Bergbaumuseum, gj. geöffnet), mit Diavortrag zur Bergbaugeschichte. Fahrt auf dem Planenwagen („Walchental-Express") in den Talschluss. Stollenführung. Mittagessen im GH Zum Bergkreuz; Rückfahrt nach Öblarn. Gesamtdauer 5–6 Std.
Paula-Grogger-Haus: Eingerichtet zum bleibenden Gedenken an die Heimatdichterin (12. 7. 1892–1. 1. 1984). Museum-Öffnungszeiten: Palmsonntag bis 31. Oktober; So 10–11.30, Do 16–18 Uhr. Tel. 03684/2384

Zusatzstrecken

Öblarner Marterlwege: Wegbeschreibung in gleichnamiger Broschüre.
TV Öblarn-Niederöblarn;
Tel. 03684/2470
info.oeblarn@utanet.at
www.oeblarn.at

Einkehr-Tipp

Zum Bergkreuz, Gasthof (kein R). Schmankerln: Stollengröstl, Schwammerlgerichte, Steirerkrapfen. Familie Reichhart, Tel. 03684/2129
Berghaus (985 m), OeAV; für Selbstversorger. Informationen: Hüttenwart Stieg, Tel. 03684/2004

Auf den ersten Blick

Ausgangspunkte: Hauptplatz Öblarn (668 m) oder Berghaus (985 m), am Ende der Walchenstraße.
Zielpunkte: Thaddäusstollen (1100 m), Bergkreuzkapelle (1240 m).
Gehzeiten, Weglängen, HU:
- Öblarn – GH Bergkreuz – Berghaus 2 Std., 7 km; 320 Hm.
- Berghaus – Eingang Thaddäusstollen 20 Min.; 1 km; 120 Hm.
- Berghaus – Bergkreuzkapelle 40 Min.; 2,5 km; 160 Hm.

Führungen: 1. Juni bis 30. September, jeden Donnerstag, ab 9.15 Uhr; Dauer 4–6 Std., je nach Variante. Mindestens 2 Tage zuvor anmelden.
Orientierung:
- 14 nummerierte Standorte.
- Beschreibungen in der Broschüre „Öblarner Kupferweg".
- freytag & berndt, WK 203.

Anmeldungen, Informationen:
Bergbauverein Öblarn;
Tel. 0664/1127428
info@kupferweg.at
www.kupferweg.at

Anreise

Nach Öblarn.
Walchentalstraße 7 km; nur z. T. asphaltiert.
Auto: Letzte Parkmöglichkeit beim Berghaus.
Bahn/Verbundlinie: ÖBB/R250; Bf Öblarn.
Bus/Verbundlinie: ÖBB/900; Hst Öblarn Hauptplatz.
Rad: R7 Ennstal-Radweg, in die Walchen mit MTB.
„Walchental-Express": Planenwagen für Exkursionen am Kupferweg Öblarn – OeAV-Berghaus. Anmeldungen beim Bergbauverein oder GH Zum Bergkreuz.

19

Skulpturenpark Irdning und die Kraftplatzroas

Der Moderne auf der Spur. Dabei sollte die Kraft in den Beinen bis zum Glattjoch reichen – und wieder zurück

Der Skulpturenpark liegt in der Ortsmitte von Irdning.

Auf den ersten Blick

Ausgangspunkt: Kirche Irdning (673 m).

Gehzeiten:

Skulpturenpark Irdning: Aufenthaltsdauer 30–60 Min.; Arealgröße 5923 m^2, mit Teich.

Kraftplatzroas: Ein Unterfangen, das mehrere Tage dauert. Die meisten Transfers von Erlebnispunkt zu Erlebnispunkt können mit einem Fahrzeug (auch Rad) erfolgen. Bei der Route III erfordert die Exkursion zum Glattjoch ca. 4 Std. Anstieg.

Beste Jahreszeit:

- In Tallagen Mai bis Oktober.
- In Berglagen ab Mitte/Ende Juni.

Orientierung:

- Wanderwege; z. T. auch Straßen.
- Spezielle „Kraftplatzroas-Karte" in Vorbereitung.
- freytag & berndt, WK 082 und 203.

Informationen:

Marktgemeindeamt Irdning: Kulturreferat, Tel. 03682/22420-28. www.irdning.at

Die Umsetzung dieses breit angelegten Projekts für eine „permanente Begegnung mit der Kunst unter freiem Himmel" wurde im Jahre 1999 über Initiative der Gemeinde Irdning von einer Arbeitsgemeinschaft begonnen. Zu einem ersten Glanzstück entwickelte sich der *Skulpturenpark Irdning:* Die überwiegend aus Holz geformten Kunstobjekte drängen sich dem Besucher nicht auf, wecken jedoch bei jedem Interessierten dessen Hinterfragelust nach dem in jedem Objekt versteckten Wie und Warum.

Der Skulpturenpark ist die „Keimzelle der Kraftplatzroas". Sowohl der Park als auch lange Abschnitte der „Roas" liegen relativ nahe am Fuße des 2351 Meter hohen Grimming. Ein mächtiges Ereignis. Galt er doch einst gar als *mons altissimus styriae.*

Der Skulpturenpark dokumentiert symbolisch die aktuelle Kunst-Entwicklung in der Kulturregion Grimming und weist daher die Richtung zum Überziel. Dieses liegt im modulartigen Ausbau der weitmaschig vernetzten *Kraftplatzroas.* Sie enthält derzeit drei Routen, welche jeweils – teilweise auch parallel führend – zu natur- und kulturhistorisch wertvollen Plätzen und Plätzchen leiten.

Die längste Strecke, die Route III, führt aus dem Ennstalboden gar bis zum Glattjoch im Tauern-Hauptkamm.

Insgesamt sind sieben Gemeinden in das Projekt eingebunden: Irdning, Aigen, Pürgg/Trautenfels, Stainach, Wörschach, Donnersbach und Donnersbachwald. Alle sind in der Arbeitsgemeinschaft vertreten und ziehen daher gemeinsam an einem Strang für „a guate Kraftplatzroas"!

Besonderer Erlebnispunkt

Skulpturenpark Irdning: Ganzjährig frei zugänglich. Die Objekte – darunter der Bienenstock, Segmentbogen, Thron, Ortskern; weiters die Quelle, Woodstock-Trommel, Umarmung und Himmelsleiter, dazu das Herz sowie die Objekte „In the wood" und „La Protesta" – sind internationaler Herkunft.

Weitere Skulpturen – je eine oder zwei – stehen in Aigen, Altirdning, Donnersbach, Stainach und Untergrimming.

G'schmackiger Erlebnispunkt

Irdninger Bauernmarkt: An Samstagen, 9–12 Uhr. Neben der Kirche.

Kraftplatzroas und Erlebnispunkte

Route I:

Irdning – Pürglitz – **Altirdning** – **Heiligbrunn** – Heidenhügel – **Kulm** – **Kirche Hohenberg** – Irdning.

Route II:

Irdning – Ennsbrücke – **Schloss Trautenfels** – **Neuhaus** (ehem.

Zum Himmel schreiend: So ist die wahre Welt.

Burg; Ausgrabungen) – Untergrimming – **Pürgg** (Georgskirche, Johanneskapelle) – Stainach – **Schloss Friedstein** (– Kalvarienberg) – Wörschach – **Burgruine Wolkenstein** – Maitschern – **Aigen** – Irdning.

<u>Route III:</u>

Irdning – Aigen – **Putterersee** – Irdning – Winklern – Donnersbach – **Donnersbachwald** – Lärchkar und/oder **Glattjoch** (1988 m); höchster Übergang an der ehemaligen Salzstraße. Im 7. Jh. errichteten Mönche aus Irland auf dem Glattjoch eine erste Kapelle; diese gilt in der Gegenwart als der „höchste Sakralbau der Steiermark".

Einkehr-Tipp

Alle Gaststätten in Irdning.
Restaurant Gabriel, Ringgasse 48 (R Mo).
Schmankerln: Steirische und internationale Spezialitäten.
Familie Gabriel, Tel. 03682/22422
Grabenwirt, Gute steirische Gaststätte; Falkenburg 7 (R Mi, Fr).
Schmankerln: Auch Südsteirische Spezialitätenwoche.
Familie Pachernegg,
Tel. 03682/22496
Sportkegelbahn Rudorfer, auch Wintergarten; Falkenburg 84 (R So).
Schmankerln: Preisgünstige Mittagsmenüs; Imbisse „für großen und kleinen Hunger".
Familie Rudorfer,
Tel. 03682/22711

Anreise

Zum Skulpturenpark in Irdning.
Auto: Parkplätze in Ortsmitte.
Bahn/Verbundlinien:
ÖBB/R170, R250;
IC-Bf Stainach-Irdning.
Bus/Verbundlinien: Post/941;
Hst Irdning Hauptplatz.
Rad: R7 Ennstal-Radweg.

Steirerherz: Offen für jeden Kunstsinn.

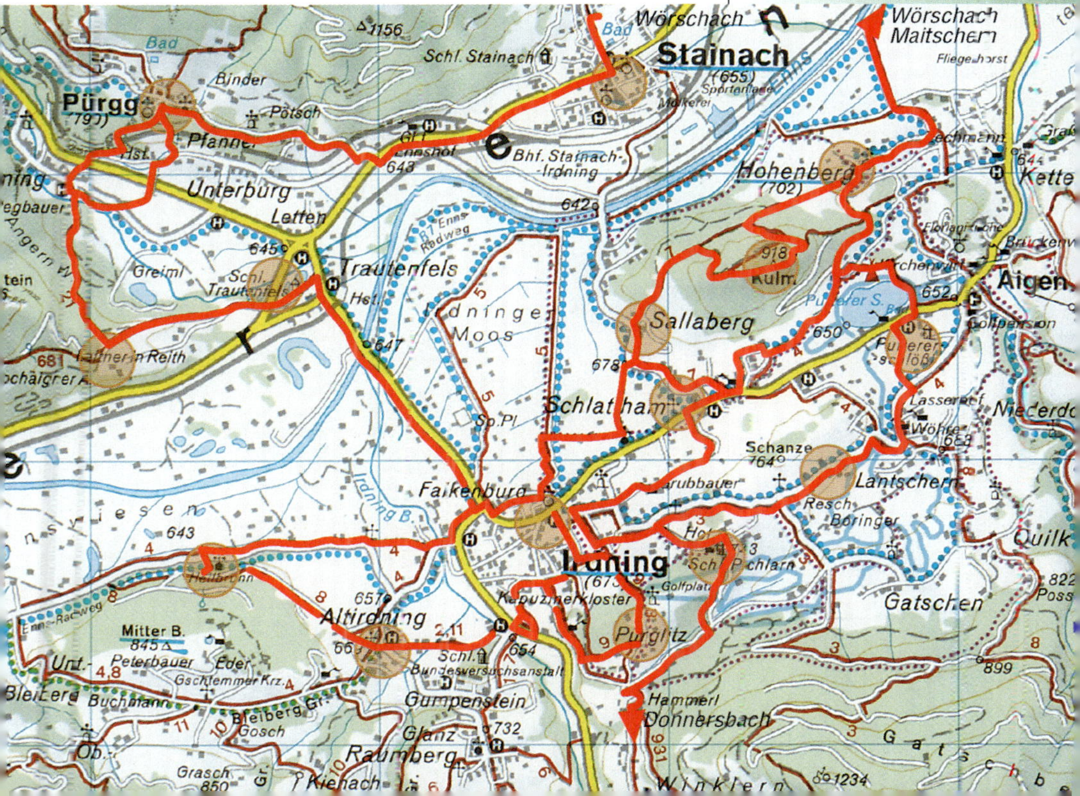

20

Wünschelrutenweg

In Aigen im Ennstal leiten sensible Hände zum Putterersee und „tanzenden Apfelbaum“

Hand aufs Herz: Über mögliche Wirkungen der Wünschelrute ist jeder Quereinsteiger anfangs verunsichert. Aber Rat und Hilfe einer Fachfrau oder eines Fachmannes wirken Wunder: Man entdeckt in sich eine zuvor nie wahrgenommene Sensibilität. Sie entfacht mit dem ersten Ruten-Ausschlag eine nachhaltige Motivation. Insbesondere jeder Anfänger verinnerlicht jenen „Ur-Sprung“, wenn sich die in den Handflächen liegende Wünschelrute unwiderstehbar zu drehen beginnt. Neugierde und Euphorie motivieren schließlich derart, dass man als Neuling Gefahr läuft, die Wünschelrute länger zu gebrauchen, als dem Organismus gut tut.

Auf den ersten Blick

Ausgangs- und Zielpunkt: Gemeindeamt Aigen im Ennstal (652 m).
Höchster Punkt: Hohenberg (702 m).
Gehzeit: 2–3 Std.
Weglänge: 4 km.
Beste Jahreszeit: April bis November.
Orientierung:
- Spezielle Wegweiser.
- 9 Stationen; erklärende Inhalte.
- Folder „Wünschelrouten-Wanderweg“.
- freytag & berndt, WK 082.

Informationen, Führungen, Rutenverleih:
TV Aigen im Ennstal;
Tel. 03682/23540
aigen@urlaubsland.at
www.aigen.at

In duldsamer Weise instruiert Frau *Gertrude Fritz* Schnuppergäste im Gebrauch der Wünschelrute. Auch wir probten zunächst an Ort und Stelle, folgten jedoch alsbald – neugierig wie aufgeweckte Kinder – in selbstständiger Weise diesem *österreichweit* einzigartigen Wünschelrutenweg.

Wir empfehlen: Herkommen, umschauen, zuhören, beobachten, fühlen, tasten, gehen. Schritt für Schritt. Vom Putterersee zum „tanzenden Apfelbaum“ und schließlich zum außergewöhnlich starken Kraftplatz beim Altar der Kirche von Hohenberg.
Verschiedene Grifflängen der Wün-

„Anmooriges“, stilles Wasser: der Putterersee.

schelrute ermöglichen verschiedene Strahlungen wahrzunehmen:
- *unterirdisch* fließendes Wasser (Wasseradern);
- *Reaktionszonen;* das sind Verwerfungen bzw. geologische Brüche, entstanden z. B. infolge eines Erdbebens;
- *vitalitätsfördernde Reaktionsfelder,* wie Kraftplätze und Wachstumszonen.

Allgemeine Informationen über die *Radiästhesie* – „Kunst des Rutengehens" – enthält auch der Folder „Wünschelrutenweg".

Besondere Erlebnispunkte

Johanneskirchlein Hohenberg: Erbaut im 12. Jh.; Flügelaltar von 1520.

Putterersee: „Wärmster Alpenmoorsee der Steiermark" (bis 26 Grad), zum Baden, Surfen, Fischen, Boot fahren; mit Campingplatz und See-Buffet (Café-Pub „Lochness").

Weitere Stationen: Das Weppernbacherl, die Putterer-Kapelle sowie der Vierfingerbaum, „tanzende" Apfelbaum und Krebsbaum.

Einkehr-Tipp

Kirchenwirt, in Ortsmitte (R Do). Schmankerl: „Steinessen"; auf Steinplatten gegrillt.
Familie Fritz, Tel. 03682/23310

Putterersee, GH am Wünschelrutenweg (nach dem Weppernbacherl); mit Kinderspielplatz (im Sommer kein R; ansonsten Mo).
Schmankerln: Steirische Spezialitäten.
Familie Dornbusch,
Tel. 03682/22520

Übt geduldig mit Anfängern: Gertrude Fritz aus Aigen.

Bild links oben: Schön und kraftreich. Von den Iris-Wiesen zum Wörschachberg.

Anreise

Nach Aigen im Ennstal.
Auto: Parkplatz vor dem Gemeindeamt.
Bahn/Verbundlinie: ÖBB/R250; IC-Bf Stainach-Irdning.
Bus/Verbundlinie: ÖBB/930; Hst Aigen im Ennstal.
Rad: R7 Ennstal-Radweg.

21 Ku-Na-Kuli-Rundweg

Alles Wörschach: Über der Klamm und Burgruine dominiert feine Gastronomie

Ein Kleinod: die Wörschachklamm.

Auf den ersten Blick

Ausgangs- und Zielpunkt: Klamm-Parkplatz in Wörschach (650 m).
Gehzeit: Bis zu 3 Std.
Weglänge: 6,5 km.
Höhenunterschied: 400 m.
Beste Jahreszeit: April bis Oktober.
Orientierung:
- Markierte Wege und Steige.
- Mehrere große Infotafeln mit ausführlichen Inhalten.
- Folder „Wanderbares Wörschach".
- freytag & berndt, WK 082.

Informationen:
Gemeindeamt und TV Wörschach;
Tel. 03682/22301
gde@woerschach.steiermark.at
www.woerschach.at

Die am Wörschachberg gipfelnde „Ausflug-Mischung besonderer Art" vereint Kultur, Natur und Kulinarium zu einem nachhaltigen Genuss. Womit das Kürzel „KuNaKuli" noch lange nicht vollständig enttarnt ist; denn viele Varianten sind möglich sowohl beim Gehen, Schauen und Rasten als auch beim Fühlen, Hören, Riechen, Schmecken und Sehen. Derart betrachtet, zählt der „Ku-Na-Kuli-Rundweg" zu den feinsten Zielen für *alle* Sinne.

Der Nachklang dieses Ausfluges tönt vordergründig aus dem Tosen des Wassers. Gourmets jedoch konzentrieren sich auf den *Nachhall,* der ihnen wortecht auf der Zunge liegt, beispielsweise dort, wo in fein geschliffenen Gläsern Weine ungarischer, französischer und steirischer Qualität funkeln. Seit der weltgewandt aufkochende Ferenc Herczegh und seine charmante Frau Andrea – beide stammen aus Ungarn – am Wörschachberg das Bergrestaurant „Panoramablick" führen, bekam der Ku-Na-Kuli-Rundweg symbolisch eine Haube aufgesetzt. Wandergäste sind stets herzlich willkommen.

Besondere Erlebnispunkte

Burgruine Wolkenstein: Freier Zugang; prächtiger Ausblick über das mittlere Ennstal in die Niederen Tauern. Die Burg zählte einst zu

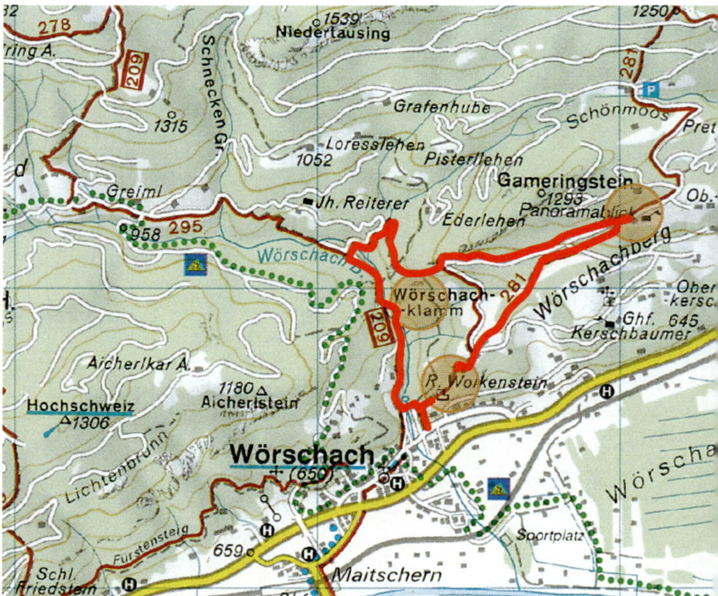

den besten Wehranlagen im Ennstal. Ihre Entstehung reicht ins Jahr 1099 zurück. 1168 wird der Burgname erstmals durch „Ulrich von Wolchinstein“ urkundlich erwähnt. Zuletzt, bis 1750, war die Burg nur zeitweise bewohnt. Noch 1825 standen alle Mauern; bereits 25 Jahre später gilt die Burg als ruiniert. Der Burgenverein Wörschach investiert derzeit viele Mittel zur Instandhaltung.
Wörschachklamm: Ein Naturdenkmal. Bis 1896 war die wildromantische Klamm so verbaut, dass Pferdefuhrwerke Holz transportieren konnten. Die touristische Steiganlage wurde anno 1905 errichtet. Initiator war der Sägewerksbesitzer Gabriel Schally aus Maitschern bei Wörschach (Gedenktafel).

Zusatzstrecke

Spechtensee (1051 m): Vom oberen Ende der Klamm auf markiertem Weg zur Hütte am Spechtensee. Gehzeit: 1 Std.; 4 km.

Einkehr-Tipp

Panoramablick (1030 m): Feines Restaurant und Berghotel, am Wörschachberg (R Di).
Schmankerln: Steirische und ungarische Spezialitäten; Kesselgulasch, Wild. Auch Meeresfrüchte sowie spezielle Kreationen „Menü & Wein“.
Familie Herczegh, Tel. 03682/24221
www.panoramablick.at

Von der Burgruine Wolkenstein in Richtung Stainach.

Anreise

Nach Wörschach. Zufahrt am Wörschachberg zum „Panoramablick“ 4 km.
Auto: Parkplatz für Klamm- und Burgbesucher.
Bahn/Verbundlinie: ÖBB/R250; Bf Wörschach-Schwefelbad.
Bus/Verbundlinie: ÖBB/930; Hst Wörschach.
Rad: R7 Ennstal-Radweg.
Transfer für Hausgäste: Restaurant und Berghotel „Panoramablick“.

Solide Steige führen in die Wörschachklamm.

22

Haller Salzlehrpfad

Rückblick auf 1000 Jahre am Fuße der Haller Mauern

Klein, aber oho: Der Mühlauer Wasserfall.

Die Spuren der Salzgewinnung wurden von der Natur längst verwischt. Im wahrsten Sinne des Wortes ist darüber Gras gewachsen.

Die erste Erwähnung einer Quellsole bei Admont datiert aus dem Jahr 931. In Hall wurde zwischen dem 10. und 16. Jahrhundert Siedesalz gewonnen; möglicherweise war hier sogar ein Salzbergbau angesiedelt. Um das Jahr 1150 erreichte die Saline in Hall eine Jahresproduktion von ca. 1000 bis 1500 Tonnen. Im 13. Jahrhundert hatte innerhalb der Alpenländer nur die Saline Reichenhall (Bayern) eine noch höhere Salzproduktion zu verzeichnen.

Auf den ersten Blick

Ausgangs- und Zielpunkt: Freizeitpark in Hall (682 m).
Gehzeit: 1.30–2 Std.
Weglänge: 4,5 km.
Beste Jahreszeit: Mai bis Oktober.
Orientierung:

- Markierte Wanderwege.
- 2 Übersichtstafeln.
- 10 Infotafeln; ausführliche Inhalte.
- Folder „Haller Salzlehrpfad und Gradieranlage".
- freytag & berndt, WK 062.

Informationen:
TV Gesäuse, Admont;
Tel. 03613/2164
info@xeis.at
www.xeis.at

Die Salinen von Hall waren bis zum Jahr 1543 in Betrieb. Kaiser Ferdinand I. (Regierungszeit 1519–1564) veranlasste zwecks Durchsetzung des landesfürstlichen Salzmonopols die Schließung der dem Stift Admont gehörenden Haller Salinen.
Der Salzlehrpfad und die Kleingradieranlage wurden im Jahr 1998 errichtet. Der Themenweg führt vom Haller Freizeitpark entlang schöner Wanderwege bzw. entlang des Eßlingbaches zur Gradieranlage. Weiter in die Zirnitz und auf schönen Wiesenwegen ins Dorf Hall bzw. zum Freizeitpark.

Entlang des Themenweges informieren zehn Tafeln über folgende Bereiche:

- *Salzlagerstätten in Österreich*
- *Chemie des Salzes*
- *Anfänge der Salznutzung in Hall und Besitzverhältnisse*
- *Salzproduktion in Hall*
- *Siedesalzerzeugung*
- *Salz in der Medizin*
- *Gradieranlage*
- *Die Bedeutung von Salz für Mensch und Tier*
- *Salz im christlichen Glauben – Salz und Mythos*
- *Salz und seine Verwendungszwecke – Besiedelung in Hall*

Wer diesem Pfad so folgen will, dass sich daraus ein Rundweg entwickelt, soll darauf eingestellt sein, dass man die Teilstrecke zwischen dem Ort Hall und Freizeitpark entlang der Landesstraße zurücklegen muss. Ein Gehweg wäre sinnvoll – und zugleich sicher.

Besondere Erlebnispunkte

Freizeitpark Hall: Erbaut 1977 von der Gemeinde Hall; mit großem Kinderspielplatz.
Mühlauer Wasserfall: Im Umgebungsbereich einladender Spiel- und Rastplatz. Zugang vom Parkplatz in der Mühlau (749 m) auf bezeichnetem Weg.
Gehzeit: Hin und zurück 1 Std.

Einkehr-Tipp

Kirchenwirt, in Hall (R Do).
Familie Rohrer, Tel. 03613/2534

Von Hall zu den Haller Mauern; Scheiblingstein (links) und Kreuzmauer.

Anreise

Nach Hall via Admont oder Buchauer Sattel und Weng.
Auto: Parkplatz beim Freizeitpark.
Bahn/Verbundlinien: ÖBB/R130, R131; Bf Admont.
Bus/Verbundlinie: ÖEB/910; Hst Hall.
Regionaltaxi/Verbundlinie: Herrak/910; ab Admont; Tel. 03613/2801
Rad: R7 Ennstal-Radweg; MTB Alpentour in Richtung Mühlau.

Informationsstand in der Ortsmitte von Hall.

23

Almlehrpfad Grabnerstein

Von Weng zum „schönsten Blumenberg der Steiermark" – wie ihn Professor Liselotte Buchenauer benannte

Auf den ersten Blick

Ausgangs- und Zielpunkt: Buchauer Sattel (861 m).
Gehzeit: Ab Buchauer Sattel zur Grabneralm 1.30 Std., auf den Grabnerstein 3 Std.
Weglänge: Zum Gipfel 6 km.
Höchster Punkt: Grabnerstein (1847 m).
Höhenunterschied: Rund 1000 m.
Beste Jahreszeit: Juni bis Oktober.
Orientierung:
- Markierte Wanderwege.
- Mehrere Infotafeln; ausführliche Inhalte.
- freytag & berndt, WK 062.

Informationen: TV Gesäuse, Admont; Tel. 03613/2164 info@xeis.at – www.xeis.at

Von der Grabneralm zur Buchsteingruppe.

Das Land Steiermark ist in der Gesäuse-Region allgemein und in den Haller Mauern speziell der größte Grundeigentümer. Auf den Punkt gebracht: Dank den Landesforsten konnte der „Nationalpark Gesäuse" in verhältnismäßig kurzer Zeit realisiert werden.
Die Wurzeln zur Präsenz des Landes Steiermark in dieser Region reichen über 100 Jahre zurück.

1901 erwarb das Land Steiermark den Grabnerhof (in Weng) und die Grabneralm. Dr. Paul Schuppli, der erste Direktor des Grabnerhofes, war zugleich Almpionier. 1906 fand auf der Grabneralm der erste „Alpwirtschaftskurs" statt. 1913 entstand in 1819 Metern Seehöhe ein Alm-Versuchsstall; diesen zerstörte schließlich eine Lawine.
1914–1916 errichtete man das Grabneralmhaus zum Zweck einer „Almwirtschaftsschule"; seit 1946 ist das Grabneralmhaus verpachtet.

Das Areal der Grabneralm ist 180 Hektar groß; davon sind 73 Hektar produktiv, 25 Hektar Schutzwald, 55 Hektar Weidefläche und 27 Hektar nicht nutzbar.
Entlang des Lehrpfades erklären Schautafeln das umfassende Thema „Alm", so auch in Zusammenhang mit Wasser, Wald und Wild sowie mit der Flora, Nutzung, Viehwirtschaft und Weidepflege. Das Motto für die Almbewirtschaftung, „Nützen – Pflegen – Schützen", bestätigt sich als zeitlos.

Besonderer Erlebnispunkt

Blumenberg Grabnerstein: Insgesamt gibt es hier rund 200 Pflanzenarten. Von Mitte bis Ende Juni blühen an den hochliegenden Quellhorizonten der *Raibler Schichten* Narzissen – in den Ostalpen äußerst selten. Weiters Almrosen, Arnika, Frauenschuh, Königskerzen, Küchenschelle, Lilien, Nelken, Steinbrech- und Mannschildpolster u. v. a.

Zusatztour

Jungfernsteig zum Grabnerstein: Vom Grabneralmhaus dem AV-Weg folgend zum Admonter Haus. Der anschließende Jungfernsteig, ein *Schaupper-Klettersteig*, erfordert absolute Trittsicherheit. Abstieg: Auf dem Almlehrpfad bzw. Normalweg zur Grabneralm und zum Buchauer Sattel.

Anstieg: Ab Grabneralm 2–2.30 Std.; Abstieg 2.30 Std.

Einkehr-Tipp

Admonter Haus (1723 m); OeAV. Pfingsten bis Ende Oktober. Tel. 03613/3552

Grabneralmhaus (1391 m); bew. im Sommer.
Schmankerln: Holzofenbratl, Kaspress- und Spinatknödel.
Tel. 0664/9038939

Wengerwirt, „Gesäuse-Gasthof" und „Radfahrer-freundliche Gaststätte"; Ortsmitte von Weng; mit 10 m hoher, überdachter Kletterwand (RT Mo, Di; im Juli und August nur Mo).
Schmankerln: Ennstaler Kasnockerln, Gesäuseschnitzel, hausgemachte Mehlspeisen.
Familie Franz und Christine Maunz, Tel. 03613/2270

Wasser ist Leben: Am Weg zur Grabneralm.

Die Natur war stärker: Der Versuchsstall am Grabnerstein war schnell ruiniert.

Anreise

Zum Buchauer Sattel via Weng bei Admont oder aus Richtung St. Gallen.
Auto: Parkraum nächst dem Sattel.
Bahn/Verbundlinien: ÖBB/R130, R131; Bf Admont.
Bus/Verbundlinie: ÖBB/910; Hst Buchauer Sattel,
Regionaltaxi/Verbundlinien:
- Herrak/910; ab Admont; Tel. 03613/2801
- Weißensteiner/910; ab Weißenbach und St. Gallen; Tel. 03632/7710

Rad: R7 Ennstal-Radweg; ab Weng identisch mit MTB Alpentour.

24

Natur-Erlebnisweg Rauchboden

Das Gesäuse „in Saus und Braus“ erwandern und bestaunen

Sausende, brausende Erlebniswelt Nummer eins: die Enns-Katarakte am Gesäuse-Eingang.

Das „G’säus“ – bzw. moderne „Xeis“ – kann weder überhört noch übersehen werden: Dort, wo sich – von Westen her unaufhaltsam anströmend – die smaragdgrünen, klaren Wasser der Enns zwischen dem Himbeerstein und der Haindlmauer den Eingang in das Gesäuse erzwingen, um über Katarakte zu stürzen, ereignen sich elementare Ereignisse.
Das Tosen des entfesselten Wassers prallt an die Felsmauern, erklettert augenblicklich steilste Wände und dringt an die höchsten Gipfel der umstehenden Berge; so auch an den Buchstein und Ödstein, das Hochtor und die Planspitze.

Dieses permanent wirkende Furioso der Natur bewegt *natürlich* auch jene Menschen, die sich dem Rauchboden zuwenden.
Bis vor rund 130 Jahren *rauchten* auf demselben Boden dicke, schwarze Holzmeiler. In der Alpenvereinskarte steht jedoch für denselben Platz „Rauhboden“. Dieser Begriff kommt der etymologischen Wurzel des Rauchbodens näher: Bauern bezeichneten das oft vermurte Gelände als *rau(h)en Boden*.
Im Jahre 2001 errichtete die OeAV-Jugend im Zuge einer Umweltbaustelle den aktuellen Erlebnisweg. Der Zugang zu ihm von der Bundesstraße (nächst GH Bachbrücke) erfolgt über eine Jochbrücke. Diese wurde im Oktober 1991 von Pionieren des Österreichischen Bundesheeres errichtet und verbindet über den Ennsfluss zur ÖBB-Bahnhaltstelle Johnsbach. Dort beginnt der Rauchbodenweg. Dieser Weg ist logistisch einfach nachvollziehbar. Ein Pluspunkt, der im übrigen Gesäuse noch stark ausbaufähig ist.

Besondere Erlebnispunkte

Herzstück im Nationalpark Gesäuse: Die rund 17 km lange Schlucht zählt zu den eindrucksvollsten Canyon-Landschaften in den Alpen. Bis zu 1800 m überragen Felswände den von der Enns durchrissenen Talboden.
Dieselbe Schluchtlandschaft ist das Herzstück im *Nationalpark Gesäuse*. Mit ihm hat die Steiermark seit 26. Oktober 2002 ihren ersten Nationalpark.

Auf den ersten Blick

Ausgangspunkt: Bahn-Hst Johnsbach (588 m).
Zielpunkt: Bf Gstatterboden (573 m).
Gehzeit: 1.15 Std.
Weglänge: 3,5 km.
Beste Jahreszeit: Mai bis Oktober.
Orientierung:
- Markierter Wanderweg.
- 23 Erlebnisstationen; ausführliche Inhalte.
- Broschüre „Naturerlebnisweg Rauchboden“.
- Broschüre „Fluss-Lehrpfad Enns-Katarakt“.
- freytag & berndt, WK 062.

Informationen:
TV Gesäuse, Admont;
Tel. 03613/2164
info@xeis.at
www.xeis.at

Am Rauchbodenweg: Informationen wollen entdeckt werden.

Fritz-Proksch-Weg zu den Enns-Katarakten: Ab der Lauferbauerbrücke (nächst Bahn-Hst Gesäuse-Eingang) bis zur Gesäuseschütt säumen sechs informative Schautafeln den 1,5 km langen Uferweg. Fritz Proksch, der Initiator dieses Weges, war ein Seilgefährte des Gesäuse-Erschließers Hubert Peterka. Gehzeit: Hin und zurück 50–60 Min.

Einkehr-Tipp

Bachbrücke, GH am Eingang ins Johnsbachtal (November bis April: R Di).
Schmankerln: Saisonbedingte Spezialitäten; z. B. Schwammerl- und Wildwochen.
Fam. Panhofer, Tel. 03611/228

Anreise

In das Gesäuse aus Richtung Admont oder Hieflau.
Auto: Parkplatz beim GH Bachbrücke.
Bahn/Verbundlinien: ÖBB/R130, R131; Hst Johnsbach.
Regionaltaxi/Verbundlinie: Pircher/917; ab Admont und Johnsbach, Tel. 03611/201
Rad: R7 Ennstal-Radweg.

Rückreise

Von Gstatterboden.
Bahn Regionaltaxi: Siehe Anreise.

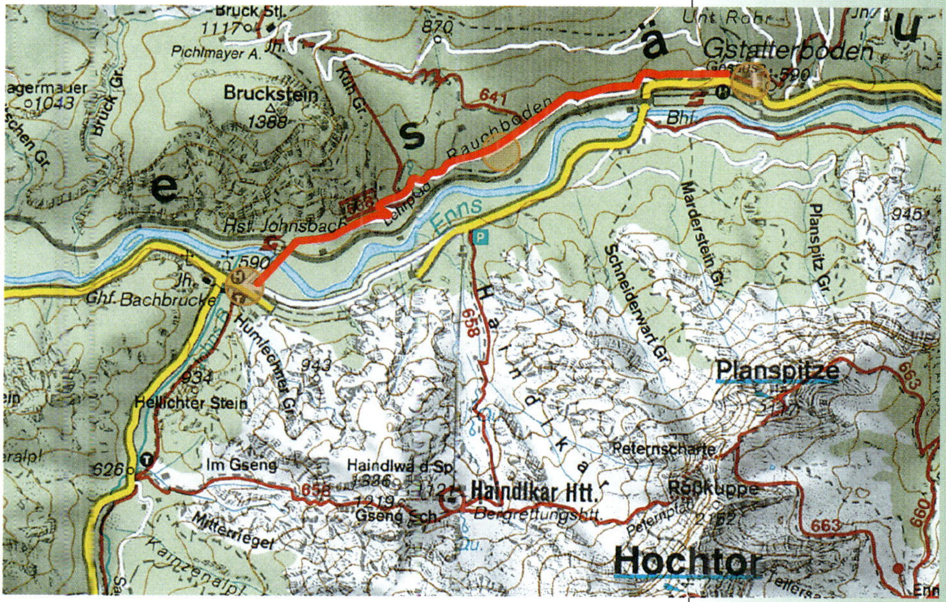

25

NATIONALPARK GESÄUSE

Johnsbacher Sagenweg

Vom buckligen Schneider zum versteinerten Schulmeister

Peter Rosegger schrieb über seine Wanderung im Johnsbachtal: „Nahe dem Wege über Busch und Baum ragen schlanke Felstürme, spitze Nadeln, Zacken, Hörner und allerlei wunderliche Gestaltungen, wie die versteinerten Reiter und Recken im Märchen. Jede dieser Statuen hat im Volksmunde ihren Namen und ihre Sage.“

Auch die entlang des Johnsbacher Sagenweges stehenden Tafeln regen die Fantasie an, weil man rätseln darf, wo der auf dem Tafelbild dargestellte Felsenzacken in der Natur sein identisches Gegenstück hat. Dieses Abgleichen an den ausgewählten Tafel-Standorten ist gar nicht so einfach. Mitunter ähneln sich Felszacken, in denen beispielsweise ein *buckliger Schneider,* das *Schneewittchen,* eine *Sennerin mit Schweinderln* oder der *versteinerte Schulmeister* entdeckt werden sollten. Auch eine *Bischofsmütze* und ein *Amtmann-Galgen* erfordern Fantasie von jedem, der diese Felsfiguren ausfindig machen will.
An Ort und Stelle, nämlich auf schmuck gestalteten Holztafeln, kann die zur jeweiligen Felsfigur passende Sage nachgelesen werden.
Insgesamt ist der Johnsbacher Sagenweg familienfreundlich angelegt, weil er einigermaßen gut abgeschirmt ist gegenüber der Landesstraße.
Es lohnt ebenso, den Weg in umgekehrter Richtung zu begehen, weil man dabei sagenhafte Felsfiguren aus neuer Perspektive sieht.
Ansonsten ist auch *eine* Fahrt mit dem „Gesäuse-Taxi“ als Alternative nicht zu verschmähen.

Besondere Erlebnispunkte

Bahnhaltestelle Johnsbach: Das kleine Gebäude wurde im ursprünglichen Baustil saniert. Sagenhaft wertvoll. Zugleich ein Anreiz, mit dem Zug durchs Gesäuse zu fahren.

Auf den ersten Blick

Ausgangspunkt: GH Bachbrücke (590 m).
Zielpunkt: GH Donnerwirt (753 m).
Gehzeit: 2 Std.
Weglänge: 5,5 km.
Beste Jahreszeit: Mai bis Oktober.
Orientierung:
- Markierter Wanderweg.
- Tafeln mit Sagen.
- freytag & berndt, WK 062.

Informationen:
TV Gesäuse, Admont;
Tel. 03613/2164
info@xeis.at – www.xeis.at

Bäckermeister Bochsbichler: „Suche einen guten Nachfolger.“

Am Johnsbacher Sagenweg: Die Natur als Baumeister von Märchen- und Sagenfiguren.

Schließlich wurde die ursprünglich *Kronprinz-Rudolf-Bahn* genannte Eisenbahnstrecke durch das Gesäuse früher trassiert (Eröffnungstag 20. 8. 1872) als die Straße. Denn diese wurde gar erst *noch* 1930 zu einer Verkehrsachse ausgebaut.

Gesäuse-Bäckerei: In Johnsbach. Spezialitäten: Holzofenbrot und Backwaren täglich frisch aus dem Ofen; auch sonntags geöffnet.

Einkehr-Tipp

Donnerwirt, GH Zum Donner, „Gesäuse-Gasthof“ in Johnsbach (Oktober bis Mai: R Do). Schmankerln: Speck- und Kasnockerln, Suppentopf. Familie Stadlauer, Tel. 03611/218

Anreise

In das Gesäuse und Johnsbachtal aus Richtung Admont oder Hieflau.
Auto: Parkplatz beim GH Bachbrücke.
Bahn/Verbundlinien: ÖBB/R130, R131; Bahn-Hst Johnsbach.
Regionaltaxi/Verbundlinie: Pircher/917; ab Admont oder Johnsbach; Tel. 03611/201
Regionaltaxi zum Verbundtarif, Aufzahlung pro Person 70 Cent.
Rad: R7 Ennstal-Radweg.

26

NATIONALPARK GESÄUSE

Johnsbacher Bibelweg

Wo Menschen Ruhe und Stille entdecken können – auch in sich selber

Aus dem Bergsteigerfriedhof Johnsbach zu Kirchengrat und Großem Ödstein.

Auf den ersten Blick

Ausgangs- und Zielpunkt: Kirche in Johnsbach (769 m).
Gehzeit: Anstieg 30 Min.
Weglänge: 1,5 km.
Beste Jahreszeit: Mai bis Oktober.
Orientierung:
- 10 Bildtafeln.
- 1 Tafel mit einem Bibelband.
- Broschüre „Der Johnsbacher Bibelweg".
- freytag & berndt, WK 062.

Informationen:
TV Gesäuse, Admont;
Tel. 03613/2164
info@xeis.at – www.xeis.at

Dieser im Gesäuse bisher jüngste Themenweg wurde am 20. Mai 2001 eröffnet. Zehn Tafeln zeigen Gleichnisse aus der Bibel. *Helmut Witte* aus Neuss (D) – seit vielen Jahren als Gast dem Johnsbachtal verbunden – schuf die Bilder. Motive sind u. a.

das *verlorene Schaf,*
der *barmherzige Samariter,*
das *Wasser des Lebens,*
der *wahre Weinstock,*
der *verlorene Sohn,*
der *Sämann* und
das *himmlische Jerusalem.*

Die Texte für die gleichnamige Broschüre wurden von *Dr. Josef Hasitschka* verfasst.
Ausgangspunkt zu dieser Wanderung, die verinnerlichen soll, ist die idyllisch stehende Kirche des Bergdorfes Johnsbach. Der Bibelweg ist identisch mit dem sogenannten *Pfarrmauerweg.* Dieser Steig wurde um 200 Meter verlängert.
Durch den steilen Pfarrwald ansteigend, erreicht man bei der Bildtafel 6, *Wasser des Lebens,* eine erfrischende Quelle. Sodannn leitet das einfach begehbare Steiglein an einen Felsgrat heran. Nahe der luftig platzierten Aussichtskanzel nimmt man jene Nische mit dem „Madonna" genannten Felsgebilde wahr.
Der Weg und dessen Plätze der Ruhe wollen im wahren Sinne des Wortes *still erlebt* werden.

Gedenkort

Bergsteigerfriedhof Johnsbach: Ein ergreifender Platz. Er ist die Gedenkstätte für all jene Bergsteiger – darunter auch Bergretter –, die in den Gesäusebergen verunglückten.

Besondere Erlebnispunkte

Alpinpark Gesäuse: Privat-Klettergarten mit Klettersteig; eröffnet am 20. Juni 2002.
Informationen:
Fritz Strobl, absolut outdoor,
Tel. 03612/25343
Anmeldungen und Ausrüstungsverleih am Standort Donnerwirt, Tel. 03611/218
Sonnseitenweg und Schattseitenweg: Siehe Karte Seite 55. Vom Donnerwirt entlang der Straße und vorbei am Gesäuse-Bäcker zur Abzweigung nach der Straßenkehre; Wegweiser „Sonnseitenweg". Dem markierten Weg folgend, bis zu 200 Hm ansteigend, dann in erhöhter Lage das Johnsbachtal einwärts und wieder bergab zum Kölblwirt. Als Rückweg (2,5 km; bergab) benutzt man zuerst den kurzen

Die Bergdorfkirche Johnsbach mit der Pfarrmauer.

Am Bibelweg: Das Gleichnis vom wahren Weinstock.

Kneippweg, anschließend den Schattseitenweg. Beim Gesäuse-Bäcker erreicht man wieder das Ortsgebiet.
Gehzeit: Insgesamt 3 Std.; 6,5 km.

Einkehr-Tipp

„Gesäuse-Gasthöfe" im Oberen Johnsbachtal:
Ödsteinblick (kein R).
Schmankerln: Frisch geräucherte Forellen mit Oberskren, Petersilienkartoffeln sowie Salat mit Kürbiskernöl; Kasnocken mit hausgemachtem Ennstaler Steirerkas; Haus-Mehlspeisen.
Familie Zeiringer, Tel. 03611/215; auch Mietwagen (Taxi).
Kölblwirt (November bis April: R Mi).
Schmankerln: Bergsteiger-Suppentopf, Styria-Beef vom eigenen Bauernhof; Topfen-Marillen-Strudel nach Omas Rezept.
Familie Wolf, Tel. 03611/216

Anreise

In das Johnsbachtal aus Richtung Admont oder Hieflau.
Auto: Parkplatz beim Donnerwirt.
Bahn/Verbundlinien: ÖBB/R130, R131; Bahn-Hst Johnsbach.
Regionaltaxi/Verbundlinie: Pircher/917; ab Admont oder Johnsbach; Tel. 03611/201
Regionaltaxi zum Verbundtarif, Aufzahlung pro Person 70 Cent.
Rad: R7 Ennstal-Radweg; MTB-Strecken im Johnsbachtal.

Rückreise

Regionaltaxi/Verbundlinie: Wie Anreise.
Gesäuse-Taxi: Zeiringer, Mietwagen, Tel. 03611/215

Der Sonnseitenweg mündet beim Kölblwirt ein.

27

Weg der Sinne

In Altenmarkt bei St. Gallen erfrischend fröhlich rundherum

Der Info-Point gegenüber dem Gemeindeamt in Altenmarkt.

„Geh' den Weg mit wachen Sinnen, halte die Augen offen, hör' dich um – rieche, schmecke und begreife die Natur", lesen Gäste am Informationsstand gegenüber dem Gemeindeamt halblaut ab. Die Vorfreude darf sich einstellen; ebenso der Orientierungssinn. Das gut getarnte Mini-Schild vor der Kirche ist dennoch hilfreich.
Solche Feinheiten verstärken in subtiler Weise die Aufforderung „Geh' den Weg mit wachen Sinnen ..."

Der Auftakt bei den *Seh-Rohren* lässt jeden neugierig Durchblikkenden genau dorthin schauen, wo die Steiermark endet und Oberösterreich beginnt: Der Grenzbereich heißt beziehungsvoll Kessel. Die Zufahrt in das urige Laussatal führt über die Kessler Brücke. Mitunter braust hier ein Erzzug die Enns abwärts.
Bei diesem erfrischend konzipierten Themenweg kommt man an 16 *Sinn* weckende Stationen heran. Im Weiteren kommt man zu einem *großen Kinderspielplatz* und schlüpft danach durch einen *Haselnusstunnel.*
Bei der Station 8 – *Wunder der Natur* – betastet man Baumrinden und wiegt die Frage ab: „Welche Rinde fühlt sich am angenehmsten an?"
Besonders originell wirkt das *Baumtelefon* mitsamt seiner Gebrauchsanweisung, die preisgibt: „Garantiert elektronikfrei, sprich in den Schlauch und höre die Antwort deines Partners. – Ein Telefon aus Naturprodukten."
Dem *Summstein* (Station 12) wird eine heilende Wirkung nachgesagt. Außerdem lädt hier ein ausgesprochen idyllischer Platz zum Rasten ein. Bei der Station 15 lässt sich gar zu zweit bequem liegen und ein überwölbendes *Blätterdach* betrachten. Der Schritt von sinnig zu sinnlich liegt verführerisch nahe.

Auf den ersten Blick

Ausgangs- und Zielpunkt: Altenmarkt bei St. Gallen (467 m).
Gehzeit: 1.30 Std.
Weglänge: 3 km.
Beste Jahreszeit: Mai bis Oktober.
Orientierung:
- Übersichtstafel beim Gemeindeamt.
- 16 Stationen; mit Erläuterungen.
- Folder „Weg der Sinne".
- freytag & berndt, WK 051 oder 062.

Informationen:
Gemeindeamt Altenmarkt bei St. Gallen;
Tel. 03632/306
gde@altenmarkt-st-gallen.steiermark.at

Wirkt Wunder: Beim Baumtelefon gibt es weder Grund- noch Gesprächsgebühren. Und auch keine Elektronik.

Zum Glück naturnah erhalten geblieben: Die Flussschlingen der Enns von Altenmarkt in Richtung Kastenreith.

Wir schlendern weiter, durch einen lichten Buchenwald. Darin ermuntert ein Schild kleine und große Besucher: *„Bau dir deine Zwergenstadt!“* Als Bauelemente dienen Steine, Holz, Moos und Zapfen.
Man muss nicht extra betonen: Der Weg zurück in den Ort macht Lust auf einen neuen Anfang. Für wen immer es heißen könnte „Zurück an den Start“, dem würde diese Aufforderung große Freude bereiten

Weitere Erlebnispunkte

Freibad: Im Ort Altenmarkt; mit Wasserrutsche.
Wasserspielpark und **Burg Gallenstein:** In St. Gallen; von Altenmarkt 5 km.

Einkehr-Tipp

Zur Post, GH in Altenmarkt (R Mo).
Schmankerln: Österreichische Regionalküche.
Familie Giba, Tel. 03632/7907

Anreise

Nach Altenmarkt bei St. Gallen via Hieflau – Großreifling oder Admont bzw. Hall – Buchauer Sattel – Weißenbach.
Auto: Parkplatz beim Gemeindeamt.
Bahn/Verbundlinien: ÖBB/R130, R131; Bf Weißenbach-St. Gallen.
Rad: R7 Ennstal-Radweg.

Treppelweg Krippklamm

Dem historischen Transportweg an der Enns auf der Spur

Gute Übersicht am Klamm-Parkplatz.

Auf den ersten Blick

Ausgangs- und Zielpunkt: Parkplatz Treppelweg (450 m).
Gehzeiten: 15–60 Min.
Weglängen: 0,5–3 km.
Beste Jahreszeit: Mai bis Oktober.
Orientierung:
- Mehrere Infotafeln.
- Infoblatt „Treppelweg".
- Infoblatt „Gasteiger-Rundwanderweg".
- freytag & berndt, WK 062.

Informationen:
Gemeindeamt Landl;
Tel. 03633/2201
gde@landl.steiermark.at
www.landl.at

Das „Ferien-Landl" hat viele historisch interessante Bezugspunkte und Objekte zum vielseitigen Angebot „Natur und Kultur". Andererseits beweist sich das populäre Wort von Wilhelm Busch, „erstens kommt es anders, zweitens als man denkt", auch bei Naturgewalten:
Die an der *rechten Klammwand* von Bundesheer-Pionieren aus Leibnitz errichtete Steiganlage diente Klammbesuchern exakt vier Jahre und 54 Tage. Was am 20. Juni 1998 feierlich eröffnet worden war, riss das Jahrhundert-Hochwasser der Enns am 13. August 2002 mit sich fort. Die guten Nachrichten: Ein Wiederaufbau dieser „Schlüsselpassage" – beim *Hirschensprung, Pulverstollen* und *Fensterstollen* – ist vorgesehen.

Die erhalten gebliebenen sonstigen Wege ermöglichen den Zugang zur Klamm, und zwar folgend:
Von Süden flussabwärts: Die Zufahrt zum Parkplatz und der Zugang bis zur Krippklamm (Enns-Durchbruch) können wie bisher erfolgen.
Der Verbindungsweg zwischen dem Klamm-Parkplatz und dem Ortsteil Krippau ist ebenfalls benutzbar.
Von Norden flussaufwärts: Auch ab Krippau gelangt man wie bisher zum Beginn der Krippklamm – dort jedoch keinen Schritt weiter.

Eindrucksvolle Passage: Der Eingang zur Krippklamm beim Hirschensprung.

Nach dem Durchbruch in der Krippklamm fließt die Enns träger werdend der Staustufe Krippau entgegen.

Unzerstörbar ist das Erlebnis aus der Geschichte, über welche man an Ort und Stelle erfährt:
Um das Jahr 1570 errichtete der Tiroler Wasserbaumeister *Hans Gasteiger* unter schwierigsten Bedingungen entlang der Enns einen so genannten *Treppelweg*. Dieser breite Uferweg reichte von Hieflau bis Steyr. Pferdegespanne konnten vom Treppelweg aus Transportschiffe flussaufwärts ziehen. Diese hatten vor allem Versorgungsgüter geladen für die am Erzberg beschäftigten Knappen.
Die große Wende im Transportwesen vollzog sich ab dem Jahre 1869: Am 7. Oktober wurde die Bahnstrecke Steyr – Küpfern eröffnet (3 km vor dem heutigen Bahnknoten Kastenreith).
Ab 6. Jänner 1873 waren Eisenerz, Hieflau und Steyr mit Gleisen verbunden. Innerhalb weniger Jahre verlor der Treppelweg seine Bedeutung
130 Jahre später: Das touristische Interesse an einer weiteren Instandsetzung des *Treppelweges Krippklamm* wird auch die bisher höchste Hochwassermarke überwinden.

Zusatzstrecken

Gasteiger-Rundwanderweg: Mit Thementafeln. Gewidmet dem Wasserbaumeister Hans Gasteiger. Die Strecke führt von der Salzabrücke nach Obergams, zur Radstatthöhe und am Fuße der Steinwand zurück. Gehzeit: 6–7 Std.
Themenweg Lebensraum Feuchtgebiet im Freizeitpark-Biotop (0,4 ha), mit acht Stationen für Feuchtwiese, Hochstaudenflur, Flachwassertümpel, Libellenbiotop, Moorrand/Waldreste, Lebensraum Eiche, Landschaftselement Lesewall sowie am Teich. Für Schulklassen auch mit Führung; beim Gemeindeamt Landl anfordern.

Einkehr-Tipp

Reiflingerhof, GH in Großreifling (R Di).
Schmankerln: Rustikale steirische Küche.
Familie Mitterböck, Tel. 03633/2303

Anreise

Von Großreifling ab der Ennsbrücke ca. 1 km in Richtung Altenmarkt.
Auto: Beschilderter Parkplatz.
Bahn/Verbundlinien: ÖBB/R130, R131; Bf Großreifling.
Taxi: Thalhuber/922; Tel. 03637/212 oder 0676/5870031
Rad: R7 Ennstal-Radweg; MTB Alpentour.

Besondere Erlebnispunkte

Forstmuseum Silvanum: In Großreifling. Geöffnet 1. Mai bis 31. Oktober; täglich (außer Mo), 10–12 und 13–17 Uhr. Informationen und Führungen: Tel. 03633/2455 oder 2201
Freizeitpark Landl: Mit Doppel-Badesee, Liegewiese, Seetaverne, Kinderspielplatz, Beachvolleyball-Platz; Gesamtgröße 3,5 ha.

29

Schwärzerweg

Nahe Palfau auf den Spuren von Holzknechten und Schmugglern

Dieser historische Steig durch den wildromantischen Raffelgraben ist seit dem Jahre 1998 wieder begehbar. Auf großen Schautafeln ist diese Welt der Holzknechte und Schwärzer (Schmuggler) beschrieben.
Über den *Schwärzerweg* wurde aus dem steirischen Salzatal ins niederösterreichische Ybbstal geschmuggelt, „was das Zeug hält", dokumentiert die Chronik.

Auf den ersten Blick

Ausgangs- und Zielpunkt: Raffelgraben (560 m) in Erzhalden.
Gehzeit: Zur Niederscheibenalm 2 Std.
Weglänge: 4 km.
Höhenunterschied: 614 Hm.
Beste Jahreszeit: Mai bis Oktober.
Orientierung:
- 10 Infotafeln; ausführliche Inhalte.
- Broschüre in Vorbereitung.
- freytag & berndt, WK 051.

Informationen:
Gemeindeamt Palfau;
Tel. 03638/722
office@palfau.at – www.palfau.at

Auch Holzknechte machten sich den Raffelgraben nutzbar. Dessen Gelände war steil genug, um Holz von weit oben über Riesen ins Tal abzulassen. Ein nachgebautes Teilstück der einst spektakulären *Raffelgraben-Holzriese* kann bestaunt werden.
Wer dem Steig bergwärts folgt, stößt in ungefähr 700 Metern Seehöhe an eine Wandstufe. Man steigt zunächst links einen Steilriegel an und quert erst in halber Höhe in die hier einfach begehbare Wandstufe. Eine schmale Rampe, mit Drahtseil gesichert, verbindet zu einem Waldpfad und dieser führt zu einer alten Holzknechthütte.
Im weiteren durchquert man uralten Baumbestand. Schließlich folgt man einer Forststraße und erreicht an der Landesgrenze (ST/NÖ) einen monumentalen Grenzstein von anno 1828.
Unweit davon mündet der Schwärzerweg in die Niederscheibenalm (1174 m) ein.

Anschlussstrecke:

Gamsstein (1774 m): Von der Niederscheibenalm dem Weg 64 folgend; steiler Anstieg. Oberhalb der Baumgrenze über einen langen Bergrücken zum höchsten Punkt. Abstieg: Am Hühnerriegel zur Naturfreundehütte auf der Lackneralm (1020 m); auf einer

Am Eingang zum Raffelgraben: In diesem Haus wohnten einst Holzknechte.

Zauberhaft: Auch im Raffelgraben lässt die Natur aus abgestorbenen Bäumen neues Leben keimen.

Forststraße zur Moaralm und nach Erzhalden.
Anstieg 2 Std., 600 Hm; Abstieg 3.30 Std., 1220 Hm.

Besondere Erlebnispunkte

Campingplatz Palfau: Geöffnet Mai bis Oktober. Tel. 03638/271.
Palfauer Wasserlochklamm (540 bis 840 m): Die größte Wasser führende Höhle der Steiermark. Mit Riesenkarstquelle, Canyons und Kavernen. Insgesamt fünf Wasserfälle; Gesamthöhe 152 m. „Spannender Zugang“: Von der „Wasserlochschenke“ auf einer 65 m langen Stahlseil-Hängebrücke, 20 m hoch über der Salza. Einfach begehbare Steiganlage. Rundweg; Abstieg über den Jagerriedel. Gehzeit: 2 Std.

Einkehr-Tipp

Stiegenwirt, in Palfau (R Mo).
Schmankerln: Aus einer gutbürgerlichen Küche.
Familie Thalhuber, Tel. 03638/219
Wasserlochschenke, in der Schönau im Salzatal; Ende April bis Mitte Oktober (kein R).
Schmankerln: Gefüllte Ofenkartoffeln.
Familie Huber, Tel. 03638/322
www.wasserloch.at

Anreise

Zum Raffelgraben aus Richtung Hieflau – Gams – Palfau – Erzhalden oder Gusswerk – Wildalpen – Wasserlochklamm.
Auto: Größerer Parkraum nur im Unterführungsbereich der Raffelgrabenbrücke.
Bahn/Verbundlinien: ÖBB/R130, R131; Bf Hieflau oder Landl.
Bus/Verbundlinie: Post/922; Hst Erzhalden.
Verbund-Regionaltaxi: Thalhuber/922, Tel. 03637/212 oder 0676/5870031
Rad: R16 Salzatal-Radweg.

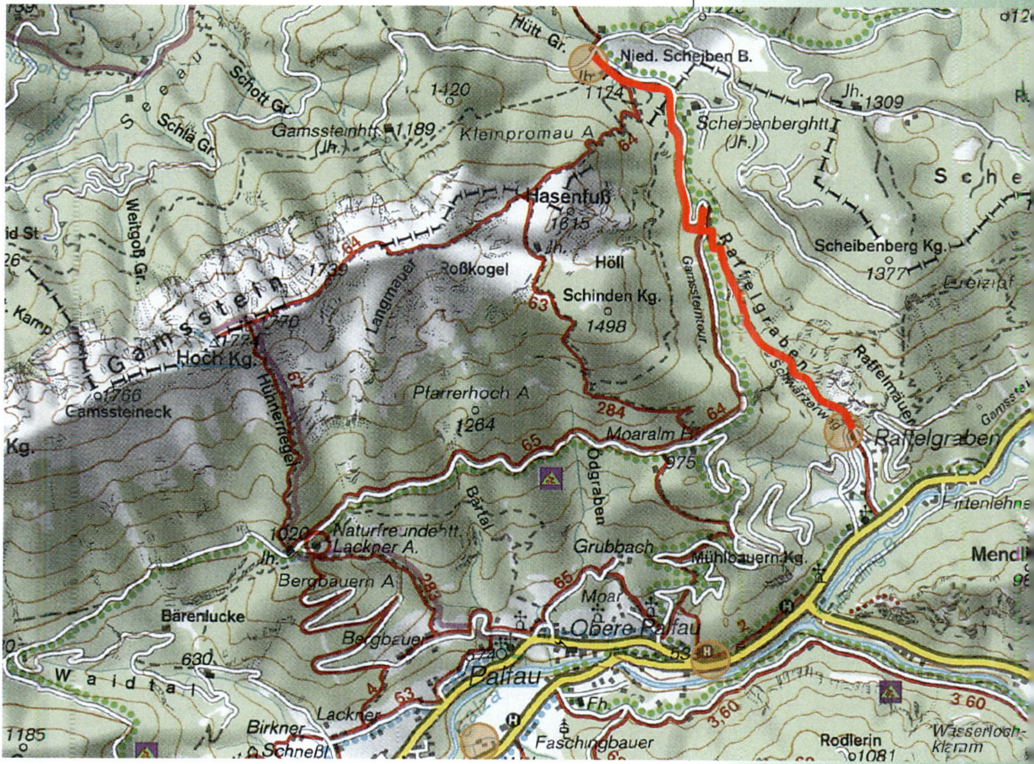

30

Der GeoPfad Gams & die neue GeoLine

Auf Schritt und Tritt bewusst durch die Erdgeschichte: Innerhalb zwei, drei Stunden durch 230 Millionen Jahre

Für den Naturpark Eisenwurzen bahnen sich „steinharte Zeiten" der besonderen Art an: Ab dem Frühjahr 2003 präsentiert sich dieselbe Region mit dem Prädikat *GeoLine* als offiziell integriertes Teilgebiet des „Europäischen Geoparks". Eine spezielle Geopark-Trophäe dokumentiert diesen Status; dieser wurde in Österreich bisher zweimal zuerkannt (so auch dem Natur- und Kulturpark Kamptal).
Das europaweit organisierte Geopark-Netzwerk wird von

Auf den ersten Blick

Ausgangs- und Zielpunkt: Gemeindeamt Gams bei Hieflau (539 m).
Gehzeit: 2.30–3 Std.
Weglänge: 8,5 km.
Beste Jahreszeit: April bis Oktober.
Orientierung:
- Speziell beschildert.
- 32 Stationen.
- Broschüre „GeoPfad Gams"; verfasst von Dr. Herbert Pirkl (Geo-Ökobüro Eisenerz) und Dr. Heinz Kollmann (Naturhist. Museum Wien).
- Detailreicher Ortsprospekt „Gams".
- freytag & berndt, WK 062.

Informationen:
Gemeindeamt Gams bei Hieflau;
Tel. 03637/206
gde@gams-hieflau.steiermark.at
www.tiscover.at/gams

einer Verwaltungsgemeinschaft gesteuert; sie hat ihren Sitz im Geopark-Teilgebiet „Haute Provence" (Frankreich).
Als Geopark-Teilgebiet gelten – unter anderem – die Eifel in Deutschland sowie der Versteinerte Wald von Lesbos in Griechenland.
Im Naturpark Eisenwurzen bezieht die GeoLine alle geologischen, hyrologischen, speläologischen und landschaftlichen Besonderheiten ein: Beispielsweise die Krippklamm und Wasserlochklamm, die Quellen von Wildalpen, die Ganser-Grotte mit deren unterirdischem Mühlsteinbruch, ebenso Terrassen wie jene von Landl. Eine geologische Besonderheit stellt in Mooslandl die Sulza dar: Deren Terrasse wurde vermutlich bereits nach der Mindel – eine frühere Eiszeit – gebildet.
Die Gesamtorganistation der GeoLine liegt in Händen von *Dr. Heinz Kollmann* vom Naturhistorischen Museum in Wien. Im Folgenden wird der *GeoPfad Gams* näher erläutert; er bildet das Herzstück der GeoLine im Naturpark Eisenwurzen.

Einzigartig in Europa: Die nach ihrem Entdecker Franz Kraus benannte Gipskristallhöhle. Foto: TV Gams.

Wasser ist nicht nur Leben, sondern auch Kraft, wie für dieses oberschlächtig angetriebene Rad am rechten Ufer des Gamsbaches.

Zum GeoPfad Gams

Anhand von 32 populär-wissenschaftlich aufbereiteten Stationen lernen Besucher im Umgebungsgebiet des Naturpark-Dorfes Gams die geologische Entwicklung der Eisenwurzen-Landschaft kennen.

Gleich zu Beginn leitet der Geopfad über den Steilrand der markanten *Geländeterrasse* – auf welcher der Ortskern seinen Platz hat – in die nahe Talsohle. Zugegeben: Erst die Broschüre „GeoPfad Gams" weckt in einem unbedarften Besucher jenes erforderliche Maß an Interesse, um an sich die unwirtlich wirkende *Konglomeratwand* bewusst zu betrachten. Interessant: Deren Sedimente enthalten kein Körnchen Gneis, Granit oder Amphibolit. Woraus Geologen schließen, dass die Enns – welche ja auch die überwiegend kristallin aufgebauten Niederen Tauern entwässert – nie über Gamser Gebiet strömte.

Am rechten Ufer des Gamsbaches gelangt man zu einem *Sandsteinbruch*. Sieben Stationen weiter steht man vor einem *Basiskonglomerat* und erfährt, dass vor 140 bis 230 Millionen Jahren Kalk-, Dolomit- und Mergel-Serien der heutigen Kalkalpen in einem Meer abgelagert wurden. Alsbald schlendert man an der ehemaligen Villa Krottenheim vorbei; nun ist sie nach dem Höhlen-Entdecker Franz Kraus benannt. Unweit davon wurde die „Geo-Werkstatt" eingerichtet.
Beim Punkt 14 liegt eine *Schwefelquelle*. Danach dringt man in die *Nothklamm* vor. Auch hier erklärt der Geopfad-Führer interessante Details: Mit Hilfe von Felsblöcken und Geröll schnitt sich das Wasser während eines Zeitraumes von „nur" 1,5 Millionen Jahren in den Felsboden ein. Für Zeiträume in der Geologie war dieser Einschnitt rasch erfolgt.

Anreise

Nach Gams aus Richtung Hieflau oder Großreifling via Mooslandl; aus dem Salzatal via Palfau.
Auto: Parkplatz beim Gemeindeamt bzw. Geo-Zentrum.
Bahn/Verbundlinien: ÖBB/R130, R131; Bf Landl.
Bus/Verbundlinie: Post/922; Hst Gams bei Hieflau PA.
Regionaltaxi/Verbundlinie: Thalhuber/922; Tel. 03637/212 oder 0676/5870031.
Rad: R16 Salzatal-Radweg.

Schön zum Wandern auch durch die Erdgeschichte: die Nothklammstraße, erbaut in den Jahren 1911/12.

Von der Klammstraße – auch hier bringt jeder Schritt, jeder Ausblick neue Informationen ein – leitet ein Steig zum Eingang der einzigartigen *Kraushöhle*. Sie ist eine spezielle Exkursion wert.
Kurz vor dem Straßentunnel ist in einem bräunlichen Gestein *Seelilienkalk* enthalten. Seelilien waren jedoch Tiere; sie lebten vor 170 Millionen Jahren und die Körper bestanden aus Kalkplättchen.
Bei der Station 26 – wenige Gehminuten vor dem ehemaligen Gürtelwirt – liegt der Wendepunkt des Geopfades. Man geht durch die Klamm zurück und erfährt, dass der an der Straße sichtbare *Dachsteinkalk* gar einer Lagune entstammt. Die geologische Exkursion führt ebenso zu *Jurakalk* wie zum ehemaligen Kohlenbergbau im heutigen *Naturdenkmal Pitzengraben*.
Der *GeoPfad Gams* wurde im Jahre 1990 angelegt. Er ist das Herzstück der neuen *GeoLine* im Naturpark Eisenwurzen.

Besondere Erlebnispunkte

Geo-Werkstatt am Freibad-Parkplatz. Hier können GeoPfad-Besucher Steinfunde unter fachkundiger Aufsicht bearbeiten. Zutritt nur nach Anmeldung beim Gemeindeamt.

Geo-Zentrum Gams: Museum (beim Gemeindeamt); mit besonderen Exponaten aus dem Umgebungsbereich.
Öffnungszeiten: 1. April bis 31. Oktober, täglich (außer Mo), 9–12 und 13–16 Uhr.
Informationen: Beim Gemeindeamt; Tel. 03637/206

Kraushöhle: Benannt nach Franz Kraus; er entdeckte 1881 diese im deutschsprachigen Raum einzigartige Gipskristallhöhle mit Tropfsteinen und Bergmilchbildungen. Eine der ältesten Schauhöhlen Österreichs; 1882 eröffnet.
Zugang ab Parkplatz durch die Nothklamm; ca. 20 Min.
Führungen: In den Sommerferien Mittwoch bis Sonntag, 9–16 Uhr; außerhalb der Ferienzeit nach Vereinbarung.
Anmeldungen: Auch bei Familie Mitterbäck;
Tel. 03637/360

Nothklamm: 900 m lang, 80 m tief. Naturdenkmal seit 1. Dezember 1972. Die Straße wurde 1911/12 erbaut. Die Klamm ist ganzjährig frei begehbar.

Zusatzstrecke

Mühlenweg: In Richtung Gamsforst. Zwischen 1994 und 1998 wurden drei Wassermühlen saniert. Rückweg evtl. durch die Nothklamm.
Gehzeit: Bis Gamsforst 1.30–2 Std. (5,6 km); als Rundweg 3–4 Std. (11 km; 350 Hm).

Einkehr-Tipp

Kirchenwirt, GH in der Ortsmitte (R Di).
Schmankerln: Haussalat mit Schafkäse, Kaiserschmarren mit Zwetschkenröster, Wildschweinbraten.
Familie Reiter,
Tel. 03637/50350
www.roli_yahoo.de

31

Köhlerzentrum Hieflau

Das kleine Freilichtmuseum an der „Lend“ verdient mehr Leben

An der Hieflauer Lend: Das Modell eines Rundmeilers.

Auf einem Rasenstreifen der Hieflauer Lend, gleich neben der Ennsbrücke, wurden je ein Langmeiler und Rundmeiler nachgebaut. Die beiden kohlschwarzen Objekte sind ganzjährig frei zugänglich. Im Mittelpunkt der sehenswerten Anlage steht der gesamte Ablauf von der Holzbringung – welche als *Trift* erfolgte – bis zum Endprodukt: Auf der Hieflauer Lend wurde während rund 400 Jahren Holzkohle erzeugt.
Diese war die Grundenergie für das Verhütten von Erz zu Eisen.

Vor dem Jahr 1800 waren *Langmeiler* in Betrieb, danach wurde Holzkohle in *Rundmeilern* hergestellt.
Während der wirtschaftlichen Blütezeit waren auf der Hieflauer Lend bis zu 66 Langmeiler bzw. 22 Rundmeiler in Betrieb.
Der *Hieflauer Holzrechen* diente ab dem Jahr 1503 zum Abfangen des zum Verkohlen bestimmten Holzes; es wurde auf der das Gesäuse durchbrausenden Enns nach Hieflau geschwemmt. Mit Hilfe eines „Galgens“ wurde das Triftholz aus dem Rechen gezogen. Das Aufwinden erfolgte mit Hilfe eines großen Wasserrades.

Im Jahr 1906 wurde der Hieflauer Holzrechen von einem Hochwasser so schwer beschädigt, dass er zwei Jahre später abgetragen werden musste. Ein aus dem Unterbau dieses Holzrechens geborgener Pilot liegt vor dem Museum; außerdem dreht sich hier das – nachgebaute – Wasserrad der Galgenwinde.
Die gesamte Anlage wurde von der in Weng bei Admont ansässigen Firma *Kastner* gestaltet.

Besonderer Erlebnispunkt

Montanmuseum Hieflau: Im Steinkastengebäude des ehemaligen Holztriftrechens. Für Kinder gibt es einen eigenen Erlebnis-Spiel-

Auf den ersten Blick

Ausgangs- und Zielpunkt: Hieflau (503 m), Gemeindeamt.
Beste Jahreszeit: Mai bis Oktober.
Orientierung:
- Einige Infotafeln; ausführliche Inhalte.
- Folder und Mini-Broschüre „Köhlerzentrum Hieflau“.
- freytag & berndt, WK 062.

Informationen:
Gemeindeamt und TV Hieflau;
Tel. 03634/505
gde@hieflau.steiermark.at
www.hieflau.steiermark.at

Tiefblick: Von der Scheibenbrücke auf die Enns.

bereich. Beim *Meilerschwärzen* sind alle gern dabei! Öffnungszeiten: Mai bis Oktober, 10–12 und 15–17 Uhr.
Führungen, Informationen:
Tel. 03634/505 oder 294

Weitere Erlebnispunkte

Eckstall: Kleiner Felsgipfel mit einem Mini-Steckenkreuz. Informativer Überblick auf das Ortsgebiet Hieflau sowie in die Gesäuseberge.
Erlebnisbad: Freibad an der Sonnseite von Hieflau.
Waagspeicher: Von der Steweag erbaut 1953–1955.

Zusatzstrecke

Hieflauer Rundwanderweg: Beschildert mit braunen Tafeln. Wegverlauf siehe Karte. Vom Gemeindeamt über den Kirchbichl zum Haus Nr. 23; nun auf einem Waldweg in den Sattel (E-Masten). Wenige Minuten Anstieg zum Eckstall. Abstieg zum „Harmonika-Waldi". An der Bundesstraße zur Wandaubrücke. Am Fuße des Klettergartens zum Wandaubauern; Brunnen. Interessanter Waldweg bzw. Ufersteig zur Hieflauer Lend (2.30 Std., 7 km; Ausstieg möglich). Fortsetzung: Ab der Hieflauer Lend flussaufwärts zur Scheibenbrücke; auf ihr über die Enns, danach bergauf zum Waagspeicher. Bergab zum „Sigi" und Sportplatz. Auf einem Waldsteig hinunter zum Verschiebebahnhof. Über die Erzbachbrücke in die Ortsmitte. Gehzeit: Insgesamt 4 Std.; 13 km, 300 Hm.

Einkehr-Tipp

Harmonika-Waldi, „Gesäuse-Gasthof" in Wandau (R Mi).
Schmankerln: Wildgerichte.
Familie Sturm, Tel. 03634/247
International, GH in Hieflau (kein R).
Schmankerln: Dreiländer-Spezialitäten (A, I, Balkan).
Familie Hadzic, Tel. 03634/675
Sigi's Jausenstation, in Waag (R Mi).
Familie Reiter, Tel. 03634/270

Ein Paradeplätzchen: Auf dem Eckstall.

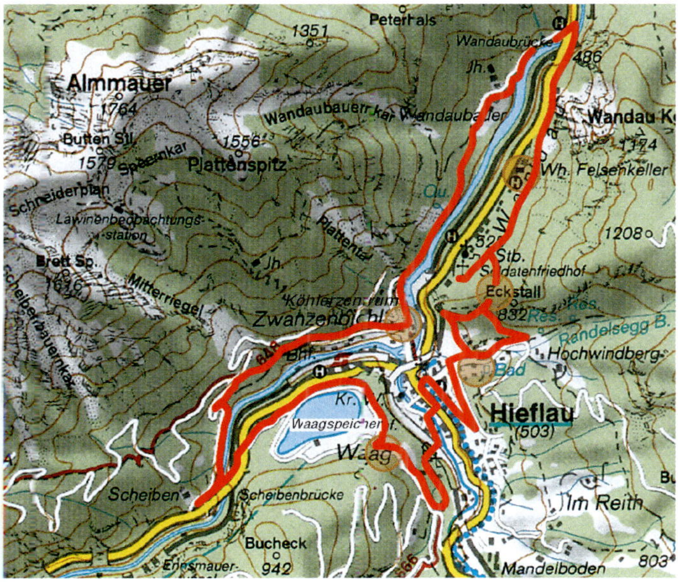

Anreise

Nach Hieflau via Eisenerz, Admont oder aus der Naturparkregion Eisenwurzen.
Auto: Parkplatz gegenüber dem Gemeindeamt oder Köhlerzentrum.
Bahn/Verbundlinien: ÖBB/R130, R131; Bf Hieflau.
Bus/Verbundlinien: ÖBB/920, 921, Post/922; Hst Hieflau PA.
Regionaltaxi/Verbundlinie: Thalhuber/922; Tel. 03637/212 oder 0676/5870031
Rad: R7 Ennstal-Radweg; R38 Eisenstraßen-Radweg.

32

Auf den Spuren der Säumer

Der historische Weg über die Eisenerzer Höhe in der Hochschwabgruppe

„Säumer und Köhler, Holzknechte und Bergknappen, Senner und Hausierer, Wallfahrer und Schmuggler – der Saumpfad über die Eisenerzer Höhe war einst für viele Menschen Verkehrsweg und Arbeitswelt", prangt auf einer der insgesamt zehn Schautafeln. Auf den großflächigen Tafeln sind viele interessante Fakten nachzulesen.
Säumer transportierten über die Eisenerzer Höhe in den Raum Eisenerz überwiegend Holzkohle aus Wildalpen sowie aus jenen Teilen Niederösterreichs, die ebenfalls dem „Versorgungsbezirk" zugeteilt waren, Lebensmittel und lebensnotwendige Materialien.

Auf den ersten Blick

Ausgangspunkt: LKH-Parkplatz in Eisenerz (736 m).
Zielpunkt: GH Zum Krug, Hinterwildalpen (780 m).
Höchster Punkt: Eisenerzer Höhe (1549 m).
Gehzeit: 5–6 Std.
Weglänge: 18 km.
Höhenunterschiede: Anstieg 850 m, Abstieg 800 m.
Beste Jahreszeit: Juni bis Oktober.
Orientierung:
- Markierte Wanderwege.
- 10 Infotafeln; ausführliche Inhalte.
- freytag & berndt, WK 041 oder 062.

Informationen:
TV Wildalpen;
Tel. 03636/341
tourismus@wildalpen.at
www.wildalpen.at

Der so genannte Römerweg führt in Richtung Arzerbödenalm. Diese Passage ist im Winter nicht begehbar.

Während des 17. Jahrhunderts wurde in Säcken Erz über die Eisenerzer Höhe nach Wildalpen gesäumt und dort verhüttet. Ebenso wird erwähnt, dass auf derselben Strecke auch allgemeine Güter geschmuggelt wurden.
Als *Saum* wird jene Lastgröße bezeichnet, die ein Pferd mit Tragsattel befördern kann. Das waren damals 140 bis 160 Kilogramm.
Auf dem sogenannten „Römerweg“ – er quert zwischen der Rohr-Jagdhütte und der Arzerbödenalm eine Felswand – sind deutlich Radspuren zu sehen sowie aus dem Fels gehauene Stufen. Eine in den Fels gemeißelte Jahreszahl datiert von 1566.
Der *Weg der Säumer* führt von Eisenerz über die Obere Prossen und das Urlaubkreuz in die Seeau, von dort zur Arzerbödenalm und über die Eisenerzer Höhe nach Hinterwildalpen.

Spuren der Säumer werden entlang des Wanderweges mehrere Male bildhaft dargestellt.

Der „Steirische Brotlaib“: Am Erzberg sind die rosaroten Zeiten vorbei.

Anreise

Nach Eisenerz:
- Aus Richtung Leoben oder Traboch (A9) via Vordernberg und Präbichl.
- Aus Richtung Eisenwurzen, Gesäuse oder Salzatal via Hieflau.

Auto: Besucher-Parkplatz beim Landeskrankenhaus Eisenerz.
Bahn/Verbundlinien: ÖBB/R250, R600; Leoben Hbf.
Bus/Verbundlinien: ÖBB/820; Hst Eisenerz Bbf; Post/922; Hst Eisenerz HS.
Rad: R38 Eisenstraßen-Radweg.

Rückreise

Von Hinterwildalpen via Wildalpen und Hieflau nach Eisenerz.
Regionaltaxi/Verbundlinie: Thalhuber/922; Tel. 03637/212 oder 0676/5870031.
Aufzahlung bzw. Taxitarif nur in den Streckenteilen Hieflau – Eisenerz und Hinterwildalpen – Poschenhöh.

Besondere Erlebnispunkte

Wasserleitungsmuseum: In Wildalpen. Dokumentation über die Geschichte der 1910 in Betrieb genommenen 2. Wiener Hochquellenleitung.
Öffnungszeit: 1. Mai bis 26. Oktober, So und Fei 10–12 Uhr, wochentags (außer Sa) 10–12 und 13–15 Uhr.
Informationen, Anmeldungen: Tel. 03636/451-31871
Waldsauna: Auf der Winterhöh; mit kleinem Hallenbad.
Anmeldungen: Café-Restaurant Grabner, Tel. 03636/237

Zusatzstrecke

Waldlehrpfad Wildalpen: Rundweg. Ausgangspunkt beim Wasserleitungsmuseum. 32 Stationen mit ausführlichen Inhalten.
Gehzeit: 1–1.30 Std.; 3 km.

Einkehr-Tipp

Zum Krug, GH in Hinterwildalpen (R Di).
Schmankerln: Kasspatzen, Steirisches Wurzelfleisch, Kaiserschmarrn.
Familie Graf-Ganser, Tel. 03636/210
Grabner, Café-Restaurant in Wildalpen (kein R).
Schmankerln: Grammelknödel, Beuschel mit Knödel, Blunzengröstl mit Sauerkraut.
Familie Grabner, Tel. 03636/237
Kaiserrast, Restaurant in Wildalpen (R Mo; Mai bis Oktober kein R).
Schmankerln: Steirische Hausmannskost.
Familie Trzola, Tel. 03636/246

Abenteuer Erzberg und Stadterlebnisweg Eisenerz

Der „Steirische Brotlaib" und die Zeichen des Wassermannes

Sagen sind geduldig. Wie auch das Versprechen „Eisen auf immerdar" des gefangenen Wassermannes an seine Häscher. Aufgrund dessen Vision ließen sie ihren exotischen Gefangenen wieder frei. Das Körnchen Wahrheit an der Sage vom Wassermann könnte sich an einem „welschen Geomanten" fokussieren. Solche Leute waren im 15., 16. Jahrhundert an der Eisenstraße tätig und wussten um Erzlagerstätten Bescheid.

Doch niemand ahnte die künftigen Abbaumethoden mit Baggern; ein solcher wurde erstmals Ende 1921 auf der Eva-Etage eingesetzt.
Schon gar nicht die Erz-Billigimporte aus Übersee. Zur Sagenzeit war vermutlich nicht einmal der *Sackzug* erfunden; dieser kam erst ab 1564 in Gebrauch. Stiche belegen, wie frisch geschürftes Erz talwärts geschuftet wurde – und ebenso, wie die Frauen der Knappen die leeren, dennoch schweren Ledersäcke bergwärts trugen. So lange, bis die Sturzschächte in Gebrauch kamen.
Erst im 20. Jahrhundert fuhren Grubenzüge in 830-mm-Spurweite über jene terrassenförmig angelegten Abbaustufen, die dem Erzberg seine typische Form verleihen. Alle Handgriffe und alles Material am Erzberg sind grob, schwarz und schwer.
Nur die Tagesgäste sind von Kopf bis Fuß knallgelb gekleidet und fahren mit einem der Riesenfahrzeuge namens *Hauly* den Erzberg ab. Zu dessen Füßen liegt die Stadt Eisenerz. Es lohnt, den Wassermann-Versprechungen bergwärts und den Wassermann-Zeichen stadtwärts zu folgen.
Alle Fahrten und Führungen wie auch der Stadterlebnisweg beginnen bei der heutigen „Erzberg-Talstation". Das Gebäude diente tatsächlich als Talstation, und zwar für den nach dem VÖEST-Alpine-Präsidenten *Hugo Stinnes* benannten Personenaufzug. Dieser Schrägaufzug – der im August

Am Gesteinslehrpfad stadteinwärts.

Auf den ersten Blick

Ausgangs- und Zielpunkt: Erzberg-Talstation in Eisenerz (736 m).
Gehzeit: 1.30 Std.
Beste Jahreszeit: Mai bis Oktober.
Orientierung:
- Speziell beschildert.
- Mehrere Infotafeln; ausführliche Inhalte.
- Erklärt werden Gesteine und Bauwerke.
- Folder „Stadterlebnisweg in Eisenerz".
- freytag & berndt, WK 062.

Informationen:
TV-Büro Eisenerz, Freiheitsplatz 7; Tel. 03848/3700
infobuero@eisenerz.steiermark.at
www.eisenerz-heute.at

Trockentraining für Kettenmontieren: Gewicht der Kette 2,5 Tonnen, Rad-Durchmesser 2741 mm; Reifendimension 65/45-45 (für Radlader Cat 992C).

Informativer Wegweiser: Von der Talstation am Erzberg stadteinwärts.

1924, nach drei Jahren Bauzeit, in Betrieb gegangen war – überwand 500 Höhenmeter und transportierte pro Stunde bis zu 800 Personen. Die Bergleute ersparten sich somit den täglichen, ermüdenden Anstieg zum Arbeitsplatz und erst recht nach der 8-Stunden-Schicht den mühsamen Abstieg zu ihren Werkswohnungen, welche überwiegend im Trofengtal lagen. Der Hugo-Stinnes-Aufzug war bis 1965 in Betrieb.

Der Erzberg, dieser viel strapazierte „Brotlaib der Steiermark", ist die bedeutendste Erzlagerstätte in den Alpen, zugleich der älteste ständig in Betrieb stehende Bergbau Österreichs; historisch belegt seit dem 9. Jahrhundert. Die ältesten Aufzeichnungen über das Bergwerk stammen aus dem 12. Jahrhundert.

Zu Zeiten der Hochkonjunktur (wie 1950–1960) waren am Erzberg bis zu 5000 Personen beschäftigt. Am Beginn des 21. Jahrhunderts hingegen nur noch 175. Der Ursprung der historisch gewachsenen Stadt Eisenerz geht auf die Zeit um das Jahr 700 zurück;

1294 erhielt der Ort das Marktrecht. Der weitere Zeitraffer:

1948 Erhebung zur Stadt.

1984 Landesausstellung „Erz und Eisen".

1986 Eröffnung des Kammerhofes als Stadtmuseum.

1988 Errichtung des neuen Schaubergwerks.

1993 Gründung des Vereines „Steirische Eisenstraße".

Der Stadterlebnisweg ist ein Rundweg; er leitet entlang des *Gesteinslehrpfades* in das Stadtzentrum und im weiteren zum Schichtturm; von dort auf einem Pfad zurück in die Stadt und zurück zum Ausgangspunkt.

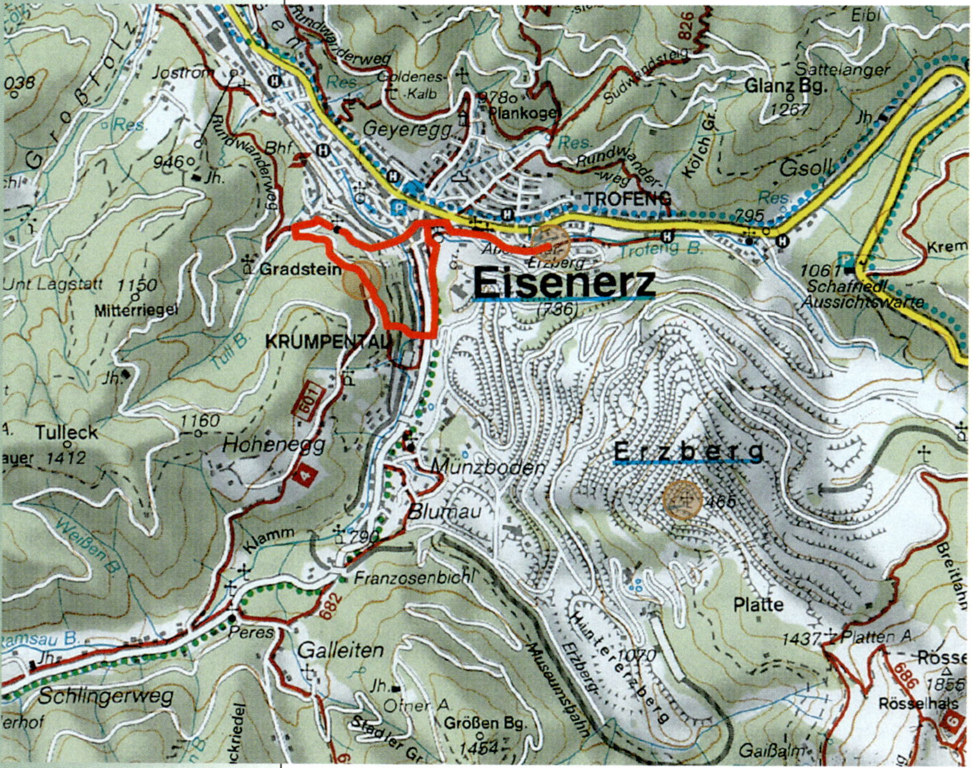

Wehrhaft über der Bergstadt Eisenerz: Die Kirche St. Oswald.

Zusatzstrecke

Naturerlebnisweg: Mit mehreren Infotafeln. Beginn: Nahe vom Schichtturm; danach entlang dem „Huntslaufweg" Richtung Krumpental, über die Bahn und in das Stadtzentrum.

Besondere Erlebnispunkte

Abenteuer Erzberg:
• Fahrten mit dem Hauly (860 PS); dem „größten Ausflugstaxi der Welt".
• Erlebniswelt Schaubergwerk; mit dem Grubenzug in das Berginnere. Betriebszeiten: 1. Mai bis 31. Oktober, 10–15 Uhr.
Altstadt-Express: Fahrt in die Stadt; Mai bis Oktober, 11–15 Uhr.
Gesteinslehrpfad: Erzberg-Talstation – Bergmannplatz; mit 16 geologisch bedeutenden Gesteinen vom Erzberg und dessen Umgebung.
Bergmannplatz: Mit Altem Rathaus, Brunnen (von anno 1874) und einstigem „Traidkasten" (Getreidespeicher).
Stadtmuseum und Kulturzentrum im Kammerhof: Geleitet von Dr. Sigrid Günther. Im ehemaligen „Märktischen Haus" (15. Jhd.) die Dauerausstellung „Mythos Erz und Eisen". Spezielle Kinderprogramme unter dem Thema „Sonnenkraft und Mondzauber" lehren gesundes Leben im Rhythmus der Jahreszeiten. Dazu lokale Musik sowie Geschichten, Mythen und Sagen.
Öffnungszeiten:
• Mai bis Oktober: Di–Fr 9–12, 14–17; Sa 10–12 und 14–17 Uhr.
• November bis April: Di–Fr 9–12 Uhr; sowie nach Vereinbarung.
Informationen: Tel. 03848/3615
Schichtturm: Errichtet 1581. Die Glocke – ein Geschenk Erzherzog Karls – ruft seither täglich die Bergknappen zur Schicht am Erzberg. Platz mit prächtiger Aussicht über Eisenerz und auf den Erzberg.
Wehrkirche St. Oswald: Größte Wehrkirche in der Steiermark. Bereits im Jahre 1282 erwähnt. Der spätgotische Bau wurde 1470–1570 errichtet.

Einkehr-Tipp

Zur Post, GH im Stadtzentrum; neben der Liebfrauenkirche (R Mo).
Schmankerln: Bodenständiges wie Beuscherl, Gulasch, Ritschert, Schweinsbraten, Wildragout.
Familie Prem, Tel. 03848/2232

Anreise

Nach Eisenerz aus Richtung Leoben oder Traboch (A9) via Vordernberg und Präbichl; aus Richtung Gesäuse via Hieflau.
Auto: Beim GH Volkskeller Wegweiser „Abenteuer Erzberg" (Riesen-Wassermann mit Dreizack) zum großen Parkplatz.
Bahn/Verbundlinien: ÖBB/R250, R600; Leoben Hbf.
Bus/Verbundlinie: ÖBB/820; Hst Eisenerz Volkskeller.
Erzbergbahn: Planmäßige Sonderfahrten auf der Strecke Vordernberg – Präbichl – Eisenerz. Informationen beim TV-Büro in Eisenerz.
Rad: R38 Eisenstraßen-Radweg.

Erz-Wanderweg

Vom Präbichl nach Vordernberg auf den Spuren des Erztransportes von einst

Dieser Erlebnisweg folgt den Trassen jener ehemaligen Förderanlage, die als „Dulnig'sche Bahn" Geschichte schrieb. Dieselbe Anlage wurde im Auftrag der Vordernberger Radmeister-Communität in den Jahren 1844 bis 1847 von *Johann Dulnig* (1802–1873) erbaut. Dessen außergewöhnlich klug konzipierte Bahnanlage ersetzte die bis dahin übliche Förderung. Demnach transportierten Pferdefuhrwerke das für Vordernberg bestimmte Erz. Dabei war der Präbichl ein arges und zugleich gefährliches Hindernis.

Auf den ersten Blick

Ausgangspunkt: Präbichl-Passhöhe (1232 m).
Zielpunkt: Vordernberg (839 m).
Gehzeit: 2 Std.
Weglänge: 5 km.
Beste Jahreszeit: Juni bis Oktober.
Orientierung:
- Speziell beschildert.
- Rund 20 Infotafeln; ausführliche Inhalte.
- Broschüre „Erz-Wanderweg"; dzt. in Vorbereitung.
- freytag & berndt, WK 041.

Informationen:
Info-Zentrum Steirische Eisenstraße und TV Vordernberg;
Tel. 03849/832
tourismus.vordernberg@utanet.at
www.vordernberg.steiermark.at

J. Dulnig schuf mit seiner Bahn ein weltweit einzigartiges Transportsystem; er konstruierte folgende, je nach Geländeform kombinierbare Anlagentypen:

- Sechs Horizontalbahnen; dazu zählt die *Laufstraße* am Präbichl.
- Zwei Schrägaufzüge bzw. so genannte Bremsberge; die Bezeichnung *Glaslbremse* blieb im Stationsnamen der Erzbergbahn erhalten.
- Sturzschächte, worin Erz in riesengroße „Magazine" fiel, von wo es jeweils mit einer untertags anschließenden Bahn weiter befördert werden konnte.

Am Erz-Wanderweg nimmt man

Auf der Präbichl-Passhöhe: Zeugen für Energie und Technik von einst und jetzt.

Stollenmünder ebenso wahr wie Erzhalden. Dazu die riesengroße *Laurenzi-Erzröstanlage*. In den Jahren 1844 bis 1847 standen hier sechs Röstöfen; bis 1860 waren 13 Öfen mit Braunkohlenfeuerung in Betrieb. 1889, nach 42jährigem Betrieb, wurde die Anlage eingestellt. Die Mauerreste lassen die gewaltige Größe dieses Betriebes ahnen.
Die Dulnig'sche Bahnanlage wurde nach Inbetriebnahme der Erzbergbahn eingestellt und schließlich abgetragen.
Die Eisenbahnstrecke Vordernberg – Präbichl – Eisenerz wurde am 15. September 1891 für den Güterverkehr eröffnet. Am 12. März 1988 wurde auf derselben Strecke der Gesamtverkehr eingestellt. Alle Erztransporte von Eisenerz zum Hochofen in Donawitz führen die ÖBB nunmehr über die Gesäusestrecke und den Schoberpass.

Besondere Erlebnispunkte

Erzbergbahn: Diese weltweit steilste Zahnradbahnstrecke in Normalspur (1430 mm) war von 1891 bis 1988 in Betrieb. Unmittelbar nach Einstellung des Gesamtbetriebes wurden die Zahnstangen – „System Abt" – von den ÖBB entfernt und an einen bislang unbekannten Ort verbracht.

Der Räter diente zum Trennen von Grob- und Feinerz. Darunter der Sohlstollen, aus dem das Erz weiter transportiert wurde.

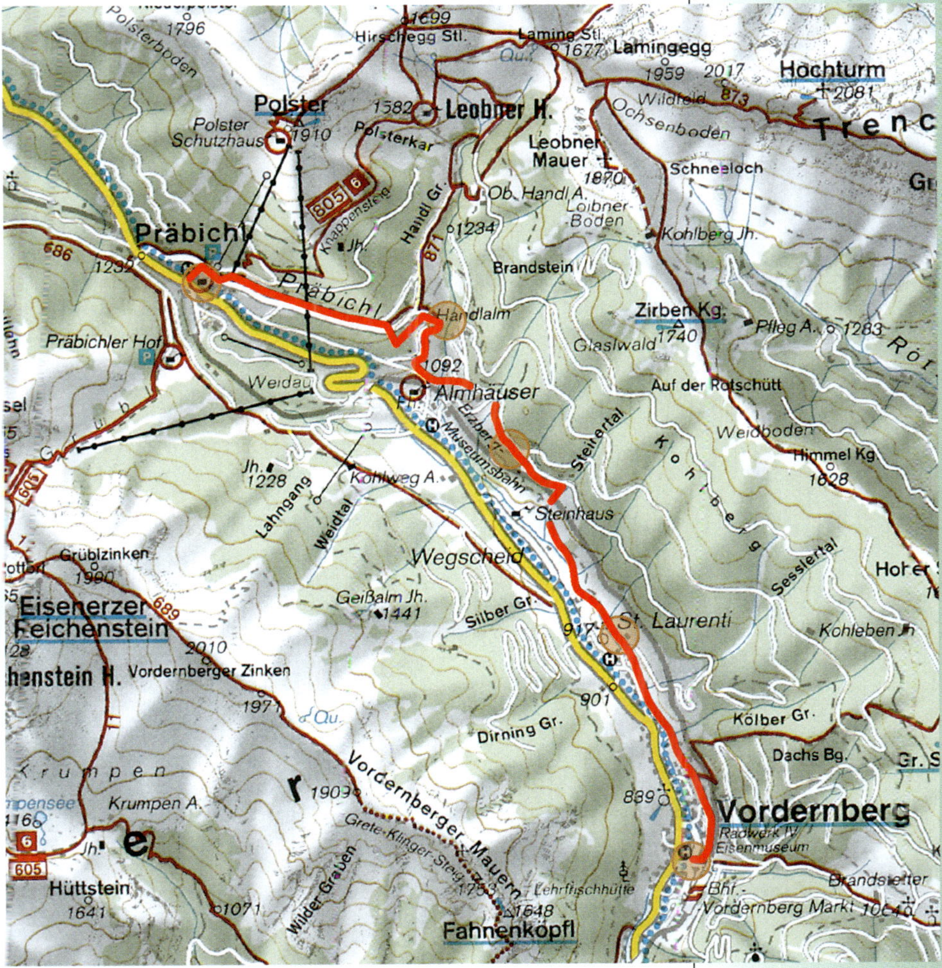

Statt Ruß und Staub: Grünes Land und klare Luft im Vordernberger Tal. Laurenzikirche gegen Präbichl und Polster (rechts).

Anreise

Auf den Präbichl aus Richtung Leoben oder Traboch (A9) via Trofaiach und Vordernberg; aus Richtung Hieflau via Eisenerz.
Auto: Parkplatz auf der Passhöhe.
Bahn/Verbundlinien: ÖBB/R250, R600; Bf Leoben Hbf.
Bus/Verbundlinie: ÖBB/820; Hst Präbichl.
Rad: R38 Eisenstraßen-Radweg.

Rückreise

Vom Markt Vordernberg in Richtung Trofaiach oder Präbichl.
Bus/Verbundlinie: ÖBB/820; ab Vordernberg Hauptplatz.

Eindrucksvoll noch als Ruine: Die ehemalige Laurenziröst.

Museumsbahnbetrieb: Auf der 18,5 km langen Adhäsionsstrecke Vordernberg-Markt – Präbichl – Eisenerz. Im Sommer verkehren planmäßig Triebwagen der Marke „Uerdinger“. Mit Fahrradtransport.
www.erzbergbahn.at
Erzbergbahn- und Wintersportmuseum: Am Bahnhof Vordernberg-Markt. Geöffnet zu den planmäßigen Sonderfahrten. Tel. 03849/6246 oder 832
Hochofenmuseum: Mit Radwerk III und IV, *Lehrfrischhütte*; täglich 9.30–14.30 Uhr.
Traktormuseum: Nahe dem ehemaligen Bahnhof Vordernberg. Mi–So; Tel. 03849/890
Zahnradbahn-Dampflokomotiven:
- Am Hauptplatz Vordernberg; Lok-Baujahr 1908; letzter Dienst am 24. Mai 1978.
- Am Bahnhof Vordernberg-Markt: Zum bleibenden Gedächtnis steht hier die weltweit größte Zahnradbahn-Lokomotive.

Rundgang: Durch das historische Zentrum des Marktes Vordernberg. Alle Gebäude sind beschildert und kurz erläutert.

Einkehr-Tipp

Zum Radmeister, GH in Vordernberg, Hauptplatz 14 (R Mo). Schmankerln: Radmeisterpfandl, gebackene Kartoffeltaschen. Familie Walcher, Tel. 03849/207

Das Holzknechtland

Mariazell und die Bürgeralpe – eine reiche Erlebniswelt

Holzknechte schlägern Baum um Baum mit Axt und Säge; entfernen am gefällten Baum dessen Äste und Rinde; über nasse Riesen – daher am besten bei Regenwetter – poltern die gefällten Baumstämme talwärts; jetzt werden die Stämme „abgelängt" – beispielsweise für Brennholz auf einen Meter. Die Reise des Holzes geht durch einen Schwemmkanal weiter; dieser mündet in ein Triftbecken; hier fischen starke Hände mit Hilfe langer Enterstangen alles Holz heraus. Die Bloche werden gespalten und die nassen Scheiter in Tristen gestapelt; nun muss das Holz trocknen, damit es endlich seine Energie abgeben kann.

Im *Holzknechtland* auf der Mariazeller Bürgeralpe *erleben* und *erfahren* kleine und große Besucher den Wald und die Wege des Holzes. So auch mit einer Waldbahn, die um den kleinen See fährt. Waldbahnen waren ein unentbehrliches Transportmittel, um Holz zu Sägewerken oder Flüssen zu bringen.

Das *Holzknechtland* ist kein starres Museum. Im Gegenteil: Jeder Besucher erlebt spielerisch eine nachgebaute Triftstrecke mit und fischt an deren Ende aus dem Triftbecken „sein Holz" heraus. Auf Holz klopfen, bedeutet Glück. Schließlich spendet Holz eine saubere, umweltverträgliche Energie.

Schaut vom Voglbichl in sein Steirerland: Erzherzog Johann.

Auf den ersten Blick

Ausgangs- und Zielpunkt: Basilika Mariazell (868 m).
Höchster Punkt: Mariazeller Bürgeralpe (1266 m).
Gehzeit: Bis zu 3.15 Std.
Weglänge: Bis zu 9 km.
Höhenunterschied: 400 m.
Beste Jahreszeit: Mai bis Oktober.
Orientierung:
- Markierte Wanderwege.
- Folder „Erlebniswelt Holzknechtland".
- freytag & berndt, WK 031.

Informationen:
TV Mariazeller Land, Hauptplatz 13; Tel. 03882/2366
tourismus@mariazellerland.at
www.mariazell.at

Nächst dem Eingang zum Holzknechtland: Die Erzherzog-Johann-Warte auf der Bürgeralpe.

Anreise

Nach Mariazell:

- Aus Richtung Bruck, Kapfenberg und Aflenz über den Seeberg;
- Von der Eisenstraße und Eisenwurzen durch das Salzatal;
- Aus Richtung Mürzzuschlag via Neuberg und Lahnsattel.

Auto: Parkplätze am Stadtrand.

Bahn/Verbundlinie: ÖBB/R115; Bf Mariazell; in St. Sebastian.

Bus/Verbundlinien: Post/170+922; Hst Mariazell PA.

Seilschwebebahn: Mariazell – Bürgeralpe. Mit Radtransport.

Rad: R13 Seeberg-Radweg; R16 Salzatal-Radweg.

Erlebnispunkte

Alpengarten Bürgeralpe: Bei der Edelweißhütte; Zugang von der Bergstation 5 Min.

Basilika Mariazell: Eines der bedeutendsten Marien-Heiligtümer in Mitteleuropa. Der Gründungstag der Kirche datiert vom 21. Dezember 1157.

Erlebniswelt Holzknechtland: Errichtet in den Jahren 1995–1998. Geöffnet 1. Mai bis 26. Oktober, täglich 9–17 Uhr. Zugang von der Seilbahn-Bergstation 2 Min.

Erzherzog-Johann-Denkmal am Voglbichl: Errichtet 1914. Schöner Rastplatz; mit prächtiger Aussicht auf Mariazell sowie die Bürgeralpe, Gemeindealpe und Zeller Hütte. Zugang aus der Stadtmitte 30 Min.

Erzherzog-Johann-Warte: Auf der Bürgeralpe. Der erste Aussichtsturm entstand bereits 1856; die neue, nun 25 m hohe Warte wurde 1910 erbaut.

Kalvarienberg: Die Kreuzwegstationen mit Keramikreliefs wurden 1954/1955 errichtet.

Mechanische Krippe: Mit 130 beweglichen Figuren; jederzeit zu besichtigen. Im Haus Kalvarienberg 1 (Familie Habertheuer); Zugang durch die Heiligbrunngasse.

Museums-Tramway: Verkehrt Juli bis September an Sa, So, Fei auf der Strecke Mariazell – Erlaufsee; 2 km.
Tel. 03882/3014 (Mo–Fr 8–12 Uhr).

MTB-Strecke Bürgeralpe – Mariazell: Offene Strecke; Bike-Transport per Seilbahn.

Seilschwebebahn Mariazell – Bürgeralpe: Die „älteste Seilbahn der Steiermark“ (eröffnet am 5. Februar 1928 als Gondel-Pendelbahn) wurde im Jahre 2002 generalsaniert und umgebaut. Talstation Wienerstraße 28; Zugang vom Hauptplatz, 2 Min. Betriebszeit im Sommer 9–17 Uhr, im Winter 9–16.30 Uhr.
Tel. 03882/2555

Volkssternwarte Mariazeller Land. Auf der *Stehralm*. Anstieg über den Kalvarienberg 30 Min.
www.geocities.com/CapeCanaveral/Runway/2120/artikel-Vstw.htm

Rundwanderstrecke

Stadtmitte – Voglbichl: Durch die Wiener Neustädter Straße, den Erzherzog-Johann-Weg und Riedheimerweg. Dieselbe Route zurück Richtung Zentrum. Gehzeit: 1 Std.

Stadtmitte – Stehralm – Bürgeralpe: Aus der Wiener Neustädter Straße durch die Heiligbrunngasse zum Kalvarienberg; der Helleportweg leitet zur Stehralm und Volkssternwarte (30 Min.). Weiter entlang der Piste zur Seilbahn-Bergstation. Anstieg insgesamt 1.15 Std.

Im Holzknechtland: Über den See zum Bahnhof der Waldbahn.

Bürgeralpe – Stadtmitte: Von der Seilbahn-Bergstation sonnseitig, auf schönem Weg (Nr. 894) entweder zum Bahnhof Mariazell oder in Richtung Stadt; hier leitet die Schießstattgasse direkt ins Zentrum.
Gehzeit: 1 Std.

Einkehr-Tipp
Edelweißhütte, der „Pfanni" auf der Bürgeralpe (kein R).
Schmankerln: Grammelknödel, Specklinksen, Speckstrudel, Grießauflauf mit Erdbeeren.
Familie Pfannhauser,
Tel. 0664/3351555

Von der Stehralm über die Stadt Mariazell zu den Zeller Hüten.

36

Vogel-Lehrpfad Bircha

Rund um Turnau: Beflügelt auf den Beinen

Fein beschildert, damit jeder sein Vogerl findet.

Die *Jägerschaft* richtete diesen Themenweg ein. Auf gut drei Dutzend Tafeln werden heimische Vögel dargestellt und kurz beschrieben.
Den in schöner Lage verlaufenden Rundweg beginnt man in der Ortsmitte von Turnau. Besser ist es, man geht vom Carl-Morre-Denkmal auf dem Nullerlweg zum Gehöft Maishirn und überquert sodann den Stübmingbach.
Nach der Brücke steigt dieser Zugang leicht an und führt in Richtung der Schilifte, wo man – kurz davor – den Vogel-Lehrpfad erreicht.

Oder man folgt aus der Ortsmitte Turnau der Poguschstraße bis zur Abzweigung Richtung Schilifte; hier weist eine große Tafel zum *Vogel-Lehrpfad Bircha* ein. Dieser leitet entlang ersten informativen Schautafeln zur *Amsel.* An diesem Punkt beginnt eine Fit-Meile. Gegenüber der *Haubenmeise* steht die *Hubertuskapelle;* sie wurde im Jahre 1967 erbaut und ebenfalls von der Jägerschaft renoviert.
Dem hier schönen Waldweg folgend, gelangt man zur Tafel *Birkhahn.*
Dem Wegweiser „Über Bauernhof Schrittwieser Richtung Turnau" folgt man nur teilweise.
Der Lehrpfad verbindet westwärts zum *Zeisig* (Abzweigung zum Gehöft Kamsker). Nach dem *Zaunkönig* überquert man ein Brückerl und geht an einem Bächlein abwärts zur letzten Tafel; diese zeigt eine *Wasseramsel.*
An der Asphaltstraße erreicht man die anno 1992 renovierte *Sebastiankapelle.* Die Skulptur ist eine Kopie; das Original – um 1500 geschaffen – steht im Landesmuseum Joanneum in Graz.
Dem entlang der Poguschstraße führenden Fußweg folgt man nun in Richtung Turnau bis zum Gehöft Bichlbinder am Stübmingbach. Hier wird die Brücke überquert. Auf das Lagerhaus und Feuerwehr-Rüsthaus folgt das hübsche „Lindenplatzl": Eine Rast unter der mächtigen Linde ist wohl verdient.

Auf den ersten Blick

Ausgangs- und Zielpunkt: Turnau (780 m).
Gehzeit: 1–1.30 Std.
Weglänge: 3,5 km.
Beste Jahreszeit: Mai bis Oktober.
Orientierung:
• 37 Infotafeln; mit Bildern und Texten.
• Folder „Rauf & Runter", „Kreuz & Quer".
• freytag & berndt, WK 041.
Informationen:
Gemeindeamt Turnau;
Tel. 03863/2111
gde@turnau.steiermark.at
www.turnau.at

Nur wenige Schritte von der Pension Kirchleitn: Das Morre-Denkmal auf dem Nullerlplatz.

Besonderer Erlebnispunkt

Carl-Morre-Denkmal: Auf dem Nullerl-Platz. Der steirische Heimatdichter Carl Morre (8. November 1832–21. Februar 1897) kam im Alter von 25 Jahren nach Bruck an der Mur und war beruflich als „k. & k. Finanzbezirksdirektor" tätig.
Mit dem Bühnenstück *'s Nullerl* schrieb Morre sein populärstes Werk.

Turnau: Von Bircha über den Stübmingbach zu den Häusern an der Kirchleitn. Rechts der Turnauer Berg.

Zusatzstrecke

Turnau – GH Karlon: Von der Kirche durch den Friedhof und entlang des Kreuzweges zu einer Kapelle am Waldrand. Der Weg 450 leitet bergwärts direkt zum Almgasthof Karlon in Eichholz (1075 m). Anstieg 50 Min.

Einkehr-Tipp

Hanswirt (Aigner).
Marktwirt (Eichelberger).
Zur Post (Puregger).
Pension Kirchleitn, mit zwei Romantik-Zimmern.
Familie Knapp, Tel. 03863/2234
www.kirchleitn.at

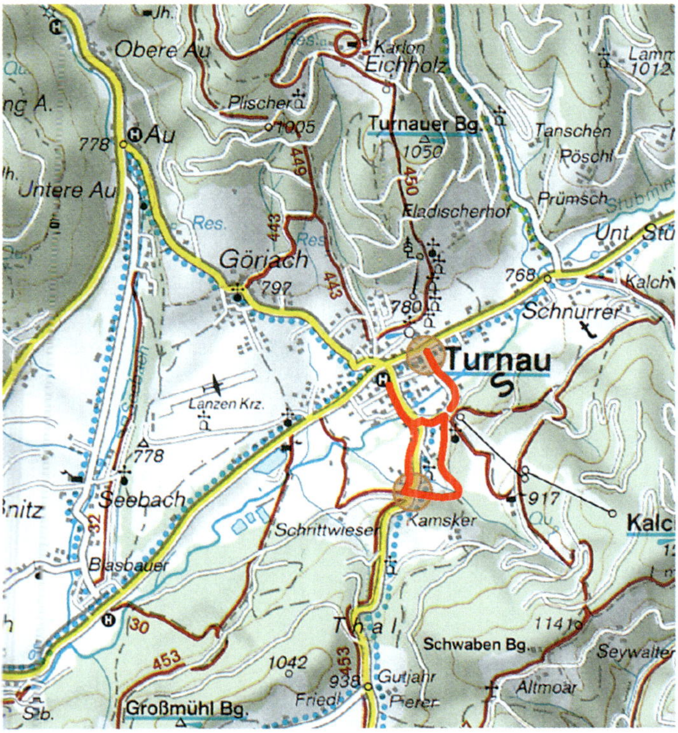

Anreise

Nach Turnau aus Richtung Bruck und Kapfenberg (S5) via Thörl und Döllach.
Aus dem Mürztal (S6) von St. Marein/St. Lorenzen über den Poguschsattel; von Mitterdorf via Veitsch und Pretalsattel.
Aus Richtung Gußwerk über den Seeberg.
Auto: Parkplatz im Ortszentrum.
Bahn/Verbundlinien: ÖBB/R250, R500, R501, R600; Bf Bruck an der Mur oder Kapfenberg.
Bus/Verbundlinien: Post+STLB/170+171; Hst Turnau.
Rad: R13 Seeberg-Radweg.

37

Waldlehrpfad Piererkogel

Von Aflenz-Kurort zu einem Kneipp-Pfad und Vogel-Lehrpfad

Der Zugang führt durch den großräumigen, gepflegten Kurpark zunächst zum Schwimmbad und zu dem nach Pfarrer *Sebastian Kneipp* (17. 5. 1821–17. 6. 1897) benannten Pfad, wo eine Tafel aufmuntert: „Regelmäßige Benützung dieses Weges verlängert das Leben."

Die Überziele der Kneipp-Philosophie heißen:
Die Gesundheit fördern.
Das Immunsystem stärken.
Den Alterungsprozess verzögern.
Kneipps Lehre beruht auf folgenden fünf Säulen:

- Wasseranwendungen kalt und warm, innen und außen.
- Heilkräuter ohne schädliche Nebenwirkungen.
- Vollwertkost mit Freude.
- Atmung und Bewegung als Lebenselixier.
- Lebensordnung und Lebensfreude als Philosophie.

Das alles ist einfach nachvollziehbar – allein das Unmsetzen scheint schwierig zu sein.
Am anschließenden *Waldlehrpfad* informieren Schautafeln auch über das Aflenzer Becken und die Wasserversorgung.
Nach dem Hinweis „Das richtige Bäumchen am richtigen Platz" erfährt man über die Fichte, sie sei „der Brotbaum der Forstwirtschaft" und wird bis 200 Jahre alt,

Auf den ersten Blick

Ausgangs- und Zielpunkt: Gemeindeamt oder Volksschule Aflenz-Kurort (763 m).
Höchster Punkt: 950 m.
Gehzeit: Bis zu 2 Std.
Weglänge: Bis zu 4 km.
Höhenunterschied: 200 m.
Beste Jahreszeit: Mai bis Oktober.
Orientierung:
- Markierte Wanderwege.
- 25 Stationen; ausführliche Inhalte.
- Folder „Kreuz & Quer", „Rauf & Runter".
- freytag & berndt, WK 041.

Informationen:
Kurverwaltung & Gäste-Info Aflenz;
Tel. 03861/2265
info@aflenz-kurort.steiermark.at
www.aflenz.info

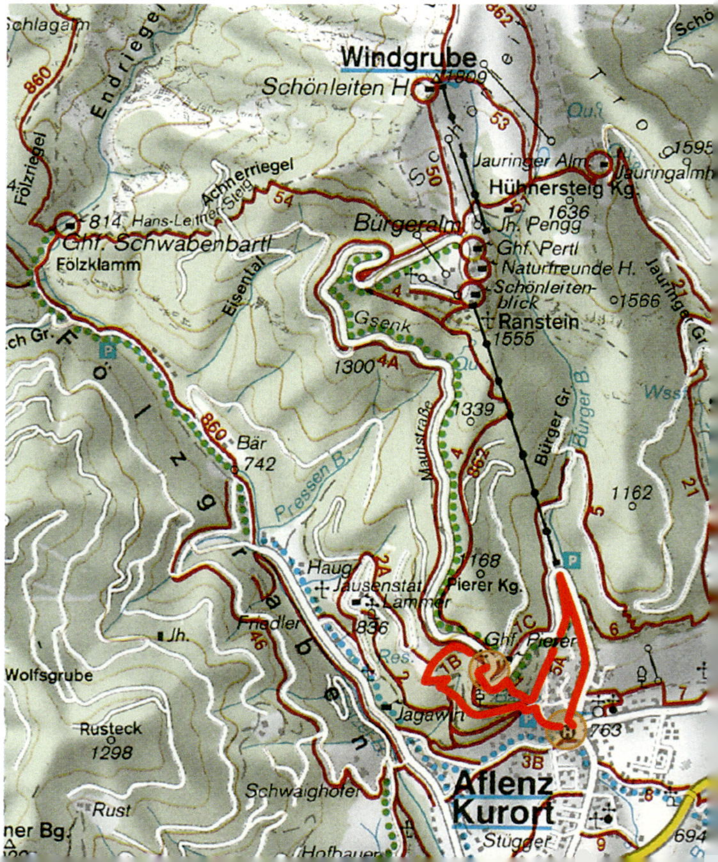

Auch der Herbst meint es gut mit dem Kurort Aflenz.

in einem Urwald sogar 500 Jahre. Nach der *Salweide* führt ein Steig weiter. Bald erfährt man ebenso, wozu ein *Grenzzug* dient: „Zur Wahrung klarer Besitzverhältnisse im Wald."
Auf Schälschäden, Stangenholz und Zwieselbildung folgt eine *Weißkiefer;* deren Holz wurde im Bergbau verwendet. Aus gutem Grund: „Die Stützen begannen vor dem Stolleneinbruch rechtzeitig zu knistern, sodass man sich noch retten konnte." Im Vergleich dazu ist dieser Spaziergang zum Pierergut absolut ungefährlich.
Als Rückweg dient anfangs der Wald-Lehrpfad; im unteren Teil folgt man jedoch besser dem *Vogel-Lehrpfad.*

Zusatzstrecken

Kneipp-Pfad: Mit Infos und Kräuterbeet. Gehzeit: 45 Min.
Pierergut – Bürgeralm (1550 m): Markierter Weg. Anstieg 1.30 Std.
Vogel-Lehrpfad: In den Waldlehrpfad integriert. Mit 20 Schautafeln. Gehzeit: 45 Min.

Besondere Erlebnispunkte

Holzknecht-Rindenhütte: Urig, mit offener Feuerstelle. Sterzessen für Gruppen ab 10 Personen. Anmeldungen am GH Pierergut oder Infobüro.
Österreich-Höhe: Gedenkstätte mit Schautafeln und Texten zur österreichischen Geschichte mit Schwerpunkt „Haus Habsburg". Eingeweiht von Bischof Dr. Egon Kapellari am 11. 4. 2002. Zugang auf Weg 5A ab Kurpark, Schwimmbad, Kneipp- und Vogellehrpfad Richtung Bürgergraben.
Schwimmbad: Beheiztes Freibad in sehr schöner Lage am Kurpark.
Zauberwelt des Wassers: In der Propstei Aflenz; Dauer bis 2006; Themen wechseln jährlich. Öffnungszeiten: Juni bis Oktober, täglich (außer Mo) 10–12 und 15–18 Uhr, an So und Fei durchgehend.

Einkehr-Tipp

Pierergut (950 m), GH am Piererkogel; gj. außer Mitte November bis Mitte Dezember (in den Sommerferien kein R; ansonsten R Di). Schmankerln: Steirische Spezialitäten; Brennsterz mit saurer Suppe (in der Rindenhütte).
Familie Waßhuber, Tel. 03861/32164

Anreise

Nach Aflenz-Kurort von Bruck an der Mur und Kapfenberg (S6) via Thörl; aus dem Raum Mariazell via Seewiesen.
Auto: Parkplatz im Ortszentrum.
Bahn/Verbundlinien: ÖBB/R250, R500, R501, R600; Bf Bruck an der Mur, Kapfenberg.
Bus/Verbundlinien: Post+STLB/170+171; Hst Aflenz-Kurort.
Mautstraße: Aflenz – Bürgeralm (ab Pierergut Maut). Bis zum GH Pierergut große Busse zugelassen
Rad: R13 Seeberg-Radweg
Sesselbahn Aflenz – Bürgeralm: Jeden Samstag, Sonn- und Feiertag sowie an Fenstertagen, 8–17 Uhr, jeweils zur vollen Stunde. Bei Regenwetter kein Betrieb. Tel. 03861/2339

Für Sonnenanbeter: Die Terrasse vor dem Pierergut.

38

Blumenpfad Kampelsteig

Das Aushängeschild im Tragösser Tal heißt jedoch Grüner See

Bitte zart fühlend betreten: Blumenteppiche jeder Größe verdienen gleichen Respekt.

Seit mehr als 100 Jahren gibt es den *Kampelsteig;* sein Name erinnert an jenen Herrn Kampel, welcher seinerzeit diesen Steig ausgetreten hat.
Nunmehr betreut *Manfred Putzi sen.* den Kampelsteig und hat ihn während vieler Jahre zu einem schmucken Blumenpfad ausgestaltet. Die zahlreichen Steckschilder, auf welchen die Namen der Blumen stehen, werden je nach Blütezeit, mitunter gar täglich aktuell platziert.

Von Oberort und vom Info-Büro leitet ein markierter Weg zum Frühstücksplatzerl und zur Klammhöhe (970 m). Hier beginnt der knapp zwei Kilometer lange Blumenpfad. Am Kampelriedel wurde im Jahr 2001 eine *Oase des Lehrpfades* gestaltet; hier gibt es ein Steigbuch, einen Rastplatz und herrlichen Ausblick zum Grünen See. Danach erreicht man das *Ambrosi-Bründl* und die Wegkreuzung beim ehem. Gehöft Schneebauer. Der Abstieg leitet direkt nach Oberort. Oder man zieht mit einem „Schlenkerer" durch die Marienklamm ortswärts. Wer sich Zeit zum Nachlesen gönnt, sollte die Chronik „Tragöß im Wandel der Zeiten" verlangen. Diese birgt einen wahren Sagenschatz; dazu zählen auch „Die Bruthenne", „Die Abstechgrube", „Die Wildfrauen an der Pribitz" und natürlich das legendäre „Meßnerinloch". Alles sagenhaft interessant.

Auf den ersten Blick

Ausgangs- und Zielpunkt: Tragöß-Oberort (793 m).
Höchster Punkt: Ehem. Gehöft Schneebauer (ca. 1000 m).
Gehzeit: 2.30 Std.
Weglänge: 6 km; Rundweg.
Höhenunterschied: 200 m.
Beste Jahreszeit: Mai bis Oktober.
Orientierung:
- Markierte Wanderwege.
- Am Kampelsteig zahlreiche Blumen- und Pflanzen-Steckschilder.
- Folder „Kreuz & Quer", „Rauf & Runter".
- freytag & berndt, WK 041.

Informationen:
TV Tragöß Grüner See;
Tel. 03868/8330
tv.tragoess.gruener.see@utanet.at
www.tragoess.steiermark.at

So viel Wasser enthält der Grüne See im Frühjahr.

Der einzigartige Talschluss von Tragöß: Oberort mit Pribitz.

Einkehr-Tipp

Zum Schiffskoch, Spezialitäten-Restaurant in Oberort (R Mo).
Schmankerln: Gefülltes Kotelett, Gulaschtopf, Gemüsestrudel, Gemüselaibchen mit Dillsoße.
Familie Merl,
Tel. 03868/8318

Zusatzstrecken

Meßnerin (1835 m): Vom Kampelsteig beim ehem. Gehöft Schneebauer durch steilen Bergwald zur Windscharte und auf dem Dr.-Peter-Meissl-Steig gipfelwärts. Gehzeit: Ab Schneebauer 2.15 Std.
Grüner See – Jassing (884 m): Vom Info-Büro zum Seehof, über eine Geländekuppe (920 m) zur Pfarrerlacke und zum Parkplatz Jassing. Gehzeit: 1 Std. (Bei Zufahrt: Parkschein beim Info-Büro lösen.)
Jassing – Russenstraße – Sonnschienalm (1523 m): Markierte Strecke. Sonnschienhütte (OeAV bew. Gehzeit: 2 Std.
Die Russenstraße wurde von Kriegsgefangenen, welche in der Jassing untergebracht waren, zwischen 1918 und 1919 erbaut. Zahlreiche Tafeln enthalten ortsübliche Bezeichnungen markanter Wegstellen, wie beim Wasserstein, Waldboden, Sonnschienbach, Schinder sowie bei der Finstertalreith, beim Schmiedhüttl, Lawinengangl, Sonnschientörl und Sandriedl.
Rund um den Grünen See: Vom Parkplatz beim Info-Büro zum nahen Pfarrerteich, danach zum Julienheim und nordseitig um den Grünen See herum zum Seehof. Der Rückweg erfolgt um den Kreuzteich. Gehzeit: 1.30 Std.

Besondere Erlebnispunkte

Blumenpfad Kampelsteig: Führungen mit Manfred Putzi sen. im Juli und August, jeden Do, 9 Uhr, ab GH Post in Oberort. Sonderführungen nach Vereinbarung.
Grüner See: Einzigartiges Biotop. Höchster Wasserstand allgemein im Frühsommer bzw. zur Schneeschmelze.
Marienklamm: Erlebenswerter Steig; Schlucht mit Felsen und Wasserfall. Zugang: Von Oberort 30 Min.
Badesee Zenz: Für Schwimmen, Surfen, Boot fahren; 55.000 m² großer Freizeitsee; am Radweg in Pichl bzw. Unterort.
Heimatmuseum: In Oberort. Sa 17–19 Uhr; So 14–18 Uhr.

Anreise

Nach Tragöß-Oberort und zum Grünen See via Bruck an der Mur (S6).
Auto: Großer Parkplatz beim Info-Büro.
Bahn/Verbundlinien: ÖBB/R500, R501, R600; IC-Bf Bruck an der Mur.
Bus/Verbundlinie: Post/175 Hst Tragöß, Infobüro oder End-Hst Grüner See.
Rad: R41 Laming-Radweg.

39 Krakauer Bauernhofweg und Martin-Zeiller-Pfad

Zur Krakau gehören auch Wild, Wald und der Schattensee

Der große Sohn von Ranten: Martin Zeiller, 1589–1661.

Schmuckstück in der Krakau: Der Schattensee.

Treue Gäste verleihen der Krakau gern die Höchstnote „einzigartig“ und unterstreichen diese Auszeichnung mit dem Versprechen: „Wir kommen sicher bald wieder.“
Das in über 1000 Meter Seehöhe liegende Krakautal ist natur- *und* kulturbedingt einzigartig strukturiert. Hinzu kommt die Anziehungskraft so bekannter Ziele wie Etrachsee, Grazer Hütte, Preber- und Schattensee. Der „ausländische“ Prebersee liegt von der Landesgrenze Steiermark/Salzburg nur einen Kilometer entfernt.

So überschaubar für Fremde das Relief der Krakau ist, weniger übersichtlich sind die gemeindepolitischen Grenzen von Krakaudorf, Krakauebene mit Krakauhintermühlen und separat noch Krakauschatten. In den touristisch interessanten Hintergrund spielt viel Geschichte hinein. Aus dieser ragt der Samson heraus.
Es gibt jedoch ebenso feiner gesponnene Netze und Verbindungen. Dazu zählen beispielsweise heroben in der Krakau der

Bauernhofweg und drunten in Ranten der Martin-Zeiller-Pfad. Die Gegensätze könnten nicht größer sein.
Dennoch: Beide Themen fügen sich gut aneinander, und das Tälerbus-System ist logistisch hilfreich.

Krakauer Bauernhofweg. Eine Studentengruppe der BOKU hatte vor etlichen Jahren die gute Idee, als Ferialpraktikum einen Lehrwanderweg zum Thema „Landwirtschaft“ einzurichten. Im Sommer 2002 waren die Spuren – insbesondere die Beschreibungen in der Natur – nur noch schwach sichtbar. Dennoch ist der Weg nachvollziehbar.
Tafeln informieren über Haus, Hof und Tiere in der Landwirtschaft, ebenso über die „Sparkasse Wald“. Außerdem werden Für und Wider zum Fremdenverkehr reflektiert.
Vom Dorfmuseum in Krakaudorf geht man bergab zur Straßengabelung und von dieser in Richtung Schöder bergan zu einer Kuppe. Schon zweigt man rechts ab zum „Birkfeldstüberl“.
Beim Gehöft Kendlbacher wird das Thema „Milch- und Milchmarkt“ angerissen. Bei der nächsten Weggabelung die „Feldwirtschaft“.
Nun geht man bergab zum Franzosenkreuz (Bildstock; erbaut um 1800). Sogleich führt ein Feldweg links weg und leitet in prächtiger Höhenlage bis zum Gehöft Lessenberger. Hier, im Haus Nummer 1, wohnt der Altbürgermeister von Krakaudorf.
Vogelkirschbäume stehen nahe an jenem Flurweg, der nun direkt hinunter leitet nach Ratschfeld. Von hier gelangt man auf dem Gehsteig entlang der Straße in das Dorf Ranten.

Martin-Zeiller-Pfad. Die schmucke Anlage – errichtet 1989 – besteht aus künstlerisch gestalteten Steinsäulen; diesen stehen im kleinen Park des Dorfes Ranten. Martin Zeiller – geboren am 17. 4. 1589 in Ranten, gestorben am 4. 10. 1661 in Ulm –

Auf den ersten Blick

Ausgangspunkt: Dorfmuseum in Krakaudorf (1173 m).
Zielpunkt: Ranten (951 m).
Gehzeit: 2 Std.
Weglänge: 8 km.
Beste Jahreszeit: Mai bis Oktober.
Orientierung:
- Teilweise markiert.
- Einige Infotafeln; mit Texten.
- freytag & berndt, WK 211

Informationen:
TV Krakaudorf;
Tel. 03535/7382
tvb.krakaudorf@murau.at
www.krakautal.at

Der kulturelle Mittelpunkt in der Krakau: Krakaudorf.

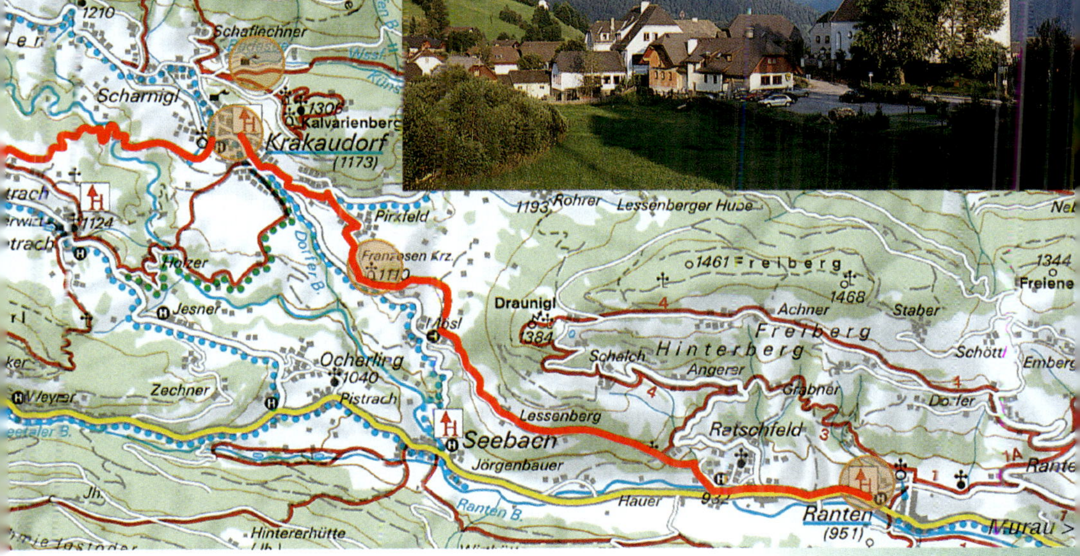

Auf der Hiaslhöhe: Beim Rastplatz beginnt der Naturlehrpfad Krakauschatten.

Anreise

Nach Krakaudorf von Murau via Seebach und Ranten; von Tamsweg via Seebach oder Prebersee.
Auto: Murau – Krakaudorf, 19 km.
Bahn/Verbundlinie: STLB/R630, Murtalbahn; Bf Murau-Stolzalpe.
Bus/Verbundlinien: Post+TB/895; Hst Krakaudorf PA.
Rad: Murau – Ranten – Krakaudorf, Landesstraßen; 19 km.

Rückreise

Von Ranten nach Krakaudorf 7 km.
Bus/Verbundlinie: Post+TB/895; ab Hst Ranten PA.
Tälerbus-Anmeldungen und Taxiruf:
Fa. Esterl, Tel. 03535/8218
Fa. Schnedlitz, Tel. 03535/8334

gilt als der erste Reiseschriftsteller. Zeillers deutschsprachiger Reiseführer „Getreuer Reisgefert“ (Originaltitel: *Fidus Achates*) erschien bereits im Jahre 1651. Darin gibt Zeiller Ratschläge, wie eine Reise vorzubereiten sei bzw. wie man sich verhalten soll. Beispielsweise: „In Gegenwart eines Bären sich auf den Boden legen, den Atem anhalten und sich tot stellen ...“

Weitere Erlebnispunkte

Dorfmuseum Krakaudorf: Im Waltlhaus, ehem. Rauchstubenhaus.
Öffnungszeiten: Ende Mai bis Mitte Oktober, Mi 14–17 Uhr; im Juli und August auch So 14–17 Uhr.
Jagdwanderungen: Im Prebergraben; von einem Jäger fachkundig begleitet. Mitte Juni bis Anfang September; jeden zweiten Montag; Dauer 2 Std.
Tel. 03535/8606
Lama-Trekking: Im Krakauer Hochtal; jeden Mittwoch im Sommer. Infos und Anmeldungen: GH Guniwirt, Tel. 03535/8239

Schattensee (1317 m): Idyllischer Platz; mit Wasserscheibenschießen. Zufahrt oder Zugang (30 Min.) von Krakauschatten. Am See das GH Fischerhütte.

Zusatzstrecke

Naturlehrpfad Krakauschatten: Empfehlenswert. Seit 1987. Ausgangspunkt: Hiaslhöhe in Oberetrach; Bus-Hst und Rastplatz.
Entlang des Lehrpfades mehrere Infotafeln. Die Kapelle – ursprünglich errichtet im 17. Jhd., renoviert 1959 – wurde im Frühjahr 1984 von der Bergwacht erneuert.
Gehzeit: 30 Min.; 1,5 km.

Einkehr-Tipp

Guniwirt, GH in Krakaudorf (R Mi; nur zur Nebensaison); Kristallkeller mit Mineralienschau.
Schmankerln: Forellen.
Familie Spreitzer, Tel. 03535/8239

Geo-Saumpfad im Katschtal

40

Entlang eines Römerweges auf den Sölkpass

Der Sölkpass als Übergang aus dem Murtal in das Ennstal wurde mit Saumtieren schon von den Römern benutzt: Er diente vor allem dem Salztransport nach Süden; Wein und Getreide wurden nach Norden gesäumt. Das Katschtal verläuft von Baierdorf nordwärts bis zum Tauernhauptkamm. Der Geo-Saumpfad wurde am 21. Juli 2002 eröffnet. An 24 Stationen werden geologische, landschaftliche und naturräumliche Besonderheiten des Katschtales anschaulich dargestellt.

Beginnend beim Baierdorfer Wehrturm, folgt der Geo-Saumpfad aus dem Ort Baierdorf durch uriges Waldgelände talein- und bachaufwärts.
An den Erlebnispunkten informieren Tafeln über die Gebirgsbäche, Auswirkungen von Hochwässern wie auch über Kleinkraftwerke.
Bei der *Augustinerkapelle* (erbaut 1964) liegt ein schöner Rastplatz; bei diesem sprudelt das wertvolle *Augustinerbründl* – „eine Quelle für das Auge". Danach folgt man jener Forststraße, die rechts vom Katschbach taleinwärts leitet. Ein Waldsteig verbindet sodann zur Landesstraße (Brücke, Weiderost). Über die Brücke erreicht man die *Dorferhütte*. Hier erklärt die Tafel Nummer 17 anschaulich das Katschtal als ein „eiszeitlich geformtes Trogtal".
Ab derselben Brücke geht man durch Weidegebiet zum Parkplatz Zwieflerseen. Nun benutzt man die Straße und erreicht nach 500 Metern die Kreuzerhütte, eine traditionsreiche Einkehrstätte.
Beim Anstieg in Richtung Sölkpass

In Baierdorf am Eingang in das Katschtal.

Fixer Rastpunkt an der Sölkpass-Südseite: Die Kreuzerhütte.

Auf den ersten Blick

Ausgangspunkt: Wehrturm in Baierdorf (894 m).
Zielpunkt:
Sölkpass (1788 m).
Gehzeit: 5 Std.
Weglänge: 13 km.
Höhenunterschied: 900 m.
Beste Jahreszeit: Juni bis Oktober.
Orientierung:
- Markierte Wanderwege.
- 24 Infotafeln; ausführliche Inhalte.
- Folder und Broschüre „Geopfad Katschtal Schöder – Sölkpass".
- freytag & berndt, WK 203.

Informationen:
TV St. Peter-Schöder;
Tel. 03536/8479
office@greim.at
www.greim.at

Im oberen Katschtal: Von der Dorferhütte zum Deneck (2433 m).

Anreise

Nach Baierdorf von Frojach via St. Peter am Kammersberg; von Murau und Krakaudorf jeweils via Schöder; von St. Nikolai im Sölktal über den Sölkpass.
Auto: Parkplatz beim Wehrturm in Baierdorf.
Bahn/Verbundlinie: STLB/R630, Murtalbahn; Bf Frojach-Katschtal oder Bf Murau-Stolzalpe.
Bus/Verbundlinien: STLB/897; Hst Baierdorf GH Neuwirt.
TB/945; Hst Baierdorfweg.
Rad: R55 Katschtal-Radweg, ab Frojacher Murbrücke (R2).

Rückreise

Vom Sölkpass per Taxi oder Tälerbus.
Tälerbus-Anmeldungen und Taxiruf:
Fa. Maier, Großsölk, Tel. 0676/6028107
Fa. Schrefl, Schöder, Tel. 03536/8448

werden die Straßenkehren großteils abgekürzt. Zuletzt folgt man einem Fußweg; er führt wie die Straße direkt zum so genannten „Passloch".
Auf der Passhöhe, nächst der Kapelle (erbaut 1978), leitet der Römerweg weiter in Richtung Erzherzog-Johann-Hütte; Einzelheiten siehe unter Tipp 17 (samt Zusatzstrecke Hornfeldspitze).

Weitere Erlebnispunkte

Historische Pferdewanderung auf den Sölkpass: Alljährlich um Mitte Juli.
Schöderer Pferdemarkt: Alljährlich am letzten Samstag im August.
Wandern mit Pferden auf alten Pfaden: Im Juli und August, jeweils Donnerstag, ab 9 Uhr.

Einkehr-Tipp

Dorferhütte (1268 m), Almwirtschaft; Anfang Juni bis Ende September/Anfang Oktober (je nach Witterung).
Familie Strimitzer, Tel. 03536/7519
Kreuzerhütte (1378 m), GH und TB-Hst; ab Muttertag bis Ende September durchgehend offen, im Oktober an Wochenenden.
Schmankerln: Spezialitäten aus eigener Landwirtschaft; Almprodukte.
Familie Simbürger, Tel. 0676/9245434

Sölkpaß
Nageleck
Winkleralpe
Haseneck Sch.
2205
Hochstubofen
2385
Hornfeld Sp.
2277
Mittereck J.
Rockl Sch.
Aarfeld Sp.
2284
Rettelkirch Sp.
(Rötelkirch Sp.)
2475
Narren Sp.
2336
Funki Sch.
Straßeck
2390
Ameiskopf
2245
Ghf. Kreutzerhtt.
Rößlerhtt.
Unt. Zwieflerhtt.
Grenz Gr.
Ameishtt.
1527
Rettlsee
1971
Reineben
2081
Dorferhtt.
1268
Wasserfall Gr.
Hütterboden
Seefeld
Rockhtt.
1566
Hanglerhtt.
Eisenhut Gr.
Hint. Gießerhtt.
Ober. Rettlhtt.
1728
Lannachkarhtt.
1976
Mirzlzinken
Ob. Marktlerhtt.
1644
Unt. Rettlhtt.
1493
Karleck Gr.
Unt. Marktlerhtt.
Forchen Gr.
Augustiner Kr.
Vord. Gießerhtt.
1602
Falzboden
Johnsbaueralmhtt.
Baierdorfer Bg.
1762
Seidlhtt.
Stroblhtt.
Baichlhtt.
1760
Heck
1825
1160
Bremsmoarhtt.
Rennfeld
Feldkögerl
1973
Grünwald
Stoff
Gröbl
1149
Geißmoarhtt.
1253
Gaberhtt.
1631
Hirschenwirthtt.
Hoarhtt
1593
Marktler
Gingl
1068
Kühhaltbichl
1225
Kasparhtt.
Gangleck
1612
Holzerbauerhtt.
Bremsmoar
Johnsbauer
Prodlhtt.
Triebler
Baierdorf
894
Pöpler
Kaspar
Ghf. Gangl
Lercher
Loipl
Leitner
Roterner
Schöderberg
Schöder
901
Hatzl
1043
Grabner
Hofmoar
Schöder B.
Wachenberg
Karlgrube
Zirbe
Röstweg
Feistritz B.
Grünwald B.
Zirben B.
Speyereben
Baichl
Hölzlerhtt.
Jürgmoar
1674
1981
Funkiboden

41

Waldlehrpfad Leonharditeich

Natur und Kultur prägen „Murau an der Holzstraße“

Mur, Mittelalter und die Moderne sind mit *einem* Blick erfassbar und fühlbar. Mit einem Wort: Die drei „MMM“ prägen das Flair der Bezirkshauptstadt Murau.
Um das Jahr 1250 ließ der Minnesänger Ulrich von Liechtenstein die Burg *Murowe* errichten (diese lag südöstlich des heutigen Schlosses). Bald entstand um diesen wehrhaften Bau eine Kaufmannssiedlung. Murau wurde 1298 zur Stadt erhoben und entwickelte sich zu einem Handelszentrum.
Heute ist die schmucke Bezirksstadt auch das Zentrum der touristisch interessanten Destination *Holzstraße*.

Gegenüber dem Bahnhof Murau-Stolzalpe erreicht man den modern gestalteten „Mur-Steg“ und gelangt über diesen direkt in das Zentrum der Altstadt. Derselbe Steg wurde 1995, anlässlich der Steirischen Landesausstellung „Holzzeit“, errichtet.

Rund um den Leonharditeich. In Murau folgt man ab dem Bahnhof der Frauenalmstraße, dabei auch über eine Stiege bis zu jenem Schild, welches zum Leonharditeich weist. An ihm führt ein Waldlehrpfad im Uhrzeigersinn herum. Es lohnt jedoch, ab dem *Baumhaus* den Spazierweg folgend zu verlängern:
Mit dem Oberen Schanzenweg gelangt man zur Großschanze (angelegt 1964–1968). Vom *Sprungrichterturm* überblickt man umfassend die Stadt Murau.
Ein Forstweg leitet bergab zu einer weiteren Sprunganlage. Ab hier führt der Untere Schanzenweg zurück zum Baumhaus.
Nun geht man weiter zum nordseitigen Ufer des Leonharditeiches und steigt bergan zum Hungerturm bei der *Burgruine Grünfels*. Die ursprüngliche Wehranlage wurde im 14. Jahrhundert erbaut. Darauf folgen die Kalvarienbergkapelle, die Kapelle Heiliges Grab und die St.-Leonhard-Kirche (15. Jhd.).
Der gepflegte Kreuzweg leitet bergab zur Bahnhaltestelle Murau-

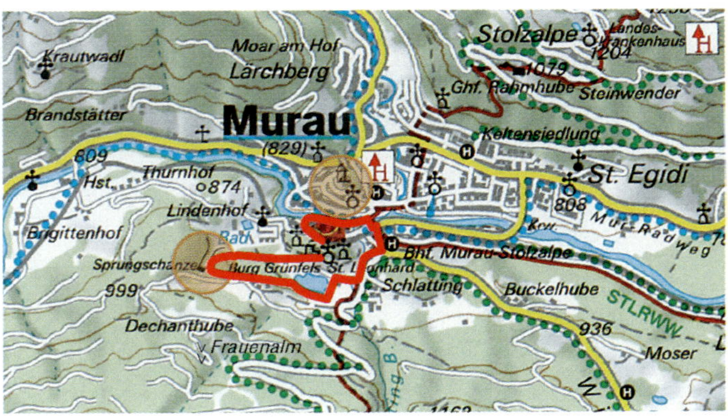

Gäste-Rätsel: Finde vom Bahnhof Murau zum Leonharditeich.

Auf den ersten Blick

Ausgangs- und Zielpunkt: Bahnhof Murau-Stolzalpe (809 m).
Gehzeit: Bis 2 Std.
Weglänge: 5 km.
Beste Jahreszeit: Mai bis Oktober.
Orientierung:
- Spezielle Schilder.
- „Waldlehrpfad-Führer Leonharditeich“.
- Stadtplan Murau.
- freytag & berndt, WK 211.

Informationen:
TV Murau–Stolzalpe–Ranten;
Tel. 03532/2720
tourismus@murau.at
www.stadtmurau.at

Die Altstadt von Murau samt Schloss und Riegel.

St. Leonhard. Vom Leonhardplatz quert man über die Mur und schlendert auf der Promenade in Richtung Stadtzentrum und Bahnhof.

Weitere Erlebnispunkte

Brauereimuseum Murau: Im Sommer Mi und Fr 15 Uhr, ansonsten Fr 15 Uhr. Tel. 03532/3266
Murtalbahn: Dampfzug-Sonderfahrten Richtung Predlitz oder Teufenbach. Tel. 03532/2233
Schloss Murau: Mitte Juni bis Mitte September; Mi und Fr 15 Uhr. Tel. 03532/2302
Skulpturenpark: Im Stadtpark. Gestaltet vom Scheiflinger Bildhauer Rudolf Hirt.
Zugang vom Bf 5 Min.

Stadtführungen: Durch das historische Murau. Mitte Juni bis Mitte September; jeden Mo 9.30 Uhr. Anmeldung beim TV-Büro.

Einkehr-Tipp

Jugend & Familiengästehaus Murau, am Leonhardplatz. Mit Frühstück, Halb- oder Vollpension. Tel. 03532/2395
www.jgh.at
Lukwirt, Gute steirische Gaststätte, am Bahnhof Murau (kein R; Di ab 14 Uhr geschlossen).
Schmankerln: Murauer Specknockerl, Schwammerlstrudel, Blutwurstgröstl.
Familie Meissnitzer,
Tel. 03532/2853

Anreise

Nach Murau aus dem Raum Judenburg via Scheifling; aus Richtung Tamsweg via Predlitz (Landesgrenze)
Auto: Parkplatz am Bf Murau.
Bahn/Verbundlinie: STLB/R630, Murtalbahn; Bf Murau-Stolzalpe.
Bus/Verbundlinie: STLB/890; Hst Murau-Stolzalpe Bahnhof.
Rad: R2 Mur-Radweg.

Im „Skulpturenpark“ der Bezirksstadt Murau.

42

Natur-Erlebnispark Hohentauern

Eine Fels-Höhlen-Welt, ein Wald-Erlebnispfad für Kinder, dazu ein Pfahlbaudorf sowie viel Spielgelände am Wasser

Gut gesichert: Am Zustieg in den Klettergarten Sunk.

Die erste Ausbaustufe dieses Natur-Erlebnisparks wurde am 29. Juni 2002 eröffnet. Dieser besteht insgesamt aus den drei Teilbereichen *Wald-Erlebniswelt, Wasser- und Seenwelt* sowie *Fels- und Höhlenwelt*. Der dritte Teilbereich – offiziell eröffnet am 17. August 2002 – wurde im ehemaligen Bergbaugelände Sunk installiert.

Von der Passhöhe gelangt man, nahe dem Lift an der Piste ansteigend, zum 2,5 km langen *Wald-Erlebnispfad:* Dieser Weg führt u. a. zu einem Baumhaus, einer Holzkletterwand, einem Hochsitz sowie zu Rastplätzen und schließlich zu einer großen, am Waldrand platzierten Eule aus Holz.
Somit ist man bereits im Nahbereich des *Sporthotels Moscher.* Von dort verbindet ein Wanderweg zum *Sonnenhof* – dem ehemaligen Heinrich-Kern-Haus – und über die Mautstelle zum *Pfahlbaudorf* am Weberteich: Der einladende Platz – in Verbindung mit der Fischerhütte und dem Bootshaus – verlockt zu längerem Rasten.
Der anschließende 1,8 Kilometer lange *Wasserweg* führt vom Pfahlbaudorf direkt in ein gut gangbares Moor. Anschließend schlängelt sich der Pfad entlang des idyllischen, Richtung Sunk fließenden Bächleins. Somit kommt man direkt zur *Fels- und Höhlenwelt.*
Hier, im Revier eines ehemaligen Magnesitbergbaues, gibt es etliche Erlebnispunkte, darunter Felshöhlen, Stollen, eine Rutsche, einen kleinen See und sogar einen Klettergarten.

Auf den ersten Blick

Ausgangs- und Zielpunkt: Passhöhe Hohentauern (1274 m).
Gehzeit: Ab 1 Std.
Beste Jahreszeit: Mai bis Oktober.
Orientierung:
- Zahlreiche Infotafeln; mit ausführliche Inhalten und Wegskizzen.
- Folder „Natur-Erlebnispark Hohentauern".
- freytag & berndt, WK 062 oder 203.

Informationen:
TV Hohentauern;
Tel. 03618/335
tourismushohentauern@aon.at
www.keltenberg.at

Gag am „Keltenberg": Das Pfahlbaudorf am Eröffnungstag.

Zusatzstrecken

Alter Waldbahnweg: Ausgangspunkt beim Kraftwerk Sunkbach. Vom unteren Eingang der Sunk (nächst der Bundesstraße) führt ab dem Kleinkraftwerk entlang der ehemaligen Waldbahntrasse ein uriger, nunmehr wieder instand gesetzter Weg zum Gasthof Brodjäger.
Um das Jahr 1900 wurde von der Holzfirma Steinbeis eine Schienenbahn zum Abtransport von Holzstämmen errichtet. Diese Waldbahn führte aus dem Triebental entlang des Baches hinunter nach Trieben.
Gehzeit: Kraftwerk Sunkbach – GH Brodjäger 45 Min.; 2,5 km.

Triebental: Lohnend ist auch ein Abstecher vom GH Brodjäger in das Triebental. Zum GH Braun 2,5 km. Hier beginnt das Spazier- und Wandergelände taleinwärts wie auch bergwärts.

Am Wald-Erlebnispfad: Die Riesen-Eule, nahe vom Hotel Moscher.

Einkehr-Tipp

Hohentauern, im Orts- und Passbereich mehrere Einkehrstätten.
Pfahlbaudorf, gj. (außer November). Schmankerln: Keltenkessel, Keltenpfandl, Wildschweingerichte. Familie Hafner, Tel. 0664/3085279
GH Braun; im Triebental; gj., auch Urlaub am Bauernhof; Schmankerln: Forellen und Gutes vom Bauernhof.
Familie Leitner, Tel. 03618/269

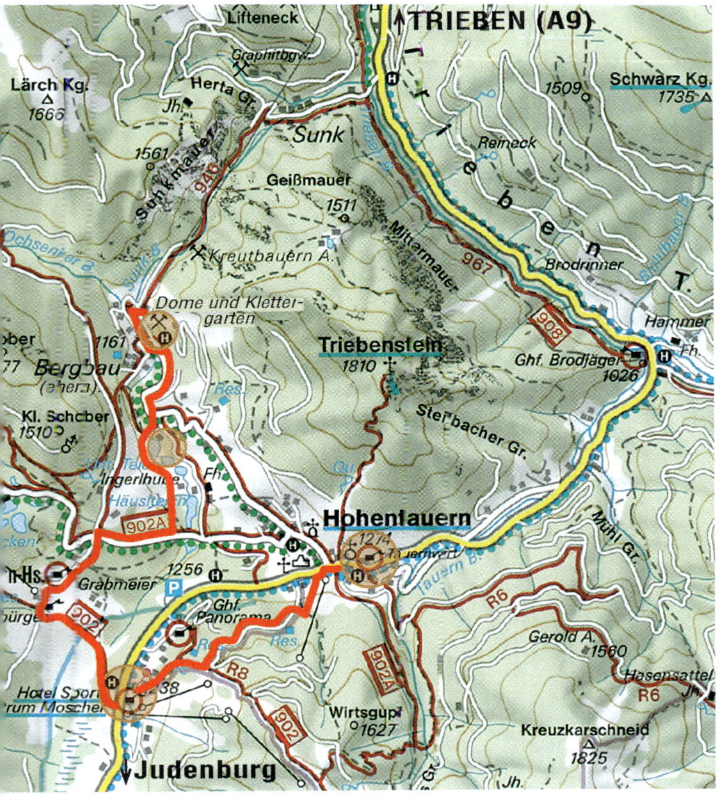

Anreise

Nach Hohentauern von Trieben via Brodjäger; oder aus dem Murtal via Möderbrugg und St. Johann am Tauern.
Auto: Parkplätze Moscher, Passhöhe, Pfahlbaudorf Sunk.
Bahn/Verbundlinie: ÖBB/R250; Bf Trieben.
Bus/Verbundlinie: Post/871; Hst Hohentauern.
Rad: R53 Pölstal-Radweg; ab Möderbrugg Bundesstraße.

43

Waldlehrpfad Pöls

Rund um den Raninger Kogel und zur Ruine Offenburg

Der Zellstoff produzierende Ort Pöls erhielt im Jahre 1999 die Auszeichnung *Schönstes Blumendorf der Steiermark*. Dieses Ereignis lässt jedoch nur jene Eiligen staunen, die angesichts blitzblanker Nirostakamine und blubbernder Dampfsäulen an Pöls rasch vorbei ziehen.
Tatsächlich offeriert Pöls ein unvermutet *natürliches* Umland: Der im Jahre 1978 als Rundweg angelegte *Waldlehrpfad* führt durch eine überaus harmonisch wirkende Landschaft. Die Schüler der Technischen Hauptschule Pöls tragen für diesen Weg die Patenschaft.

Der Zugang erfolgt vom GH Zezula und Autohaus Poier zum Pölshals heraus, jener Kuppe an der Bundesstraße, von wo aus das Murtal überblickt werden kann. Allgemein hält man sich an den Weg Nummer eins. Tafeltexte informieren über die einzelnen Bäume. Nach einer *Kiefer* gelangt man bergan zum Murtal-Blick, einem hübschen Rastplatz.
Der Waldweg führt unter anderem an eine *Douglasie* bzw. Douglasfichte heran. Man wandert am Rand einer sonnseitig liegenden Murtalblick-Siedlung.
Zwischendurch erfährt man, dass das *Pfaffenhütchen* noch in einer Seehöhe von 1200 Metern wächst. Leicht bergab gehend, erreicht man das Gasthaus Murtalblick (Pöschl) in Greith und bald danach eine *Serbische Fichte:* Botaniker entdeckten diese Art erst um das Jahr 1800.
Noch hält man sich an die Flurstraße. Erst nach dem *Gasthaus Kaser* zweigt man rechtshaltend

Auf den ersten Blick

Ausgangs- und Zielpunkt: GH Zezula, unweit am Pölshals (790 m).
Gehzeit: Als Rundweg 2.30 Std.
Weglänge: 8 km.
Beste Jahreszeit: Mai bis Oktober.
Orientierung:
- Markierte Wanderwege.
- Zahlreiche Infotafeln; ausführliche Inhalte.
- freytag & berndt, WK 212.

Informationen:
TV Pöls;
Tel. 03579/8380
Gemeindeamt Pöls;
Tel. 03579/8316
zezula@gmx.net
www.pölstal.at

Wunsch an die Zukunft
Gesunder Wald bürgt für gesundes Leben.

ab, geht im Wald leicht bergauf und anschließend die Nordseite des Raninger Kogels entlang. Allmählich erreicht man den Talboden. Ein Wiesenweg leitet durch zwei Gatter und zu einer *Atlas-Zeder* in Enzersdorf. Gegenüber dem Haus 44 steht eine große Info-Tafel. Die Straße führt südwärts zum Jagawirt (Bölderl) und GH Zezula.

Besonderer Erlebnispunkt

Bio-Teich Pöls: Schön gelegener Badeteich; mit Kinderspielplatz. Zugang auf dem mit verschiedenartigen Blumen und Pflanzen geschmückten *Bio-Ufer-Erlebnisweg*. Der Parkplatz liegt hinter der Hauptschule.

Zusatzstrecke

Ruine Offenburg (1050 m): Die Burg wurde vermutlich in der zweiten Hälfte des 11. Jhd. erbaut. Der Name Offenburg könnte sich von *Ofen* (Felsen) ableiten. Die urkundlich erste Nennung lautete Offenberch, was soviel wie Felsenberg bedeuten würde. Leider sind nur noch wenige Mauerreste vorhanden.
Zugang von Pöls: Über Oberkurzheim (811 m), Weg 991. Auch MTB-Strecke.
Gehzeit: 1.15 Std.; 3,5 km; 260 Hm.

Einkehr-Tipp

Gasthof Zezula (R Di).
Schmankerln: Almkitz, steirisches Gebirgslamm; persische und steirische Spezialitäten.
Familie Zezula, Tel. 03579/8380
Bergbauer's Mostschenke (900 m), am Wanderweg zur Ruine Offenburg. Fr, Sa, So ab Nachmittag.
Schmankerln: Steirerkas, Schaf- und Ziegenkäse.
Familie Zezula, Tel. 0664/3122329

Standort der Offenburg. Wann geht auch noch die Ruine verloren?

Anreise

Nach Pöls nahe St. Peter ob Judenburg über die Murbrücke; oder aus Richtung Fohnsdorf.
Auto: Parkplatz beim GH Zezula oder nächst dem Autohaus Poier.
Bahn/Verbundlinie: ÖBB/R600; Bf Thalheim-Pöls.
Bus/Verbundlinien: Post/871; City Bus/846 ab Knittelfeld; Hst Pölshals.
Rad: R2 Mur-Radweg bis nahe Schloss Thalheim; R53 Pölstal-Radweg.

44

Waldlehrpfad Pfaffendorf

Spazieren, laufen und turnen im Naherholungsgebiet von Zeltweg

Auf den ersten Blick

Ausgangs- und Zielpunkt: GH Zur Waldschenke in Pfaffendorf bei Zeltweg (659 m).
Gehzeit: 1 Std.
Weglänge: 3 km.
Beste Jahreszeit: April bis Oktober.
Orientierung:
- Baumschilder mit Kurzinfo.
- freytag & berndt, WK 212.

Informationen:
TV Zeltweg:
Tel. 03577/25510
tourismus.zeltweg@eunet.at
http://members.eunet.at/tourismus.zeltweg

Gedränge aus Wald und Wasser: Das Mur-Bett bei Pfaffendorf.

Dieser Pfad wurde im Jahr 1987 von der Stadtgemeinde Zeltweg in Zusammenarbeit mit der Berg- und Naturwacht errichtet und wird sichtbar ständig betreut. Die Strecke des Waldlehrpfades ist abschnittsweise identisch mit einer Fit-Meile. Auch durchzieht ein engmaschiges Wegenetz den Pfaffendorfer Auwald. Daher kann der als Rundweg angelegte Waldlehrpfad mit den ihn kreuzenden Weglein beliebig kombiniert und zu individuellen Strecken erweitert werden.

Das für Erholungszwecke erschlossene Waldgebiet erstreckt sich von der Waldschenke entlang des linken Ufers der Mur bis zum Damm der von Zeltweg Richtung Obdach führenden Eisenbahnstrecke. Dazu ein wichtiger Hinweis:
Das Überschreiten der die Mur überquerenden Eisenbahnbrücke ist verboten.
Vom GH „Zur Waldschenke“ leitet der Uferweg direkt zum Beginn des Pfades. Offiziell beginnt der Waldlehrpfad jedoch beim Parkplatz vor dem Marterl.
Über 50 Tafeln informieren über die typischen Standorte der Bäume, wie auch über die Verwendung deren Holzes.

Wer weiß, dass ...
... eine *Salweide* die bekannteste und wertvollste Bienenweide darstellt?
... die *Weymouthkiefer* aus dem östlichen Nordamerika stammt und um 1700 nach Europa gebracht wurde?

... alle Teile der *Eibe* für Mensch und Tier giftig sind und die Eibe angeblich bis 2000 Jahre alt werden kann?
... eine *Bergulme* bis zu 400 Jahre alt wird?
... dass das Holz der *Grauerle* ein Pionierholz ist und für Schnitzereien Verwendung findet?
... *Eschenholz* zur Herstellung von Wagen und Rädern sowie Holzkohle sehr begehrt ist?
... das Holz vom *Bergahorn* gut ist sowohl für Saiteninstrumente als auch für Möbel?
... die *Robinie* aus Nordamerika stammt und von Jean Robin um 1640 nach Europa gebracht wurde?
... die *Silberpappel* zu den attraktivsten Laubgehölzen zählt?
Am linken Ufer der Mur schlendert man flussaufwärts, wendet vor der Eisenbahnbrücke und zieht in beliebiger Weise eine Schleife durch den Wald zurück zum Ausgangspunkt.

Blickfang, wo der Weg beginnt: Bildstock der Natur- und Bergwacht.

Weiterer Erlebnispunkt

Bildstock: Am Beginn des Waldlehrpfades wurde 2001 von der Berg- und Naturwacht in Eigenregie ein schmucker Bildstock errichtet; dieser ist dem heiligen Nikolaus und Florian sowie der heiligen Maria geweiht.

Einkehr-Tipp

Zur Waldschenke, Steirischer Dorfwirt und Radlwirt (R Mo). Schmankerln: Murtaler Steirerkas. Familie Bernhard, Tel. 03577/22560

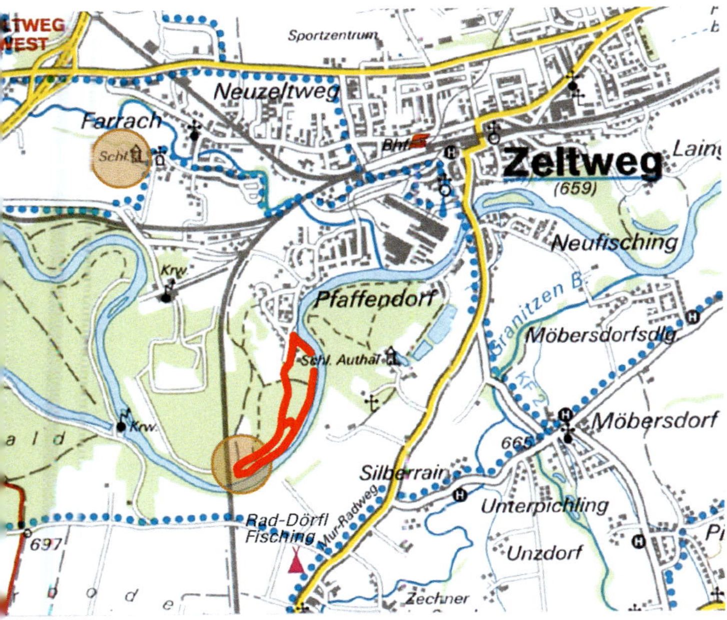

Anreise

Zum Pfaffendorfer Wald von Zeltweg-West (S36) stadtwärts; gleich nach der Eisenbahn-Unterführung ein Kreisverkehr; rechtshaltend in die Pfaffendorfer Straße. Schilder weisen zum Waldlehrpfad.
Auto: Parkplatz beim GH Waldschenke.
Bahn/Verbundlinie: ÖBB/R600; Bf Zeltweg.
Bus/Verbundlinien: ÖBB/840+Regionalbus Aichfeld/Linie 1, 3; Hst Foto Hruby.
Fußweg: Ab Bf Zeltweg oder Hst Foto Hruby – GH Waldschenke 1,8 km.
Rad: R2 Mur-Radweg bis Zeltweg.

45

Alpensteig und Heilsweg am Tremmelberg

Seckau: Vom Dom zum Turm im Gebirge

Die prächtige Benediktinerabtei und deren *Dom im Gebirge* bilden das Wahrzeichen des schmucken Ortes Seckau. Dessen Name verbindet sich mit jenem der *Diözese Graz-Seckau.* Der Alpensteig und Heilsweg führen überwiegend gemeinsam von Seckau auf den Tremmelberg: Der *Turm im Gebirge* – eine viel bestaunte Holzkonstruktion in Form einer Doppelturm-Aussichtswarte – entstand aus einem Pilotprojekt. Dessen Ziel war und bleibt die Koppelung der Bereiche *Land- und Forstwirtschaft, Jagd* und *Sanfter Tourismus.*

Auf den ersten Blick

Ausgangs- und Zielpunkt: Gemeindeamt in Seckau (843 m).
Höchster Punkt: Tremmelberg (1194 m).
Gehzeiten: Anstieg 2 Std.; Rückweg über Willhuber 2.30 Std.
Weglängen: Anstieg 4,5 km; Rückweg über Willhuber 8 km.
Höhenunterschied: 350 m.
Beste Jahreszeit: April bis Oktober.
Orientierung:
- Markierte Wanderwege.
- Spezielle Beschilderung.
- Folder „Tremmelberg".
- freytag & berndt, WK 212.

Informationen:
Gemeindeamt Seckau;
Tel. 03514/5205
gde@seckau.at
www.seckau.at

Anlässlich der Steirischen Landesausstellung „Verkehr" – 1999 in Knittelfeld – wurde der *Alpensteig* geschaffen. Er führt parallel mit dem Zentralalpen-Weitwanderweg 02 auf den Tremmelberg.
Der Weg leitet aus der Ortsmitte durch die Marktstraße zum *Färberkreuz.* Ein Transparent weist zum Tremmelberg. Man folgt einer Straße zum Gehöft Herk und gelangt über eine Kuppe zur Wagnerwiese.
Bei einem Heustadel trennen sich der Alpensteig und Heilsweg, jedoch nur für ein kurzes Stück.
Die Tafeln entlang des Alpensteiges informieren über örtlich historisch bedeutsame Ereignisse sowie deren nachfolgende Veränderungen.
Am Beispiel *Kunstschaffen trotz Katastrophen* erinnert die spezielle

Schautafel an den Klosterbrand im Jahr 1259 sowie an die Landplage der Pestzeit, Heuschrecken und Türkeneinfälle am Ende des 15. Jahrhunderts. 1480 fiel ein 30.000 Mann starkes türkisches Heer in die Obersteiermark ein. Eine andere Schautafel dokumentiert die *Aufhebung des Chorherrenstiftes* anno 1782 durch Kaiser Joseph II.
Die Tafeln reflektieren alle epochalen Ereignisse, von denen das Stift und dessen Umgebung betroffen wurden. An derselben Route stehen auch die zur Kalvarienkirche leitenden *Kreuzwegstationen* des Heilsweges. Demnach erweitert sich eine Wanderung auf den Tremmelberg zu besinnlichem Suchen und Innehalten. Der Heilsweg endet an der Kalvarienkirche. Indessen führt der Alpensteig durch einen seichten Waldsattel zur Aussichtswarte. Diese wurde zu Pfingsten 1999 eröffnet.
Von den obersten Plattformen lassen sich Aichfeld und Murboden, dazu Teile der Tauern-Südseite, Gleir- und Stubalpe sowie der Seetaler Alpen gut überblicken.

Besondere Erlebnispunkte

Abtei und Basilika Seckau: Im Jahr 1140 als Chorherrenstift gegründet. Weihe der romanischen Kirche am 16. 9. 1164. Von 1218 bis 1786 „Kathedrale der Diözese Seckau". Das heutige Kloster beherbergt Kunstschätze aus allen Jahrhunderten bis zur Moderne. In der Engelkapelle von Professor Herbert Boeckl dessen berühmte Fresken zur Apokalypse.
Aussichtswarte Tremmelberg: Die beiden Türme sind jeweils 41 m hoch; die Höhe bis zur obersten Plattform beträgt 35 m. Jede der 13 Plattformen und 173 Stufen der beiden Türme trägt den Namen eines Spenders.
Kalvarienkirche: Auf dem Tremmelberg; erbaut um 1720. Gottesdienst jeden Pfingstmontag.

Ein gegenläufiges Ziel: Vom Stift Seckau in Richtung Hochalm.

Zusatzstrecken

Alm- und Jagd-Lehrpfad: Vom Tremmelberg zur Jausenstation Willhuber. Gehzeit: 1.15 Std.; 3,5 km.
Willhuber – Wagnerwiese: Mit diesem letzten, 4,5 km langen Teilstück (Gehzeit: 1.15 Std.) ist es möglich, den Alpensteig samt Alm- und Jagd-Lehrpfad im Uhrzeigersinn als Rundstrecke abzuschließen.

Einkehr-Tipp

Hofwirt, Hotel-Restaurant des Stiftes (R Mo).
Schmankerln: Seckauer Pfandl, Hofsteak vom Seckauer Almochsen. Wolfgang Markel,
Tel. 03514/5645, 0664/5107124
Mostschenke, bei der Warte; Mai bis Oktober an So (bei Schönwetter); für Gruppen auch wochentags.
Schmankerln: Hausgemachter Steirerkas.
Familie Kleemair vlg. Tremmel,
Tel. 03512/84340
Zur Post, GH (R Do).
Schmankerln: Beuschelsuppe mit Knödel, Schweinsbraten nach Bauernart, Jägerbraten; Strudel.
Familie Feldbaumer-Puster,
Tel. 03514/5247

Anreise

Nach Seckau von Knittelfeld-Ost (S36).
Auto: Parkplatz vor der Basilika; Parkraum auch nahe Gehöft Gutschelhofer vlg. Herk.
Bahn/Verbundlinie: ÖBB/R600; IC-Bf Knittelfeld.
Bus/Verbundlinie: Watzke/844; Hst Seckau Hofwirt.
Rad: R24 Seckauer-Alpen-Radweg.

46

Römerweg und Skulpturen

Verborgenes entdecken: Vom Stüblergut zum Alten Almhaus – oder Kunststücken entgegen

Kunst-Stück am Römerweg: Keltisches Rad.

Auf den ersten Blick

Ausgangs- und Zielpunkt: GH Stüblergut (1380 m).
Höchster Punkt: Altes Almhaus (1650 m).
Gehzeiten: Römerweg 1.30 Std.; Rückweg über Gaberl 1.30 Std. Skulpturenweg 30 Min. (hin und zurück 1 Std.).
Weglängen: Römerweg zum Almhaus 5 km; Rückweg über Gaberl 5 km; Skulpturenweg 1 km.
Höhenunterschied: 270 m.
Beste Jahreszeit: Mai bis Oktober.
Orientierung:
- Markierte Wanderwege.
- Zehn Skulpturen.
- freytag & berndt, WK 132.

Informationen:
TV Kleinlobming:
Tel. 03516/2214-13
TV Salla-Gaberl:
Gaberlhaus, Tel. 03147/243
lipp@gaberl.com
www.gaberl.com

Der ursprüngliche Name des Stüblergutes lautet *Stiebler* und steht seit anno 1372 in der Chronik. Beim Stüblergut war einst auch eine Pferde-Wechselstation eingerichtet. Die traditionsreiche Taverne wandelte sich zu einem Gasthof mit urgemütlichem Ambiente: Die originale, nun denkmalgeschützte *Rauchkuchl* stammt aus dem 14. Jahrhundert. Die zum selben Gut gehörende *Rochuskapelle* datiert aus dem 16. Jahrhundert.

Der Römerweg. Diese für Salz- und Weintransporte einst wichtige Nord-Süd-Verbindung zwischen dem Oberen Murtal und der Weststeiermark hat sichtbare Spuren hinterlassen: In den Steinboden gefahrene Radrillen weisen auf einen *Römerweg*.
Beim Bau der Gaberlstraße im Jahr 1900 wurde ein großer Teil dieses Römerweges überbaut und ging folglich verloren.
Es war schließlich Rudolf Sperlich d. Ä., der Trassenreste des übrigen Römerweges freilegte. Seit Juli 1976 ist der Römerweg markiert. Er verbindet sowohl zum Alten Almhaus als auch in Richtung Gaberlstraße an der Murtaler Seite.

Die Skulpturen. Der Bereich des Stüblergutes ist gut für Überraschungen: Hier wurde der Römerweg modern adaptiert.
Der verheißungsvolle Hinweis *Sulla strada del Vino e del Sale* leitet natürlich weder zu einem Weinkeller noch zu einem Salzlager. Vielmehr säumen zehn modern gestaltete Kunstobjekte – *Albero Cosmico, Ameisenhügel, Groteskes Zeitfenster, Riflessioni, Tem-*

Unweit vom Stüblergut: In den Steinboden gefahrene Radrillen.

poral Directions bzw. *Direzioni Temporali, Tracce, Tropfen des Lebens, Jedus und Zugpferd* – ein Stück des Römerweges. Das große *Keltische Rad* schließt die Reihe der Skulpturen ab. Geschaffen wurden sie von Anne und Peter Knoll, Giorgio Vazza, Manuela Fritz, Andreas Klimbacher, Alessandra Avesani, Hans Mandl, Gaetano Ricci, Flavio da Rold – und Benedetto *Morassutti.* Dieser Familienname reflektiert zugleich jenen des Eigentümers am traditionsreichen Stüblergut.

Weiterer Erlebnispunkt

Lipizzanerweide Stubalpe: Von Mitte Juni bis Mitte September weiden nahe vom Alten Almhaus – beim Soldatenhaus – die Lipizzanerhengste.

Einkehr-Tipp

Altes Almhaus (1650 m), GH; gj. Schmankerln: Deftige Hausmannskost.
Familie Wenzel, Tel. 03147/212
Gaberl (1554 m), Almstub'n, Gaberlhaus, GH Lipp.
Stüblergut (1380 m), GH; gj. Do–So (außer November). Ab 20 Personen zu jeder Zeit offen.

Schmankerln: Rauchkuchlschmaus; hausgemachte Strudel.
Frau Alexandra, Tel. 03147/232
stueblergut@aon.at

Anreise

Zum Stüblergut aus der Weststeiermark via Köflach – Salla – Gaberl; aus dem Oberen Murtal bei Zeltweg via Weißkirchen oder Kleinlobming.
Auto: Parkplatz beim Stüblergut.
Bahn/Verbundlinie: GKE/R550; Bf Köflach
Bus/Verbundlinie: Post/860; Hst Gaberlhaus.
Rad: Gaberlstraße; MTB Alpentour.
Zugang auf Wanderweg: Ab Bus-Hst Gaberl 30 Min.

Diese Haflingergruppe erlebt den Bergsommer beim Alten Almhaus.

47

Naturerlebnis Weitental

Nahe der Bezirksstadt Bruck an der Mur zu Spielgelände, Tieren und Quellen

Ridors Erlebniswald liegt am Beginn des Weitentales. Der Zugang erfolgt nächst dem Jugendgästedorf. Gelbe Seile leiten in den Erlebnisbereich. Mehrere Stationen lassen Kinder in spielender Weise den Wald erfahren sowie das Thema „Natur". Dazu gehören ein Platz der Kommunikation, ein großer Korb sowie ein Kral. Eine Balance-Passage schließt diesen „Pfad der gelben Seile" ab.

Auf höherer Ebene gibt es eine Fortsetzung, und zwar mit einer Fitmeile – diese hat 14 Stationen – und mit einem Waldlehrpfad. Bei dessen Tafel „Grünalgen auf Tonschiefer" leitet der Promenadenweg allmählich bergab und zum *Naturschutzzentrum Weitental.*
Nach der Exkursion spaziert man von hier das Weitental einwärts zur *Marienquelle,* sie wurde anno 1885 gefasst.
Die *Fichtenallee* – ein Naturdenkmal – enthält 200 Jahre alte Bäume.
Man gelangt wieder zu *Quellfassungen,* so zur Schmidquelle (von 1882), Andrieuquelle (von 1899) und schließlich zur *Kalten Quelle:* Diese war ab 1897 der Ursprung für die Brucker Wasserversorgung. Nun ist die Kalte Quelle ein beliebter Rastplatz im weitmaschigen Wegenetz am Fuße des Hochangers.
Beim Rückweg folgt man dem *Propst-Zieserl-Steig.* Dieser schöne Waldweg führt zu mächtigen Buchen, schließlich auch zum Naturdenkmal *Andrä-Buche* (geschätz-

Am „Pfad der gelben Seile": Versteckt sich jemand im Wald-Korb?

Wer im Gehege gesundet, erlangt wieder natürliche Freiheit.

Auf den ersten Blick

Ausgangs- und Zielpunkt: Infotafel Weitental (491 m).
Gehzeit: Als Rundweg 2–3 Std.
Weglänge: 8 km.
Beste Jahreszeit: Mai bis Oktober.
Orientierung:
- Markierte Wanderwege.
- Mehrere Infotafeln.
- Folder „Naturerlebnis Weitental".
- freytag & berndt, WK 132.

Informationen:
Stadtmarketing Bruck an der Mur;
Tel. 03862/890-120
stadtmarketing@bruckmur.at
www.bruckmur.at

tes Alter 120 Jahre) und Jugovic-Buche (170 Jahre).
Ab hier geht man auf beliebiger Route bergab; empfehlenswert ist auch die Trasse der Rodelbahn. Zuletzt führt die *Demerstraße* zum Parkplatz im Weitental.

Besonderer Erlebnispunkt

Naturschutzzentrum Weitental: Diese Institution des Landes Steiermark und in Kooperation mit der Stadt Bruck dient als Auffangstation für geschützte Tierarten. Hier werden Vögel und Tiere gesund gepflegt. Mitunter können sie wieder „ausgewildert“ werden.
Ein weiterer Schwerpunkt ist die Bildungsarbeit betreffend den Artenschutz. Das aktuelle Projekt „Habichtskauz“ ist ein internationales Zuchtprogramm.
Im Zuge des seit 1991 neuen Aufbaues der Station wurden ein Haustierhof sowie ein kleiner Weiher und Bienenpavillon zusätzlich errichtet. Die modellhaft organisierte *Nisthilfengalerie* soll zum normgerechten Nachbauen von Nistkästen anregen.
Es lohnt, sich von *Siegfried Prinz*, dem Leiter dieser Anlage, begleiten zu lassen.
Öffnungszeit: Während der Sommermonate, 9–18 Uhr; Tel. 03862/54760

Einkehr-Tipp

Jugend & Familiengästedorf Bruck/Weitental, gj.
Schmankerln: Tagesmenüs; stets frische Salate („Gesunde Salatschüssel“).
Familie Hiden, Tel. 03862/58448

Ein Jux der Natur am Propst-Zieserl-Steig: Hoppla, Zwillinge!

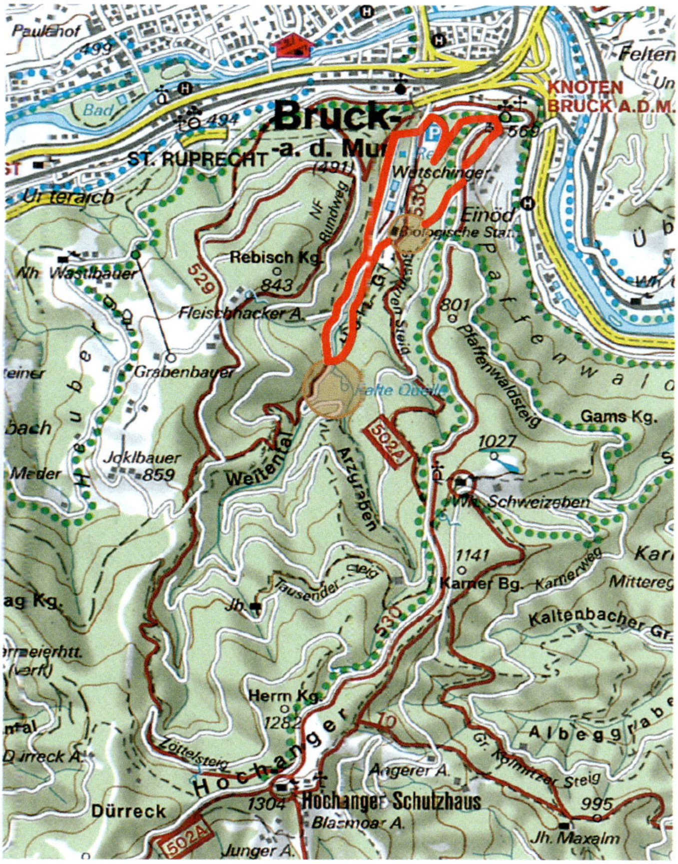

Anreise

In das Weitental aus der Stadtmitte von Bruck bzw. vom ehem. LHK; neues Leitsystem vorgesehen.
Auto: Parkplatz am Beginn des Weitentales.
Bahn/Verbundlinie: ÖBB/R250, R500, R501, R600; IC-Bf Bruck an der Mur.
Bus/Verbundlinie: ÖBB/100; Hst Bruck Wirtschaftspark.
CityBus und Stadtverkehr Bruck/Verbundlinien: CB/90; Hst Jugendgästehaus; MVG; ab Bahnhof in das Zentrum.
Rad: R2 Mur-Radweg, R5 Mürztal-Radweg; MTB Hochanger.

48

Eiszeit-Wanderweg

Die einzigen Erdpyramiden der Steiermark stehen im Naturpark Grebenzen

Auch im Gemeindegebiet von St. Blasen: Wärmende Gastlichkeit für jeden Eiszeitweg-Wandergast.

Bis vor 12.000 Jahren bedeckten mächtige Eispanzer jene Sattellandschaft, die wir heute als sanft geformtes Relief am Fuße der Grebenzen wahrnehmen. Im selben Relief entwickelte sich ein Kulturland, welches dem Besucher auf den ersten Blick suggeriert, dass die Landschaft schon immer so fruchtbar und erholsam gewesen sei. In Wahrheit verbergen sich unter grünen Fluren und Wäldern Gerölle von *Stirn- und Seitenmoränen.* Eiszeitlich bedingt sind ebenso die Becken der *Moore und Seen.*

Die vom Eiszeit-Wanderweg aus – dank Fernglas – sichtbaren *Erdpyramiden* im Thajagraben sind in der Steiermark einzigartig. Von der Wehrkirche Mariahof ausgehend, führt der Eiszeitweg in Richtung St. Blasen und endet an der Lambrechter Klamm unweit des Stiftes und Ortes St. Lambrecht.

Es lohnt, den Themenweg in folgenden zwei Etappen zu begehen:
Stationen 1–11: Mariahof – Adendorf – Schachen – Oberdorf – Gehöft Muhr – Podulateich – Podula – Forst – Bus-Hst Villa im Forst; 10 km.
Stationen 12–26: Villa im Forst – Gehöft Schaffer im Forst – Thajagraben – Lessach – Felberg – Gehöft Felmoar – Riedelmoar – Vorderbach (St. Blasen) – Heiligenstadt – Lambrechter Klamm – St. Lambrecht, Stiftstor; 11 km.
Ein guter „Rad-Schlag“: Es lohnt, dem Eiszeitweg mit einem Trekking- oder Mountainbike zu folgen.

Weitere Erlebnispunkte

Benediktinerstift St. Lambrecht: 900 Jahre alte Abtei. Das kulturelle Zentrum im Naturpark Grebenzen. Gotische Stiftskirche; Stiftsführungen; Museum mit kunsthistorischer und volkskundlicher Sammlung; Vogelmuseum. Siehe auch Tipp 50.
Erlebnis-Ausstellung Sinneswandel(n): In Mariahof. Stationen einer Entdeckungsreise in der mittelalterlichen Wehrkirchenanlage.

Lambrechter Klamm: Naturdenkmal. Die Entstehung der Klamm geht auf die Eiszeit zurück. Auf acht Schautafeln sind die geologischen Besonderheiten der Klamm dokumentiert z. B. das *Erz im Berg, Gebirge als Knetmasse* oder *rostige Bachbett*. Gehzeit: 30 Min.

Labt alle Sinne: Das Gehöft Kaicher vulgo Moar zu Lessach.

Trattenhof: Ehemaliger Gutshof (von 1280); Töpferei; Kurse *Kreatives Arbeiten mit Ton*. Anmeldungen und Informationen: Marlene Wildenberg, Tel. 03585/2448

Auf den ersten Blick

Ausgangspunkt: Kirchplatz in Mariahof (963 m).
Zielpunkt: Haupttor in St. Lambrecht (1028 m).
Gehzeit: 7–8 Std.
Weglänge: 20 km.
Beste Jahreszeit: April bis Oktober.
Orientierung:
- Speziell beschildert.
- Route teilweise identisch mit Wanderwegen.
- 26 Stationen; ausführliche Inhalte.
- Broschüre „Auf den Spuren der Eiszeit".
- freytag & berndt, WK 211.

Informationen:
TV Naturpark Grebenzen
Info-Büro St. Lambrecht
im Stiftstor;
Tel. 03585/2345
naturpark.grebenzen-lambrecht@murau.at
www.naturpark.grebenzen.at

Anreise

Nach Mariahof aus dem Oberen Murtal via Perchauer Sattel und Neumarkt oder via Teufenbach; von Murau via St. Lambrecht.
Auto: Parkplatz vor der Kirche.
Bahn/Verbundlinie: ÖBB/R600; Bf Mariahof-St. Lambrecht.
Bus/Verbundlinie: Post/885; Hst Hoferdorf Abzw.
Rad: R18 Naturpark-Grebenzen-Radweg; MTB-Netz Naturpark Grebenzen.

Rückreise

Von St. Lambrecht im „Grebenzentakt" in Richtung Mariahof, Murau, Neumarkt (jeweils Bahnhof).
Bus/Verbundlinie: Post/885; ab Hst St. Lambrecht PA

Einkehr-Tipp

Thanner, Jausenstation in Oberdorf; Mai bis Oktober.
Schmankerln: Fruchtmilchgetränke, Almkaffee mit Rahmkoch.
Familie Viktor Thanner,
Tel. 03584/3862
Podolerhof, Bauernhof; Terrasse mit Pizzaofen und Griller; Kinderspielplatz.
Schmankerln: Most, Brettljause, ofenfrische Pizza.
Familie Michaela Löcker,
Tel. 03585/2575
www.podolerhof.at
Kirchmoar, GH in St. Blasen (R Di).
Schmankerln: Typisch steirische Küche.
Familie Stolz, Tel. 03585/2330

<u>In St. Lambrecht:</u>
Café Hinterhofer, Marktplatz-Mitte (R Mo).
Schmankerln: Eisspezialitäten aus eigener Erzeugung.
Familie Hinterhofer, Tel. 03585/2131
pension.hinterhofer@direkt.at
Ledererwirt, Naturpark-Gaststätte; oberer Marktplatz (R Mo).
Schmankerl: Jägertopf.
Walter Gusterer, Tel. 03585/2461
Marktcafé Pristovnik, gegenüber Stifts-Eingang (R Mi).
Schmankerln: Hausgemachte Mehlspeisen.
Familie Pristovnik, Tel. 03585/2436
Torwirt, gegenüber Stifts-Eingang (R Di).
Schmankerl: Steirisches Wurzelfleisch.
Familie Leitner, Tel. 03585/2173

Wehrkirche Mariahof: Auch im Jahr 2003 wieder erfolgreiches Zentrum für „Sinneswandel".

Steinschloss mit Naturlehrpfad

Gut für „Wandern mit der Bahn“: Zur höchsten Ruine der Steiermark

Das Steinschloss lebt auf! Die Mauerreste und Innenbereiche sind nun so weit gesichert, dass Besucher das Areal offiziell betreten dürfen. Diese neue Freiheit wird entsprechend stark genutzt.
Jener Standort, wo sich Gäste am liebsten aufhalten – oberhalb des Bergfriedes –, ist zugleich ein hervorragender Aussichtsplatz: Ein Großteil des Naturparks Grebenzen sowie Teile der Seetaler Alpen und Südseite der Wölzer Tauern liegen im Blickfeld.

Ebenso gut überschaubar ist der Talboden des Oberen Murtales bei Scheifling. Besucher können leicht nachvollziehen, dass die einstigen Wachposten von den Zinnen aus jede Bewegung in der Umgebung mitverfolgen konnten.
Das Steinschloss – es steht 450 Meter über dem Murtal – wurde im 12. Jahrhundert erstmals erwähnt. Der Name bezieht sich auf die *Ritter von Stein.* Ab dem 13. Jahrhundert beherrschten die Herren von Liechtenstein die imposante Anlage.
Die sogenannte „Kernburg“ – eine fünfeckige Hochburg mit Rundtürmen und dem die Burg weit überragenden Bergfried – wird als der historisch wichtigste Bauteil bewertet. Dieser ist nunmehr das Zentrum der mehrere Jahre dauernden Revitalisierungsmaßnahmen.
Die Entnahme der Bruchsteine erfolgte seinerzeit im Bereich des Burggrabens, wodurch dieser sozusagen von selber entstand.
Anno 1503 wurde das Steinschloss an das Benediktinerstift St. Lambrecht verkauft. Alsbald bauten die „Lambrechter“ die Anlage als Sommersitz der Prälaten repräsentativ aus.
Infolge der Aufhebung des Stiftes durch Joseph II. und der damit

Auf den ersten Blick

Ausgangspunkt: Bahnhof Mariahof-St. Lambrecht (893 m).
Zielpunkt: Bf Scheifling (797 m).
Höchster Punkt: Ruine Steinschloss (1180 m).
Gehzeit: Zum Steinschloss 1.30 Std.; insgesamt 3 Std.
Weglänge:
Zum Steinschloss 5,5 km; insgesamt 10 km.
Höhenunterschied: Anstieg 300 m, Abstieg 380 m.
Beste Jahreszeit: Mai bis Oktober.
Orientierung:
- Markierte Wanderwege.
- Am Waldlehrpfad einige Info-Tafeln.
- freytag & berndt, WK 211.

Informationen:
TV Naturpark Grebenzen
Neumarkt, Alte Volksschule;
Tel. 03584/2005
naturpark.grebenzen@murau.at
www.naturpark.grebenzen.at
www.mariahof.com

Nunmehr gut gesichert: Die Zinnen des Steinschlosses.

Stillleben zum Abend: Am Gehöft Eugen vulgo Pirker.

verbundenen *Dachsteuer* begann die riesengroße Burganlage rasch zu verfallen.
Einem weiteren Verfall wird nun Einhalt geboten: „Fünf Minuten vor zwölf" wurde im Sommer 2001 mit Sicherungsarbeiten begonnen, um die Reste der „höchst stehenden Burganlage der Steiermark" zu retten.
Der *Burgverein Ruine Steinschloss* trägt die Sanierungsarbeiten. Diese erfolgen unter archäologischer Aufsicht. Gesichert werden konnten auch zwei gotische Gewölbe. „Damit sind Voraussetzungen geschaffen für Räume, die später einmal für Veranstaltungen genutzt werden können", resümiert *Bernhard Stejskal,* der Geschäftsführer des Naturparks Grebenzen.
Seit dem Sommer 2002 werden Gruppenführungen angeboten. Außerdem steht Besuchern und Wandergästen die benachbarte Steinschlosshütte offen, wo Bauern des Naturparks Bodenständiges zum Verkosten anbieten.
Bahnhof Mariahof – Steinschloss: Der Zugang erfolgt an der Straße nach *Adendorf* (1 km). Sodann leiten Holzpfeile bergwärts. Man geht westseitig um den Adelsberg herum und erreicht eine schöne Almweide; ab hier ist das Steinschloss bereits gut sichtbar. Im weiteren gelangt man zum Bergbauernhof Eugen vlg. Pirker

Anreise

Nach Mariahof/Ortsteil Bahnhof aus dem Murtal via Teufenbach; oder von Neumarkt.
Auto: Parkplatz am Bahnhof.
Bahn/Verbundlinie: ÖBB/R600; Bf Mariahof-St. Lambrecht.
Bus/Verbundlinie: Post/885; Hst Bf Mariahof-St. Lambrecht.
Rad: R18 Naturpark-Grebenzen-Radweg; Rad- und MTB-Netz Naturpark Grebenzen.

Rückreise

Nach Mariahof per Zug.
Bahn/Verbundlinie: ÖBB/R600;
ab Bf Scheifling.

(1041 m). Zunächst führt wieder ein Fahrweg bergan. Schließlich (Wegweiser) leitet ein Steig geradewegs bergauf. Man kommt an jene Felsen heran, wo westseitig der runde Turm und die höchsten Mauern des Schlosses aufragen. Der untere und obere Schlosshof können sicher durchquert werden. Ebenso ungefährlich ist der Steig zur Kernburg; von ihr genießt man den besten Überblick.
Vom Schloss führt ein ebener Forstweg zur Steinschlosshütte; sie liegt am Rand einer Almwiese.
Steinschlosshütte – Scheifling: Auf dem Weg Nr. 141 setzt man die Wanderung in Richtung Scheifling fort: Waldwege und der Naturlehrpfad leiten zum *Pfeifer-Ofen* und *Silberbrunnen* sowie nach Schrattenberg zu einer Marienkapelle. Eventuell folgt man dem Hinweis zur Ruine.
Ab der Marienkapelle führt eine Straße abwärts. Man unterquert die Bahn, hält sich in St. Lorenzen rechts, geht vom Tennisplatz zum GH Lorenzerhof. Nach der Firma Velux überquert man die Bundesstraße. Die Bahnhofstraße leicht bergan; kurz vor dem Bahnhof Scheifling gibt es die Einkehrstätte Pacher.

Weiterer Erlebnispunkt

Ruine Schrattenberg: Erbaut 1680–1688; 52 Zimmer und 360 Fenster (ruiniert seit ungefähr 1915). Berühmte Gäste waren u. a. Napoleon und Kaiser Franz Joseph. Gehzeit: Ab Marienkapelle hin und zurück 20 Min.

Einkehr-Tipp

Pacher, GH nächst Bf Scheifling; an Mi und Do Natur-Kegelbahn (R Di).
Schmankerln: Brettljause, Schinkenbrot, Saure Wurst; Menüs auf Bestellung (einen Tag vorher).
Familie Rauch, Tel. 03582/2202
Steinschlosshütte, von der Ruine 3 Min.; Jausenstation; Mai bis Allerheiligen; an Wochenenden.
Schmankerln: Gute Jausen vom Bauernhof.
Infos beim Naturparkbüro.

Willkommen in über 1000 Meter Seehöhe: Vom Gehöft Pirker auf schönen Wegen zum Steinschloss.

50

NATURPARK GREBENZEN

Stationenweg Maria Schönanger

Gegensätzen auf der Spur: Vom Stift St. Lambrecht nach Zeutschach

Das Benediktinerstift St. Lambrecht ist der spirituelle Fokus, zugleich auch das kulturtouristische Zentrum der Region Naturpark Grebenzen. Die Musikabende im Prälatensaal zählen zum Feinsten.
In der Gegenwart pflegen die Lambrechter Mönche unter ihrem Abt *Otto Strohmaier* – einem Meister der Ikonenmalerei – auf jeweils hoher Ebene kunstvolles Begegnen mit der Kultur und ebenso hochrangig den künstlerischen Dialog.

Auf den ersten Blick

Ausgangspunkt: Haupttor, Stift St. Lambrecht (1028 m).
Zielpunkt: GH Seidl, Zeutschach (1043 m).
Höchster Punkt: Maria Schönanger (1335 m).
Gehzeit: 2.30 Std.
Weglänge: 7 km.
Höhenunterschied: 300 m.
Beste Jahreszeit: Mai bis Oktober.
Orientierung:
- Markierte Wanderwege.
- Kreuzwegstationen.
- freytag & berndt, WK 211.

Informationen:
TV Naturpark Grebenzen, Info-Büro St. Lambrecht, im Stiftstor;
Tel. 03585/2345
naturpark.grebenzen-lambrecht@murau.at
www.naturpark.grebenzen.at
www.stift-stlambrecht.at

Wer sich am Vorplatz dem Eingang des Stiftes zuwendet, bleibt das über dem wehrhaft gestalteten Außentor gesetzte Leitwort des Benediktinerordens nicht verborgen: *Ora et labora.*
So viel Einstimmung braucht ein Mensch, auch dann, wenn er sich „nur" dem Stationenweg zuwendet.
Vom Stift ausgehend, hält man sich zunächst an den *Lambrechter Rundweg:* Dieser führt von der Volksschule bergab nach Schwarzenbach. Vom Haus Nr. 1 geht man bergan zum *Engelsbrunnen,* den höchst gelegenen Brunnen des Ortes St. Lambrecht. Beim Brunnen liegt ein schöner Rastplatz; an derselben Stelle beginnt der als *Stationenweg* benannte Kreuzweg.
Der mitunter grob geschotterte Weg führt zur Wallfahrtskirche *Maria Schönanger.* Einst erinnerte an deren Stelle ein einfaches Holzkreuz die Wanderer zum Gebet „am schönen Anger".
In den Jahren 1736/37 stiftete Agnes Zechner aus Zeutschach eine hölzerne Kapelle. Die heutige Wallfahrtskirche wurde 1828/30 erbaut.
Der Abstieg nach Zeutschach (3,5 km) erfolgt auf schönem Naturweg und entlang schlicht gestalteter Stationen: Bäume tragen Bilder. Der Kreuzweg mündet in Zeutschach bei dem an der Straße stehenden *Wirtkreuz* ein; es stammt von 1958. Eine Tafel dokumentiert, dass in Zeutschach anno 1390 ein Wirt als „Ernst an der Tafern" genannt wurde.

Besondere Erlebnispunkte

Benediktinerstift St. Lambrecht: Stiftskirche (gotisch), Peterskirche, Prälatensaal. Museum mit kunsthistorischer und volkskundlicher Sammlung; Vogelkundliches Museum; Sammlung von *Pater Blasius Hanf.*
Führungen: 15. Mai bis 15. Oktober, Mo–Sa 10.45 und 14.30, an

Stift St. Lambrecht: Spirituell Fokus und kulturelles Zentrum.

So und Fei nach dem Gottesdienst und um 14.30 Uhr.
Tel. 03585/2305-29
Maria Schönanger: Gottesdienst 1. Mai bis 21. November jeden Donnerstag, Beginn 9 Uhr. Das *Kirchweihfest* wird alljährlich am Sonntag *nach* dem 15. August gefeiert
Sommer-Rodelbahn Grebenzen. Ab Mai 2003 in Betrieb. Mit 2,1 km die längste Anlage in Österreich.

Einkehr-Tipp

Seidl, GH in Zeutschach. Schmankerln: Fisch und Fleisch aus dem Naturpark; hauseigene Brauerei.
Familie Seidl, Tel. 03584/2440
Schönanger, GH am Ende des Stationenweges; 1. Mai bis 21. November.
Schmankerl: Schönanger-Woaza. Norbert Köstl, Tel. 0650/2850429

Zusatzwanderung

Zeutschacher Ursprung, Grasluppteich, Graggerschlucht: Siehe Tipp 51.

Anreise

Nach St. Lambrecht von Mariahof, Murau, Neumarkt oder Teufenbach.
Auto: Parkplatz vor dem Stift.
Bahn/Verbundlinie: ÖBB/R600; Bf Mariahof-St. Lambrecht.
Bus/Verbundlinie: Post/885; Hst St. Lambrecht PA.
Rad: R18 Naturpark-Grebenzen-Radweg; MTB-Strecke Maria Schönanger.

Rückreise

Von Zeutschach via Graslupp (Hst Fischerwirt) in Richtung Neumarkt (Bf) und Stift St. Lambrecht.
Bus/Verbundlinien:
Naturpark-Bus;
ab Hst Zeutschach GH Seidl; umsteigen in Postbus.
Post/885; ab Neumarkt Hst Hauptplatz.
Taxiruf:
Fa. Haslacher, Neumarkt, Tel. 03584/2156

Wallfahrtskirche seit anno 1830: Maria Schönanger.

51

Zeutschacher Ursprung, Grasluppteich und Graggerschlucht

Von der populärsten Quelle des Naturparks am Wasserschaupfad nach Mühldorf und Neumarkt

Folge dem Wasser: Vom Ursprung (unten) in die Graggerschlucht.

Über 1000 Quelladern speisen unterirdisch den *Zeutschacher Ursprung*. Die Riesenquelle liegt unweit des Gehöftes Ursprunger, dessen Hausname sich vom selben Ursprung ableitet. Die durchschnittliche Schüttung aus dem hydro-geologisch überaus interessanten Quelltopf beträgt 120 Liter pro Sekunde. Das entspricht einer täglichen Wassermenge von rund 10,4 Millionen Litern. Am Quellrand ist ebenfalls folgender Vergleich nachzulesen: Bei einem täglichen Wasserverbrauch von angenommen 145 Liter pro Person könnten 72.000 Menschen einen Tag lang mit frischem Wasser versorgt werden. Die Wassertemperatur beträgt konstant fünf bis sieben Grad Celsius.

Vom Gasthof Seidl in Zeutschach folgt man der Straße gut fünf Minuten zu jenem handgeschnitzten Schild, das auf den *Ursprung* aufmerksam macht.
Ein Kranz Blüten und Blumen schmückt dicht das hügelseitige Ufer; junge Birken spenden Halbschatten.
Vom Gehöft Ursprunger und dessen hauseigener Kapelle folgt man der Straße leicht bergab zum Grasluppteich. Gegenüber vom Fischerwirt leitet der *Wasserschaupfad* am Ursprungbach in die *Graggerschlucht*. Darin ist besonders eindrucksvoll der Kaskadenfall.
Der Ursprungbach bildet gemeinsam mit dem Schluchtwald ein kleines Paradies auch für Vögel sowie Pflanzen.
Bachabwärts gehend, erreicht man am unteren Eingang der Klamm eine *Kneippanlage*. Schlüpft man mit nassen Füßen in die Socken,

Auf den ersten Blick

Ausgangspunkt: GH Seidl, Zeutschach (1043 m).
Zielpunkt: Bahnhof oder Hauptplatz in Neumarkt (847 m).
Gehzeit: 2.30 Std.
Weglänge: 7 km.
Beste Jahreszeit: April bis Oktober.
Orientierung:
- Markierte Wanderwege.
- Mehrere Infotafeln.
- freytag & berndt, WK 211.

Informationen:
TV Naturpark Grebenzen, Neumarkt, Alte Volksschule; Tel. 03584/2005
naturpark.grebenzen@murau.at
www.naturpark.grebenzen.at

Baden, fischen, faulenzen: Am Grasluppteich.

macht das Weiterspazieren noch mehr Spaß.
Von Mühldorf, parallel zum R18 Naturpark-Grebenzen-Radweg, erreicht man einen Bahnübergang und aus der Gasse *An der Urtel* die Bahnhofstraße. Von hier in die Ortsmitte von Neumarkt nur wenige Gehminuten.

Weitere Erlebnispunkte

Grasluppteich: Bade- und Fischteich; idyllischer Platz; mit Fischerwirt.
Kneippanlage: Am unteren Eingang der Graggerschlucht; mit Fitness-Anlage und Kinderspielplatz.
Naturpark-Informationsraum: In Neumarkt, Alte Volksschule; mit Schulmuseum, Häferlmuseum und Handarbeitsausstellung. Eine Übersiedlung des Naturpark-Infobüros zum Hauptplatz ist vorgesehen.

Einkehr-Tipp

Fischerwirt, am Grasluppteich; (R Mo).
Schmankerln: Fische; Fischerwirt-Schnitzel; Riesen-Eis.
Familie Kölbl, Tel. 03584/2339
Neumarkter Hof, Naturpark-Gaststätte und Radler-Treff (R Sa, Mo).
Schmankerln: Jägerrostbraten vom Naturparkrind, Käsespätzle mit Bauernkas; Joghurttorte.
Familie Reif, Tel. 03584/2287

Anreise

Nach Zeutschach von Neumarkt via Graslupp; am besten per Naturpark-Bus oder Taxi.
Auto: Parkplatz am Bahnhof oder Hauptplatz Neumarkt.
Bahn/Verbundlinie: ÖBB/R600; Bf Neumarkt in Steiermark.
Naturpark-Bus; Hst Ursprung oder Zeutschach GH Seidl.
Rad: R18 Naturpark-Grebenzen-Radweg; R37 Norischer Radweg.

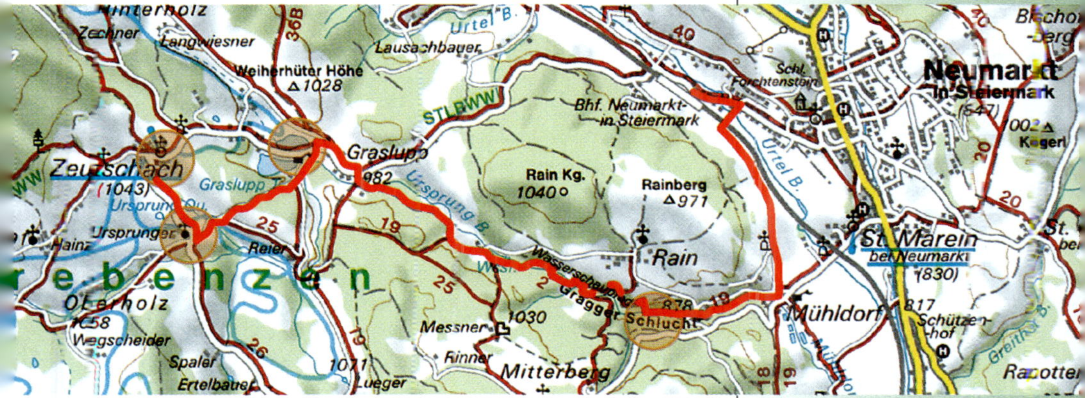

52

NATURPARK GREBENZEN

Dürnberger Moor-Lehrpfad

Auf einem Steg gehen und staunen – von einem Turm schauen und beobachten

Auf den ersten Blick

Ausgangs- und Zielpunkt: Oberdorf (950 m); oder – entgegengesetzt – an der St. Lambrechter Straße die Bus-Hst Villa im Forst (949 m).
Gehzeit: 1–2 Std.
Weglänge: 3–6 km.
Beste Jahreszeit: Mai bis Oktober.
Orientierung:
- Markierte Wanderwege.
- Mehrere Infotafeln.
- freytag & berndt, WK 211.

Informationen:
TV Naturpark Grebenzen, Neumarkt, Alte Volksschule; Tel. 03584/2005
naturpark.grebenzen@murau.at
www.naturpark.grebenzen.at

Das Dürnberger *Latschen-Hochmoor* stellt eines der letzten intakten Hochmoore in der Obersteiermark dar. Es verdankt sein Entstehen der jüngsten, in der Geologie *Würm* genannten Eiszeit. Diese endete vor ungefähr 12.000 Jahren.

Von einem Hochmoor kann gesprochen werden, wenn der *Torfkörper* derart mächtig ist, dass die Oberfläche des Moores nur noch Regenwasser aufnehmen kann. Moore sind auch Rückzugsgebiete seltener Pflanzen. Beispielsweise gedeiht im Dürnberger Moor – das selbstverständlich ein Naturschutzgebiet ist – der *Sonnentau*, eine „Fleisch fressende Pflanze". Am östlichen Rand des Moores verläuft ein 200 Meter langer Brettersteg. Einerseits schützt er das Moor vor unmittelbarem Betreten; andererseits überblicken Besucher dank des Steges aus leicht erhöhter Lage das Moorgebiet umfassender. Zugleich können aus solcher Perspektive Pflanzen, Sträucher und Bäume in größerem Zusammenhang betrachtet und erlebt werden.

Mehrere Schautafeln vermitteln außerdem viel Wissenswertes zu Torf und Moorheilkunde.

Ein *Aussichtsturm* ermöglicht speziellen Überblick.

Das besondere *Anliegen:* Da jede Mooroberfläche überaus sensibel ist und folglich auch trittempfindlich, sollen auch hier die Stege nicht verlassen werden.

Der Turm für Gäste: Hoch hinaus über das Latschen-Hochmoor.

Bild linke Seite: Stets einen Abstecher wert: Von Oberdorf zum Hasloberteich.

Weitere Erlebnispunkte

Hasloberteich, ca. 250 m von Oberdorf entfernt.
Ochsenstallteich, nächst dem Parkplatz in Oberdorf.

Einkehr-Tipp

Jausenstation Thanner, in Oberdorf; Zugang vom Parkplatz 500 m. Im Sommer durchgehend offen, in der übrigen Zeit gegen Voranmeldung.
Schmankerln: „Alles Gute vom Bauernhof"; Almkaffee; Rahmkoch nach Omas Rezept; Speckjause; Heidelbeerjoghurt. Außerdem gibt es Honig und Schaffelle.
Familie Thanner, Tel. 03584/3862

Zur Linde; Naturpark-Gasthof und „Gute Steirische Gaststätte", in Vockenberg (R Mi).
Schmankerln: Nudelgerichte; Palatschinken.
Familie Radauer, Tel. 03584/2601
www.mariahof.at/gasthof-zur-linde

Latschen und Birken: Auf Tuchfühlung das Moor erkunden.

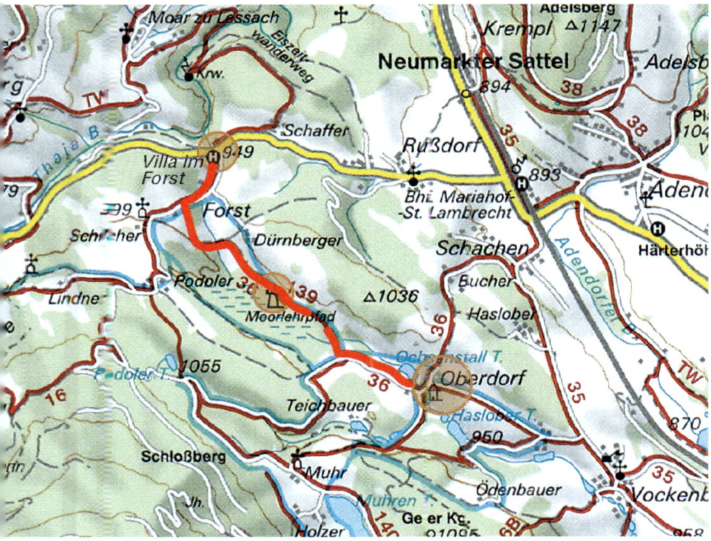

Anreise

Zum Dürnberger Moor von Mariahof-Bahnhof via Schachen nach Oberdorf. Per Postbus jedoch nur in Richtung St. Lambrecht.
Auto: Parkplatz in Oberdorf.
Bahn/Verbundlinie: ÖBB/R600; Bf Mariahof-St. Lambrecht.
Bus/Verbundlinie: Post/885; Hst Villa im Forst.
Rad: R18 Naturpark-Grebenzen-Radweg.

53

Auf den ersten Blick

Ausgangs- und Zielpunkt: GH Furtner am Furtnerteich (870 m).
Gehzeit: 1.15 Std.; plus Beobachtungszeiten.
Weglänge: 3,5 km.
Beste Jahreszeit: Mai bis Oktober.
Orientierung:
- Markierte Wanderwege.
- Mehrere Infotafeln.
- Broschüre „Furtnerteich".
- freytag & berndt, WK 211.

Informationen:
TV Naturpark Grebenzen, Neumarkt, Alte Volksschule; Tel. 03584/2005
naturpark.grebenzen@murau.at
www.naturpark.grebenzen.at

NATURPARK GREBENZEN

Rund um den Furtnerteich

Auf den Spuren von Pater Blasius Hanf, dem großen Vogelforscher

Der Furtnerteich im Gemeindegebiet Mariahof ist ein international bedeutendes Vogelschutzgebiet. Die bislang 150-jährige Forschungsgeschichte ist untrennbar mit Pater Blasius Hanf verbunden: *Karl Ignaz Hanf*, geboren am 30. Oktober 1808, trat nach der Schulzeit als Pater Blasius in das Benediktinerstift St. Lambrecht ein und wurde 1832 zum Priester geweiht. In seiner Freizeit widmete er sich hauptsächlich der Tierwelt am *Furtnerteich* und ließ dort schließlich eine Beobachtungsstätte erbauen. Diese steht am nördlichen Ufer und trägt heute den Namen ihres Bauherrn.

Pater Blasius war auch ein geschickter Vogelpräparator.
In seinem Todesjahr 1892 (mitunter fälschlicherweise datiert mit 1897) umfasste die ornithologische Sammlung 2000 Exponate. Dieses Lebenswerk ist im Stift St. Lambrecht zu bewundern.

Der Ornithologische Verein widmete dem Forscher anno 1897 ein Denkmal; der schlichte Obelisk steht an der Straße vor der Wehrkirche Mariahof.
Am 11. Juni 1963 wurde am Furtnerteich die *Blasius-Hanf-Vogelforschungsstätte* eröffnet.

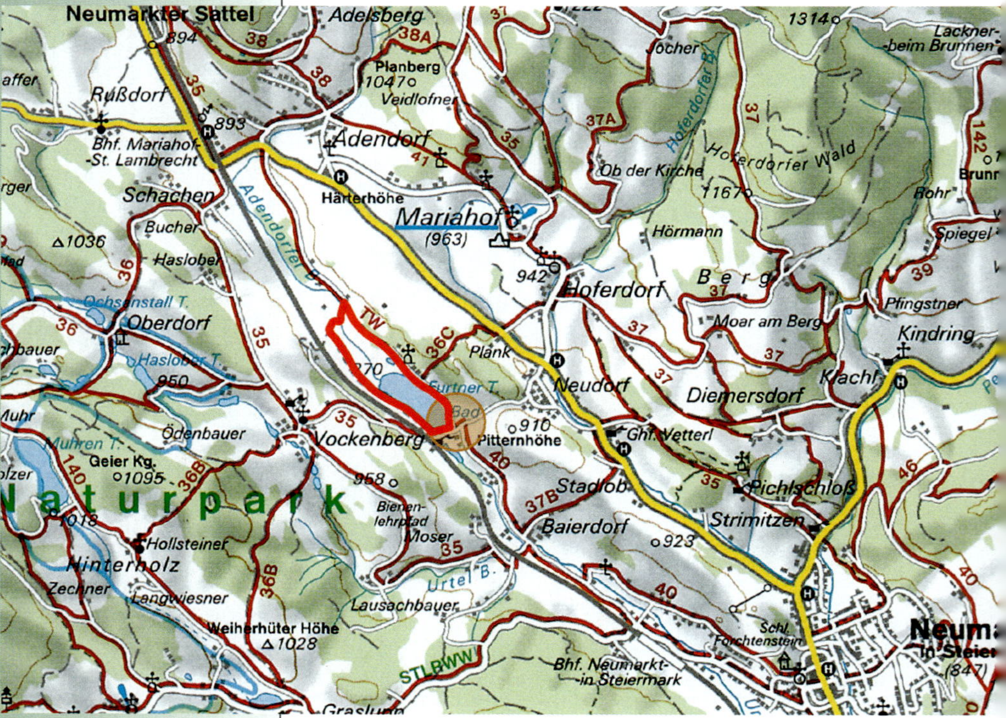

Beliebter Treffpunkt: Der Furtnerteich im Naturpark Grebenzen.

Von 1963 bis 1990 leitete *Prof. Erich Heble* die wissenschaftlichen Arbeiten. Der Schwerpunkt galt dabei dem Mornellregenpfeifer *(Charadrius morinellus)*.

Seit 1991 ist *Dr. Peter Sackl*, Zoologe am Landesmuseum Joanneum in Graz, der wissenschaftliche Leiter für die Forschungsstation am Furtnerteich.

Bei einer Wanderung rund um den Furtnerteich informieren übersichtlich gestaltete Schauftafeln zum vielfältigen Lebensraum *Teich*: Dazu gehören u. a. Fledermäuse, Grasfrösche, Lurche, der farbenprächtige Eisvogel, Libellen, Wasserläufer und Wasserflöhe, auch der Hecht, Stockenten, das Bläßhuhn, Haubentaucher und das Teichhuhn. Unter den zahlreichen Wasserpflanzen wächst hier sogar der *Wasserschlauch*. Dieser ist wie der *Sonnentau* – im Dürnberger Moor – eine Fleisch fressende Pflanze.

Besondere Erlebnispunkte

Furtnerteich: Erholungsgebiet; attraktiver Bade- und Freizeitsee, mit Boot fahren und Sportfischen. Im Winter ein Geheimtipp: Ideal zum Eislaufen!
Kleiner Furtnerteich: Unmittelbar neben dem GH Furtner. Nur für Sportfischer zugelassen. Kein Badeteich.

Einkehr-Tipp

Furtner, GH am Südufer des Furtnerteiches (Februar bis April: R Mo, Di).
Bootverleih; Tageskarten für Sportfischen.
Schmankerln: Fisch; je nach Saison Früchte, Schwammerln, Wild.
Familie Margarete Maier, Tel. 03584/2810
www.furtnerteich.at

Anreise

Zum Furtnerteich vom Neumarkter Sattel oder von Neumarkt.
Auto: Parkplatz beim GH Furtner.
Bahn/Verbundlinie: ÖBB/R600; Bf Mariahof-St. Lambrecht oder Neumarkt in Steiermark.
Bus/Verbundlinie: Post/885 Hst Hoferdorf Abzw.
Rad: R18 Naturpark-Grebenzen-Radweg; regionales Rad- und MTB-Netz.

Benannt nach Pater Blasius Hanf: Die Forschungsstätte.

54

Von Bauernhof zu Bauernhof

Ausgesprochen schmackhaft: Wandern am Perchauer Sattel

Dieser Erlebnisweg setzt sich mit der Geschichte der Bauernhöfe sowie mit dem Leben und der Arbeit der Bauern auseinander. Zudem ist derselbe Weg ausgesprochen schmackhaft, werden doch bei den meisten Bauernhöfen Produkte aus der eigenen Landwirtschaft angeboten. Einfach zum Mitnehmen! Eine Infotafel beim *Kaufhaus Horn* weist ein: Der Erlebnisweg führt alsbald zum *Gehöft Eckhard:* Dieser Bauernhof wurde 1423 erstmals genannt: Vor dem Haus steht jener *Leierbrunnen*, der 1917 – damals herrschte extreme Wassernot – die Bevölkerung von ganz Perchau versorgt hat.

Ein Zufahrtsweg führt bergan zum *Moar im Gstein*, das große Gehöft der Familie Salchenegger ist ein „Landwirtschaftlicher Meisterbetrieb“.
Das nächste Gehöft, der *Schlurtbauer*, datiert aus dem Jahr 1572: Der Name bezieht sich auf die zahlreichen Schluchten – Schlurten genannt – der Umgebung. Eine Spezialität des Hofes ist der *Schlurtbauernkäse*.
Nun hält man sich leicht bergab zur *Weiderbauerkeusche*, diese steht seit 1494; das heißt, dieses Haus wurde zwei Jahre nach der Entdeckung von Amerika errichtet. An einem Waldrand bzw. durch lichten Wald gelangt man zum Gehöft *Mühlbacher;* der Hofname

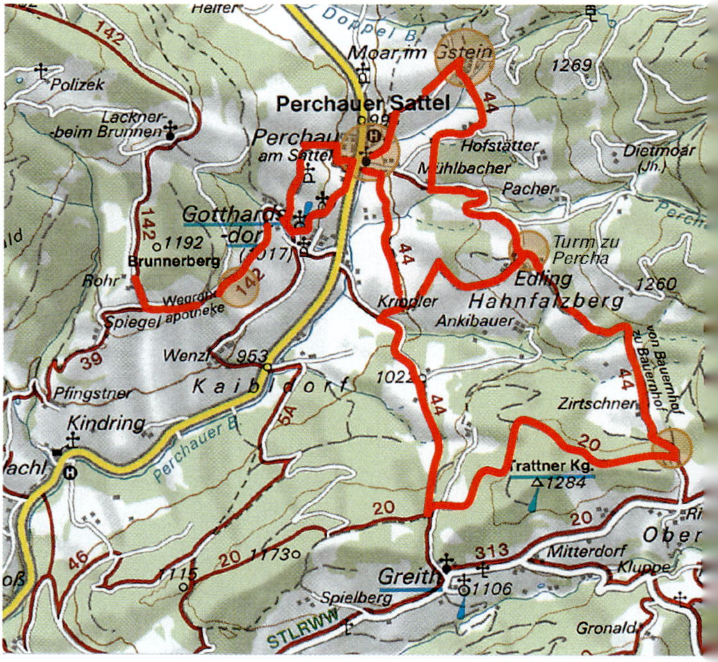

Auf den ersten Blick

Ausgangs- und Zielpunkt: Kaufhaus Horn in Perchau am Sattel (995 m).
Höchster Punkt: Nahe Gehöft Zirtschner (1230 m).
Gehzeit: 3 Std.; verkürzt 2 Std.
Weglänge: 10 km, verkürzt 6 km.
Höhenunterschied: Bis zu 250 m.
Beste Jahreszeit: Mai bis Oktober.
Orientierung:
- Speziell beschildert.
- 10 Stationen.
- Folder „Von Bauernhof zu Bauernhof“ mit „Wegrand-Apotheke“.
- freytag & berndt, WK 211.

Informationen:
Gemeindeamt Perchau am Sattel;
Tel. 03584/2301
gemeinde@perchau.at
www.perchau.at

lässt sich bis in das Jahr 1411 zurück verfolgen.
Ab diesem Hof führt der Weg kurz bergan und entlang schöner Wiesen zum Gehöft *Baunagl* mit dem urigen *Turm zu Percha*. Gern zeigen die Bauernleute Gästen jenen originalen Teil des Turmes, der nun zum Lufttrocknen von Fleisch dient.
Von diesem Hof kann man abkürzend zur Kripplerkeusche absteigen und in Richtung Perchau gehen. Der originale Bauernhofweg führt indessen weiter zum *Edlinger im Forst*. Mit „Forst" war ein herrschaftlicher Besitz gemeint. Das Gehöft stammt von 1453. Die Edlingersiedlung – zugleich der älteste Teil in Perchau – lag an der ehemaligen Eisenstraße.
Unser Weg führt schließlich zum Gehöft *Zirtschner;* hier ist eine Brechelhütte erhalten geblieben. Nun führt der Weg nordseitig den Trattnerkogel entlang zum Winkelkreuz, ab hier nordwärts bergab zum Gehöft *Krippler*. Die *Kripplerkeusche* wird seit Mitte des 18. Jahrhunderts erwähnt und war im Besitz des Klosters St. Lambrecht. Ein ebener Flurweg leitet zurück nach Perchau.

Besonderer Erlebnispunkt

Turm zu Percha: Aus dem 13. Jhd.; beim Gehöft Baunagl. Um den allein stehenden Turmbau wurde später das bäuerliche Anwesen gebaut. Der Turm diente evtl. als Gerichtsturm; oder auch als Wehrturm. Auf Anfrage an Ort und Stelle ist eine Besichtigung möglich.

Zusatzstrecke

Erlebnisweg Wegrand-Apotheke: Ausgangspunkt beim GH Löcker in Perchau. Zahlreiche Kräuterschautafeln; mit vielen Tipps und Rezepten. Beim Gehöft Roar (auch Rohr) ein kleiner Grillplatz; Holzkohle bitte mitbringen. Gehzeit: Hin und zurück 1.30–2 Std.

Einkehr-Tipp

Bauernhof Baunagl;
Schmankerl: Brettljause.
Familie Meier, Tel. 03584/2973

Landwirtschaftlicher Meisterbetrieb: Das Gehöft Moar im Gstein.

Anreise

Nach Perchau am Sattel von Neumarkt oder – aus dem Murtal – von Scheifling. Info-Stand beim Gemeindeamt.
Auto: Parkplatz vor dem Gemeindeamt.
Bahn/Verbundlinie: ÖBB/R600; Bf Scheifling oder Neumarkt.
Bus/Verbundlinie: ÖBB/840, 890; Hst Perchau am Sattel Gemeindeamt.

55

Märchenweg Hans im Glück

Das Kinder-Wanderdorf Mühlen rühmt sich mit Österreichs erstem Märchenweg

Der Pfeil weist in das Dorf Mühlen: Hole dort deinen Schatz ab.

Wichtig ist im Leben, von jeder Reise gesund nach Hause zu kommen. Wer noch dazu von seiner Mutter in die Arme geschlossen wird, darf sich so reich beschenkt fühlen wie in einem klassischen Märchen.
Seit 1. Juni 2001 gibt es im Kinder-Wanderdorf Mühlen, am Fuße des Zirbitzkogels, den *Märchenweg Hans im Glück*. Auf ihm sollen die kleinen Gäste – wie auch die sie begleitenden Erwachsenen – den im Märchen geschilderten Abenteuern auf die Spur kommen.

Wer sich auf diese Wanderung begibt, bekommt beim Hirschenwirt und benachbarten Gasthof Gössler einen *Goldklumpen* mit auf den Weg – wie einen auch Hans im Glück von seinem Meister als Lohn erhalten hat.
Der zusätzlich ausgehändigte *Schlüssel* öffnet jene Stationen, wo getauscht wird: Geld gegen Pferd, Pferd gegen Kuh, Kuh gegen Schwein usw.
Getreu dem Märchen gehen alle Wertstücke „verloren“. Dafür kehren alle Märchenweg-Besucher froh sowie vermutlich auch durstig und hungrig zurück.
Der Weg beginnt am südlichen Ortsrand von Mühlen, bei der *Hörinsel,* einer alten Mühle. Hier wird das Märchen erzählt. Zuletzt heißt es: „Folge nun den verschiedenen Stationen, lies die Märchentexte nach und tausche die jeweiligen Tiere.“ Der Märchenweg führt Hans auch durch einen „gefährlich

Auf den ersten Blick

Ausgangs- und Zielpunkt: „Hörinsel“ in Mühlen (960 m).
Gehzeit: 2 Std.
Weglänge: 5 km.
Beste Jahreszeit: Mai bis Oktober.
Orientierung:
- Speziell beschildert.
- 9 Stationen; mit Märchen-Passagen.
- Folder „1. österreichisches Wandermärchen“.
- freytag & berndt, WK 211.

Informationen:
Gemeindeamt Mühlen;
Tel. 03586/2208
tourismus@muehlen.at
www.muehlen.at

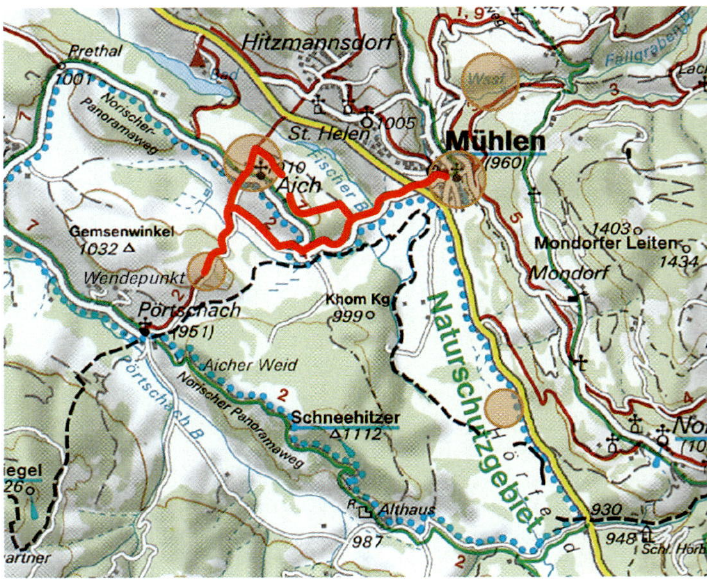

dunklen Wald". Anschließend, am Waldrand, bietet eine *Seelenschaukel* pure Erholung.
In Aich, beim Reithof Khom, gibt es einen *Spielplatz* und eine Labestation.
Leider führt sowohl die Stichroute der Räubersuche – entlang der Plakate *Wanted!* – zum aussichtsreichen Wende- und Rastplatz am *Gamsriegel* als auch der Rückweg vom Metallbau Holler nach Mühlen entlang von Straßen.
Freilich gibt es unterwegs für erfrischende Rasten den *Jungbrunnen* (Station 8).
Schlussendlich fordert die Station neun auf: „Wirf einen Stein in das Bächlein!" So hat es auch *Hans im Glück* getan.

Weitere Erlebnispunkte

Bauernmuseum Mühlen: Öffnungszeiten: 1. Mai bis 31. Oktober, Mo 14–17 Uhr; an Di, Do, Sa 9–12 Uhr. Tel. 03586/2208
Hörfeldmoor: Naturschutzgebiet; an der Landesgrenze Steiermark/Kärnten. Das Moor ist ein Relikt der jüngsten Eiszeit.
Waldlehrpfad Mühlen und Marienwasserfall: Aus dem Ort

auf Weg 10 zum 500 m langen Lehrpfad; mit Informationen über 56 Bäume. Zum Marienwasserfall: Ab Ortsmitte 10 Min.

Einkehr-Tipp

In der Ortsmitte von Mühlen; jeweils Ausgabe des Wanderstabes „Hans im Glück".
Gössler, GH (im Winter R Mo). Spezialitäten: Lamm, Pizza. Familie Ferner, Tel. 03586/2251
Hirschenwirt, Gute Steirische Gaststätte (im Winter R Mi). Schmankerln: Museumsteller, Museumspfandl, Norischer Suppentopf.
Familie Matschnigg, Tel. 03586/2228

Bei der Station fünf: „Nimm Schwein für Kuh."

Anreise

Nach Mühlen von Neumarkt in Steiermark, Friesach (K) oder Hüttenberg (K).
Auto: Parkplätze an der südlichen Ortseinfahrt und in der Ortsmitte.
Bahn/Verbundlinie: ÖBE/R600; Bf Neumarkt in Steiermark.
Bus/Verbundlinie: Post/886; Hst Mühlen PA.
Rad: R37 Norischer Radweg

Bitte nicht vergessen zu besuchen: Das Bergdorf Noreia.

56

Aquazelle Altenberg

Ein Rundweg um das erfrischende Thema „Erlebnis Wasser"

Auf den ersten Blick

Ausgangs- und Zielpunkt: Altenberg an der Rax (782 m).
Gehzeit, Weglänge: 1 Std., 3 km.
Beste Jahreszeit: Mai bis Oktober.
Orientierung:
- Speziell beschildert.
- 20 Infotafeln; ausführliche Inhalte.
- Folder „Aquazelle Altenberg".
- freytag & berndt, WK 022.

Informationen:
Gemeindeamt Altenberg an der Rax;
Tel. 03857/2210
gemeinde@altenberg-rax.com
www.altenberg-rax.com
www.schneealm.at

„Dem Ursprung entgegen", heißt das Motto bei diesem Spaziergang, der lebhaft abläuft. Das Element Wasser erlebt man optisch, akustisch und – stellenweise – auch haptisch. Die Idee zu diesem Themen- und Erlebnisweg ging vom *Altenberger Wasserforum* aus. Dessen Veranstaltungszyklus bestand aus fünf Themen, beginnend 1997 mit „Wasser verwenden und nicht verschwenden". In den Jahren darauf folgten „Wasser begreifen", „Wasser verstehen", „Wasser bewegt" und – aus besonders aktuellem Anlass – „Wasser verkaufen".

Die Umsetzung der Themenweg-Idee erfolgte von der Gemeinde Altenberg unter deren Bürgermeister Bernhard Schrittwieser in Zusammenarbeit mit den Österreichischen Bundesforsten in gut gelungener Weise.
Am Beginn des Spazierganges bestaunt man den *Groschenlochbrunnen*; er bezieht sich auf eine Sage. Das aus Stein geformte Kunstwerk hat jedoch einen realen Urheber: den Mürztaler Künstler *Franz Krammer*.
Am Eingang zum Lohmgraben steht die 200 Jahre alte *Lurgbauer-Mühle;* darin wird wieder gemahlen (beim Altenberger Hof anmelden). Neben der Mühle liegt ein Spielplatz; deren kleine Rindenhütte hat eine offene Feuerstelle. Große wie vor allem auch kleine Besucher erleben den zwar kurzen, dennoch abwechslungsreichen Rundweg mit Aug' und Ohr. Und am *Wasser-Erlebnisplatz* sogar mit ein wenig Gänsehaut: Dank frischer Wassertemperatur kribbelt es in den Beinen beim Waten im Kneippbecken.
Nach dem *Kneippbadl* kommt man zum *Quellteich,* einen für

Wasser bewegt: Die Lurgbauermühle ist wieder in Betrieb.

Karstgebiete typischen Quelltopf. Ebenso quellfrisch tummeln sich in ihm die Forellen.
Unweit des Gehöftes Lurgbauer quert der Pfad eine Wiese; ein Stichweg leitet zu einem *Hangmoor*: Holzstege überbrücken dieses interessante Biotop. Auch hier informieren Pulttafeln in anschaulicher Weise.
Im selben Waldstück kommt man zu einer *Quellfassung*. Das Besondere daran: Auf Knopfdruck hebt sich ein Blendschutz und man sieht in die blitzsaubere Quellstube. Logischerweise folgt ein *Schau-Hochbehälter*; auch hier ermöglicht ein Knopfdruck Einblick in das allgemein streng abgeschirmte Innenleben dieser (Über-)Lebensquelle. Der Rundweg schließt bei der Mühle.

Weitere Erlebnispunkte

Mühlen-Führungen: Nach Voranmeldung beim Altenberger Hof.
Kriegerdenkmal Altenberg: Der Adler – eine Kopie aus Gusseisen – sitzt auf einem Spateisenstein-Brocken, einem Relikt aus der Bergbauzeit. Diese ging im Altenberger Tal anno 1893 zu Ende.

Einkehr-Tipp

Altenberger Hof, Steirischer Dorfwirt, mit Kinderspielplatz (R Mo; an Di bis 18 Uhr; im Sommer nur Mo).
Schmankerln: Altenberger Suppe, Schneealm-Salat.
Fam. Paier, Tel. 03857/2202
www.altenbergerhof.com

Erfrischend: Das Kneippbadl.

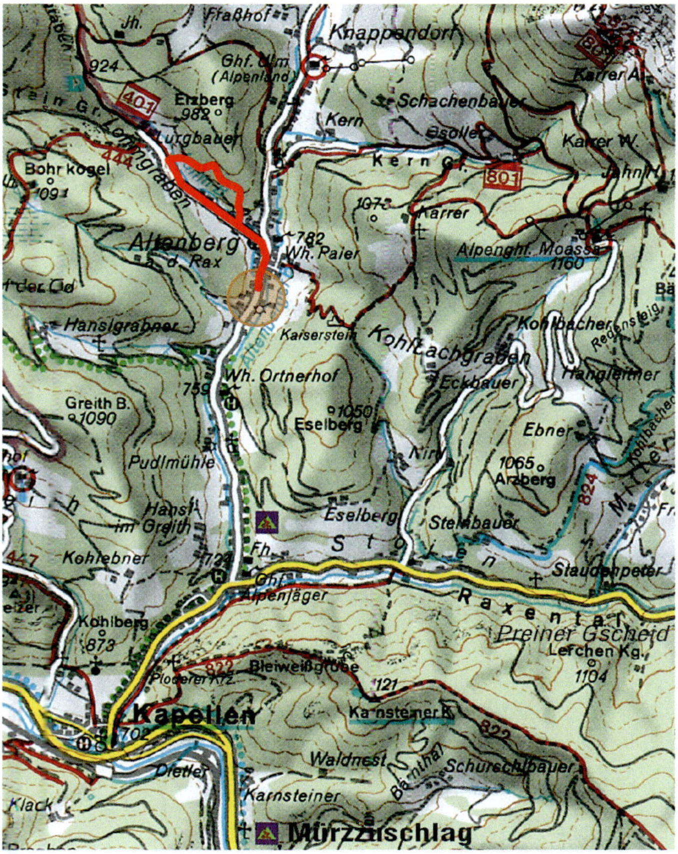

Anreise

Nach Altenberg via Mürzzuschlag – Kapellen oder von NÖ über das Preiner Gscheid (Landesgrenze).
Auto: Parkplatz vor dem Gemeindeamt sowie am Beginn des Lohmgrabens.
Bahn/Verbundlinien: ÖBB/R500, R501, R600; Bf Mürzzuschlag.
Bus/Verbundlinie: Post/195; Mürzzuschlag – Kapellen – Altenberg.
Rad: R5 Mürztal-Radweg; MTB Alpentour.

57

Brahmsweg und Roseggersteig

In Mürzzuschlag leiten rote Igel zu Noten und Episoden – und ein Waldweg führt zu einem Dichter-Platzerl

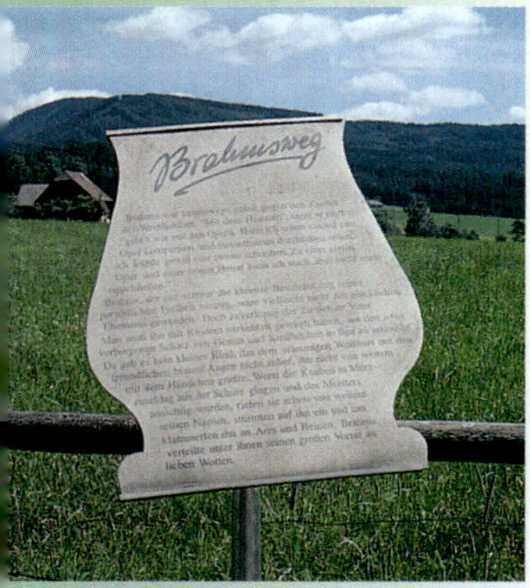

Johannes Brahms fühlte sich in Mürzzuschlag besonders wohl und schwärmte Freunden gegenüber, dass „... ganz außerordentlich es mir gefällt und wie schön es sich hier spaziert“. Nicht selten kehrte Brahms von einem der Ausflüge aufgewühlt zurück in seine Ferienwohnung, setzte sich dort sogleich an den Flügel, um ein Thema zu interpretieren, das ihm während des Spazierens eingefallen war. Auch schuf er inmitten der klassischen Eisenbahnerstadt Mürzzuschlag die Vierte Sinfonie. Johannes Brahms, am 7. Mai 1833 in Hamburg geboren, lebte ab dem Jahr 1862 in Wien, wo er auch am 3. April 1897 starb.

In Mürzzuschlag, am Fuße von Semmering und Stuhleck, verbrachte der berühmte Komponist anno 1884 und 1885 die Sommermonate. Eines der von Brahms bevorzugten Einkehrziele war der Gasthof Steinbauer. Dorthin führt der ...

Die Bezirksstadt Mürzzuschlag: Seit 21. Oktober 1844 Zugsverkehr mit Graz.

Brahmsweg: Beim Brahms-Denkmal – es steht am Anfang der Wiener Straße – liegen Notenblätter zur freien Entnahme auf. An allen Haltepunkten – insgesamt 20 silbergraue „Musiktafeln", in Form einer Lyra – sind Episoden festgehalten, die auch die Lebensfreude des Komponisten Johannes Brahms schildern.
An jeder „Musiktafel" sind ein, zwei Takte festgeschrieben; diese sollen auf das Notenblatt übertragen werden.
Als *Wegweiser* dienen Holzschilder in Form roter Igel. Brahms, ein Feinschmecker, war in Wien beim „Roten Igel" Stammgast.
Aus dem Mürzer Stadtzentrum gelangt man alsbald zu einem kleinen Park und Rosegger-Denkmal. Darüber steht die evangelische Kirche. Es war der Katholik Peter Rosegger, der für den Bau dieser Kirche eine Spendenaktion organisierte
Neun „Musiktafeln" säumen den Wanderweg bis zum *Gasthaus Steinbauer.* Bei diesem traditionsreichen Ausflugsgasthaus erlebte Brahms – gemeinsam mit Freunden, darunter Schipionier Toni Schruf – eine steirische Bauernhochzeit: „Als die Stimmung am Höhepunkt war, begann sogar ich ausgelassen steirisch zu tanzen. Ich tanzte sonst überhaupt nicht, aber hier war es mir so recht danach."
Beim Steinbauer gibt es die deftige *Brahmsjause.*
Gut gestärkt folgt man wieder den roten Igeln. Diese leiten von der Steingrabenstraße auf Waldwegen zur Pretulstraße und an dieser bergab stadtwärts.
Bei der letzten „Musiktafel" sollte das mitnotierte Musikstück komplett sein. Die nächsten Schritte führen in das Brahms-Museum;

Auf den ersten Blick

Ausgangs- und Zielpunkt: Brahms-Museum, Mürzzuschlag (670 m).
Höchster Punkt: Ganzstein (871 m).
Gehzeit: Brahmsweg 2 Std.; mit Roseggersteig 2.30 Std.
Weglänge: 4,5 km; mit Roseggersteig 6 km.
Beste Jahreszeit: Mai bis Oktober.
Orientierung:
- Rote Igel mit Aufschrift „Brahmsweg".
- 20 Haltepunkte mit „Musiktafeln" in Form einer Lyra.
- An Ort und Stelle ausführliche Inhalte.
- Folder „Wandervolles Mürzzuschlag".
- Stadtplan Mürzzuschlag.
- freytag & berndt, WK 022.

Informationen:
TRV Waldheimat-Mürztal
Mürzzuschlag, Wiener Straße 4;
Tel. 03852/4770
TourismusRegionWM@netway.at
www.tiscover.com/waldheimat-muerztal

Die Brahmsjause beim Steinbauer.

dort gibt es eine kleine Aufmerksamkeit als Dankeschön. Im Musikzimmer ist auf einer CD das mitnotierte Musikstück zu hören.

Roseggerweg und **Roseggersteig** lassen sich mit dem Brahmsweg gut kombinieren. Zunächst folgt man dem Brahmsweg in Richtung Steinbauer bis zur sechsten „Musiktafel".
Als erstes zweigt der *Roseggerweg* ab; er führt an der Nordseite des Ganzsteins herum zum Gasthaus Lendl.
Hingegen zweigt bei der „Musiktafel" 7 der *Roseggersteig* ab; dieser führt auf den Ganzstein. Nächst dem ORF-Umsetzer-Mast betritt man den mit *Rosegger-Ruhe* bezeichneten Aussichtsplatz: Im Blickfeld liegen Mürzzuschlag samt dessen Umgebung von der Schneealpe bis zur Großen Scheiben. Dazu schreibt Rosegger: „Es ist kaum ein reizenderes steirisch-charakteristisches Alpenbild denkbar als die Aussicht vom Ganzstein. Wer von draußen kommt: Mürzzuschlag ist der Schlüssel zur Steiermark."
Vom Ganzstein gelangt man auf einem Fahrweg zum Steinbauer; hier erinnert eine Gedenktafel: „Im Hinterstübl dieses Hauses – Roseggerstüberl genannt – hat Peter Rosegger 1864 als Schneidergeselle gearbeitet und von da aus seine ersten Gedichte in die Welt geschickt."
Beim Gasthaus Steinbauer wird die Wanderung auf dem Brahmsweg fortgesetzt.

Besondere Erlebnispunkte

Brahmsmuseum: Wiener Straße 4. Öffnungszeiten: Mai bis Oktober, täglich 10–12 und 14–17 Uhr; November bis April, Do–So 14–17 Uhr. Alljährlich das Brahms-Musikfest. Tel. 03852/3434
Roseggerstübel: Wiener Straße 38. Öffnungszeiten: Mo–Sa 9–18 Uhr. Tel. 03852/3399

Ständiger Ehrengast im Hof seines Museums in der Wiener Straße 4: Johannes Brahms.

Weitere Erlebnispunkte

Ropes Park: Hochseilgarten im Mürzer Auwald.
Tel. 0699/11883069
www.quo-vadis.cc
Wintersportmuseum: Wiener Straße 79. Öffnungszeiten: Mi–So 9–12 und 14–17 Uhr.
Tel. 03852/3504
www.muerzzuschlag.at

Zusatzstrecke

Auwald-Lehrpfad und **Kaiserstein:** Mit Infotafeln und *Fitmeile*. Vom Gratis-Parkplatz „Bräuerteiche" flussaufwärts zur nahen Mürzbrücke. Nun bergseitig, am rechten Ufer, zu einem Fußballfeld. Durch den *Ropes Park* zur Fußgängerbrücke und neuen Wehranlage an der Mürz; Wendepunkt vor der eingestellten Neuberger Bahn.
Beim Zurückgehen auf den *Kaiserstein*: Gleich nach dem *Ropes Park* und Fußballfeld erreicht man einen großen Baumstumpf. Nun den Zickzackweg bergwärts. Prächtiger Stadtblick; Aussicht zur Großen Scheiben sowie zum Stuhleck und Ganzstein.
Dem Uferweg folgend zurück zum Parkplatz.
Gehzeit: Insgesamt 1.30 Std.; 4 km; 100 Hm.

Einkehr-Tipp

Steinbauer, GH, in Ganz (R Do; Fr bis 15 Uhr).
Schmankerl: Brahmsjause.
Familie Halmdienst,
Tel. 03852/2383

Anreise

Nach Mürzzuschlag aus Richtung Graz via Bruck an der Mur; aus Richtung Wiener Neustadt via Semmering.
Auto: An der Mürz großer Gratis-Parkplatz (ortsläufig „Bräuerteiche").
Bahn/Verbundlinien: ÖBB/R500, R501, R600; IC-Bf Mürzzuschlag.
Bus/Verbundlinie: ÖBB/180; Hst Mürzzuschlag Busbahnhof.
Rad: R5 Mürztal-Radweg; R47 Semmering-Radweg; MTB Alpentour.

58

Herzlfresserweg

Vom Kindberger Zunftbaum zu schaurigen Begebenheiten am Herzogberg

Die schmucke Stadt nennt sich „die Perle des Mürztales". Der lang gestreckte Hauptplatz wird von einem 30 Meter hohen *Zunftbaum* überragt, einem der schönsten des deutschsprachigen Raumes. Dieser ist zugleich das Wahrzeichen von Kindberg.

Der Wanderweg in Richtung Herzogberg beginnt nahe dem Rathaus. Durch die Schlosspforte (Torbogen, Wegweiser) und den mit Schlossallee bezeichneten Weg leiten Markierungen durch eine Unterführung zum Bad und von diesem bergan zum Schloss Oberkindberg. Im weiteren gelangt man sonnseitig zum Friedenskreuz (von 1988), das einen Spruch Ottokar Kernstocks trägt.

Beim Marien-Wegkreuz (von 1994) verlässt man die Straße. Ein Waldweg – ehemals der Schulweg – führt zum *Herzlfresser-Marterl*, wo eine Inschrift die Geschichte vom Herzlfresser in Kurzform umreißt.

Der gut bezeichnte Weg führt im weiteren zum ehemaligen Grüblbauer, sodann zu den beiden Höfen Hobischer und Blasbauer in Groisbrunn. 500 Meter weiter erreicht man die Straße und folgt dieser zum *Gasthof Pölzl.*

Für den Rückweg dient folgende Schleife: Wenig oberhalb des Gasthofes führt vom Gehöft Pölzl eine Hofzufahrt – nach dem Überqueren einer Lifttrasse – leicht bergab zum *Bauer in der Ann.* Nun weiter bergab zur Talstation eines Liftes. Knapp 100 Meter danach hält man sich halblinks und folgt einem Waldweg zum ehemaligen

Auf den ersten Blick

Ausgangs- und Zielpunkt: Hauptplatz Kindberg (565 m).
Höchster Punkt: GH Pölzl (1106 m).
Höhenunterschied: 600 m.
Gehzeit: Hin und zurück 3.30 Std.
Weglänge: Zum Pölzl 4,5 km; Rückweg über Bauer in der Ann 6 km.
Höhenunterschied: 600 m.
Beste Jahreszeit: Mai bis Oktober.
Orientierung:
- Markierte Wanderwege.
- Herzlfresser-Marterl.
- Stadtplan Kindberg und Wanderkarte, mit Stadtbründl-Rundgang.
- freytag & berndt, WK 041.

Informationen:
TV Kindberg:
Hauptstraße 44;
Tel. 03865/3764
stadtgemeinde@kindberg.at
www.kindberg.at

Nur noch von außen zu besichtigen: Das Schloss Kindberg.

Das Herzlfresserkreuz am alten Schulweg.

Anreise

Nach Kindberg aus Richtung Bruck an der Mur oder Mürzzuschlag.
Auto: Zufahrt wie zum Bad; großer Parkplatz in der Unterführung der Schnellstraße (S6).
Bahn/Verbundlinien: ÖBB/R500, R501, R600; Bf Kindberg.
Bus/Verbundlinie: ÖBB/180; Hst Kindberg Hauptplatz.
Rad: R5 Mürztal-Radweg.

Gehöft Genser in Groisbrunn. Im weiteren wieder zum *Herzlfresser-Marterl* und zurück nach Kindberg.
Der Herzlfresser: Der Name entstammt der Wirklichkeit, wie die Kindberger Chronik aus dem Jahr 1914 berichtet:
„Paul Reininger, aus der Turnauer Gegend, von Kindheit auf vernachlässigt und später Knecht, wurde anno 1786 einer Tat verdächtigt und in Kindberg festgenommen. Schließlich gestand er sechs Morde. Das letzte Opfer war Magdalena Angerer, 38 Jahre alt."
Unklar ist, wie weit Reininger vom Aberglauben besessen war, dass sich jedermann unsichtbar machen könne oder Glück im Spiel habe, der Herzen von Jungfrauen verzehre.
Die erste Untat erfolgte im Jahr 1779; der letzte Mord geschah am 15. Jänner 1786. Reininger wurde am 24. April desselben Jahres zum Tode verurteilt. Joseph II. änderte das Urteil ab und verfügte, Reininger im Gefängnis auf dem Grazer Schloßberg für lebenslänglich anzuschmieden. Einer Meldung der „Grätzer Zeitung" zufolge ist Paul Reininger am 11. November 1786 gestorben.

Besonderer Erlebnispunkt

Stadtbründl-Rundgang: In Kindberg vom Hauptplatz bzw. Schmölzerbrunnen ausgehend zum Kindlbrunnen, Pferdebrunnen, Stadtbrunnen, Apothekerbrunnen, Erzherzog-Johann-Brunnen und Heimkehrerbrunnen.
Gehzeit: 30–45 Min.

Einkehr-Tipp

Pölzl, GH und Bauernhof, am Herzogberg (R Fr; ausgenommen im September und Oktober). Zufahrt von Kindberg 7 km. Schmankerln: Produkte aus eigener Landwirtschaft.
Familie Pölzl, Tel. 03865/2051 oder 2403

Das Wahrzeichen von Kindberg: Der Zunftbaum.

Romantischer Bründlweg

Am Pogusch: 22 Wässerlein und viel Gutes vom Bauernhof

Einer der Höhepunkte an diesem Wanderweg heißt treffsicher *Himmelreich*. Diesen Erlebnispunkt sollte man sich auf keinen Fall entgehen lassen, auch wenn der Bründlweg viele individuell gestaltbare Varianten zulässt.

Die Initiative zur Errichtung des Bründlweges ging von *Karl Wenzel* in Turnau aus. Die Umsetzung erfolgte dank großzügiger Mithilfe von *Heinz Reitbauer sen.* sowie der Bauernschaft unter deren Fürsprecher *Johann Weißenbacher vlg. Fürstner,* besser bekannt als „Himmelreichbauer". Der Weg leitet entlang von 22 Brünnlein und zu etlichen Bauernhöfen. Bei all den Höfen werden Produkte aus eigener Landwirtschaft angeboten; außerdem kann man hier überall einkehren.
Dank der guten *Beschilderung* – mit Flaschen – finden alle Gäste verlässlich von Quelle zu Quelle wie auch von Einkehr zu Einkehr. Vom Poguschsattel leitet ein Waldweg zu den ersten Quellen und von diesen zu dem in einem Sattel stehenden Friedmanner, einem großen, rund 400 Jahre alten Bauernhof. Flur- und Forstwege führen leicht bergab zur Jausenstation Schäffer vlg. Huber. Anschließend folgt die *Bergwertung:* Kurz, jedoch steil bergan zum Hocheggerhof (1185 m). Als weitere Erlebnis-Einkehr-Punkte folgen der Herrnbauer und die Jausenstation Himmelreichbauer.
Nur 100 Meter vom Hof entfernt steht eine riesengroße Tanne und nächst davon der noch bis August 2003 aktuelle *Schätzbaum.* Wer richtig schätzt, kann gewinnen, verspricht das dort aufliegende Schätzbuch.
Eine Forststraße verbindet zum 1,2 km entfernten *Siglbauer.* Nach

Auf den ersten Blick

Ausgangs-und Zielpunkt: Poguschsattel (1059 m).
Gehzeit: 3.30 Std.
Weglänge: 10,3 km.
Höhenunterschied: Bis zu 400 m.
Beste Jahreszeit: Mai bis Oktober.
Orientierung:
- Spezielle Beschilderung.
- Folder „Romantischer Bründlweg".
- freytag & berndt, WK 041.

Informationen:
Karl Wenzel:
Tel. 03863/2626
bruendlweg@aon.at
www.bruendlweg.at

dem Aussichtsplatz *Veitschblick* leitet der Rundweg leicht bergan in den Poguschsattel.

Besondere Erlebnispunkte

Himmelreichkapelle: Von den Bergbauern aus Thal und vom Pogusch erbaut. Zuerst stand hier ein Kreuz, evtl. von 1660, sicher ab 1674. Auch wurde eine kleine Kapelle errichtet und diese 1885 zum heutigen Bau erweitert. Anno 1988 wurde die jüngste Renovierung abgeschlossen. Die Kapelle ist der Hl. Maria geweiht und steht auf einem besonders harmonisch wirkenden Wiesengrund.
„Heiwog'n-Foahrt": Mit einem Heuwagen zu Bauernhöfen nach Wahl. Bestellungen bei Karl Wenzel, Tel. 03863/2626
Schätzbaum: 100 m vom Himmelreichbauer entfernt. Besucher sollen schätzen bzw. wissen: Baumart, Alter, Höhe, Durchmesser, Erntefestmeter (Stamm, ohne Rinde), Vorratsfestmeter (kompletter Baum, samt Ästen, Rinde).

Zusatzstrecke

Hocheck (1324 m): Überaus lohnend auf folgender Bründlweg-Variante. Vom Hocheggerhof auf einem Wiesenweg sonnseitig zum *Mürztalblick-* und *Buchanger-Bankerl*. Dem Weg 455 folgend zum höchsten Punkt. Ein schöner Waldweg leitet bergabwärts zur Himmelreichkapelle (1221 m). Von hier zum Himmelreichbauer. Gehzeit: 45 Min.

Einkehr-Tipp

An allen Bauernhöfen Einkehr und Ab-Hof-Verkauf.
Himmelreichbauer, gj. (R Mo, Di). Schmankerln: Hausgemachte Mehlspeisen; Eierlikör-Kuchen. Familie Weißenbacher, Tel. 03863/2826
Schäffer vlg. Huber, gj., außer November (R Mo). Schmankerln: Wildfleisch, hausgemachte Mehlspeisen. Familie Schäffer, Tel. 03864/2135
Weitere Bauernhöfe:
Friedmanner, Familie Lampl;
Herrnbauer (Herrbauer), Familie Fladischer;
Hochegger, Familie Schäffer;
Siglbauer, Familie Fürstner.
Steirereck, „Gourmet-Tempel" am Poguschsattel. Nur auf Vorbestellung
Familie Reitbauer, Tel. 03863/2000 oder 5151

Schrittweise über das Himmelreich zur Kapelle von 1885.

Anreise

Zum Poguschsattel aus dem Mürztal (S6) via St. Lorenzen; aus dem Raum Aflenz-Kurort via Turnau.
Auto: Großer Parkplatz auf der Passhöhe.
Bahn/Verbundlinien: ÖBB/R500, R501, R600; Bf St. Marein-St. Lorenzen
Bus/Verbundlinie: ÖBB/180; Hst St. Marein im Mürztal Ort.
Rad: R5 Mürztal-Radweg; Pogusch-Landesstraße.

Reitbauers rustikaler Gourmettempel: „Griaß di am Pogusch!"

Stanzer Sonnenweg

Jung und schön: Wasser, Kunst und viel Natur

Frei zugänglich: Die Schaumühle.

Der Rundweg ist speziell beschildert und die Strecke nicht zu verfehlen. Der mit kleinen Sonnen gekennzeichnete Weg beginnt beim *Waldbad* und führt aus dem Ort bergan zur *Schauschmiede;* unweit davon die Labestation Waldhütte. Man gelangt im weiteren zum Gehöft Rodler. Ein Wiesenweg führt sonnseitig, in aussichtsreicher Höhenlage, zum Gehöft Höbling vlg. Dotter; zum Hof gehört auch ein Wegkreuz.

Auf einem weiteren Wiesenweg erreicht man einen Bildstock, das Friedenskreuz. Nach diesem schönen Rastplatz geht man durch Wald leicht bergab und erreicht eine *Schaumühle;* diese steht unterhalb des Gehöftes Oberer Ellersbacher bzw. der Buschenschänke „Zum Gust“.
Nun schlendert man die Straße talwärts. Aber aufgepasst! Der Sonnenweg zweigt rechts ab. Man steigt einen Waldweg steil bergan zu einem Kreuz und zur *Urlkapelle.* Von diesem schlichten Sakralbau führt der Abstieg nun direkt zur *St.-Ulrich-Kirche.* Nächst davon der Buschenschank Kalcher.
An der Stanzer Straße geht man dorfwärts zum Gasthaus Hochörtler; gern zeigt der Wirt interessierten Gästen den *Sonnenladen* und den *Schaugarten „Flora K“.* Jenseits des Stanzbaches leiten Flur- und Waldwege taleinwärts. Ein Abstecher führt zur Waldkapelle. Beim Badeteich schließt sich die durchwegs hübsch angelegte Rundstrecke.
Der Stanzer Sonnenweg wurde am 29. Juli 2001 eröffnet.

Besondere Erlebnispunkte

St.-Ulrich-Kirche: Spätgotische Hallenkirche, 15. Jhd.; mit Sonnenrad und Votivfiguren. Diese Figuren wurden seit Jahrhunderten für die Gesundheit und Fruchtbarkeit des Viehs gespendet. An der Kirche die Jahreszahlen 1441, 1521 und 1634.
Schaumühle: Funktionsfähig und frei zugänglich.

Auf den ersten Blick

Ausgangs- und Zielpunkt: Stanz im Mürztal (669 m); Ortsmitte oder Waldbad.
Gehzeit: 3 Std.
Weglänge: 8,5 km.
Beste Jahreszeit: Mai bis Oktober.
Orientierung:
- Spezielle Beschilderung.
- Folder „Stanzer Sonnenweg“.
- freytag & berndt, WK 021.

Informationen:
TV Stanz im Mürztal;
Gernot Grünbichler,
Tel. 03865/8216
gernot.gruenbichler@a1.net
www.oberergesslbauer.com

Schaumühle und Gehöft Oberer Ellersbacher: Auf halber Wegstrecke lässt sich gut rasten.

Ganzjährig an der Sonnseite zu erleben: Stanz im Mürztal.

Schauschmiede: Mit Esse; von Wasser angetriebener Schmiedehammer. Vorführungen: Mai bis Oktober, Fr–So; wochentags nach Voranmeldung bei der Waldhütte; Tel. 03865/8327
Schaugarten „Flora K": Beim GH Hochörtler; Mai bis Mitte Oktober. Mit mehr als 500 Pflanzenarten; im Sommer auch Ausstellungen und Workshops.
Sonnenladen: Beim GH Hochörtler; Naturprodukte von Stanzer Bauern.
Waldbad: Naturbadeteich; mit Wasserrutsche, Spielplatz, Kneipp- und Parkanlage sowie Vogellehrpfad.

Einkehr-Tipp

Mostschank Kalcher, Mi–So, nachmittags. Tel. 03865/8278
Hochörtler, GH, in Stanz (R Mo). Schmankerln: *Sonnenkrapfen* und *Sonnenradln* von Do bis So. Christian Rinnhofer, Tel. 03865/8726
Oberer Gesslbauer, GH, in Stanz (R Mi). Schmankerln: Regionale Küche und Hausmannskost sowie gehobene Gastronomie; Weinkeller. Familie Grünbichler, Tel. 03865/8216
Waldhütte, Labestation; Mai bis Oktober, Fr–So, nachmittags. Schmankerln: Bäuerliche Imbisse. Familie Ellmaier vulgo Weber, Tel. 03865/8327
Mostschank Zum Gust, Mai bis Oktober, Do–So, nachmittags. Schmankerln: Spezialitäten vom Bauernhof. Familie Kaltenbrunner vulgo Oberer Ellersbacher, Tel. 03865/8403

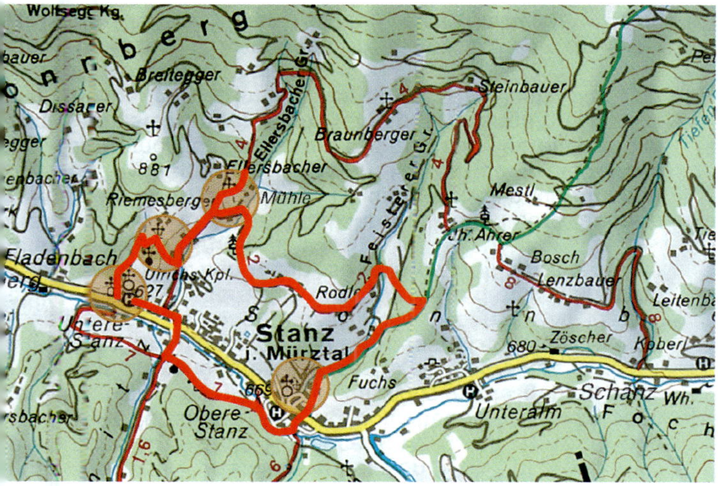

Anreise

Nach Stanz aus dem Mürztal (S6) via Kindberg; aus Richtung Birkfeld über den Schanzsattel.
Auto: Parkplatz nächst GH Gesselbauer.
Bahn/Verbundlinien: ÖBB/R500, R501, R600; Bf Kindberg.
Bus/Verbundlinien: Post/181, 233; Hst Stanz Ort oder PA.
Rad: R5 Mürztal-Radweg; MTB Romantiktour.

Ost-
steiermark

61

Peter Roseggers Christmettenweg

Auf den Spuren des Waldbauernbuben zu seiner Lieblingskirche

Der Christmettenweg – von Peter Roseggers Geburtshaus zur Kirche in St. Kathrein – wird ganzjährig gerne begangen. Naturbedingt sind Wanderungen zur Winterzeit stimmungsreicher. Einzigartig ist schließlich das im knirschenden Schnee bewusste Gehen, Stapfen und Schreiten in einer sternefunkelnden Christnacht. Im rechten Augenblick erkennt jeder Mensch den Sinn von Andacht und Demut.

Der Christmettenweg ist zugleich einer jener *Störwege*, auf denen Peter Rosegger als gelernter Schneider berufsbedingt von Hof zu Hof unterwegs war.
Solche Wanderschaften wurden *Stör* genannt. Der in seiner Jugend „Schneider-Peterl" gerufene Rosegger lernte infolge seiner Tätigkeiten als *Störschneider* gar 67 Bauernhöfe kennen. So auch den Gesslbauer in St. Kathrein, wie am nunmehrigen Gasthof nachzulesen.
Der Christmettenweg ist einfach nachvollziehbar:
Von der Waldschule geht man hinauf zu *Peter Roseggers Geburtshaus*. Wege und Steige über Fluren, Wiesen und durch Wald leiten nun bergab zum Gehöft Rossegger vlg. Schmiedhofer (1066 m). Hier war Peter Rosegger – damals 20 Jahre alt – als Störschneider tätig.

Am Weg von Peter Roseggers Geburtshaus zum Lentkreuz: Das Gehöft Schmiedhofer.

Aus dem Talboden beim Freßnitzbach und vom Lentkreuz (1000 m) leitet der Waldweg bergan zum Ziesler Anger (1126 m). Nun geht es nur noch bergab. Herrliche Überblicke eröffnen sich im Bereich des *Gehöftes Hochegger.*
Allmählich erreicht man den Graben am Hirschbach, an dem mehrere verfallende Mühlen stehen. Auf das Sägewerk Baumgartner vlg. Saghansl folgen die Bauernschmiede Eggschmied und die Hinterleitner Mühle. Am Ortsrand von St. Kathrein steigt man zur Kirche hinauf.

Besondere Erlebnispunkte

Christmetten-Wanderung: Am 24. Dezember, 20 Uhr, Abfahrt per Bus bzw. Taxi von St. Kathrein zum Alpl. Wanderung von der Waldschule zum Geburtshaus; Lesung in der Wohnstube. Danach Wanderung mit Fackeln und Laternen durch das Mühlental zur Kirche in St. Kathrein. Ab 23.30 Turmblasen; Schlag Mitternacht beginnt die Christmette.
Roseggers Waldschule: Am Alpl. Öffnungszeiten: April bis Oktober, Di–So, 9–17 Uhr. In den Weihnachts- und Semesterferien Di–So, 11–16 Uhr.
Tel. 03855/8238.
Roseggers Geburtshaus: Am Alpl. Der *Kluppeneggerhof* wurde im Jahr 1927 als Rosegger-Gedenkstätte eingerichtet. Öffnungszeiten: April bis Oktober, Di–So, 9–17 Uhr; November bis März, Di–So,

Auf den ersten Blick

Ausgangspunkt: Alpl, Waldschule (967 m).
Zielpunkt: St. Kathrein am Hauenstein (820 m).
Höchster Punkt: Roseggers Geburtshaus (1144 m).
Gehzeit: 3 Std.
Weglänge: 9 km.
Höhenunterschied: Anstieg 300 m, Abstieg 450 m.
Beste Jahreszeit: Ganzjährig; am schönsten im Winter.
Orientierung:
- Markierte Wanderwege.
- Spezielle Beschilderung
- Infotafeln; ausführliche Inhalte.
- Freytag & Berndt, WK 021.

Informationen:
Gemeindeamt St. Kathrein am Hauenstein;
Tel. 03173/4030
gde@st-kathrein-hauenstein.steiermark.at
www.st-kathrein-hauenstein.at
Gasthof Zur Post;
Königshofer, Tel. 03173/2371

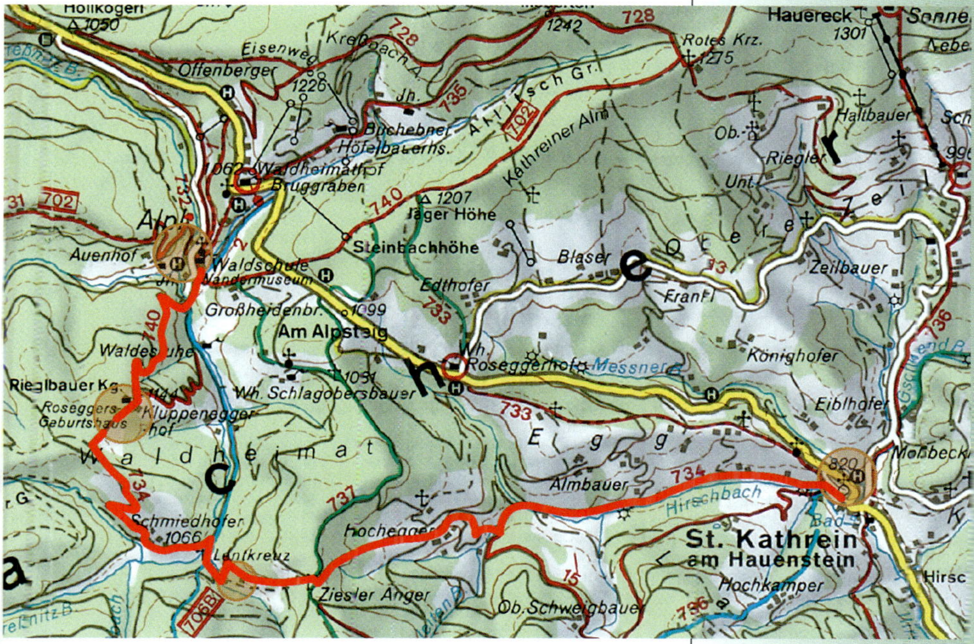

Vor der Schule in St. Kathrein am Hauenstein: Peter Rosegger

11–16 Uhr. An bestimmten Tagen geschlossen.
Tel. 03855/8230
Hinterleitner Mühle: Schaumühle. Zugang von St. Kathrein 5 Min. Tel. 03173/4030 oder 2371
Pfarrkirche St. Kathrein: Erbaut 1712. Von Peter Rosegger zu dessen Lieblingskirche erwählt.
Rosegger-Ausstellung: Im Kulturhaus St. Kathrein. Öffnungszeiten: Im Sommer an Wochenenden; Sonderführungen auf Anmeldung. Tel. 03173/4030 oder 2363
Peter Rosegger – geboren 31. Juli 1843 in Alpl am Kluppeneggerhof; gestorben am 26. Juni 1918 in Krieglach – gelang im Jahre 1864 der Durchbruch zum Dichter. Seine Lieblingskirche war jene von St. Kathrein am Hauenstein:
„Ich habe den Kölner und den Mailänder Dom gesehen und die Peterskirche in Rom, aber die süße Himmelsstimmung wie in dem weißen, lichten Kirchlein zu St. Kathrein am Hauenstein habe ich sonst nirgends gefunden."

Aphorismen auf Tafeln entlang des Christmettenweges.
Nahe vom Geburtshaus:
„Wer in den Wald geht, der kommt selten leer zurück."
Beim Lentkreuz:
„Wie ist doch die Welt so schön – und wie ist der Weg so steinig."
In St. Kathrein:
„Ich bin ein armer Hirtenknab. Der Wald, das grüne Feld, mein Brotsack und mein Birkenstab, ist meine ganze Welt."

Einkehr-Tipp

Zur Post, GH, St. Kathrein (R Di; außer Sommer und Weihnachten).
Schmankerln: Fisch-, Lamm- und Wildspezialitäten.
Familie Königshofer,
Tel. 03173/2371
Zum Hauenstein, GH, St. Kathrein (R Mo).
Schmankerln: Steirische Spezialitäten.
Familie Gesslbauer,
Tel. 03173/2363

Anreise

Auf das Alpl aus dem Mürztal via Krieglach; aus dem Feistritztal via Birkfeld – St. Kathrein am Hauenstein.
Auto: Großer Parkplatz nahe der Waldschule.
Bahn/Verbundlinie: ÖBB/R501; Bf Krieglach.
Bus/Verbundlinie: Post/187; Hst Alpl Waldschule.
Rad: R8 Feistritztal-Radweg; MTB Alpentour.

Rückreise

Von St. Kathrein am Hauenstein wie Anreise.

Planetenweg

Auf Erden dem Himmel folgen: Von Rettenegg auf das Stuhleck

Dieser angeblich „weltweit einzige Planetenweg“ wurde als wissenschaftlich-touristisches Projekt vom *Institut für Astronomie* der Universität Wien geschaffen – in Zusammenarbeit mit den Gemeinden Rettenegg und Spital am Semmering. Auf Texttafeln werden spannende Details in leicht verständlicher Weise erklärt.

Die Reihefolge der *neun Planeten* – Merkur, Venus, Erde, Mars, Jupiter, Saturn, Uranus, Neptun – ist identisch mit deren Abstand von der Sonne. Die Erdbahn trennt die *inneren* Planten Merkur und Venus von den *äüßeren* Planeten.
Die entlang des Weges *modellhaft* situierten Planeten sind in Größe und Entfernung zueinander maßstabgetreu dargestellt: Eins zu einer Milliarde.
Der Maßstab soll in Besuchern ebenso das Gefühl für *kosmische Dimensionen* wecken: Beispielsweise benötigt das Licht von der *Sonne* zum *Saturn* etwa eine Stunde und 19 Minuten. Ungefähr gleich viel Zeit erfordert die *Wanderstrecke* vom Sternenpavillon in Rettenegg bis zum Modell-Standort des *Saturn* am Planetenweg.
Beim *Sternenpavillon* – wo der Planetenweg offiziell beginnt – sind die Sternbilder des nördlichen Sommerhimmels mit 400 Sternpunkten dargestellt.
Entlang des ersten Wegabschnittes gibt es Informationen zu *Erde* und *Mond* sowie *Sonne, Merkur, Venus* und *Mars*.
Nach dem Informationspunkt *Asteroidengürtel* erreicht man das Gehöft Hansl in Hof, sodann das Planeten-Modell *Jupiter*.
Nach dem Gehöft Maxl am Berg leitet zunächst ein Ziehweg, anschließend ein Waldweg zum

62

Auf den ersten Blick

Ausgangs- und Zielpunkt: Rettenegg (862 m).
Höchster Punkt: Stuhleck (1782 m).
Gehzeit: 2.30–3 Std., hin und zurück 5 Std.
Weglänge: Hin und zurück 12 km.
Beste Jahreszeit: Mai bis Oktober.
Orientierung:
- Markierte Wanderwege; speziell beschildert.
- Zahlreiche Infotafeln; ausführliche Inhalte.
- Folder „Planetenweg“.
- freytag & berndt, WK 021.

Informationen:
Gemeindeamt und TV Rettenegg:
Tel. 03173/8020
gde@rettenegg.steiermark.at
www.rettenegg.at

Im Sternenzelt beginnt der Planetenweg.

Auf dem Höhenrücken beim Schwarzriegel: Die Neptun-Station.

Modell *Saturn*, das ebenso mit Zahlen beeindruckt, hat doch der Saturn einen Durchmesser von 120.536 Kilometern!
Zum Vergleich: Der Durchmesser unserer *Erde* beträgt 12.757 Kilometer, hingegen rund viermal mehr, nämlich 51.118 Kilometer, jener des Planeten *Uranus*. Dessen Modell erreicht man an der Waldkampfzone.
Über Almwiesen ansteigend, gelangt man in jenen weiten Sattel am Schwarzriegel (1593 m); hier steht das Modell des Planeten *Neptun*.

Der Höhenweg 740 bzw. Weitwanderweg 02 leitet entlang eines Höhenrückens auf das Stuhleck und somit zu dem am Gipfel platzierten Planeten-Modell *Pluto*. Er ist 5899 Millionen Kilometer von der Sonne entfernt; seine Umlaufzeit beträgt 247 Jahre *und* 219 Tage.
Am Stuhleck erfassen die Besucher schließlich auch irdische Ziele. Diese liegen recht nahe, wie die *Panoramatafel* zeigt. Diese wurde von der Berg- und Naturwacht im August 1980 auf dem Stuhleck errichtet.

Anreise

Nach Rettenegg aus dem Mürztal via Krieglach – Alpl – Ratten; aus dem Feistritztal via Birkfeld – Ratten; von Steinhaus am Semmering via Pfaffensattel.
Auto: Parkplatz beim Gemeindeamt oder Sternenpavillon.
Bahn/Verbundlinie: ÖBB/R501; Bf Krieglach.
Bus/Verbundlinien: Post/187, 200, 201; Hst Rettenegg.
Rad: R8 Feistritztal-Radweg, R51 Feistritzsattel-Radweg; MTB Alpentour.

Rückreise

Vom Stuhleck nach Rettenegg via Pfaffensattel per Taxi.
Taxiruf: Fa. Simml, Tel. 03173/8280

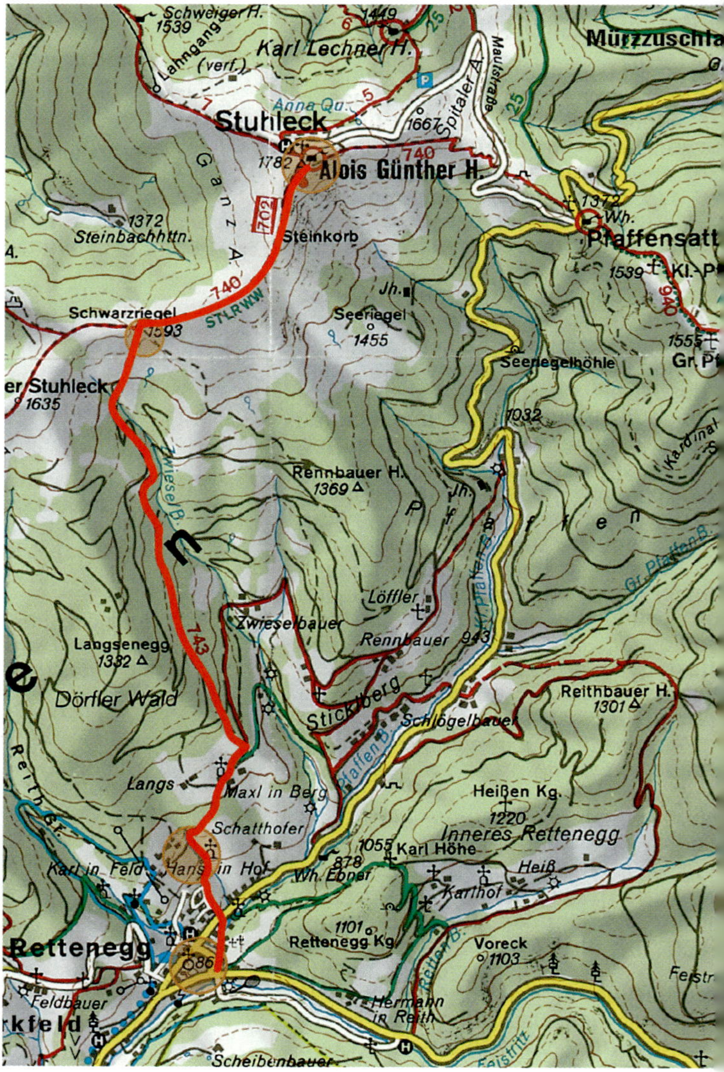

Höher geht es nicht mehr: Das Alois-Günther-Haus auf dem Stuhleck.

Besondere Erlebnispunkte

Perlenreihe. Auch eine solche wird von den Planeten-Modellen repräsentiert. Eine derartige Planeten-Konstellation ereignet sich höchst selten. Die jüngste fand am 5. Mai 2000 statt.

Sternenpavillon in Rettenegg. Zur Nachtzeit beleuchtet.

Weiterer Erlebnispunkt

Größter Stempel der Welt: Bei der Ortseinfahrt von Rettenegg, Höhe 2 m, Durchmesser 1 m.

Im Abdruck das Ortswappen der Gemeinde. Der Stempel wurde am 22. Juni 1997 enthüllt, anlässlich der Segnung des neuen Feuerwehrhauses und Musikerheimes.

Einkehr-Tipp

Alois-Günther-Haus (1782 m), OeAV-Schutzhütte auf dem Stuhleck; gj.; Mitte April bis Mitte Mai und im November bitte voranmelden.
Schmankerln: Planeten-Schnitzerl; ofenfrische Strudel; Bergsteigeressen.
Tel. 03853/300
Tel. 0676/4107359
liebscher@aloisguentherhaus.at

Forellengasthof Ebner, am Beginn der Pfaffensattelstraße (R Mo, Di).
Schmankerln: Fisch-Spezialitäten; Heidelbeer-Omlette; Wildwochen.
Erich Tösch, Tel. 03173/8270

Rettenegger Hof, Gute Steirische Gaststätte, mit Schickers Pizzakeller (im Winter R Di, Mi).
Schmankerln: Steirerhuhn Gourmet; Kürbistage; Pizza.
Familie Friesenbichler,
Tel. 03173/8217
www.retteneggerhof.at

Zur Post, GH, in Rettenegg.
Schmankerln: Vom Lamm und Wild.
Familie Simml, Tel. 03173/8282

Kraftpfad im Joglland

Durch Zeit und Raum: Von Wenigzell nach St. Jakob im Walde

Alles Leben enthält Kraft; im Werden wie im Vergehen. Die 15 Stationen dieses Themenweges gewähren Einblicke in jene Kraftquellen, die das Universum, die Erde und letztendlich uns Menschen entstehen ließen. Derselbe Kraftpfad ist zugleich eine Zeitreise durch 15 Milliarden Jahre: Vom Urknall zur Gegenwart und bis an die Schwelle der Zukunft. Der die beiden Kraftspende-Dörfer Wenigzell und St. Jakob im Walde verbindende *Kraftpfad* wurde am 12. Juni 1999 eröffnet.

Auf den ersten Blick

Ausgangs- und Zielpunkt: Wenigzell (831 m).
Gehzeit: Nach St. Jakob 2 Std.; hin und zurück 4 Std.
Weglänge: insgesamt 12 km.
Beste Jahreszeit: Mai bis Oktober.
Orientierung:
- Speziell beschildert.
- 15 Infotafeln; ausführliche Inhalte.
- Folder „Kraftpfad" und „Barfußpark Wenigzell".
- freytag & berndt, WK 021.

Informationen:
TV Wenigzell:
Tel. 03336/2313
tourismusverband@wenigzell.at
www.wenigzell.at
TV St. Jakob im Walde:
Tel. 03336/8212
gde@st-jakob-walde.steiermark.at
www.st-jakob-walde.steiermark.at

Worin liegt Kraft? In den *Sternen*, in der *Erde*, im *Leben*, im *Wort* und im *Boden*, in *Träumen* und in *Mythen*, erst recht im *Geist*, in der *Unsterblichkeit*, in der *Zeit* und in der *Liebe*, im *Glauben* sowie in der *Vernunft*, in der *Heimat* und in der *Zukunft*.
Aus der Ortsmitte Wenigzell leitet der Kraftweg durch einen besonders schönen Teil jener für das *Joglland* typischen, zugleich reichen Kulturlandschaft. Leicht bergab und leicht bergauf, gleich einem Lebenslauf.
Man durchquert Waldstücke, erreicht kleine Kuppen, schreitet Wiesenrainen entlang, rastet zwischendurch, wie beispielsweise an jenem idyllischen Birkenhain in Rain. Oder am extra gastlichen Bauernhof Fank.
Danach steigt man auf Flur- und Waldwegen zum Waldbach ab, um – aus dem Grabenviertel ansteigend – allmählich den schmucken Erholungsort St. Jakob im Walde zu erreichen.
Als Rückweg dient der Weg Nummer 913.

Besondere Erlebnispunkte

Barfußpark Wenigzell: Die erste Anlage dieser Art in Österreich. Dieser barfuß zu begehende Spazierweg führt über Holzpflaster, Flusskies, Rindenmulch, Schönbrunner Parkkies, Torf,

Das Heimatmuseum von Wenigzell.

Basalt, Sand, Lehm, Waldboden, Altwiener Granitpflaster, Klinkersteine; außerdem über Palisaden, Holzkrüppel und ein paar Stufen. Zusätzlich gibt es ein erfrischendes „Venenbad“ im Haselbach und zuletzt zwei Überraschungsstationen.
Gehzeit: 30–40 Min.; 1 km.
Heimatmuseum Wenigzell: Mai bis Oktober; an Sonntagen, oder nach Anfrage.
Gemeindeamt, Tel. 03336/2201
St. Jakob im Walde: Besonders gepflegter Erholungsort; im Jahre 1992 ausgezeichnet als „Schönstes Blumendorf Europas“.

Einkehr-Tipp

Almer; GH;
Tel. 03336/2205
Buchtelbar;
Familie Sedlak, Tel. 03336/2223
Fast, Hotel-Gasthof, mit Vier-Stern-Komfort (kein R).
Enkerl-Urlaube; Radverleih; MTB-Kurzurlaube, mit Shuttledienst .
Schmankerln: Bodenständige und internationale Küche; saisonal Steirerwochen; Knödelwochen.
Familie Fast, Tel. 03336/2202
www.hotel-fast.at
Lueger, GH, in St. Jakob im Walde (in der Nebensaison R Di).
Schmankerln: Kasnocken; Mostbraten mit Erdäpfelknödel; Spagatkrapfen.
Familie Lueger, Tel. 03336/8207
Pretterhofer; GH, Tel. 03336/2206
Zur Taverne, Gute steirische Gaststätte (kein R).
Schmankerln: Schonkost, aber auch Deftiges.
Familie Kristoferitsch,
Tel. 03336/2210

Zeigt her eure Füße: Spaß am Barfußgehen in Wenigzell.

Anreise

Nach Wenigzell:
- Aus Richtung Graz via Weiz und Birkfeld; oder
- A2, Exit 100; Lafnitz – Mönichwald – Waldbach
- Aus dem Mürztal via Alpl und Ratten.

Auto: Parkplatz im Ort.
Bahn/Verbundlinie: ÖBB/R520; Bf Rohrbach-Vorau.
Bus/Verbundlinien: Gruber/301; Post/314, 320; Hst Wenigzell GH Fast.
Rad: R8 Feistritztal-Radweg; MTB Alpentour.

Rückreise

Nach Wenigzell von St. Jakob per Postbus (Mo–Sa) oder Taxi.
Taxiruf:
- Maierhofer, Wenigzell, Tel. 03336/2221
- Payerhofer, St. Jakob, Tel. 03336/8215

64

Ausblick ins Joglland: 147 Stufen leiten auf den Wildwiesenturm.

Auf den ersten Blick

Ausgangs- und Zielpunkt: Wildwiesenhof (1100 m), bei Miesenbach.
Höchster Punkt: Wildwiesen (1254 m).
Gehzeit: Mondweg 1.45 Std.; Sonnenweg 4 Std.
Weglänge: Mondweg 5 km; Sonnenweg 13 km.
Beste Jahreszeit: Mai bis Oktober.
Orientierung:
- Speziell beschildert.
- 24 Infotafeln mit ausführlichen Inhalten.
- Mondweg 18 Stationen,
- Sonnenweg 23 Stationen.
- freytag & berndt, WK 131.

Informationen:
TV Miesenbach;
Tel. 03174/8380
gemeinde@miesenbach.at
www.@miesenbach.at

Kultwanderweg Wildwiesen

Von Miesenbach zu Sonne und Mond, Strallegger Bildstein und Wildwiesenturm

Unter blankem Himmel reihen sich bildhaft wie ebenso wortstark komponierte Informationen zum Großthema „Kult". Legenden und Wirklichkeit, Heidentum und Kirche, Realität und Magie, Hexen und Teufel, Quellen und Heiligtümer, Kraft und Harmonie, Märchen und Sagen, Namen und Fluren entführen zu Natur und Kultur. Nach einem von der Natur frei gestalteten „Auftakt mit Blitz und Donner" wurde in der Abenddämmerung des 28. Juni 1998 dieser einzigartige „Kultweg" gesegnet und eröffnet.

Der *Kultwanderweg* führt um die kultträchtige Wildwiesen herum, denselben Kultberg auch hinauf und darüber: Als Erlebnis für alle Altersklassen zum Erfassen, Erfahren und Erkennen. Schlussendlich – nach 147 Stufen auf die Wildwiesenwarte – belohnen einzigartige Überblicke.

Nach dem Willen des Projekt-Planungsteams soll der Weg so wichtige Bereiche reflektieren wie die *Besiedelungsgeschichte,* das *Brauchtum*, die alten *Kultstätten* sowie die *Sagen* und *Legenden* aus der Region.
Der Erfolg des Konzepts hat alle Erwartungen übertroffen.

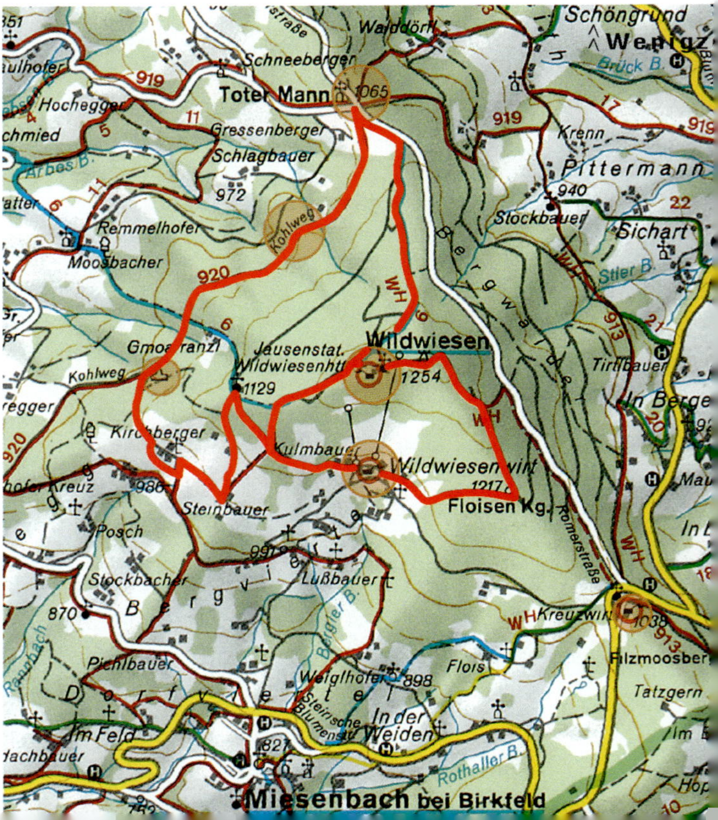

Die Einstiegsstelle am Sonne- und Mond-Weg.

Die Initiatoren haben jedoch auch erfahren, dass der *Mondweg* stärker angenommen wird als der längere *Sonnenweg*.
Dennoch: Beide Wege bilden *gemeinsam* den Kultwanderweg.
Die einzelnen Stationen – von denen jede ausgesprochen elegant gestaltet ist – reflektieren

- *Lochsteine und Megalithkultur;*
- *Kelten und Germanen;*
- *Weltreligionen;*
- *Mannstein und Strallegger Bildstein;*
- *Legenden vom Toten Mann und von der Wildwiesen;*
- *Römerstraße;*
- *Quellheiligtümer;*
- *Märchen und Sagen;*
- *Orte der Kraft und Harmonie;*
- *Heidentum und Kirche;*
- *Brauchtum;*
- *Erdmutter- und Bethenkult;*
- *Hexen und Teufel;*
- *Wetterkreuze;*
- *Raubnächte;*
- *Lauf der Gestirne.*

Der Sonnen- und Mondweg lassen sich gut kombinieren: Vom Wildwiesenhof führen beide Wege parallel. Nach der Station 5 – *Flurnamen* – zweigt der *Mondweg* bergwärts ab und leitet direkt zu *Wildwiesenkapelle und Aussichtsturm*.
Indessen führt der *Sonnenweg* entlang über die Stationen 6 und 7 zum Ziegerhoferkreuz (von 1906) und zum Gehöft Jogl in Reit, wo ein *Mannstein* steht. Nach dem Gehöft Kirchberger erreicht man den so genannten Kohlweg; an dessen bergseitigem Wegrand liegt der *Strallegger Bildstein*. Derselbe Waldweg führt zur Straßenkreuzung *Toter Mann;* die Kapelle wurde im Jahre 1988 renoviert. Waldwege verbinden bergwärts zur Kapelle und zum Aussichtsturm auf der Wildwiesen (1254 m). Der Rückweg erfolgt über die Wetterkreuze.

Besondere Erlebnispunkte

Strallegger Bildstein: Bei Station 9 ausführliche Informationen. Der Kultstein – vermutlich um 15. v. Chr. geschaffen – wurde anno 1920 entdeckt. Zwei Darstellungen sind deutlich sichtbar eingraviert, deren Symbolik jedoch bisher nicht entschlüsselt.
Wildwiesenkapelle: Erbaut 1851, renoviert 1983.
Wildwiesenturm: 35 m hoher Aussichtsturm, mit 147 Stufen. Die verzinkte Stahlkonstruktion – Gesamtgewicht 14 Tonnen – wurde von der Firma Stoppacher, Weiz, im Jahre 1992 errichtet.

Zusatzstrecke

Berglerweg: Beliebter Spazierweg zwischen Kreuzwirt und Wildwiesenhof. Mehrere Infotafeln; auch Kinderspielplatz. Der Weg wurde am 8. August 1999 eröffnet. Gehzeit: 40 Min.; 2,5 km.

Einkehr-Tipp

Kreuzwirt, GH (kein R); Komfortzimmer. Schmankerln: Kaiserschmarren; oststeirische Küche. Familie, Kratzer, Tel. 03174/8280
Wildwiesenhof, GH (kein R). Apartments; Urlaub am Bauernhof. Schmankerln: Wildwiesenplatte, Produkte aus eigener Landwirtschaft. Familie Weber, Tel. 03174/8222
Wildwiesenhütte, Jausenstation nächst Aussichtswarte. Familie Weber, Tel. 03174/8322

Anreise

Nach Miesenbach aus Richtung Graz via Birkfeld.
Auto: Parken beim Kreuzwirt oder Wildwiesenhof; von Miesenbach 3 km.
Bus/Verbundlinien: Post/200, 212, 326: Hst Weiglhof GH Kreuzwirt.
Taxi: Fa. Hirzabauer, Tel. 0676/6083108
Zugang: Vom Kreuzwirt auf dem Berglerweg 40 Min.

65

JOGGLAND

Waldlehrpfad Vorau

Vom Stiftsgarten zur Erzherzog-Johann-Höhe

Dieser Spaziergang überrascht mit einem abwechslungsreichen Inhalt. Der Lehrpfad entstand bereits in den Jahren 1976 bis 1978; 60 Tafeln informieren über Flora und Fauna. Der Zielpunkt, die Erzherzog-Johann-Höhe, gleicht einer Aussichtskanzel und gewährt – einmal mehr im Superlativ – „schönste Aussicht über das Joglland".

Auf den ersten Blick

Ausgangs- und Zielpunkt: Stift Pöllau (659 m).
Höchster Punkt: Erzherzog-Johann-Höhe (792 m).
Gehzeit: Als Rundweg 3 Std.
Weglänge: Lehrpfad 4 km; Rückweg 3 km.
Höhenunterschied: 200 m.
Beste Jahreszeit: Mai bis Oktober.
Orientierung:
- Speziell beschildert.
- Markierte Wanderwege.
- 60 Infotafeln.
- Infoblatt „Waldlehrpfad".
- freytag & berndt, WK 422.

Informationen:
TV Vorau;
Tel. 03337/3504
tv.vorau@htb.at
www.vorau.at

Die Wegstrecke ist insgesamt gut beschildert. Vor dem Stift folgt man jener Flurstraße, die – leider staubig – an der Schafleitn sonnseitig bergab führt zur Puchegg-holz-Brücke.
Nun schlängelt sich der Pfad bachabwärts. Man gelangt zu der an einem Teich liegenden *Grillhütte.* Aus dem idyllisch-romantischen Talgrund der Brühl leitet der Pfad in das *Pucheggholz.* In diesem Bauern- und Stiftswald schlendert man teils auf breiten Wegen bergwärts und erfährt interessante Einzelheiten: Beispielsweise von der *Mehrfachwirkung des Waldes* oder über die Entwicklung *vom Urwald zum Kulturwald.*
Weiters über die *Pflege des Waldes* sowie über den *Wald als Wasserspeicher* und schließlich vom *Wald als Luftfilter.*
Zusätzlich gibt es bildhaft gestaltete Informationen über *Pilze* und *Tiere.*
Der Zielpunkt auf der Erzherzog-Johann-Höhe ist zugleich ein landschaftlich interessanter Rastpunkt. Nach dem relativ engen Waldstück

Das Stift Vorau: Gegründet anno 1163.

Vorau im Joglland: Ein fester Kern im sanften Tourismus.

wirkt der umfassende Ausblick ins Joglland irgendwie auch befreiend. So viel frische Luft weckt Appetit. Der kurze Abstecher zum Gasthaus Kager lohnt doppelt, weil im selben Objekt ein Bauernladen integriert ist.
Als Rückweg benutzt man den Weitwanderweg 07. Ab der Grillhütte hält man sich an einen sonnseitigen Pfad. An der Stiftsmauer entlang gehend, erreicht man direkt den Hof des Stiftes.

Besondere Erlebnispunkte

Erzherzog-Johann-Höhe: Mit Rastplatz und kleiner Aussichtswarte. Das Gipfelkreuz wurde im Jahr 1959 errichtet: „Im Gedenken an die im April und Mai 1945 zwischen Masenberg und Wechsel gefallenen Soldaten und zivilen Opfer der Heimat."
Freilichtmuseum Vorau: Zugang ab Stift rund 500 m. Mit Rauchstube, Mühle, Presshaus, Schulmuseum sowie mit einer Hausapotheke. Öffnungszeiten: Ostern bis 31. Oktober, täglich 10–17 Uhr. Tel. 03337/3466 oder 2342
Stift Vorau: Augustiner-Chorherren-Stift, gegründet anno 1163 vom Traungauer Markgrafen Otakar III. Die Bibliothek enthält u. a. wertvolle mittelalterliche Handschriften. Barocke Stiftskirche von 1662. Bildungshaus seit 1977; ganzjährig Führungen.
Tel. 03337/2351
verwaltung@stift-vorau.at

Einkehr-Tipp

Kagerwirt, mit Gemeindeamt, in Puchegg (R Mi).
Novität: Der „Neue Marktplatz", ein kleines Lebensmittelgeschäft, im Gasthaus.
Schmankerln: Gute Hausmannskost; Produkte der umliegenden Bauernhöfe.
Familie Glatz, Tel. 03337/2320

Anreise

Nach Vorau:
• Aus Richtung Hartberg oder Friedberg via Rohrbach.
• Von Birkfeld via Miesenbach und Kreuzwirt.
• Von Wenigzell via Kreuzwirt oder Reiherbach.
Auto: A2 (Ausfahrt Pinkafeld) oder B54. Parkplatz beim Stift Vorau.
Bahn/Verbundlinien:
ÖBB/R520, R530;
Bf Rohrbach-Vorau (12 km vom Ort Vorau).
Bus/Verbundlinien:
Post/201+212, 314, 323+324, 326;
Hst Vorau Stift.
Rad: R12 Thermen-Radweg.
Taxi und Transfer:
Bf Rohrbach-Vorau – Stift Vorau 14 km.
• Fa. Feichtinger Friedrich, Eichberg, Tel. 03338/2379
• Fa. Pötz Ewald, Riegersbach, Tel. 03337/2322
• Fa. Pötz Josef, Vorau, Tel. 03337/2286

Drei-Schlösser-Weg

Aichberg, Kirchberg am Walde und Reitenau

Vom Schloss Aichberg bzw. von der Kirche des Ortes Eichberg leitet der Weg bergab in ein grabenähnliches Gelände. Es ist leicht nachvollziehbar, dass am Lungitzbach einst Hausmühlen standen. Im selben verwinkelten Grabengelände sollte es auch Erdhöhlen geben, die mit Fluchtgängen verbunden waren, worin sich Bewohner dieses Landstriches vor Überfällen der Türken, Haiducken oder Kuruzzen eventuell schützen konnten.

Auf den ersten Blick

Ausgangspunkt: Gemeindeamt Eichberg (578 m).
Zielpunkt: Freizeitzentrum Grafendorf (383 m).
Gehzeit: 4 Std.
Weglänge: 13 km.
Beste Jahreszeit: Mai bis Oktober.
Orientierung:
- Holzschilder; Wanderwege.
- Rund 40 Obelisken, mit Beschreibungen.
- Infoblatt „Drei-Schlösser-Weg".
- freytag & berndt, WK 422.

Informationen:
Gemeindeamt und TV Grafendorf;
Tel. 03338/2262
gde@grafendorf-hartberg.steiermark.at
www.grafendorf-hartberg.steiermark.at

Die Einsicht liegt auf der Hand: Der Drei-Schlösser-Weg von Eichberg nach Grafendorf ist keine Strecke von leichter Kost. Die aus Beton gegossenen Obelisken dienen weniger als Wegweiser – vielmehr reflektieren deren Inschriften eine Fülle von *Daten und Taten.* Beispielsweise zur Eisenbahnstrecke Hartberg – Friedberg: *„Diese 28 km lange Strecke wurde 1903–1905 erbaut, kostete 5,6 Millionen Kronen und wurde am 15. 10. 1905 eröffnet. Der erste Zug fuhr in Grafendorf um 11.18 Uhr ein."*
Als wahres Naturkleinod erlebt man den nach Reibersdorf führenden *Bacherlweg.* Anschließend folgt man der *Himmelsstiege:* Inmitten eines Waldgeländes führt ein gut trassierter Steig nach Kirchberg am Walde zum gleichnamigen Schloss. Dessen Außenbe-

Ein extravagantes Schmuckstück: Schloss Aichberg.

reich ist frei zugänglich. Den besten Überblick auf die massive Südseite des Hauptgebäudes hat man aus dem Garten.
Im weiteren folgt man der am Schloss bergab führenden Straße bis zu einem Stangenzaun. Hier informiert der Obelisk Nummer 27 über die Gründung dieser land- und forstwirtschaftlichen Fachschule.
Der Schlösserweg führt nur scheinbar an Grafendorf heran. Tatsächlich steht noch ein ansehnlicher Umweg bevor!
Zunächst gelangt man auf guten Wegen vom Schloss Kirchberg zu einem Wasser-Reservoir, danach zu einem schönen Rast- und Aussichtsplatz. Auf das Anglerzentrum folgen Informationen zu römerzeitlichen Gutshöfen, Grabsteinen und Hügelgräbern.
Das Schloss Reitenau umgeht man entlang des Marbaches; dieser bildete einst die Grenze des Gutsbesitzes gegenüber Kirchberg.
Von der soliden Pension *Waldhof Mara* führt der Schlösserweg zum idyllischen Stambach und an diesem abwärts zu einem großen Rückstaubecken. Ein schöner Waldweg leitet durch den Hammerwald und darin über zwei Holzbrückerln zur Zufahrt der Tischlerei Gruber. Von Seibersdorf folgt man einer Nebenstraße, die von Süden her in den Nachbarort Grafendorf führt.
Der Schlösserweg ist ein Schlüssel, die nördliche Oststeiermark kennen zu lernen!

Besondere Erlebnispunkte

Schloss Aichberg: Die Burg wurde zur Sicherung der steirischen Ostgrenze Mitte des 12. Jh. erbaut. Eingenommen 1605 von den Haiducken; 1683 von den Kuruzzen geplündert. 1945, kurz vor Kriegsende, zerstört. 1986 von Cajetan Gril erworben und seither umfassend renoviert. Besichtigung nach Voranmeldung.
Tel. 03338/3425
Schloss Kirchberg: Als Ritterburg um 1130 durch Graf Eckbert II. von Formbach-Pitten erbaut. 1532

So launiges Stillleben darf den Schlösser-Weg öfter auflockern.

Ganzjährig Sonne: Der Garten vor dem Schloss Kirchberg.

Trägt Daten von der Fachschulen-Gründung: Obelisk Nummer 27.

von den Türken zerstört. Seit 1923 Landwirtschaftsschule (Internat). Keine Schlossführungen.
Frei zugänglich: Schaugarten, Hofladen (Mo–Do 7–17 Uhr, Fr 7–12 Uhr), Weingarten. Im Schlosshof eine Gedenktafel für Franz Hagenhofer (1855–1922), steirischer Bauernführer 1882–1919.
Schloss Reitenau: Der Urbau datiert von Mitte 12. Jhd. Verkauft infolge wirtschaftlicher Schwierigkeiten im Jahre 1822. Seit 1939 im Besitz der Familie Lentz.
Schloss nicht öffentlich zugänglich.

Einkehr-Tipp

Waldhof Mara, Pension und Jausenstation in Seibersdorf; von Ostern bis Mitte Oktober (kein R). Schmankerln: Nach Anmeldung auch Kümmelbraten; hausgemachte Mehlspeisen, Strudel; Fruchtsäfte. Familie Gschiel, Tel. 03338/2565

Anreise

Nach Eichberg:

- Aus Richtung Hartberg via Lafnitz.
- Aus Richtung Friedberg via Rohrbach.
- Aus Richtung Vorau via Kleinschlag.

Auto: A2 (Ausfahrt Pinkafeld) oder B54. Parkplatz beim Gemeindeamt.
Bahn/Verbundlinien: ÖBB/R520, R530; Bf Rohrbach-Vorau (2 km vom Ort Eichberg).
Bus/Verbundlinien: Post/300; Gruber/301; Hst Rohrbach-Vorau Bf. Post/323; Hst Eichberg.
Rad: R12 Thermen-Radweg.

Rückreise

Von Grafendorf nach Eichberg bzw. zum Bf Rohrbach-Vorau.
Bus/Verbundlinien: Gruber/301; Post/300, 314.
Taxi und Transfer:

- Fa. Feichtinger, Eichberg, Tel. 03338/2379
- Fa. Gruber, Grafendorf, Tel. 03338/2376

Kalorienweg

St. Johann in der Haide hält rank und schlank

67

Diese Runde will keine Gewissensbisse, wohl aber ein bisschen mehr Gewissen wecken, frei nach dem Motto: Nimm nur so viele Kalorien auf, wie du verbrauchen kannst. Den Kalorienweg gibt es seit dem Jahr 1989; er ist bisher der einzige dieser Art in der Steiermark.
Der Informationsgehalt ist anschaulich dargestellt: Jede Station zeigt ein spezielles Beispiel, wie viele Kalorien nach wie vielen Gehminuten verbraucht sind.

Der Einstieg in den *Kalorienweg* erfolgt allgemein am Bahnhof, es lohnt jedoch, inmitten aus dem gepflegten Erholungsdorf loszuziehen.
St. Johann führt in seinem Ortsnamen die Zusatzbezeichnung *in der Haide*, abgeleitet vom mundartlichen *Hoad*, dem Wald.
St. Johann hat große Erholungswälder, wie beispielsweise mit dem Dorfwald und – östlich vom Lungitztal – mit dem an Sagen reichen Ghartwald.
Vom Kaufhaus Pußwald gelangt man in den Dorfwald und darin zum Fitness-Parcours. Parallel mit diesem beginnt der Kalorienweg. Er leitet leicht bergab zur Bahnlinie und jenseits von dieser über den Lungitzbach an den Rand des Ghartwaldes.
Unweit der *Robert-Sommer-Brücke* steht die Kalorientafel Nummer eins; sie gibt den ersten Kalorienwert-Gehzeit-Vergleich preis:
Ein Ei 14 Minuten.
Die Minuten sind identisch mit der Gehzeit am Kalorienweg. Die Tafel zwei macht aufmerksam:
Ein Glas Wein 21 Minuten.
Nach einer etwas „verwinkelten Wegführung" erreicht man das *Römergrab*. Anschießend durchquert man auf schönen Wegen den Ghartwald. Der Appetit wächst, doch schon zügelt die Tafel sechs: Ein Stück Torte mit Kaffee 55 Minuten.

Auf den ersten Blick

Ausgangs- und Zielpunkt: Kirchenwirt, St. Johannn in der Haide (387 m).
Gehzeit: 95 Minuten.
Weglänge: 5,5 km.
Beste Jahreszeit: April bis Oktober.
Orientierung:
- Speziell bezeichnet; gelber Ring auf grünem Grund.
- 10 Infotafeln; Inhalte zum Kalorienverbrauch.
- Örtliche Broschüre „Rad-/Wander-/Spazierwege".
- freytag & berndt, WK 421.

Informationen:
Gemeindeamt St. Johann in der Haide;
Tel. 03332/62882
gde@st-johann-haide.steiermark.at
www.st-johann-haide.steiermark.at

Einfach umgerechnet: Die Kalorien aus Kuchen und Kaffee reichen für 55 Minuten Gehzeit.

Diese Anlage liegt unmittelbar am Autobahn-Parkplatz.

Nach der Tafel sieben – *Ein Eisbecher 61 Minuten* – überquert man die Bundesstraße.
Der Kalorienverbrauch wächst und wächst mit der Weglänge.
Die Tafel acht objektiviert:
Ein Hirtenspieß 73 Minuten.
Sechs Gehminuten weiter offeriert die Tafel neun:
Ein halbes Backhendl 79 Minuten.
Wald- und Flurwege leiten zur Brücke am Lungitzbach und parallel der Bahn zum Freibad. Kalorienweg-Wanderer atmen auf angesichts der Tafel Nummer zehn:
Ein Schnitzel 95 Minuten. Wir gratulieren! Sie haben 725 Kalorien abgebaut.
Am Rückweg verbraucht man zusätzlich Kalorien. Man geht vom Waldhotel zum Föhrenhof und zur Bäckerei Gruber. Beim Autohaus Retter hält man sich rechts leicht

Anreise

Nach St. Johann in der Haide aus Richtung Graz via Hartberg.
Auto: A2; Parkplatz beim Gemeindeamt.
Bahn/Verbundlinien: ÖBB/R520, R530; Bf St. Johann i. d. Haide.
Bus/Verbundlinien: Post/310, 324+325; Hst GH Sommer (Kirchenwirt).
Rad: R12 Thermen-Radweg.

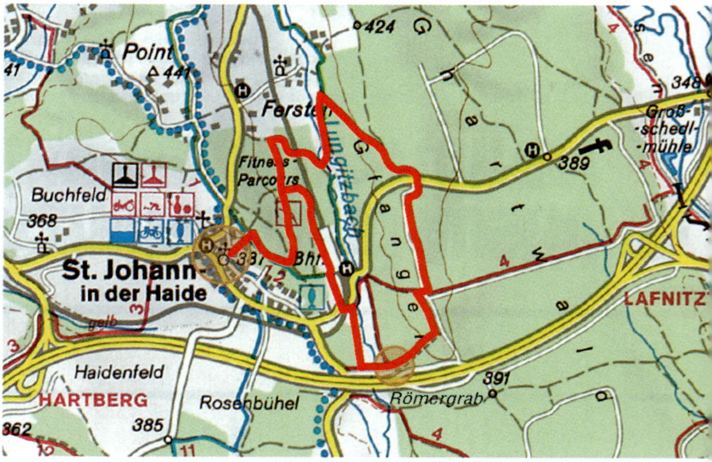

In St. Johann in der Haide das zweitälteste Haus (von 1784).

bergan und gelangt auf dem Bründlweg in den Ort.

Besondere Erlebnispunkte

Dorfwald:
- Fitness-Parcours; 25 Stationen; 2 km.
- Waldlehrpfad; zahlreiche Schautafeln und Ratespiel; 4 km.
- Finnenlaufstrecke; Rundkurs 1 km.
- Wald-Kinderspielplatz.

Freibad: Solarbeheizt; in schöner Lage.
Hexenkräuter-Erlebnisgarten: Beim Waldhotel Konrad; auch Führungen.
Johannisbründl: Das Wahrzeichen von St. Johann; Sgraffito, geschaffen 1970 von *Prof. Adolf Osterider.*
Kaufhaus Pußwald: Sehenswerte Greißlerei; in St. Johann das zweitälteste Haus (von 1784).
Römergrab: Aus dem 2. Jhd. n. Chr. Unmittelbar am Autobahn-Rastplatz St. Johann. Der Grabeingang – *dromos* – ist in besonders sorgfältiger Steinmetzarbeit ausgeführt, die Grabkammer aus Bruchsteinen errichtet. Fund-Ausstellungen in der Gemeinde St. Johann sowie im Heimatmuseum Hartberg.

Einkehr-Tipp

Waldhotel Konrad, Gute Steirische Gaststätte (kein R).
Schmankerln: Konradplatte, Vollwert-Naturküche.
Familie Schirnhofer,
Tel. 03332/62507

Die Wegweiser zum schrittweisen Verbrauch von Kalorien.

68

Natur-Erlebnispark Grüne Au

„Der Wald ist für den Menschen da, nicht umgekehrt“

Aufbau einer Freundschaft: Mit Futter und Streicheleinheiten.

Peter Roseggers kluges Wort vom Wald *für den Menschen* fügt sich gut zu diesem Erlebnispark. Die Idee zu dessen Realisierung stammt jedoch von der Familie Pailer; diese führt den Gasthof „Zur Grünen Au“ zudem außerordentlich familienfreundlich.

Der Zugang in den kleinen, feinen Erlebnispark erfolgt einfach und leitet die Besucher sogleich zum *Keltischen Baumhoroskop:* Der Baumkreis besteht aus drei Segmenten zu je sieben Bäumen.

Anhand ausführlicher Tafeltexte findet jeder Besucher *seinen* Baum und erkennt zugleich – vielleicht – auch seine persönlichen Wesenszüge.

Die Kelten nahmen an, dass für jedes Neugeborene ein Baum wächst, der es auf seinem Lebensweg begleitet.

Jeder Baum gliedert sich mit seinen drei Grundbereichen sinnbildlich für den Menschen:

- mit den *Wurzeln* für den Bein- und Bauchbereich;
- mit dem *Stamm* für den Leib und das Rückgrat;
- mit der *Krone* für den Kopf.

Im Zentrum des keltischen Baumhoroskops liegen unterschiedlich große Steine; diese symbolisieren das *Indianische Medizinrad.* Es wurde von einem Apachen gestaltet. Inmitten des Medizinrades liegt der *Schöpferstein;* er ist umgeben von zwei Kreisen mit insgesamt 36 Steinen. Vier *Seelenpfade* leiten von außen nach innen und damit zum Schöpferstein.

Das Baumhoroskop und Medizinrad liegen – in sich geschlossen – sonnseitig am Waldrand. Hier beginnt bei einem Hochstand der *Wald-Erlebnispfad:*

Erste Erlebnispunkte sind das *Wald-Xylophon* und *Dendrophon.* Ein weiterer Sinnspruch von Peter Rosegger vergleicht anschaulich: „Um das kleine Leben der Natur zu beschreiben, müßte man mehr Blätter und Stifte haben als der Wald selber.“

Es folgen ein Barfuß-Tastpfad, ein

Auf den ersten Blick

Ausgangs- und Zielpunkt: GH Zur Grünen Au in Winzendorf (ca. 390 m).
Gehzeit: 1 Std.
Beste Jahreszeit: April bis Oktober.
Orientierung:
- Spezielle Infotafeln.
- Folder „Erlebnispark“ und „Erlebnispfad“.
- freytag & berndt, WK 131.

Informationen:
TV Naturpark Pöllauer Tal, Kirchplatz, Schloss 1;
Tel. 03335/4210
tv.poellau@ito.at
www.naturpark-poellauertal.at

Die wortecht Grüne Au weckt ohne Ende Lust zum Spielen.

Ein keltischer Lebensbaum vor den Steinen des Indianischen Medizinrades.

Erholungsplatz mit Hängematten, eine Holzschaukel und ein Baumtelefon.
Unter einer alten Buche gibt es ein *Waldquiz:* Auf zehn Tafeln werden mitunter originelle Fragen gestellt; die versteckten Antworten sind aber leicht zu finden.
Besonders originiell ist die Station *Tier-Weitsprung:* Wer springt mit? Die Waldmaus schafft 70 Zentimeter, der Luchs gar sieben Meter. Sodann liest man über Fährten im Schnee nach und folgt zuletzt bekannten Spuren. Sie führen direkt zum Gastgarten.

Besondere Erlebnispunkte

Erlebnispark: Die Anlage wurde im Jahr 2000 errichtet; vom Gasthof nur wenige Minuten entfernt.
Kinder-Erlebnisspielplatz: Großflächiges Gelände; mit Indianerzelt und Ponywiese.
Naturteich: Unterhalb der Ponywiese; mit idyllischen Rastplätzen.
Waldpfad: Interessant eingerichtet; informativ und zugleich unterhaltsam.

Einkehr-Tipp

Zur Grünen Au, Gute Steirische Gaststätte (R Mo, Di).
Schmankerln: Kascremesupp'n, Erdäpfelwurst, Wildererpfandl, vegetarische Gerichte.
Familie Pailer, Tel. 03332/63277
info@gruene-au.at
www.gruene-au.at

Anreise

Zur Grünen Au von Hartberg (A2), Kaindorf oder Pöllau in Richtung Winzendorf. Von Stubenberg und Schielleiten via Schönauberg.
Auto: Parkplatz beim GH Zur Grünen Au.
Bahn/Verbundlinien: ÖBB/R520, R530; Bf Hartberg.
Bus/Verbundlinien: Gruber/301; Post/300, 310, 340, 342, 344; Hst Winzendorf Abzw.
Rad: R57 Pöllauer Radweg.

69

NATURPARK PÖLLAUER TAL

Schönegger Natur-Schaupfad

Von den Winzendorfer Teichen über Schönauberg in die Schönauklamm

Wer diesem speziellen Schaupfad folgt, sollte darauf eingestellt sein, vom Naturpark ein größeres Stück zu erleben, als man erwartet. Deshalb darf am Parkplatz – unweit des Teichhauses – die große Übersichtstafel in Ruhe studiert werden. Die Schönauklamm zählt zu den Aushängeschildern im Naturpark Pöllauer Tal. Der Zugang über den Schaupfad ist jedoch länger, als man ahnt, denn die Klamm wird erst beim Rückweg durchquert.

Auf den ersten Blick

Ausgangs- und Zielpunkt: Info-Tafel am Parkplatz Winzendorfer Teiche (380 m).
Höchster Punkt: Schönauberg (590 m).
Gehzeit: 3.30 Std.
Weglänge: 11 km.
Höhenunterschied: 300 m.
Beste Jahreszeit: April bis Oktober.
Orientierung:
- Gelbe Farbmarken.
- Spezielle Beschilderung.
- Baumtafeln.
- Broschüre und Wanderkarte „Naturpark Pöllauer Tal".
- freytag & berndt, WK 131.

Informationen:
TV Naturpark Pöllauer Tal, am Kirchplatz, Schloss 1; Tel. 03335/4210
tv.poellau@ito.at
www.naturpark-poellauertal.at

Nachdem man beide Winzendorfer Teiche kennen gelernt hat, folgt man ab dem zweiten Teich der Markierung. Gelbe Farbpunkte und überwiegend Schilder aus Holz weisen verlässlich durch die abwechslungsreiche Rundstrecke. Diese führt anfangs zur Safenbrücke, danach entlang des Baches zu großen Obstbäumen. Flurwege leiten an Wiesen entlang. Nächst einem Hochsitz steht eine Tafel vor einer Hainbuche. Der Schaupfad leitet durch den *Schönauer Wald* und – leicht bergan – zum Gemeindeamt Schönegg. Nun folgt man nicht der Straße in Richtung Klamm, sondern geradeaus zum Kroisbach. Allmählich kommt man an das Berggehöft Pöllabauer heran und gewinnt nun schnell an Höhe.
Beim Gehöft der Familie Buchegger – Hinteregg 84 – lädt ein Rastplatzerl ein: Der Ausblick reicht über das Pöllauer Tal zur

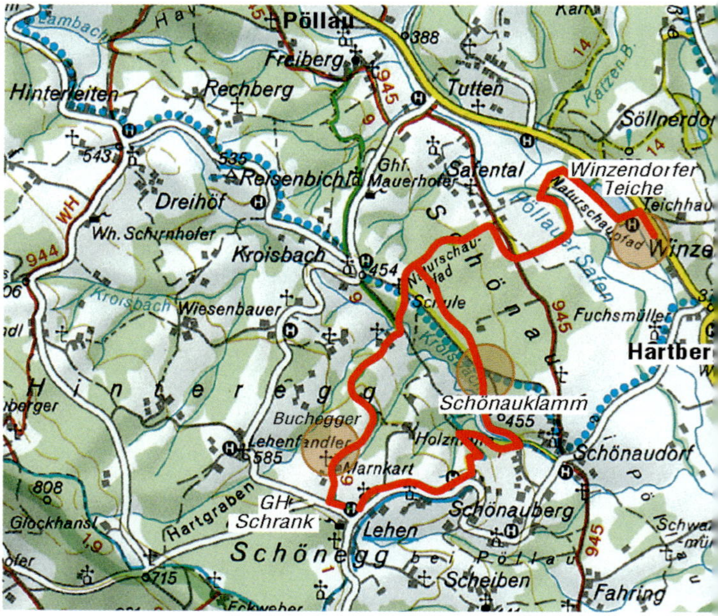

Am Höhenweg vom unteren zum oberen Gehöft Buchegger.

Sonnseite bei St. Anna sowie zum Pöllauberg und Masenberg. Zwischendurch gönnt man sich einen Schluck Most aus dem Krug, beispielsweise bei der Familie Buchegger, wo man herzliche Gastfreundschaft typisch oststeirischer Art erlebt.
Als nächstes erreicht man den wortecht wohlbestallten Oberen Buchegger (Haus Nr. 33). Der bei diesem Anwesen nach jüngster EU-Norm errichtete Laufstall spielt alle Stückerln. Unübersehbar: Dieser „Schaupfad" konfrontiert uns mit vielen Bereichen.
Auf der Anhöhe des Schönauberges „gipfelt" der Weg. Wer sich stärken will, kehrt bei der Weinschänke Schrank zu.
Nun leitet zwar eine Asphaltstraße bergab – im weiteren folgen jedoch einige Umwege!
Nach einer Marien-Kapelle (erbaut 1764, renov. 1993) erreicht man alte Winzerhäuser und den

Das Teichhaus am vorderen Winzendorfer Teich.

Anreise

Zu den Winzendorfer Teichen aus Richtung Hartberg (A2) oder via Kaindorf bzw. Pöllau. Von Schielleiten und Stubenberg via Schönauberg.
Auto: Parkplatz nächst Teichhaus am großen Winzendorfer Teich.
Bahn/Verbundlinien: ÖBB/R520, R530; Bf Hartberg.
Bus/Verbundlinien: Gruber/301; Post/300, 310, 340, 342, 344; Hst Winzendorfer Teichhaus.
Rad: R57 Pöllauer Radweg.

„Petri heil!" beim Sportangeln: Bereits Augenblicke später ist dieses 12-kg-Exemplar in seinem Element!

Buschenschank Kainer. Bei der Baumtafel „Kiefer" zweigt man talseitig ab. Ein schöner Waldweg führt in die Schönauklamm: Ein interessanter, gar urig-idyllischer Platz!
Beim „Holz-Erkennungsstand" liegen acht verschiedene Hölzer zum Testen auf. Außerdem gibt es einen kleinen Rastplatz. Sodann erreicht man Steinmauern, die von zwei Hausmühlen stammen.
Der mit der Laufstrecke identische Schaupfad führt aus der Klamm heraus und auf der „Finnenlaufstrecke" in den Schönauer Wald. Im weiteren geht man wie beim Zugang zurück zu den Teichen.

Besondere Erlebnispunkte

Pöllauer Naturparkrunde: Klassische Laufstrecke, mit vier teilbaren Schleifen, unterschiedlich kombinierbar; insgesamt 18,7 km. Start: Schlosspark Pöllau. Im Bereich Schönauer Wald eine „Finnenlaufstrecke" (Gelenke schonend, auf Rindenmulch).
Schönauklamm: Ein uriges Gelände am Kroisbach; mit Spielplätzen am Wasser.
Winzendorfer Teiche: Diese gehörten einst zum Schloss Pöllau, nunmehr sind sie Eigentum der Winzendorfer Familie Terler. Am kleineren Teich kann man angeln; fanatische Petrijünger lagern am Dammweg. Das *Teichhaus* war bereits um 1520 bekannt; bis zum Jahr 1880 diente es als Schulhaus.

Einkehr-Tipp

Schrank, vormals GH Reisenhofer; Jausenstation und Weinschänke in Schönauberg (R Mo).
Schmankerln: Erdäpfelwurst (auf Vorbestellung); an Wochenenden auch Pfandl- und Fischessen.
Familie Schrank, Tel. 03335/2360

NATURPARK PÖLLAUER TAL

Themen- und Erlebnisgärten Pöllauberg

Blumen, Blüten und Düfte hoch über dem Safental

Pöllauberg, ausgezeichnet mit dem Prädikat „Schönstes Blumendorf Europas“, wirbt seit dem Millenniumsjahr mit seinen einzigartigen *Themen- und Erlebnisgärten.* Das am 9. Juli 2000 eröffnete Blüten- und Blumen-Ensemble besteht aus elf Anlagen. Diese umgeben das Bergdorf Pöllauberg und dessen gerühmte Wallfahrtskirche in harmonischer Weise und zugleich als Wege zur Kraft.

Der Rundgang beginnt – noch vor der Ortseinfahrt – beim *Liliengarten* und leitet durch ein Waldstrück zum *Rosengarten*: Dieser ist Frau Landeshauptmann Waltraud Klasnic gewidmet. Der benachbarte *Weingarten* dokumentiert Pöllauberg als das höchstgelegene Weinbaugebiet der Steiermark. Gut passt dazu, beim Weingasthof König zwischendurch einzukehren. Außerdem ist der Überblick prächtig; am Horizont liegt Ungarn.
Vom Kirchplatz gelangt man in den *Blumengarten* und schlendert nun – im Uhrzeigersinn, unterhalb der Häuser – in den *Schnaps-*

Bild oben: „Zimmer mit Aussicht“ über das Vorauer Becken.

70

Auf den ersten Blick

Ausgangs- und Zielpunkt: Pöllauberg (753 m).
Gehzeit: 1 Std.
Beste Jahreszeit: April bis September.
Orientierung:
- Speziell beschildert.
- Folder und Broschüre „Gartendorf Pöllauberg“.
- Wanderkarte „Naturpark Pöllauer Tal“.
- freytag & berndt, WK 131.

Informationen:
TV Naturpark Pöllauer Tal, am Kirchplatz, Schloss 1; Tel. 03335/4210
tv.poellau@ito.at
www.naturpark-poellauertal.at

Wallfahrtskirche Maria Pöllauberg: Erbaut im Einfluss der Wiener Dombauhütte.

garten. Als Spezialität der Naturpark-Region gilt der „Hirschbirnenbrand“.
Im *Kräutergarten* wächst gegen jedes Leiden „ein Kräutl“.
Pittoresk gestaltet ist das naturgrüne *Zimmer mit Aussicht*.
Schließlich lädt der *Fromme Garten* – er liegt unterhalb der Wallfahrtskirche – zum Innehalten persönlichen Stiles ein.
Der *Jahreszeitengarten* schließt den duftenden, blühenden, blumenreichen Rundweg um das kleine Dorf und dessen große Kirche.
Auch die Umgebung von Pöllauberg ist thematisch einbezogen: Beim Waldhof Muhr – Zufahrt von Pöllauberg rund sechs Kilometer – liegt der *Fasangarten*. Hingegen offeriert das Hotel Retter – Zugang 20 Minuten – einen *Geomantischen Wassergarten*. Alle Gärten sind frei zugänglich; Führungen gibt es nach Vereinbarung.

Besondere Erlebnispunkte

Aussichtsturm Haidenwald: Mit 72 Holzstufen. Zugang: Von Pöllau auf den Wanderwegen 944 oder 945; Gehzeit: 30 Min.; 2 km.
Naturkraftpark: Der erste und einzige dieser Art in Österreich. Entlang des Weges 22 Stationen für alle Sinne. Von der Almbauer-

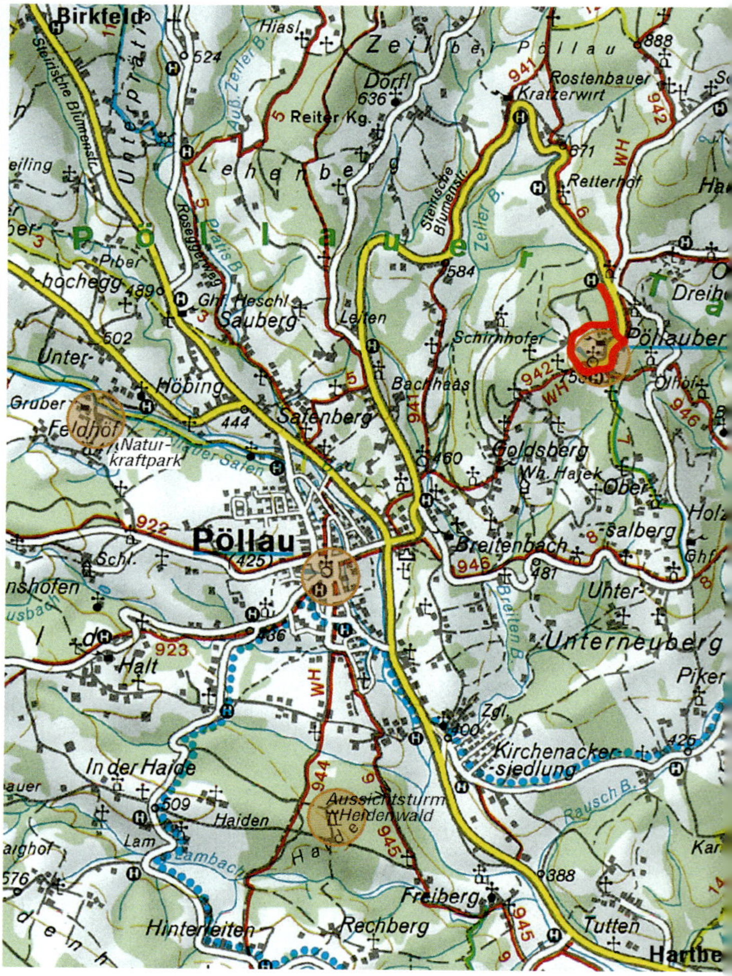

Mühle an einem Bächlein nach Hinterbrühl und zum GH Gruber; Badeteich. Lohnender Rückweg: Über die Franz-Zeiringer-Höhe und den Pirschsteig. Gehzeit: Als Rundweg 2 Std.; 5 km.
Pöllauberg: Bedeutender Marien-Wallfahrtsort. Die gotische Kirche wurde 1340–1375 erbaut.
Schloss Pöllau: Barockbau; Regionszentrum für Kulturveranstaltungen. Ursprünglich (im 12. Jhd.) als Wasserburg erbaut.
Stiftskirche Pöllau: Die größte Barockkirche der Steiermark; in der heutigen Form 1701–1712 nach dem Vorbild des Petersdomes erbaut.
Stiftspark: Mit Steinlabyrinth; errichtet anlässlich der Steirischen Landesausstellung 1994.

Zusatzstrecken

Hirschbirnen-Wanderweg: Der Name leitet sich von den mundartlich *Hirschtbirnen* genannten Herbstbirnen ab. Der beschilderte Weg führt großteils entlang von Streuobstwiesen und fotogenen „Hirschbirnen-Bäumen" zu zahlreichen Selbstvermarkter-Betrieben. Beschreibung in spezieller Broschüre. Wegverlauf in zwei Runden. Gehzeit: Je Runde 2–3 Std.; 6–8 km.
Waldlehrpfad Masenberg: In Neugestaltung. Vom GH Muhr über die ehem. Zisser-Taverne und den Lüßwaldsattel auf den Masenberg (1261 m). Auf Waldpfaden und Flurwegen zum Dorfhanslkreuz und sonnseitig zurück zum GH Muhr. Gehzeit: 3 Std.; 10 km.
Wallfahrerweg: Von Pöllau-Mitte (kleiner Kreisverkehr) nach Pöllauberg. Gehzeit: 1.30 Std.; 330 Hm.

Einkehr-Tipp

König, Steirischer Weingasthof, Pöllauberg (R Mo).
Schmankerln: Steirischer Rostbraten vom Almo, Forelle in der Kürbiskernkruste; Kardinalschnitte, Schnürlkrapfen mit Preiselbeeren.
Steirische und internationale Gala-Menüs, mit Weindegustation, bis zu 40 Sorten.
Familie König, Tel. 03335/2311
Gruber, GH in Hinterbrühl, mit Biotop und Badeteich (R Di).
Schmankerln: Hansl-auf-der-Wies'n-Pfandl; Steirische Apfelsaftschnitte; Produkte aus eigener Landwirtschaft.
Familie Gruber, Tel. 03335/2464

Anreise

Nach Pöllauberg aus Richtung Hartberg (A2) via Pöllau.
Auto: Parkplätze an der Ortseinfahrt und im Ortsbereich.
Bahn/Verbundlinien: ÖBB/R520, R530; Bf Hartberg.
Bus/Verbundlinien: Gruber/301; Post/300, 310, 340, 342; Hst Pöllauberg.
Rad: R57 Pöllauer Radweg; MTB Alpentour.
Transferstrecken:
- Hartberg – Pöllau 17 km.
- Pöllau – Pöllauberg 6 km.

Zugang auf dem Wallfahrerweg.

Pöllauberg: Dorfplatz zwischen dem Gasthof König und der Kirche.

71

Honiglehrpfad Anger

Fleißig unterwegs wie Bienen

Von Natur aus süß ist dieser Themenweg, der sonnseitig eine große Schleife zieht. Stellenweise berührt dieselbe Strecke auch schattenkühle Plätzchen. In jedem Fall soll dieser Lehrpfad kein honigsüßes Geheimnis bleiben, denn er vermittelt viel Interessantes: Sowohl über Blüten und Pflanzen als erst recht über das effizient organisierte Leben eines Bienenvolkes. Dessen Orientierungssinn braucht nicht erst auf die Probe gestellt werden. Inmitten jedes Bienenschwarms lebt deren Königin.

Auf den ersten Blick

Ausgangs- und Zielpunkt: Freibad Anger (479 m).
Gehzeit: Als Rundweg 2 Std.
Weglänge: 7 km.
Beste Jahreszeit: April bis Oktober.
Orientierung:
- Speziell beschildert.
- 19 Infotafeln; ausführliche Inhalte.
- Folder „Honiglehrpfad".
- freytag & berndt, WK 131.

Informationen:
TV Naturregion Anger;
Tel. 03175/3330
info@ferienregion-anger.at
www.ferienregion-anger.at

Ähnlich zielstrebig angelegt ist der Honiglehrpfad; die gut beschilderte Route kann nicht verfehlt werden. Vom Schwimmbad in Anger folgt man zunächst dem Hans-Klaminger-Weg. Auf die ersten Tafeln – *Wildbirne* und *Apfel* – folgt jene Abzweigung in Richtung Mühle. Nach einer *Sommerlinde* geht man durch das Bachviertel bzw. durch die *Märchenwaldsiedlung* und erreicht ein idyllisches Bächlein. An ihm steht die *Polak-Mühle;* diese war von 1811 bis 1993 in Betrieb. Ein Rastplatz und Kneippweg reichern die erholsame Wanderpause an. Im weiteren wechseln Waldpfade und Flurwege ab. Man erreicht ein *Feuchtbiotop.*

Bei den *Lindengewächsen* ist nachzulesen, dass der *Morgennektar* zuckerarm ist, hingegen der zwischen 16 und 18 Uhr eingesammelte *Abendnektar* zuckerreich ist. Nebenbei ist zu erfahren, dass *Stieleichen* bis zu 1000 Jahre alt werden können. Bienen verwenden *Propolis* – eine Art „Kittharz" – zum Abdichten der Fugen am Stock und schützen ihn auf diese Weise vor Pilzen und Infektionen. *Bienenfleiß* erfordert die Produktion von einem Kilogramm Honig: Rund 150.000 Ausflüge zu je rund einem Kilometer Flugsstrecke sind dafür erforderlich – das entspricht einer Gesamtstrecke viermal um die Erde.

Vom Nektar zum Honig: Hautnah den Fleiß der Bienen miterleben.

Das Feuchtbiotop liegt nach der Mühle und vor den Lindengewächsen.

Bei einer Apfelplantage steht ein *Bienen-Schaustock*. Durch ein „Hintertürl“ sieht man direkt in einen Wabenbau.
Zuletzt spaziert man von den Häusern in Fresen auf einem Gehweg, entlang der Straße, bergab und zurück zum Schwimmbad.

Besonderer Erlebnispunkt

Sioux City: Abenteuerdorf. Zufahrt oder Zugang (10 Min.) vom Hauptplatz. Im Juli und August, jeweils Mo, „Abenteuer-Express-Fahrten“ mit dem Dampfbummelzug von Weiz nach Anger; anschließend Traktorfahrt zum Abenteuerdorf und Abenteuerprogramm: mit Lagerfeuer, Schatzsuche, Reiten usw. Im Mai und Juni für Schulen und Kindergärten nach Voranmeldung (s. TV Anger).

Einkehr-Tipp

Gaststätten in Anger.
Angerer Hof/Spannagl (kein R). Schmankerln: Erdäpfelwurst mit Schweinsbraten und Sauerkraut. Tel. 03175/2279-0
Thaller/Zur Post, Gute Steirische Gaststätte (kein R). Schmankerln: Spezielle Kindermenüs (Schuh des Manitou, Sioux City, Winnetou); „Oststeirische Schmankerln“; Pfandlgerichte. Tel. 03175/2206-0

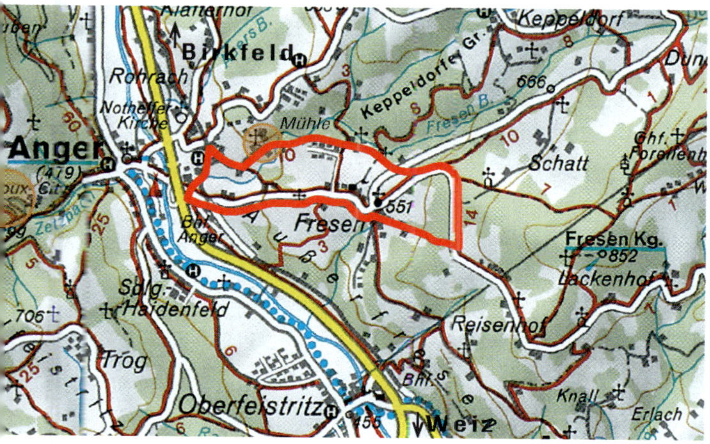

Anreise

Nach Anger:
- Aus Richtung Graz via Weiz.
- Aus dem Mürztal via Appl und Birkfeld.
- Von Stubenberg am See durch die Freiberger bzw. Stubenberger Klamm.

Auto: Parkplatz beim Schwimmbad.
Bahn/Verbundlinien: ÖBB/R530; STLB/R531 Bf Weiz.
Bus/Verbundlinie: Post/200; Hst Anger.
Dampfbummelzüge: Weiz – Anger; mit „Abenteuer-Express Sioux City“. www.feistritztalbahn.at
Rad: R8 Feistritztal-Radweg; MTB Alpentour.

72

APFELLAND

Schnaps-Lehrpfad

Beschwingte Runde beim Hödl-Hof in Stubenberg am See

Infos zur „Maischung": Eine Anleitung für Hobby-Destillateure.

„Maria Theresia kann als Schutzherrin der Schnapsbrenner angesehen werden. Sie regelte erstmals die Schnapsproduktion. Einige dieser Brennrechte bestehen heute noch. Auch der *Hödl-Hof* besitzt ein solch altes Maria-Theresien-Brennrecht." Mit so viel Insider-Wissen werden die Besucher quasi aufgewärmt, bevor sie vom Hödl-Hof zum „Ersten und einzigen Österreichischen Schnaps-Lehrpfad" ausschwärmen.

Der Hödl-Hof wird schon im Jahr 1542 als „Hedl-Hoff" erstmals erwähnt; und die *Schnapsküche* galt schon immer als geheimnisumwitterter Ort. Heute jedoch wird am Hödl-Hof meisterhafte Destillierkunst ausgeübt. Es werden natürlich nur beste und reife Früchte für die Edelbrand-Herstellung verwendet.

An den einzelnen Stationen des Lehrpfades wird viel Wissenswertes zum Thema *Edelbrände* vermittelt: So erfährt man unter anderem über die Kultivierung traditioneller Obstsorten, weiters über die Maischung, alkoholische Gärung, den Brennkessel und dessen Funktion sowie über die Destillationstechnik und Lagerung der Destillate bis hin zur fachgerechten Verkostung.

Der Rundweg führt anfangs entlang den prächtigen Obstgärten des Hödl-Hofes leicht bergan, sodann in einem lichten Buchen-Kastanien-Wald auf eine kleine Waldkuppe mit schönen Rastplätzen.

Schließlich spaziert man wieder inmitten von Obstland zum Hödl-Hof, wo sich diese beschauliche, zugleich wortecht *genuss-reiche* Runde schließt.

Auf den ersten Blick

Ausgangspunkt: Hödl-Hof (540 m).
Gehzeit: Als Rundweg 1 Std.
Weglänge: 2 km.
Beste Jahreszeit: April bis Oktober.
Orientierung:

- Speziell beschildert.
- 9 Stationen; mit ausführlichen Inhalten.
- Folder „Hödl-Hof".
- freytag & berndt, WK 421 oder 131.

Informationen:
TV Stubenberg am See;
Tel. 03176/8882
stubenberg@aon.at
www.stubenbergsee.at

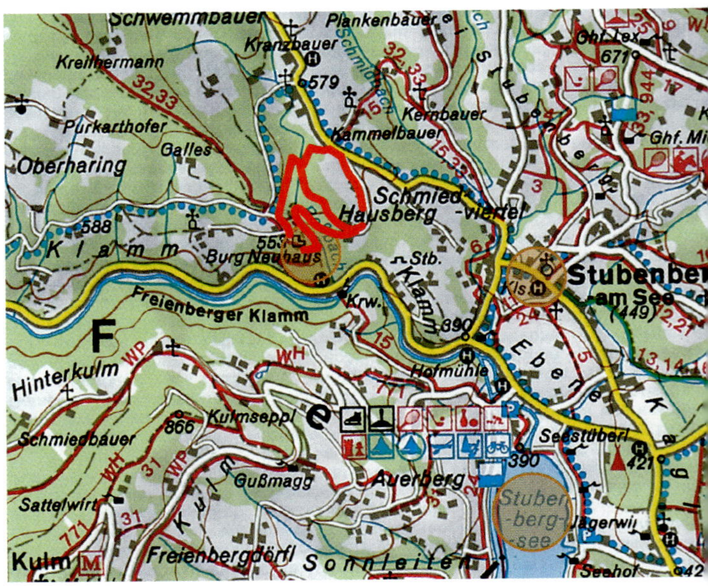

Vom Schnaps-Lehrpfad über den Stubenbergsee zum Weizer Kulm.

Besondere Erlebnispunkte

Schloss Stubenberg: Die ehemalige Burg stammt aus dem 13. Jhd. und wurde in der Renaissance zu einem einfachen Wohnschloss umgebaut. Seit 1980 im Besitz der Familie Dr. Schleicher. Zahlreiche Kulturveranstaltungen.
Stubenbergsee: Bade- und Freizeitsee, mit großem Freizeitpark.
Burg Neuhaus: Von den Stubenbergern im 14. Jhd. erbaut. Erster Besitzer Hans von Neuhaus, 1375 urkundlich erwähnt. Die Burg brannte zweimal ab. Auf Privatinitiative wird Neuhaus derzeit renoviert.

Zusatzstrecke

Mit Burg Neuhaus: Nach der letzten Infotafel des Themenweges, die am Waldrand steht, geht man zurück in den Wald und folgt – leicht rechtshaltend – dem Weg 15 abwärts. Man überquert am Roßbach ein massives Brückerl und erreicht nach dem Waldstück einen stattlichen Bauernhof. Nun links haltend bergab zur Burg Neuhaus (553 m). An einem Geländerücken südostseitig bergab zur Rastbank in einer Kurve. Hier links haltend! Unterhalb der Burg auf einem Waldweg zum Roßbach (uriges Spielgelände) und auf dem alten Schloßweg bergan zum Lehrpfad. Diesem folgend zurück zum Hödl-Hof. Gehzeit: Samt Lehrpfad 1.30–2 Std.; 4 km.

Einkehr-Tipp

Hödl's Brennerstub'n; Anfang Mai bis Ende Oktober; im Juli und August täglich ab 15 Uhr, in der übrigen Zeit Do–So ab 15 Uhr. Schmankerln: Mostbrot, Käferbohnensalat; B'soffene Liesl; Fruchtsäfte; Edelbrände. Verkostungen in der Brennerstube am „Seppltisch".
Familie Dunst, Tel. 03176/8502
www.edelbrand.at

Anreise

Zum Hödl-Hof in Stubenberg am See:

- Aus Richtung Gleisdorf oder Hartberg via Kaibing und St. Johann bei Herberstein.
- Aus Richtung Birkfeld/Anger oder Weiz via Stubenbergklamm (Freienberger Klamm).
- Von Stubenberg zum Hödl-Hof 1,5 km; beschildert.

Auto: Parkplatz beim Hödl-Hof.
Bahn/Verbundlinien: ÖEB/R520, R530; Bf Hartberg. STLB/R531; Bf Weiz.
Bus/Verbundlinie: Post/337; Hst Hauptplatz.
Rad: R8 Feistritztal-Radweg.
Transferstrecken:

- Hartberg – Stubenberg 29 km.
- Weiz – Stubenberg 19 km.

Treffpunkt Kultur: Auf Schloss Stubenberg ein Lebens-Mittelpunkt.

Kulm-Keltendorf

Im Nahbereich des Apfeldorfes Puch bei Weiz: Das „Erste urgeschichtliche Freilichtmuseum der Steiermark“

Frisch eingedeckt: Das Lebenswerk von Titus Lantos.

Bereits die Kelten nannten ihr kleines Paradies in der Oststeiermark *Avalon,* was so viel bedeutet wie *Apfelland.* Inmitten dessen ragt der 975 Meter hohe Weizer Kulm auf. Dieser markant geformte Berg war bereits vor 6000 Jahren besiedelt. Er galt als magischer Kalenderberg und schlechthin als *das* Kultzentrum im oststeirischen Raum.
Der einst keltische Opferplatz mutierte zum Wallfahrerberg und wird aktuellerweise als exzellenter Aussichtsberg geschätzt. Der Volksmund hat dem Weizer Kulm den Beinamen *Oststeirischer Rigi* verliehen. Aber nicht nur dieses informell verliehene Prädikat lässt aufhorchen.

Die profunde Erschließungsgeschichte am Kulm und deren populär-wissenschaftlich vollzogene Umsetzung in Form eines *Urgeschichtlichen Freilichtmuseums* – dem ersten dieser Art in der Steiermark – ist dem verdienten Archivalienpfleger *Titus Lantos* zu danken. Das Museum ist das Lebenswerk von Lantos. Der ursprüngliche Standort des Museums lag auf dem Kulm in Gipfelnähe. Aus leidlichen Gründen musste das kleine, aber feine Freilichtmuseum im Jahr 1999 talwärts abgesiedelt werden. Was aber keinen nachhaltigen Schaden bedeutet: Das aktuelle Areal liegt seit Mai 2000 nächst dem Ackerwirt.
Der Zutritt ins Museum erfolgt unmittelbar von jener prächtig trassierten Höhenstraße, die das Apfelland an der Sonnseite des Kulms erschließt.
Das Urgeschichtliche Freilichtmuseum Kulm besteht aus folgenden Objekten:

- Urzeitliches Wirtschaftsgebäude.
- Stein- bzw. Kupferzeitliches Wohnhaus; 4000 v. Chr.
- Schauhütte der Kulmkelten.
- Dörfliches Backhaus; 700 v. Chr.
- Wohnhaus der Urnenfelder- bzw. Hallstattzeit; 900–600 v. Chr.
- La-Tène-zeitliche Schmiede; 300 v. Chr.
- Keltisches Herrenhaus; 100 v. Chr.
- *Kult- und Aussichtshügel.*

Diese urzeitliche Dorfanlage ist einzigartig in der Steiermark: Das aus eingerichteten „Rekonstruktionstypen“ bestehende Ensemble wird von zeitgemäß gekleideten Figuren „bewohnt“. Tatsächlich lebt dieselbe Anlage auch: Beispielsweise, wenn – natürlich unter fachkundiger Anleitung – Brot gebacken wird. Schließlich ist das Keltendorf ein erstklassiges Ziel für Schülerinnen und Schüler jeden Alters.

Besondere Erlebnispunkte

Kirche Maria Brunn: Unterhalb des Kulmgipfels. Kirche erbaut 1746; renoviert 2001.
Kulm: Keltischer Opferplatz (wie der Teufelstein in der Waldheimat). Auf Grund der Archäologie am gesamten Berg einzigartige Landesarchivalien. Über Jahrtausende auch Zufluchtsberg. Wichtige Kreidfeuerstation während der

Auf den ersten Blick

Ausgangspunkt: Ackerwirt (716 m).
Beste Jahreszeit: Mai bis Oktober.
Orientierung:
- Folder „Kulm-Keltendorf“.
- freytag & berndt, WK 131.

Informationen:
Gesellschaft für Vor- und Frühgeschichte, Pischelsdorf;
Obmann Titus Lantos,
Tel. 0699/11999052
Tel. 03113/2352, auch Fax
www.kulm-keltendorf.at

Türkeneinfälle (1532). Ab dem 18. Jhd. ein heiliger Kalvarienberg. Meditationsplatz für den begabten Musiker und großen Mystiker *Jakob Lorber* (1800, Kanischa – 1864, Graz).

Panoramastein auf dem Kulm: Errichtet 1986 von der Gemeinde Puch. Hervorragender Überblick auf weite Teile der Oststeiermark.

Kulm-Keltendorf: Mit 150 m² Infozone. Backhütte mit 3 Öfen; auch Informationen über urgeschichtliche Ernährung. Öffnungszeiten: 1. Mai bis 26. Oktober, So und Fei 10–17.30 Uhr; Di–Sa 10–16.30 Uhr. Freier Eintritt für Kinder (in Begleitung).

Zusatzstrecke

Über den Weizer Kulm (975 m): Rundweg. Vom Ackerwirt (716 m; Wegweiser) sonnseitig der Wegnummer 15 folgend in Richtung Vorderkulm zum Ramhof. Rechtshaltend bergan zu einem Wegschranken. Geradeaus weiter zu einem Quellschutzgebiet. Sodann dem Kulmsteig folgend (Wegnummer 5) zum Kulmwirt und zur Kirche. Auf einem kurzen Steig gipfelwärts. Im Gipfelbereich große Kreuzwegstationen. Abstieg: Vom Kreuzweg Kulm südwärts zu einem Überstiegl; weiß-grün-rot markiert; Weg 15. Auf die Markierung achten! Den steilen, bewaldeten Bergrücken abwärts zum Ackerwirt.
Gehzeit: 2–2.30 Std.; 260 Hm; 6 km.

Einkehr-Tipp

Ackerwirt, gegenüber dem Keltendorf (R Mi, Do; im Juli und August kein R).
Schmankerln: Backhendln, Erdäpfelwurst, Grillteller.
Familie Schwarz, Tel. 03177/2455

Auf dem Kulm: Ein Ausflugsziel von hohem Rang.

Anreise

Zum Keltendorf Kulm:
- Aus Richtung Gleisdorf oder Hartberg via Fischelsdorf.
- Aus Richtung Stubenberg auf der Kulmstraße.
- Aus Richtung Weiz via Puch.

Auto: A2 (Ausfahrt Gleisdorf-West). Parkplatz beim Keltendorf bzw. Ackerwirt.
Bahn/Verbundlinien: ÖBB/R530; STLB/R531; Bf Weiz.
Bus/Verbundlinie: STLB/204; Hst Puch GA.
Rad: R8 Feistritztal-Radweg.
Transferstrecken:
- Pischelsdorf – Ackerwirt 8 km.
- Puch – Ackerwirt 4 km.
- Weiz - Puch 14 km.

74

Stoakogler-Heimatwanderweg

In Gasen, der steilsten Bergbauerngemeinde der Steiermark, geben die „Stoani-Brüder“ den Ton an

Dieser Themenweg wurde anlässlich des 30-jährigen Bestehens der *Stoakogler* angelegt und am 28. Juni 1997 eröffnet. Die Stoakogler-Musiker sind eine steirische Institution. Die drei Willingshofer-Brüder sind aber im Grunde ihrer Herzen Bergbauern und wurzeln just dort, wo das Bergbauerngelände der Steiermark am steilsten ist: In der Gemeinde Gasen. Der *Fritz* bewirtschaftet das Gehöft vulgo Petschenhofer, der *Hans* das Gehöft vulgo Grobnbauer und der *Reinhold* seinen Hof vulgo Unterer Pöllabauer.
Der vierte „Stoani“ – *Franz Böhm* – wohnt in der Weststeiermark.

Nachlesbar bewiesen: Die Stoakogler wurzeln im stoanigen Boden.

Die im Volksmund kurz „Stoaniweg“ genannte Rundstrecke ist leicht erfassbar gestaltet. Schautafeln informieren über die Waldwirtschaft, Alm- und Landwirtschaft sowie über die Bedeutung von Wild und Jagd in diesem überaus steilen Gelände.
Natürlich werden auch die Gehöfte der Gebrüder Willingshofer ausführlich vorgestellt.

Der „Stoaniweg“ beginnt bei der Volksschule Gasen und leitet als *Waldlehrpfad* sogleich halbwegs steil bergan. Über die *Labestation Haberl* erreicht man eine kleine *Aussichtswarte*: Im Blickfeld liegt das Stoani-Gehöft *Grobnbauer*. Ein prächtiger Höhenweg führt oberhalb vom *Unteren Pöllabauer* zur Kneippstation im Turtentalgraben.

Auf den ersten Blick

Ausgangs- und Zielpunkt: Stoanihaus, Gasen (837 m).
Höchster Punkt: Eisenkögerl (1120 m).
Gehzeit: 3.30–4 Std.
Weglänge: 10 km.
Höhenunterschied: 450 m, samt Gegenanstieg.
Beste Jahreszeit: Mai bis Oktober.
Orientierung:
- Speziell beschildert.
- Über 50 Schautafeln.
- Folder „Stoakogler-Heimatwanderweg“.
- freytag & berndt, WK 131.

Informationen:
TV Gasen,
Büro im Stoanihaus;
Tel. 03171/500
Tel. 0664/5504951,
Frau Kröll
stoanihaus@kom.at
www.stoakogler.kom.at

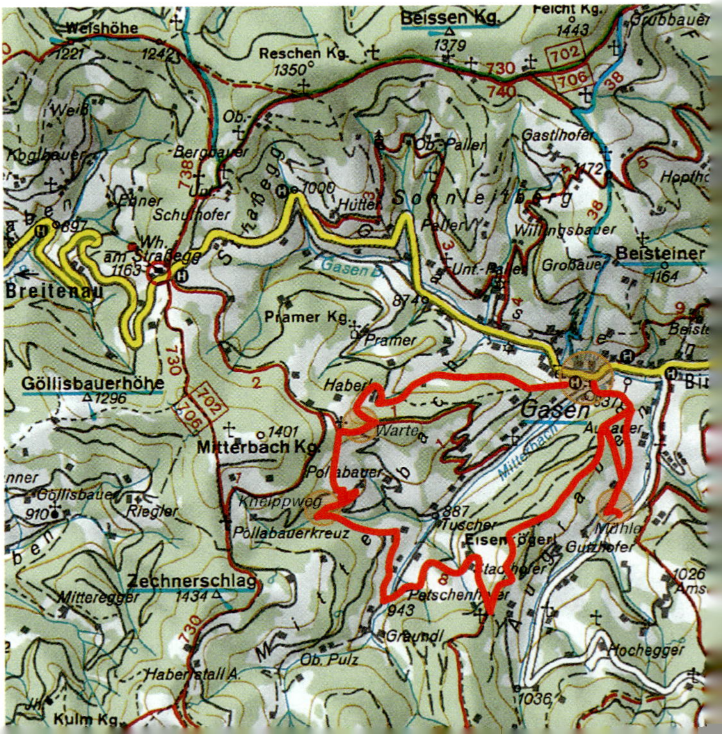

Der im oberen Abschnitt zu einem *Land- und Almwirtschafts-Lehrpfad* adaptierte Stoaniweg verbindet – bergab, bergauf – in aussichtsreicher Lage zur *Eisenkogelhütte,* einem besonders willkommenen Rastplatz.
Der letzte Bergauf-Streckenteil führt in einen Sattel am Eisenkögerl. Von nun an geht's bergab, zunächst zu jenem Aussichtspunkt oberhalb des Gehöftes *Petzchenhofer.* Waldwege sowie der *Wild- und Jagdlehrpfad* leiten an einem Bergrücken talwärts nach Gasen.

Besondere Erlebnispunkte

Stoanihaus: Ausstellung über das Leben der „Stoakogler" und deren Laufbahn als volkstümliche Musikgruppe; mit Multi-Media-Show. Neu eingerichtet: Ein Almenland-Klassenzimmer.
Öffnungszeit: Mai bis Oktober, 10–16 Uhr.
Schreinhofermühle: Hier dreht sich das „größte Mühlrad Österreichs". Die ursprüngliche Mühle wurde 1903 erbaut und war bis 1967 in Betrieb; revitalisiert in den Jahren 1994/95. Mit Gerstenstampfe und Mühlenschänke.
Öffnungszeiten: In den Sommerferien täglich ab 13 Uhr, während der Wandersaison an Wochenenden ab 13 Uhr.
Familie Filzmoser, Tel. 03171/238

Zusatzstrecke

Panorama-Mühlenweg: Beschilderter Zugang von Gasen. Oder Abzweigung vom *Stoaniweg* bei der Info-Tafel *Unsere Rabenvögel.*
Gehzeit: Ab Gasen 45 Min.

Einkehr-Tipp

Haberl, Labestation und Bauernhof; Ostern bis Sommerferien an Wochenenden, in den Sommerferien bis Sonntag vor Allerheiligen durchgehend.
Schmankerln: Produkte vom Bauernhof.
Familie Pretterer, Tel. 03171/402
Eisenkogelhütte, Jausenstation (1065 m); Anfang April bis Ende Dezember (kein R).
Schmankerln: Jausen vom Bauernhof.
Familie Strassegger,
Tel. 03171/401 oder 0664/4336405

Zwischen dem Haberl-Hof und Kneippbadl: Aussichtsreiche Pause.

Bild links oben: Die Willingshofer-Brüder Reinhold, Hans, Fritz reisen von Gasen um die Welt.

Anreise

Nach Gasen:
- Aus Richtung Bruck an der Mur oder Graz via Breitenau und Straßeggsattel.
- Aus Richtung Weiz und Feistritztal via Birkfeld.

Auto: Parkplatz beim Stoanihaus.
Rad: R2 Mur-Radweg; MTB Alpentour.

75

Auf den ersten Blick

Ausgangspunkt: Teichalm (1172 m).
Zielpunkt: Brandlucken (1132 m).
Höchste Punkte: Sommeralm (1404 m), Plankogel (1531 m).
Gehzeiten:
- Teichalm – Stoakoglhütte 3.30 Std.
- Stoakoglhütte – Brandlucken 1.15 Std.

Weglänge: Insgesamt 15 km.
Höhenunterschied: Bis zu 500 m.
Beste Jahreszeit: Mai bis Oktober.
Orientierung:
- Speziell beschildert.
- 2 Übersichtstafeln.
- 6 Infotafeln zur „Almwirtschaft".
- Panoramakarte mit „Almenlandweg".
- freytag & berndt, WK 131.

Informationen:
Almenlandbüro,
Fladnitz an der Teichalpe;
Tel. 03179/23000-14
info@almenland.at
www.almenland.at

Almenland-Wanderweg

Vom Teichalmsee zum „Windradl" am Plankogel und zum Holzschuh auf der Brandlucken

Auffällige Zeichen der Gegenwart prägen die Teichalm und Sommeralm: Die Almwirtschaft hat sich intensiv entwickelt und zugleich auch der Ausflugstourismus ins Almgelände. Den Wettstreit, wer stärker vertreten ist, entscheidet dennoch souverän das Almvieh: 3500 Weiderinder lassen sich bei jedem Wetter das kräuterreiche Almgras schmecken. Die Teichalm und Sommeralm stellen gemeinsam das größte zusammenhängende und bewirtschaftete Almgebiet Österreichs dar.

Leider geht jeder noch so schöne Almsommer zu Ende. Das Gute daran: Auf den Speisekarten stehen delikat zubereitete Fleischgerichte – alle vom „Almo".
Keine Almochsen-Tour, sondern ein ausgesprochen feiner, beliebig lang gestaltbarer Ausflug über Almmatten, Hügel und Kögerl ist der Almenland-Wanderweg. Das Wegenetz wird von der Alpenvereinssektion Mixnitz vorbildlich markiert.
Der Themenweg beginnt beim geschindelten *Holzochsen*, nahe am Teichalmsee, und führt erst sonnseitig, dann an der Nordseite des Ossers zum Schwoabauerkreuz. Über die Siebenkögel erreicht man die Sommeralm (1404 m). Unübersehbar lotst die im Volkmund einfach „Windradl" genannte *Windkraftanlage* in Richtung Plankogel und Stoakoglhütte.
Wer den gesamten Almenland-Wanderweg zurück legen will, nimmt sich zusätzlich viel vor: Der Zielort heißt *Brandlucken* (1132 m) und dort liegt der Zielpunkt exakt beim großen *Holz-Wanderschuh*.

Besondere Erlebnispunkte

Almenland-Wanderweg: Eröffnet im Juni 1999. Gesamtlänge 15 km.
Holzochse „Almi": 6 m hoch, 10 m lang; aus 22.400 Schindeln; das Wahrzeichen des Almenlandes.
Holz-Wanderschuh: Auf der Brandlucken.
Teichalmsee: Viel besuchter Freizeitsee; Bootverleih.

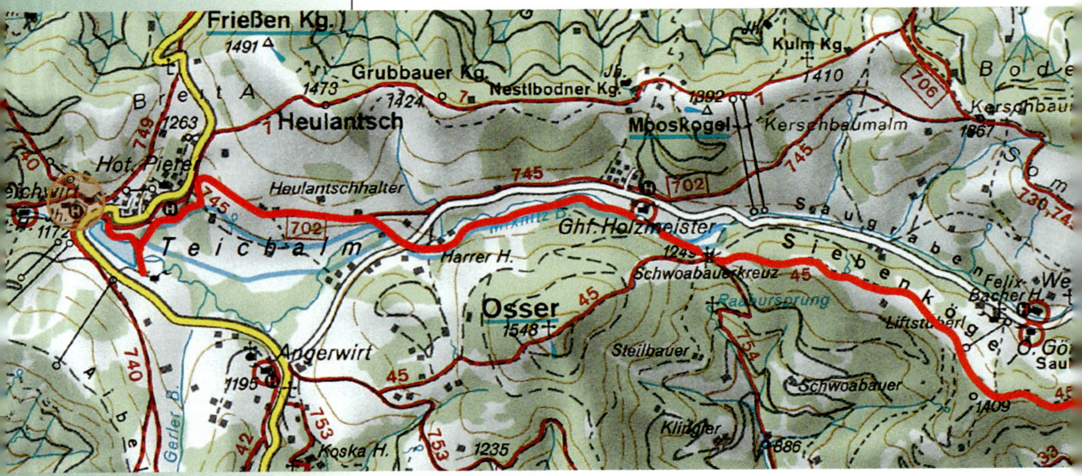

Wandern im Almenland: Auf Schritt und Tritt vom „Almo" gut bewacht.

Windkraftanlage: Am Plankogel; eröffnet 5. Juni 1999. Die „höchstgelegene, netzgekoppelte Windkraftanlage Europas"; zugleich die erste Großwind-Kraftanlage in der Steiermark. Jahresproduktion: 1,000.000 kWh, das entspricht dem Strombedarf von 350 Haushalten.

Zusatzstrecke

Moorlehrpfad: Nahe vom Teichalmsee bzw. vom GH Latschenhütte führt der teilweise über Stege verlaufende Pfad durch ein Latschenhochmoor sowie durch einen anmoorigen Fichtenwald und Erlen-Bruchwald.

Gehzeit: 30 Min.; Weglänge 1 km.

Folder „Moorlehrpfad Teichalm".

Einkehr-Tipp

Stoakoglhütte, Almhütte am Plankogel (1346 m); gj. (Mai bis Oktober kein R; übrige Zeit R Mo, Di).

Schmankerln: Almenland-Bauernspezialitäten. Familie Obersteiner, Tel. 0664/2537897

Unterberger, Almenlandwirt, Brandlucken (kein R).

Schmankerln: Gefüllter Almo-Rostbraten mit Steinpilzen, Styriabeef in Kürbiskernpanier; Spagatkrapfen, Topfenstrudel. Familie Unterberger, Tel. 03179/8250 www.gasthof-unterberger.at

Bauernhofer, Almenlandwirt, Brandlucken (kein R). Familie Bauernhofer, Tel. 03179/8202

Anreise

Auf die Teichalm und Sommeralm:

- Aus Richtung Bruck an der Mur via Breitenau.
- Aus Richtung Graz via Rechbergsattel oder Breitenau.
- Aus Richtung Weiz via Fassail.

Auto: Parkplatz vor dem Teichalmsee.

Bahn/Verbundlinie: ÖBB/R501; Bf Mixnitz-Bärenschützklamm.

Bus/Verbundlinien: Post/167, 205; Teichalm Hst Teichwirt, Sommeralm Hst GH Derler.

Rad: R2 Mur-Radweg, R11 Raabtal-Radweg; MTB Drachentour.

Transferstrecke: Mixnitz – Teichalm 25 km.

Rückreise

Von der Brandlucken zur Sommeralm und Teichalm.

Transfer: Mit Traktor oder Taxi; Infos beim Almenlandbüro.

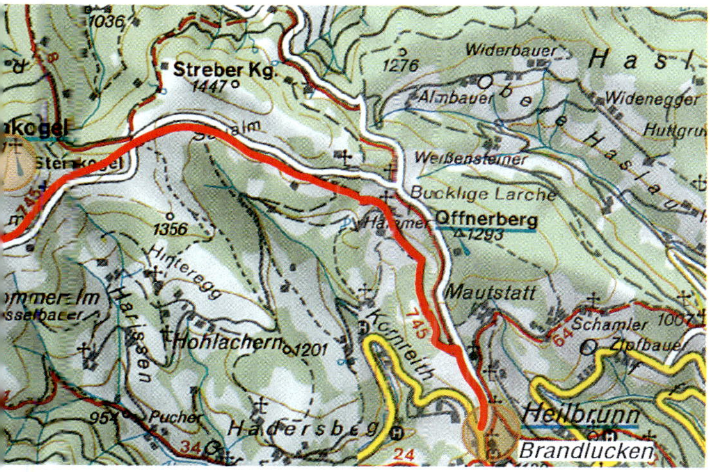

76

Mühlental-Wanderweg

Durch den Lambachgraben in das Europa-Blumendorf St. Kathrein am Offenegg

Im Ortsgebiet Schmied in der Weiz beginnt beim Karlwirt der Weg.

Bild unten: Lustige Wasserspielchen beim Oberen Lambacher.

Mühlen sind so alt wie das tägliche Brot. Die ersten *Wassermühlen* in der Steiermark wurden um das Jahr 1150 erwähnt. Hausmühlen der Bauern mahlten Getreide für deren Eigenbedarf. In historischen Zeiten gab es in St. Kathrein 99 Bauern und 102 Mühlen.
Tatsächlich standen allein im Lambachgraben einst 20 Mühlen. Zwei davon sind heute betriebsfähig: Die Mühle beim Unteren Lambacher und die Winkelbauermühle.

Der *Karlwirt* ist ein kompetenter Mann; er weist Mühlental-Wandergäste ortskundig ein. Genau über dem Fischteich lugt die Spitze des Kathreiner Kirchturms auf. So sind Start und Ziel zwar mit einem Blick verbunden. Hingegen nimmt man auf den ersten Blick vom Mühlenweg wenig wahr, verläuft doch die Strecke entlang eines teilweise engen Grabengeländes.
Vom Karlwirt ausgehend und entlang von Bergwiesen, erreicht man als erstes die Lambachermühle, unweit davon steht das blumenreich geschmückte Gehöft *Unterer Lambacher.*
Der Mühlenweg windet sich in Form eines Steiges im Grabengrund aufwärts zum Gehöft *Oberer Lambacher.* Dieser Bauernhof stammt wahrscheinlich aus dem Jahr 1667. Die von *Franz Spreitzhofer* – dem Bauern dieses Hofes – gebastelten „Wasserspielchen" sowie die ausgesprochen herzliche Stimmung an diesem Hof sind gute Gründe, um hier abzurasten.
Der Mühlenweg leitet im weiteren zum Grabenflorl, zur Stucknermühle und schließlich zur Winkelbauermühle.
Zuletzt führt ein Fahrweg bergan zum landschaftstypischen *Gehöft Ringbauer* in Zeil, wo der Mühlentalweg offiziell endet. Die Wanderung wird jedoch in Richtung St. Kathrein fortgesetzt: Man folgt nun einer „aussichtsreichen Höhenstraße"; diese führt bergab. Man kommt zur Schnapsbrennerei Graf (beim Gehöft Schwoaghofer), sodann zum Gasthof Braunhof. Auch die *Feuchtwiese Zeil* – ein kleines Biotop – verdient Aufmerksamkeit.
In St. Kathrein hält man sich beliebig lange auf; empfehlenswert ist auch ein Rundgang um die Kirche. Für den *Abstieg* wählt man den Kirchsteig: Dieser führt vom Gemeindeamt (Weg 761) zum Unteren Lambacher und Karlwirt.

Auf den ersten Blick

Ausgangs- und Zielpunkt: Karlwirt, Schmied in der Weiz (717 m).
Gehzeit: Nach St. Kathrein 2.30 Std.; Abstieg 45 Min.
Weglänge: Insgesamt 8 km.
Beste Jahreszeit: April bis Oktober.
Orientierung:
- Speziell beschildert.
- Markierte Wanderwege.
- freytag & berndt, WK 131.

Informationen:
Gemeindeamt St. Kathrein am Offenegg:
Tel. 03179/8231
gde@st-kathrein-offenegg.steiermark.at
www.st-kathrein-offenegg.steiermark.at

Besondere Erlebnispunkte

Bombensplitter: In St. Kathrein; vom 17. März 1945.
Schnapsbrennerei Graf: In Zeil

Nr. 8. Mit Brennereibesichtigung, Verkostung, Verkauf; jeden Mi 14–18 Uhr. Tel. 03179/8209
Schnapskastl: In St. Kathrein. Verkauf von bäuerlichen Spezialitäten und Kunsthandwerk; jeden Fr 14–18 Uhr.
St. Kathrein: Erholungsdorf, empfehlenswert für das ganze Jahr. Sechsmal „Schönstes Blumendorf der Steiermark". Pfarrkirche aus dem Jahre 1295; umgebaut im 15. Jhd. und im Jahr 1742.

Zusatzstrecken

Erlebnis-Wanderweg: Ausgangspunkt bei der Volksschule. Unweit ein Rastplatz mit Panoramastein (41 Ziele); Kinderspielhöhle; Wasserspielpaltz an einer Quelle. Gehzeit: St. Kathrein – Brandlucken 1.30 Std.; 5,5 km.
Laufstrecken: In Richtung Brandlucken; drei Rundkurse; 3,5 km; 4,6 km; 12 km.
Waldlehrpfad: Rundweg. Von der Steirischen Landjugend am 29. September 2002 neu gestaltet. Ausgangspunkt VS St. Kathrein. Gehzeit: 1.30 Std.

Einkehr-Tipp

Eder, Wellness- und Almenlandgasthof (kein R).
Schmankerln: Kathreiner Reindlrostbraten vom Almo, Meister-Eder-Schnitzel; Lebkuchensoufflée mit Rumpflaumen und Zimtsahne.
Familie Eder, Tel. 03179/8235
www.gasthof-eder.at
Karlwirt, Schmied in der Weiz (R Mo, Di).
Schmankerln: Forellen aus dem Hausteich.
Familie Häusler, Tel. 03179/8500
Schwaiger, Almenlandwirt (kein R).
Schmankerln: Schwammerlsuppe mit Heidensterz, Reindlrostbraten; Spagatkrapfen mit Preiselbeeren.
Familie Schwaiger, Tel. 03179/8234

Beim Unteren Lambacher mündet der Kirchsteig in den Mühlenweg ein.

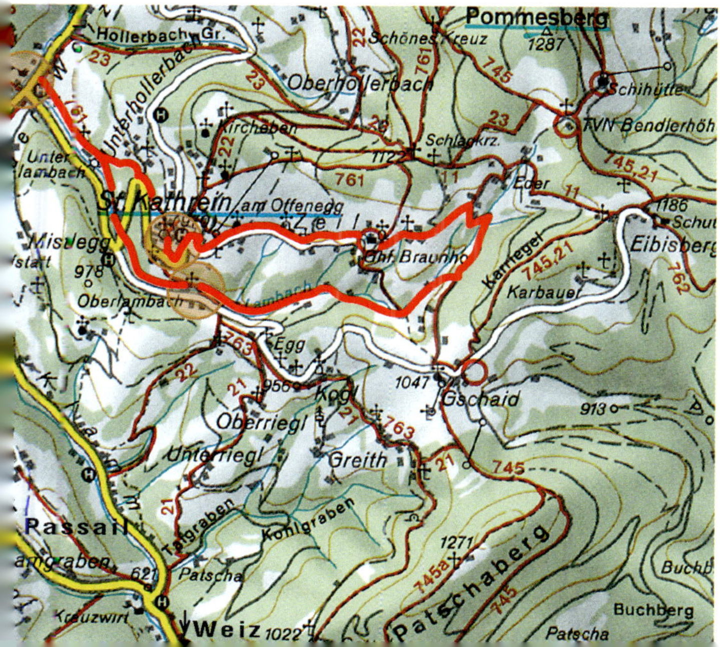

Anreise

Nach Schmied in der Weiz (3 km vor St. Kathrein am Offenegg):
- Aus Richtung Gleisdorf und Weiz via Weizklamm.
- Aus Richtung Graz und Frohnleiten via Rechberg und Passail.

Auto: Parkplatz beim GH Karlwirt.
Bahn/Verbundlinien: ÖBB/R501; Bf Frohnleiten. STLB/R531; Bf Weiz
Bus/Verbundlinie: Post/205; Hst Schmied in der Weiz.
Rad: R11 Raabtal-Radweg; MTB Alpentour.

77

Passailer Wald- und Bienenlehrpfad

Ganzjährig an der Sonnseite: Lernen und Erleben mit allen Sinnen

Auf den ersten Blick

Ausgangs- und Zielpunkt: Hauptplatz Passail (654 m).
Höchster Punkt: Lukabauerkogel (795 m).
Gehzeit: Als Rundweg 3.15 Std.
Weglänge: 9 km.
Beste Jahreszeit: April bis Oktober.
Orientierung:
- Speziell beschildert.
- Zahlreiche Infotafeln; ausführliche Inhalte.
- Infoblatt „Passailer Wald- und Bienenlehrpfad".
- freytag & berndt, WK 131.

Informationen:
Gemeindeamt und TV Passail;
Tel. 03179/23300
tourismus@passail.at
www.passail.at

Zwischen dem Schöckl und der Teichalm liegt das markante *Passailer Becken*. Das sonnenreiche Klima desselben Beckens, dessen Boden in rund 700 Metern Seehöhe liegt, gewährleistet ganzjährig einen hohen Erholungswert. Diese günstigen klimatischen Bedingungen wirken auch auf den Wald- und Bienenlehrpfad: Man folgt diesem in überwiegend sonnseitiger Exposition. Sobald man den über dem Lindenberg verlaufenden Höhenrücken erreicht hat, überblickt man jenes berg- und hügellreiche Relief, von welchem das Passailer Becken umgeben wird.

Dieser Lehrpfad wurde im Naturschutzjahr 1995 als Projektarbeit der Passailer Realschulklasse 3a in Zusammenarbeit mit dem Bienenzuchtverein errichtet. Inhalt des Lehrpfades sind die folgenden vier Themen:
- Der Baum;
- die wirtschaftliche Bedeutung des Waldes;
- Bienen und Ameisen;
- *Tiere des Waldes.*

Speziell die Aktiv-Erlebnispunkte dieses Themenweges regen zum „Lernen und Erleben mit allen Sinnen" an:
Beispielsweise Temperaturen messen, Jahresringe zählen, den Klang verschiedener Holzstäbe wahrnehmen, die wichtigsten Holzarten vergleichen und schließlich einen Hochsitz ersteigen.
Der Beginn des Lehrweges liegt zwar etwas versteckt. Hinter der Kirche, beim Haus Passail Nr. 3, informiert jedoch eine große Übersichtstafel über den Wegverlauf und Inhalt. Ab hier ist die Wegrichtung nicht zu verfehlen: Bergan in den Schießhüttenwald, zu einem *Lusthäuschen* mit Blick auf Passail. Danach folgt ein Rastplatz. Nach dem Waldstück erreicht man an einem sonnseitigen Schlag eine *Bienenhütte*. Davor „erzählt" ein Baumstumpf im Zeitraffer:
1929 begann ich zu wachsen, 1961 Fertigstellung der heutigen Volks- und Hauptschule, 1972 Sturmkatastrophe, 1979 Jahrhundert-Hochwasser, 1992 Spatenstich Sportzentrum, 1995 wurde ich gefällt.
Dazwischen liegen viele „merkwürdige" Begebenheiten.
Entlang der weiteren Wegstrecke folgen noch zahlreiche Informationen, speziell über Bienen, Ameisen und Wild.
Das Prachtstück dieses Lehrweges

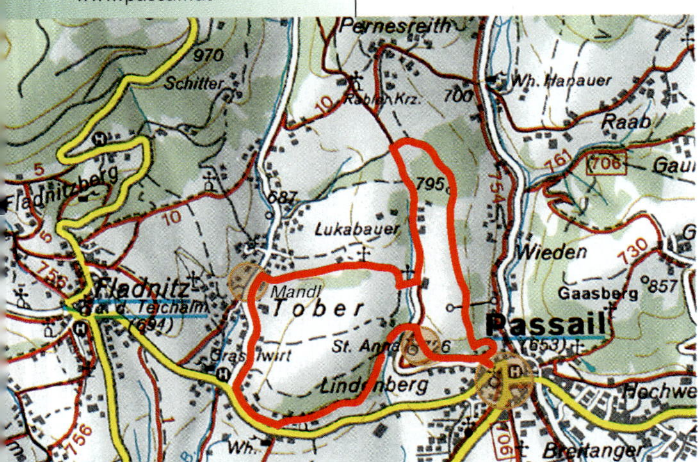

Scheinbar ewig Sonntag: Der Markt Passail ist ein idyllischer Flecken.

ist jener baumfreie Höhenrücken zwischen dem Lindenberg und Lukabauerkogel (795 m). Dort zweigt man westwärts ab und durchquert einen ausgesprochen schönen Wald bis zur Lindenbergstraße, die man nächst des Gehöftes Lukabauer erreicht. Derselben Straße folgt man ungefähr 500 Meter südwärts, leicht bergab, bis zur Imkerei Kreiner.
Ein *Erlebnispfad*-Schild weist über das Lukabacherl. Gleich nach der Brücke hält man sich rechts: Durch ein Waldstück leicht bergan, anschließend über Wiesen gehend, erreicht man zunächst eine *Kneippstation,* danach – unter einer hundertjährigen Buche – den *Buchenplatz* und schließlich den Teich beim Reiterhof Mandl in Tober.
Ein Gehweg leitet entlang der Straße südwärts und in einem Bogen auf jene kleine Kuppe bei der Postwirtsiedlung. Nun halblinks durch Waldgelände und ein wenig grabeneinwärts, sodann bergab, auf einem Steg über das Lukabacherl, nochmals bergan zur Lindenbergstraße und St.-Anna-Kirche. Ein Flurweg leitet am Lindenberg sonnseitig bergab nach Passail.

Besondere Erlebnispunkte

Reiterhof Mandl: In Tober. Pony-Reiten jederzeit möglich. Reitstunden für Anfänger und Fortgeschrittene auf Voranmeldung. Tel. 03179/23618
St.-Anna-Kirche: Am Lindenberg. Spätgotisch erbaut um 1510; geweiht vor 1558. Renoviert 1997–2000. Die zwei Linden sind ein Naturdenkmal. Prächtiger Platz zum Verweilen mit Ausblick auf das Passailer Becken.
Sport- und Freizeitpark: Am Ortsrand von Passail; mit großem Badesee. Neu: Der Golfplatz.

Einkehr-Tipp

Pension Mandl, Almenlandwirt und Reiterhof in Tober (kein R). Schmankerln: Schilcher-Rahmschnitzel, Erlebnisweg-Jause. Familie Mandl, Tel. 03179/23618

Am Lindenberg: Von der kleinen St.-Anna-Kirche zurück nach Passail.

Anreise

Nach Passail:
- Aus Richtung Graz auch via Schöcklkreuz und Plenzengreith.
- Aus Richtung Frohnleiten via Rechberg.
- Aus Richtung Weiz via Weizklamm.

Auto: Parkplatz in Ortsmitte.
Bahn/Verbundlinien: ÖBB/R501; Bf Frohnleiten. STLB/R531; Bf Weiz.
Bus/Verbundlinien: Niederl/160; Greimel/206; Hst Passail PA.
Rad: R11 Raabtal-Radweg; MTB-Alpentour.
Transferstrecken:
- Frohnleiten – Passail 24 km.
- Weiz – Passail 16 km.

78

Naturlehrpfad Raabklamm

Seit 100 Jahren ein großes Kleinod

Auf den ersten Blick

Ausgangspunkt: GH Jägerwirt (457 m), Mortantsch.
Zielpunkt: Arzberg (578 m).
Gehzeit: 4–4.30 Std.
Weglänge: 11 km.
Höhenunterschied: 300 m.
Beste Jahreszeit: April bis Oktober.
Orientierung:
- Speziell beschildert.
- Markierte Wanderwege.
- Zahlreiche Infotafeln.
- Broschüre „Naturkundlicher Raabklamm-Führer".
- freytag & berndt, WK 131.

Informationen:
Gemeindeamt Arzberg:
Tel. 03179/27450
Tel. 0664/9639640
www.arzberg.at
www.raabklamm.at

Der Felswand weicht man über den Naaser Steg aus.

Als erster Erschließer der Raabklamm gilt *Vinzenz Scheipl*, er war in Arzberg ab dem Jahr 1902 der Wirt des Gasthauses „Zur Raabklamm". Am 4. Oktober 1903 eröffnete *Ingenieur Franz Pichler* den die Raabklamm erschließenden „Ernestinensteig"; diesem war auch der Buchbauersteg angegliedert. In den Jahren 1909 bis 1911 entstand im Zuge der Errichtung der Raabklamm-Kraftwerksanlage entlang des Lehnstollens ein gut begehbarer Weg.

Im Jahr 1970, zeitgleich mit dem Jubiläum „75 Jahre Naturfreunde Österreich" – wurde die Raabklamm zum Naturschutzgebiet erklärt. *Leopold Farnleitner*, damals Obmann der Naturfreunde-Ortsgruppe Weiz, initiierte im selben Jahr die Errichtung eines Natur-Lehrpfades.
Mitglieder der Naturfreunde und des Alpenvereins errichteten gemeinsam die neue Steiganlage in der Raabklamm. Infolge Hochwasserschäden mussten die Stege und Steige seither etliche Male erneuert bzw. gar neu trassiert werden.

Nunmehr gibt es in der Großen Raabklamm – flussaufwärts gereiht – folgende neun Übergänge:
Den *Hofleitensteg, Buchbauersteg, Steg über die Wehr, Haselbachsteg, Lehbauersteg*, die zwei *Naaser Stege* sowie den *Schreysteg* und zuletzt die *Brücke vor Arzberg*.
Beim Jägerwirt steht eine große Infotafel; auf dieser ist der Weg durch die Große Raabklamm in folgende vier Abschnitte gegliedert:
- Jägerwirt – Buchbauersteg: 45 Min.; 1,6 km,
- Buchbauersteg – Wehranlage: 45 Min.; 1,6 km,
- Wehranlage – Buchenau: 1.30 Std.; 3,2 km,
- Buchenau – Arzberg: 1.30 Std.; 3,6 km.

Besondere Erlebnispunkte

Grasslhöhle: Älteste Schauhöhle Österreichs; mit prächtigen Tropfstein-Formationen. Um 1952 wurde die Höhle unter Denkmalschutz gestellt. Seit 1971 Schauhöhlenbetrieb. Führungen: Juni bis August täglich; im April, Mai, September und Oktober an Wochenenden und Feiertagen.
Zugänge: Vom GH Reisinger 10 Min.; von Arzberg über den Kirchensteig 1.15 Std.
Johann Reisinger, Tel. 03172/67328
Große Raabklamm. Der Klammweg vernetzt sich nach beiden Sei-

ten mit gut beschilderten Wanderwegen. Empfehlenswert ist eine Kombination mit der Grasslhöhle.
Heimatmuseum Arzberg: Eröffnet am 21. April 2002. Öffnungszeiten zu den Schaubergwerk-Führungen.
Schaubergwerk Arzberg: Zwischen 1993 und 1995 wurde ein Teil dieses Silbererz-Bergwerks zu einem Schau-Lehrstollen ausgebaut. Öffnungszeiten und Führungen:
1. Mai bis 26. Oktober; Sa, So, Fei.
Tel. 03179/27450 oder
0664/9639640

Zusatzstrecke

Montan-Lehrpfad Arzberg: Stollen, Knappenhaus, Pulverturm, Berghalden, Erzaufbereitungsanlage, Arbeiterwohnhäuser usw.; insgesamt 20 Infotafeln. Rundweg. Gehzeit: 1.30–2 Std.; 5 km.

Einkehr-Tipp

Forellenhof, GH in Arzberg (R Mi, Do).
Schmankerln: Fischspezialitäten.
Familie Schweinegger,
Tel. 03179/23310
Jägerwirt, am Raabklamm-Eingang in Mortantsch (R Mi).
Schmankerln: Raabklamm-Schnitzerl, Schopfbraten nach Art des Hauses; Topfenschnitte.
Christine Rosenauer,
Tel. 03172/67530
Riedl, Jausenstation in Arzberg, neben der Knappenstube (R Mo).
Auf Bestellung Menüs.
Familie Riedl, Tel. 03179/27510
Reisinger, GH in Dürntal (R Mo).
Schmankerln: Hausgemachte Strudel (Erdäpfel, Kraut); Bauernknödel; Germstrauben, Joghurttorte.
Familie Reisinger, Tel. 03172/67235

Anreise

Zum Jägerwirt:
- Aus Richtung Graz via Faßlberg und Gschwendt.
- Von Weiz in Richtung Literwirt und Mortantsch.

Auto: Parkplatz beim Jägerwirt.
Bahn/Verbundlinie: ÖBB/R531; Bf Weiz.
Bus/Verbundlinie: Post/200+201, 220+221 Hst Jägerwirt.
Rad: R11 Raabtal-Radweg; MTB Alpentour.

Rückreise

Von Arzberg oder Dürntal zum Jägerwirt oder nach Weiz.
Taxi und Transfer:
- Fa. Mandl, Passail, Tel. 03179/23325
- Fa. Zierler, Weiz, Tel. 03172/4087

Ebenso gut beschildert sind die Zugänge in die Kleine Raabklamm.

79

Spiritueller Weg

Von der Taborkirche durch die Stadt Weiz zur Kirche am Weizberg

Der gute Ratschlag: „Versuche, deine Sinne bewusst zu gebrauchen!"

„Der Spirituelle Weg ist offen für uns alle. Ob bewusst oder zufällig. Schön, dass auch Du diesen Weg gehst. Wie intensiv Du Dich auf ihn einlässt, ist Deine freie Entscheidung." In solch offenen, freundlichen Worten lädt die handliche Broschüre zu diesem Spaziergang der besonderen Art ein. Der Theologe *Mag. Fery Berger,* Initiator der Weizer Pfingstvision, definiert das Beginnen jedes materiellen und ideelen Tuns:
„Am Anfang jedes Weges heißt es aufzubrechen."

Aufbruch ist auch nötig, wenn man sich auf den drei Kilometer langen Spirituellen Weg begibt. Die Route präge man sich ein: Tabor – Hauptplatz – K&K-Passage – Südtiroler Platz, Café Weber – Weizbachbrücke – Europa-Allee –Pestalozzigasse – Schillerstraße – Evangelische Kirche – Offenburger Gasse – Feldlweg – Kreuzweg – Weizberg. Die Orientierungsmittel sind künstlerisch gestaltet und insgesamt dezent platziert. Dort jedoch, wo offenkundig Zerstörungstrieb regiert, suchen Ortsunkundige vergebens einen Wegweiser und erfahren bloß einmal mehr die Erkenntnis: Urbanes Alltagsgeschehen schont auch nicht spirituelle Gefilde.

Aber schon wenden wir uns dem Wesentlichen zu: Jeder Aufbruch entspringt einer Vision und weckt auch Visionen.
Die jüngste Aufbruchstimmung in der Stadt Weiz entwickelte sich aus den jährlichen Jugendtreffen zu Pfingsten. Beim Treffen im Jahr 1995 formulierten Jugendliche die so genannte *Weizer Pfingstvision.* Aus ihr wurde eine ökumenische Aufbruchsbewegung.
Das allgemeine Wunschbild ist leicht nachvollziehbar: „Wir haben einen Traum von einem neuen Aufbruch in unserer Kirche."
Realitätsbezogen sind die den Spirituellen Weg schmückenden Aphorismen.

Auf den ersten Blick

Ausgangspunkt: Weiz (479 m), Hauptplatz bzw. Taborkirche.
Gehzeit: 1.15 Std.
Weglänge: 3 km.
Beste Jahreszeit: Mai bis Oktober.
Orientierung:
• Speziell beschildert.
• 7 Stationen; mit profunden Inhalten.
• Broschüre „Spiritueller Weg Begleiter".
• freytag & berndt, WK 131.
Informationen:
TV Weiz,
Hauptplatz 18;
Tel. 03172/4774
tourismus@weiz.com
www.tourismus.weiz.com
Weizer Pfingstvision;
weizer@pfingstvision.at

Spiritueller Zielraum: Der Weizberg und die Wallfahrtskirche.

Hans Magnus Enzensberger: „Selbst in reichen Gesellschaften kann jeder von uns überflüssig werden. Wohin mit ihm?“
Mahatma Gandhi: „Gewalt ist die Waffe des Schwachen, Gewaltlosigkeit die des Starken.“
Henri Boulad: „Der wahre Weg ist der, der steigt.“
Franz von Assisi: „Du Wanderer des Weges. Es gibt keinen Weg, es gibt nur das Wandern.“
Der Spirituelle Weg verbindet folgende sieben Stationen:
- Tabor: *Tor zur Geschichte.*
- Evangelische Kirche, mit den heiligen Schriften aller Weltreligionen: *Welt-Haus.*
- Allee am Schwobn, mit Meditationsstein: *Platz der Stille.*
- Weizberg: *Heilkräutergarten* und die zu einem Meditationsraum adaptierte *Alte Kegelbahn.*
- Weizbergkirche: *Weg der Verwandlung.*
- Emanuelkapelle: *Hör!Raum.*
- Pfarrzentrum am Weizberg: *Lichtkeller.*

Der Spirituelle Weg greift die Wallfahrer-Tradition in neuer Form auf. Der *Königsweg* – das Herzstück im Kräutergarten – ist *Franz Kardinal König* gewidmet, dem großen Freund und Mentor der Weizer Pfingstvision.

Rückweg vom Weizberg:
Entlang des Kreuzweges durch die Siegfried-Esterl-Gasse zum Schießstatt-Turm (erbaut 1620). Von hier kurzer Abstecher zum Schul-Sportplatz. Mit *Archimedischer Schraube* – benannt nach Archimedes von Syrakus (287–212 vor Chr.). Durch die Esterlgasse zum futuristischen *Geminihaus* und über die Radmannsdorfgasse zum Hauptplatz.

Besondere Erlebnispunkte

Spiritueller Weg: Führungen täglich 13–18 Uhr; Besuch des Lichtkellers ausschließlich mit Führung. Tel. 0664/1442884

Taborkirche: Schutzpatron Thomas Becket, Bischof von Canterbury. Erste urkundliche Nennung im Jahr 1188. Im 16. Jhd. mit einer Wehranlage (Tabor) ausgestattet. Barocker Hochaltar; Altarbild gemalt 1771 von Ritter von Mölckh.
Weizbergkirche: Wallfahrtskirche zur Schmerzhaften Mutter. Grundstein am 2. Mai 1757 gelegt; Kirchenweihe am 22. Juli 1776.

Einkehr-Tipp

Ederer, GH, am Weizberg (So, Fei ab 15 Uhr geschlossen).
Schmankerln: Weizer Berglamm-Spezialitäten; saisonbedingte Spezialitäten.
Familie Ederer, Tel. 03172/2349

Der Meditationsstein in der Schwobn-Allee: Erwarte die Stille.

Anreise

Nach Weiz:
- Aus Richtung Graz via Faßlberg und Mitterdorf.
- Aus Richtung Gleisdorf via St. Ruprecht an der Raab.

Auto: A2, Ausfahrt Gleisdorf. Parkplatz am Hauptplatz Weiz.
Bahn/Verbundlinie: STLB/R531; Bf Weiz Stadt.
Bus/Verbundlinien: Post/200+201, 220+221; Hst Kapruner-Generator-Straße. STLB/202; End-Hst Kapruner Generatorstraße.
Rad: R11 Raabtal-Radweg.

80

Waldlehrpfad Weiz – Mortantsch

Aus der Bezirksstadt zur „Ersten Energie-Gastronomie"

Kein Zweifel: Waldlehrpfade gibt es viele! Dennoch ist leicht festzustellen, dass keiner den anderen gleicht. So ist auch dieser thematisch inhaltsreiche Spazierweg ein Angebot, dem man mit zunehmender Freude folgen darf. Schließlich „gipfelt" dieser Weg auf dem aussichtsreichen Höhenrücken von Göttelsberg.

Info-Punkt und Sammeltaxi-Haltestelle Zattachkapelle in Göttelsberg.

Auf den ersten Blick

Ausgangspunkt: Taborkirche in Weiz (479 m).
Gehzeit: Bis zu 2.30 Std.
Weglänge: Bis zu 7 km.
Beste Jahreszeit: März bis Oktober.
Orientierung:
- Speziell beschildert.
- 11 Infotafeln.
- Folder „Waldlehrpfad".
- freytag & berndt, WK 131.

Informationen:
TV Weiz,
Hauptplatz 18;
Tel. 03172/4774
tourismus@weiz.com
www.tourismus.weiz.com

Nächst der Weizer Taborkirche steht eine große Übersichtstafel. Entlang des Waldlehrpfades informieren zahlreiche Schautafeln. Anfangs gibt es folgende vier Tafeln:
- *Weizer Chronik* und *Taborkirche.*
- *Wald und dessen Bedeutung.*
- *Weizer Wasserversorgung.*
- *Wald und Umwelt.*

Es können verschieden lange Rundwege kombiniert werden.
Der Hauptzugang leitet vom Tabor durch die Hofstattgasse, danach – links haltend – dem Tannweg folgend leicht bergan zum Waldrand. Man gelangt alsbald in den Hofstattwald und nach einem Wasserreservoir zu einem schönen Rastplatz am Waldrand (Station 5).
Ab hier gibt es drei Wegstrecken:
- Nordwärts, zur Station 9, dem *Birken-Espen-Wald,* und mit einem Abstecher zur Zattachkapelle (575 m); diese wurde im Jahre 1829 erbaut.
- Entlang des Wanderweges Nummer 15; zuletzt über Wiesen leicht bergan zum Göttelsberger Hof.
- Die dritte Variante führt vom Rastplatz bei der Station 5 südwärts und den Waldrand entlang zur Station 6: Bei der außergewöhnlich großen Hainbuche (Naturdenkmal) liegt ein idyllischer Rastplatz.

Der Lehrpfad führt im Wald abwärts zur Station 7, *Rotbuchen-Eichen-Zwilling,* und zur Station 8, der *Landformung.*
Über einen Wiesenweg erreicht man den Stadtrand und gelangt –

Zum Göttelsberger Hof sind es 99 m – jedoch 2150 km bis Moskau.

Zwischen Weiz und der Raabklamm: Mortantsch mit Gösser und Stroß.

erst dem Stubenbergweg folgend, sodann rechts haltend durch die Feldgasse – einfach zurück zum Tabor.
Als *Zugabe* empfiehlt sich folgende Schleife:
Ab dem Tabor durch die Feldgasse und Grazer Straße, danach durch den Fuchsgraben zum ehemaligen Standort der befestigten Anlage *Castrum Vides,* die einst als Fluchtburg diente.
Auf beliebigen Wegen durch Wald kehrt man in Richtung Tabor zurück.

Besondere Erlebnispunkte

Aussichtspunkt Göttelsberg: Hügelchen bei einer Bus-Umkehrschleife. Blumengeschmückter Wegweiser mit originellen Hinweisen: Zum Gasthof 90 m; nach Moskau 2150 km, Hamburg 1210 km, Rom 963 km usw.
Naturdenkmal Hainbuche: Die stattliche Buche ist über 200 Jahre alt; 16 m hoch; Stammumfang 2,90 m; Kronendurchmesser 20 m.
Taborkirche: Erste urkundliche Nennung im Jahre 1188.
Im 16. Jhd. mit einem Tabor, d. h. mit einer Wehranlage ausgestattet. Siehe auch Tipp 79.

Einkehr-Tipp

Göttelsberger Hof, GH; die „Erste Energie-Gastronomie" (R Mo, Di). Schmankerln: Saure Suppe mit Heidensterz; Spinat-Schafkäse-Golatschen, Mulbratl; Heidentorte. Familie Fank, Tel. 03172/67364

Anreise

Nach Weiz:
- Aus Richtung Graz via Faßlberg und Mitterdorf.
- Aus Richtung Gleisdorf via St. Ruprecht an der Raab.

Auto: A2, Ausfahrt Gleisdorf. Parkplatz am Hauptplatz Weiz.
Bahn/Verbundlinie: STLB/R531; Bf Weiz.
Bus/Verbundlinien: Post/200+201, 220+221 Hst Stadthaltestelle. STLB/202; End-Hst Kapruner-Generator-Straße.
Rad: R11 Raabtal-Radweg.

Einen Abstecher wert: Vom Jägerwirt auf den Steinberg (632 m).

81

Auf den ersten Blick

Ausgangs- und Zielpunkt: Bahnhof Gleisdorf (362 m).
Gehzeit: 1–1.30 Std.
Weglänge: 3,5 km.
Beste Jahreszeit: März bis Oktober; auch ganzjährig.
Orientierung:
- Speziell beschildert.
- Stadtplan und Umgebungskarte.
- freytag & berndt, WK 131.

Informationen:
TIP City-Management, Gleisdorf, Florianiplatz 6; Tel. 03112/5111
tip@gleisdorf.at
www.gleisdorf.at
www.energie-region.at
Informationen für Tagesgäste im Rathaus, Florianiplatz 13; Mo–Do 8–12 und 14–16 Uhr, Fr 8–12 Uhr.
www.feistritzwerke.at
ARGE Erneuerbare Energie, Institut für nachhaltige Technologie;
www.aee.at

Straße der Solarenergie

Gleisdorf: Spaziergänge durch die „Sonnenhauptstadt Europas"

Die landesweit beispielhafte Innovation ist der örtlichen „Arbeitsgemeinschaft erneuerbarer Energie" und der Firma Feistritzwerke-Steweag zu danken. Die Stadtverwaltung von Gleisdorf hat sich zum Ziel gesetzt, diese Innovation umzusetzen und beschäftigt sich nunmehr erfolgreich mit aktiver und passiver Solarenergie-Gewinnung. Die öffentliche Anerkennung blieb nicht aus: Im Jahr 2001 wurde die Stadt Gleisdorf mit dem *Europäischen Solarpreis* ausgezeichnet.

Das Thema der Steirischen Landesausstellung 2001 hieß „Energie" und es wirkt sichtbar in die Zukunft nach: Das stärkste Beweismittel dieser Nachhaltigkeit ist die weltweit einzigartige *Straße der Solarenergie:*
Insgesamt sind im Stadtgebiet von Gleisdorf auf einer Strecke von 3500 Metern 100 künstlerisch gestaltete Solarobjekte zu bestaunen. Diese sind auf Plätzen sowie entlang von Straßen oder Gassen platziert; beispielsweise auch so nützlich wie als Leuchten, Stelen (für Objektbeschreibungen) oder Wegweiser.
Derart gestaltet, bietet die *Sonnenhauptstadt Europas* – wie sich Gleisdorf aktuellerweise gerne nennt – wortecht viel Energie.
Die *Solarstraße* beginnt am Bahnhof Gleisdorf. Diese führt durch die Gartengasse und Flurgasse zum Forum Kloster (Kulturzentrum) und Florianiplatz, wo das Rathaus steht.
Der Rundkurs der *Solarstraße* leitet weiter durch die Alois-Grogger-Gasse in die Dr.-Hermann-Hor-

Auf dem Hauptplatz von Gleisdorf: Der „Solarbaum".

Auch vor der Schule wie für die darstellende Kunst: Solare Energie.

nung-Gasse; diese mündet in die Feldgasse. Nun folgt man der Weizer Straße und gelangt somit auch zum Hauptplatz. Durch die Bürgergasse und Franz-Tanner-Straße sowie Gartengasse erreicht man den *Energiepark* der Feistritzwerke-Steweag. Diese Solarstraßen-Rundstrecke endet am Park+Ride-Platz beim Bahnhof Gleisdorf.

Besondere Erlebnispunkte

Ausgewählte Solarobjekte: Beim Heimatmuseum die *Solar-Sonnenuhr;* auf dem Hauptplatz der *Solarbaum;* in der Dr.-Hermann-Hornung-Gasse die *Sonnen-Hauptschule;* in der Feldgasse das *Niedrig-Energiehaus „Sundays"* (der ARGE EE); in der Bürgergasse der *Solarbrunnen.*

Freibad Gleisdorf: Mit Wellenbad und großer Freizeitanlage. Zugang bzw. Zufahrt per Rad aus dem Stadtzentrum bzw. von der *Solarstraße* durch die Feldgasse.

Heimatmuseum Gleisdorf: Rathausplatz. Regionalmuseum mit Abteilungen Urgeschichte, Römerzeit, Geschichte der Stadt Gleisdorf.
Mi 15-18, Do und So 9–12 Uhr.
Tel. 03112/2601

Multifunktionale Solar-Lärmschutzanlage: Zugleich das größte steirische Sonnenstrom-Kraftwerk. An der A2; zwischen Gleisdorf-West und Gleisdorf-Süd. Ein Pilotprojekt der Stadt Gleisdorf (Feistritzwerke-Steweag) mit dem Land Steiermark und der ASFINAG. Die Fahrgeschwindigkeit wird insbesondere zu Nachtzeiten so gesteuert, dass der Lärmpegel die Grenzwerte zumutbarer Lärmbelastung nicht übersteigt.

Einkehr-Tipp

Figaro, Österreichs erstes Solarcafé, mit Pizzeria; Fürstenfelder Straße 190 (R Mo).
Schmankerln: Holzofen-Pizza; Nudelgerichte, Salate; Eis.
Familie Lagler, Tel. 03112/6173

Sonnenwirt, im Forum Kloster/Stadtsaal; Franz-Josef-Straße 7; neben Rathaus (dzt. kein R).
Mo–Sa 11–24 Uhr; So 9– 15 Uhr.
Schmankerln: Sonnenpfandl, Zanderzopf; Grammelknödel.
Afra Seidel, Tel. 03112/36400

Anreise

Nach Gleisdorf:

- Aus Richtung Fehring oder Bad Gleichenberg via Feldbach.
- Aus Richtung Graz via Laßnitzhöhe (A2) oder Ries (B65).
- Aus Richtung Hartberg via Ilz (A2) oder Pischelsdorf (B54).
- Aus Richtung Weiz via St. Ruprecht an der Raab.

Auto: A2 (Ausfahrt Gleisdorf Süd); Park+Ride-Platz am Bahnhof.

Bahn/Verbundlinien: ÖBB/R530; STLB/R531; Bf Gleisdorf.

Bus/Verbundlinie: Post/300–470; Hst Gleisdorf PA.

Rad: R11 Raabtal-Radweg.

82

Rotweißrot markierte Wanderwege verbinden Gleisdorf mit Nitscha.

Naturtour Nitscha

Rund um den Hohenberg – und zwischendurch Kraft tanken mit Fernblicken, Fruchtsäften und Feiertagstimmung

Die Obst- und Weinbaugemeinde Nitscha rühmt sich zu Recht mit ihrem Wahrzeichen, dem *Hohenberg*. Dieser ist zwar innerhalb der Berge des Oststeirischen Hügellandes leicht zu übersehen. Unübersehbar ist hingegen das einem bunten Meer gleichende Obst- und Weinland von Nitscha; es liegt auf jenem Höhenrücken, der das Raabtal und Ilztal teilt – oder verbindet; eben je nach Sicht des Einzelnen.

Wie wichtig der Hohenberg als *Berg* genommen wird, beweist sich unter anderem daran, dass man exakt vom *Bergwirt* an das Herzstück der Gemeinde Nitscha herankommt.
Im besten Sinne dreht sich die *Naturtour* um den 498 Meter hohen *Hohenberg:* Erstens mit der Streckenführung; zweitens ist der Hohenberg ein vielfältig gestalteter Höhepunkt.

Die *Naturtour* führt zu Winzerhäusern, Kapellen und Wegkreuzen; durch Streuobstwiesen und Weingärten und ebenso durch Mischwald. Dass Anfang und Ende derselben Naturtour an der Straße entlangführen, ist der Tribut an jene Phase der Raumplanung, als man glaubte, das Zu-Fuß-Gehen sei nie mehr gefragt. Heute sind mehr als je zuvor *junge* Menschen zu Fuß unterwegs.

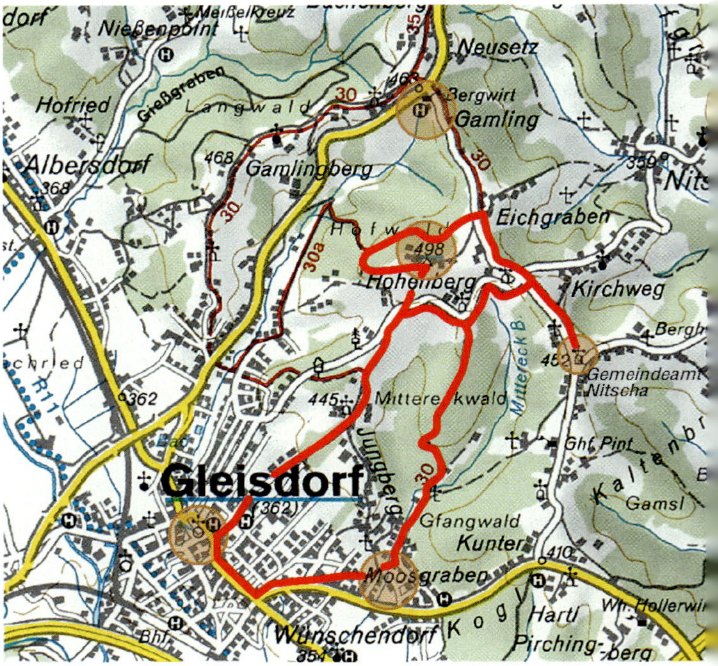

Auf den ersten Blick

Ausgangs- und Zielpunkt: Gemeindeamt Nitscha (452 m).
Gehzeit: 2 Std.
Weglänge: 6 km.
Beste Jahreszeit: März bis November; auch ganzjährig.
Orientierung:
- Speziell beschildert.
- 9 Erlebnisstationen.
- Infoblatt „Naturtour Nitscha".
- freytag & berndt, WK 131.

Informationen:
Gemeindeamt Nitscha;
Tel. 03112/2080
gde@nitscha.steiermark.at
www.nitscha.steiermark.at

Entlang der Naturtour gibt es insgesamt neun Erlebnisstationen. Gleich zu Beginn offeriert sich das *Rahmen-bedingte Landschaftsbild.* Entlang der Straße spaziert man zur zweiten Station: *Mach dir dein Bild der Landschaft.* Wer macht mit?
Ein schöner Waldweg leitet zur Station drei: *Blinde Karawane;* hier geht man mit verbundenen Augen entlang eines Seiles. An der Station vier – *Schritte nach Vorschrift* – steigt man exakt nach Vorgaben höher.
Die Station fünf – *Black Box* – aktiviert den Tastsinn.
Keine offizielle, dennoch unerlässliche Haltestation ist der herrliche Gastgarten beim Buschenschank Maurer.
Der Weiterweg leitet bergab: Durch Weingärten zum nostalgisch gestalteten *Grogger-Pavillon:* Dieser Rastplatz – die Station sechs – liegt im Halbschatten und bietet verschiedene Sitzgelegenheiten an; unter anderem ein *Holzsofa.*
Die Station sieben verlockt mit einer *Duftorgel,* sodann zweigt man bei einem Bildstock bergwärts ab zur Station acht – *Gehen zum Quadrat* –, wo man je sieben Schritte in die vier Himmelsrichtungen setzt.
Der Spaziergang führt nun entlang einer Obstplantage zum *Klang-Labyrinth:* Bei dieser letzten Station, Nummer neun, klingt die Naturtour – dank unterschiedlicher Holzstücke – aus.

Besondere Erlebnispunkte

- Die Stationen eins bis neun.
- Der Gastgarten beim Buschenschank Maurer.

Einkehr-Tipp

Maurer. Buschenschank am Hohenberg; mit altem Gewölbekeller; gj. (außer Juli und Oktober); Di–Fr 16–23 Uhr, Sa und Fei 14–23 Uhr (R So, Mo).
Großer Kinderspielplatz.
Schmankerln: Brettljausen, Käferbohnensalat; Fruchtsäfte jeder Art.
Familie Maurer, Tel. 03112/2005

Anreise

Nach Nitscha aus Richtung Gleisdorf oder Hartberg via Bergwirt (B54).
Auto: A2 (Ausfahrt Gleisdorf-West); Parkplatz beim Gemeindeamt.
Bahn/Verbundlinien: ÖBB/R530; STLB/R531; Bf Gleisdorf.
Bus/Verbundlinien: Post+Gruber/300–340; Hst Gamling Bergwirt.
Rad: R11 Raabtal-Radweg.
Transferstrecken:
- Bergwirt – Gemeindeamt Nitscha 2 km.
- Gleisdorf – Bergwirt 4 km.

Feiertagstimmung: Der Mai macht auch am Hohenberg alles neu.

83

Natur-Lehrweg Harter Teich

Aufbruch von Auffen zu Straußen, Sportfischern und einem Rundweg am Wasser

Exotische Begegnungen: Straußenfarm in Auffen.

Auf den ersten Blick

Ausgangs- und Zielpunkt: Lindenhof in Auffen (437 m).
Gehzeit: 1.30 Std.
Weglänge: 5,6 km.
Beste Jahreszeit: März bis Oktober; auch ganzjährig.
Orientierung:
- Speziell beschildert.
- Zahlreiche Infotafeln.
- Broschüre „Natur-Lehrweg Harter Teich".
- Wanderkarte „Thermen-region Bad Waltersdorf".
- freytag & berndt, WK 423.

Informationen:
Gemeindeamt Großhart;
Tel. 03333/2875
gde@grosshart.steiermark.com
www.grosshart.com

Der im Gemeindegebiet von Großhart ursprünglich nur zur Fischzucht angelegte *Große Teich* wurde bereits im Jahr 1657 genannt. Infolge der ruhigen Lage und klimatisch günstigen Bedingungen entwickelte sich am Harter Teich eine artenreiche Flora und Fauna. Am 7. Oktober 1974 wurde das insgesamt 16 Hektar große Areal zum Naturschutzgebiet erklärt. Seit dem Jahr 1985 führt rund um den Teich ein Natur-Lehrweg.

Der *Natur-Lehrweg* lebt jedoch ebenso von der Zugangstrecke. Diese beginnt als *A2 Natur-Erlebnisweg* beim Lindenhof und führt entlang einer Wiese zu einem großen Straußengehege. Spaziergängern gegenüber sind diese Strauße überaus zutraulich und drängen deshalb oft schnell zum Gatterzaun.
Der Spaziergang um den Harter Teich kann beliebig lang dauern, denn alle paar Schritte eröffnen sich neue Blickwinkel vom *Waldweg, Weidenweg, Heckenweg* und *Graureiherweg*.
Auf Holztafeln abgebildete sowie beschriebene Pflanzen, Sträucher, Bäume und Tiere sind der *lehrreiche Inhalt* dieses Themenweges. Für *spannenden Inhalt* sorgen hingegen die zahlreichen Sportfischer: An vielen Stellen des Weges können Spaziergänger einem der Petrijünger über die Schulter schauen und den ungleichen Zweikampf mit der Angelrute miterleben. Insgesamt ist das Ende eines solchen Zweikampfes meist erlösend: Nämlich dann, wenn der mit einem Schonhaken geangelte Fisch ruckzuck in sein gewohntes Element zurück gesetzt wird.
Der Rückweg erfolgt wie der Zugang – daher wiederum entlang des Straußengeheges – oder mit einer Schleife über Großhart.

Besondere Erlebnispunkte

Harter Teich: Wasserfläche 14 ha, Grünflächen 2 ha. Mit Badeplatz und Sportfischerbereich. Rundweg um den Teich.
Heiltherme Bad Waltersdorf: Mit 6 Badebecken, Sportbecken, Aquafit-Bucht; weltweit einzigartig:

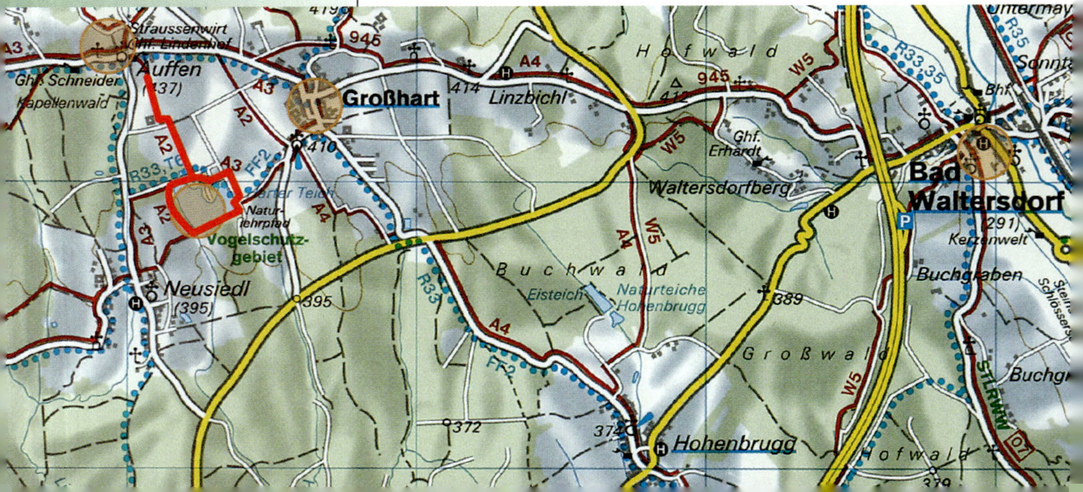

Unterwasser-Fahrräder.
Mo–Do und Sa 9–22 Uhr,
am Fr bis 23 Uhr, an So bis 21 Uhr.
Tel. 03333/500-1
www.heiltherme.at
Schulsportdorf: Am Harter Teich; errichtet im Jahr 2000. Mit Zeltplatz.
Straußengehege: Am Wanderweg von Auffen zum Harter Teich.
Teichsteg zur Schänke: Errichtet im Jahr 2000. Aus dem Bereich des Steges zu fotogenen Motiven.

Zusatzstrecke

Walderlebnisweg Großsteinbach: Ein Schulprojekt der örtlichen Hauptschule, in Zusammenarbeit mit dem Umwelt-Bildungs-Zentrum Steiermark. Das Motto der Waldpädagogin Mag. Almut Moshammer (almut.moshammer@aon.at): „Das Öko-System Wald spielerisch entdecken. Nicht belehren, sondern erfahren."
Rundweg, 25 Stationen, darunter ein Balancierpfad, Fensterblick, Rätselbaum, eine Brücke mit Durchblick, Holzliege unter einer Rotbuche, der Blick vom Hochsitz, ein Schaukasten mit Waldschätzen; außerdem leiten Seile in einen Graben. Gehzeit: 1 Std.; 2 km.
Gemeindeamt, Tel. 03386/8208
www.grosssteinbach.steiermark.at

Einkehr-Tipp

Harter-Teich-Schänke, geöffnet Do–Sa ab 14 Uhr, an So ab 10 Uhr.
Schmankerln: Jeden Freitag Erdäpfelwurst, Surbraten und Sauerkraut; Sonntag Mittag Fisch-Spezialitäten. Zu jeder Zeit Häferl-Kaffee mit Riesenkrapfen; das Häferl zum Mitnehmen.
Familie Wurzer, Tel. 0664/2320683
Lindenhof, GH in Auffen (R Mi).
Schmankerln: Straußenfleisch-Spezialitäten.
Familie Weber, Tel. 0333/2320
Schneider, GH und Bauernhof, Auffen (im Sommer kein R; sonst Do).
Schmankerln: Backhendel, Rindfleisch mit Kürbis; Produkte vom eigenen Hof.
Familie Schneider, Tel. 03333/2397

Herzlich willkommen am Harter Teich!

Das pannonische Klima weckt Lust – erst recht auf die Teich-Schänke.

Anreise

Nach Auffen:
- Aus Richtung Graz via Gleisdorf – Pischelsdorf (B54) oder Bad Waltersdorf.
- Aus Richtung Hartberg via Bad Waltersdorf.

Auto: A2 (Ausfahrt Bad Waltersdorf); Parkplatz beim Lindenhof oder GH Schneider.
Bahn/Verbundlinie: ÖBB/R530; Bf Bad Waltersdorf.
Bus/Verbundlinie: Gruber/331; Hst Auffen oder Bad Waltersdorf.
Rad: R33 Harter-Teich-Radweg.
Transferstrecken:
- Bad Waltersdorf – Großhart – Auffen 6 km.
- Pischelsdorf – Gersdorf – Kroisbach – Auffen 13 km.
- Auffen – Großsteinbach 6 km.

Kuruzzen-Wanderweg

Von Burgau nach Burgauberg „auf den Spuren ungarischer Rebellen"

Auf den ersten Blick

Ausgangspunkt: GH Zur Post, Burgau (303 m).
Zielpunkt: Burgauberg (355 m), Gemeindeamt oder Kuruzzen-Heuriger.
Gehzeit: Hin und zurück 3.30 Std.
Weglänge: Hin und zurück 10 km.
Beste Jahreszeit: März bis Oktober; auch ganzjährig.
Orientierung:
- 12 Stationen.
- Folder „Der Kuruzzen-Wanderweg".
- Historienband „Labonca – Lafnitz"; 1995.
- freytag & berndt, WK 423.

Informationen:
Gemeindeamt Burgau;
Tel. 03383/2325
gde@burgau.steiermark.at

„Kruzitürken!" Wer kennt nicht diesen Ausruf nach einem unliebsamen Zwischenfall? Sowohl *Türken* – die zeitweise mit Ungarn kooperierten – als auch *Kuruzzen* – ungarische Aufständische – haben eine Wort-Spur hinterlassen, die Bewohnern am östlichen Rand des Alpenraumes relativ leicht über die Lippen kommt. Der reale Hintergrund zum eingangs zitierten Unmutskürzel *Kruzitürken* wandelt manches Vorurteil in Nachdenklichkeit.

Die Lust am Entdecken verwehter Historien-Spuren darf groß sein: Die erste ungarische Rebellion gegen die Religionspolitik der Habsburger fand im Jahre 1605 statt; damals verheerten *Haiducken* – ungarische Söldner – die Grenzgebiete.
Nationale Kreise Ungarns waren schließlich unzufrieden mit dem für sie ungünstigen Frieden nach der Schlacht bei Mogersdorf (1664), bei welcher bekanntlich die Türken von Österreichs Heerführer Graf Montecuccoli vernichtend geschlagen wurden.
Der erste *Kuruzzensturm* erfolgte im Jahr 1683. Zeitgleich mit den Türken, die Wien belagerten und wiederum geschlagen wurden.
Die ungarische Rebellion gegen Österreich war zu deren Beginn eher eine soziale, erst später eine nationale Erhebung gegen den Wiener Hof.
Der Kuruzzen-Wanderweg erhellt ebenso in anschaulicher Weise den Abschnitt jener politisch bewegten

Zeit, in welcher der Wiener Hof infolge des Spanischen Erbfolgekrieges (1701–1714) von der politischen Entwicklung in Ungarn abgelenkt war.
Hauptursache für die von 1704 bis 1709 erfolgten Kuruzzen-Einfälle – die auch Fürstenfeld erreichen sollten – war die vom österreichischen Herrscherhaus in Ungarn geplante Gegenreformation.
Ungarische Adelige waren jedoch Anhänger der Reformations-Protestanten oder Calviner. Deren Verteidigung ihres evangelischen bzw. helvetischen Glaubensbekenntnisses war also ein wichtiges Motiv, die Kuruzzen-Einheiten zu unterstützen. In diesen hatten sich unzufriedene Bauern und ausgediente Soldaten zusammen geschlossen. Der legendäre Franz II. Rákoczi führte die Kuruzzen an. Deren Taktik ist mit jener heutiger Guerillaeinheiten vergleichbar.
Die vom ungarischen Adel unterstützten Aufständischen drangen sowohl nach Mähren und Niederösterreich ein als auch in das steirisch-westungarische Grenzgebiet. Nach Westungarn deshalb, weil die Batthyány'schen Grenzherrschaften – Güssing, Rechnitz, Schlaining – dem österreichischen Kaiser treu geblieben waren.
Die Themenweg-Stationen dokumentieren auch Verteidigungsmaßnahmen: Beispielsweise wurde der Ausbau des Grenzlinien-Verteidigungssystems verstärkt, indem zwischen Burgau und Neudau drei Grenzwächtertürme – sogenannte *Tschartaken* – errichtet wurden.
Im Jahr 1709 kamen die Kuruzzen ein letztes Mal über die Grenze, und zwar nach Neudau.
Nach wie vor ist die *Lafnitz* ein Grenzfluss; nunmehr jedoch inner-

Ein Pool der Erholung: Das Strandbad Burgau.

Bild links unten: Am steirischen Ufer der Lafnitz: Die Tschartake ist frei zugänglich.

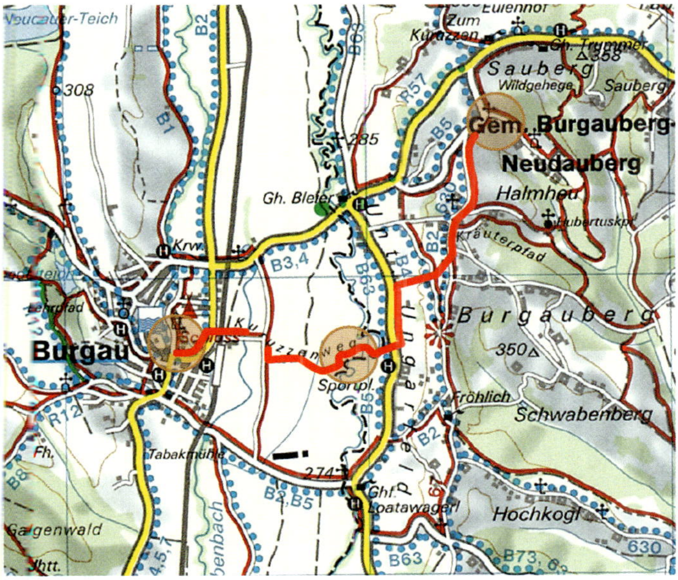

Anreise

Nach Burgau:
- Aus Richtung Graz via Gleisdorf.
- Aus Richtung Hartberg via Bad Waltersdorf.

Auto: A2 (Ausfahrt Ilz oder Bad Waltersdorf). Parkplatz beim GH Zur Post, in Ortsmitte.
Bahn/Verbundlinie: ÖBB/R530; Bf Bad Waltersdorf oder Bierbaum.
Bus/Verbundlinien: Jandrisevits/471; Post/485; Hst Burgau.
Rad: R12 Thermen-Radweg.
Transferstrecken:
- Bad Waltersdorf – Blumau 9 km.
- Bierbaum – Blumau 8 km.

Den Kuruzzen auf der Spur: Im Lafnitztal am Fuße von Burgauberg.

Lustiger Hit: Schittls „Rad-Tankstelle“ beim GH Zur Post in Burgau.

halb von Österreich, nämlich zwischen der Steiermark und dem Burgenland, das im Jahr 1921 zu Österreich kam.

Von Burgau nach Burgauberg
Wer dem *Kuruzzenweg* folgt, gelangt auf einem Brücklein über den Lobenbach zu jenen Wiesen, aus denen ein Weg ostwärts an die Lafnitz heranführt. Am Rand des Auwaldes steht eine nachgebaute Tschartake. Der aus Holz gebaute Wachtturm ermöglicht guten Überblick in die wie ein Brett ebene Au-Landschaft. Auf einer Brücke überquert man die Lafnitz. Ab dem Sportplatz folgt man der Hauptstraße (B57a) nordwärts. Ab dem Haus Nr. 143 führt der Kuruzzenweg an Wiesen und Weingärten bergan zum Gemeindeamt Burgbauberg. Es lohnt, dem Gehweg weiter zu folgen: Über das gute – vorläufige – Ende dieses Ausfluges erfreut man sich beim Kuruzzen-Heurigen. Schließlich braucht man noch Kräfte für den Rückweg nach Burgau. Dort, bei „Schittl's erster Rad-Tankstelle“ im Nahbereich des Strandbades, lässt sich erst recht gut erholen.

Besondere Erlebnispunkte

Kuruzzen-Wanderweg: Mit 12 großen Informationtafeln.
Das Wort „kuruc“ ist ungefähr seit dem Jahr 1670 bekannt. Die etymologische Wurzel entstammt eventuell dem lat. *crux* (Kreuz; Kreuzfahrer, Kreuzträger).
Schloss Burgau: Das ehemalige Wasserschloss „Burg in der Au“ wird 1367 erstmals urkundlich erwähnt. Seit 1872 ist die Marktgemeinde Burgau Besitzer des Schlosses. Es wird u. a. als Kulturzentrum genutzt.
Strandbad Burgau: Mit Naturteich und Sportbecken. Weithin bekannt ist das Burgauer Strandfest.
Tschartake: Nächst der Lafnitzbrücke, auf steirischem Boden. Original nachgebauter Grenzwächterturm. Frei zugänglich.

Einkehr-Tipp

Zur Post, Gute Steirische Gaststätte, in Burgau (R Di).
Mit „Rad-Tankstelle“.
Schmankerln: Erdäpfelwurst, hausgemachte Würstel, Bauernschmaus; Apfel-, Erdäpfel-, Krautstrudel.
Familie Schittl, Tel. 03383/2361

Rund um die Riegersburg

85

Auf die größte Festungsanlage der Steiermark gelangt man nun auch mit einer Seilbahn

Die Geschichte der Burg reicht bis in das 12. Jahrhundert zurück. Im Mittelalter trug der Felsen zunächst zwei Burgen. Die wehrhafte Anlage, welche nie erobert werden konnte, steht auf einem rund 100 Meter hohen, nach allen Seiten steil abfallenden Basaltfelsen.

Die fünf Befestigungstore offenbaren den trutzigen Charakter der Burganlage. Deren heutiges Aussehen erhielt die Anlage von der *Gallerin:* Die legendäre Burgherrin ließ im 17. Jahrhundert die Riegersburg zur uneinnehmbaren Festung ausbauen.
Seit 1822 gehört die Burg der Familie Liechtenstein.
Seit dem Jahr 1987, anlässlich der Steirischen Landesausstellung „Hexen und Zauberer", rangiert die Riegersburg an oberster Stelle im Ausflugs-Erlebnisbereich.
Zugleich ist die Burg das markanteste Segment der touristisch prosperierenden Kleinregion *Vulkanland.*
Themen und Erlebnisse verknüpfen sich mit der Riegersburg, dem gleichnamigen Dorf und dessen Umgebung. Einzigartig sind die Eindrücke, die man als Besucher aufnimmt.
Als „Schlüssel", der diesen Bereich öffnet, eignet sich am besten der *Burgweg.* Dieser führt aus der Mitte des Marktes bzw. von der „Info-Stube" ziemlich steil bergan: Durch das *Steinkellertor* und *Cillitor.* Hierher gelangt man auch vom Raiffeisenplatz durch einen Obstgarten. Durch das *Annentor,*

Auf den ersten Blick

Ausgangs- und Zielpunkt: GH Zur Riegersburg (Fink) am Hauptplatz (377 m)
Höchster Punkt: Riegersburg (484 m).
Gehzeit: 1 Std.
Weglänge: 2,5 km.
Beste Jahreszeit: März bis Oktober; auch ganzjährig.
Orientierung:
- Beschilderte Spazier- und Wanderwege.
- Burgweg (Weg Nr. 2).
- Freizeitkarte „Riegersburg".
- freytag & berndt, WK 423.

Informationen:
TV Riegersburg:
Tel. 03153/8670
tourismus@riegersburg.com
www.riegersburg.com

Lichteneggertor und *Pyramidentor* gelangt man zur Bastei, wo ehemals die Untere Burg stand. Sowohl von hier wie erst recht in Höhe der Burgtaverne überblickt man faktisch das gesamte *Vulkanland*.
Im Sinne eines Rundweges dient als Abstiegsroute der historische *Eselsteig,* welcher den westseitigen Burgfelsen durchzieht.
Nunmehr erreicht man über den Eselsteig auch die Talstation der neuen *Standseilbahn*. Deren Trasse (Neigung 62 %) wurde nordseitig angelegt.
Zugleich ist natürlich Lust geweckt, die selbstgesteuerte Bahn für eine Bergfahrt zu nutzen.
Oder man vertraut auf die eigene Kraft und folgt den Wegen 8 oder 16. Beide Spazierwege leiten westseitig um die Burg herum und zum Dorf.

Besondere Erlebnispunkte

Auf der Riegersburg:
• *Erlebnismuseum:* Ab dem Frühjahr 2003. Modern aufbereitete Gesamtschau über das Leben im Mittelalter sowie über Archäologie und Historie. 1. April bis 31. Oktober, täglich 9–17 Uhr.
• *Greifvogelschau:* April bis Oktober; Mo–Sa um 11 und 15 Uhr; an So und Fei um 11, 14, 16 Uhr.
• *Hexen-Ausstellung:* Europaweit einzigartig. Neu adaptiert. Öffnungszeiten wie Museum.
• *Standseilbahn:* An der Nordseite der Burg. Inbetriebnahme 1. Mai 2003. Kabine für 25 Personen. Selbstfahrend; Streckenlänge 130 m; Höhenunterschied 80 m.
<u>Informationen:</u>
Burgkassa, Tel. 03153/82131
Burgverwaltung, Tel. 8346, Stadler
Schinkenkeller: Im Steinkeller am Aufgang zum Burg. Mit 1000 „Riegersburger Turmschinken“. Eine Kreation von Gottfried Fink jun.
Schnapsbrennerei Gölles: Mit Essig-Manufaktur. Nur die besten und saftigsten der Früchte finden ihren Weg in den Brennkessel und ins Essigfass. Spezialitäten wie Alte Zwetschke, Kriecherl oder

Anreise

Nach Riegersburg:
• Aus Richtung Graz und Gleisdorf via Feldbach oder Ilz.
• Aus Richtung Fürstenfeld und Hartberg via Ilz.
• Aus Richtung Bad Gleichenberg und Jennersdorf via Feldbach.
Auto: A2 (Ausfahrt Gleisdorf-Süd oder Ilz); großer Parkplatz beim Seebad.
Bahn/Verbundlinie:
ÖBB/R530; Bf Feldbach, Fehring oder Hst Hatzendorf.
Bus/Verbundlinien:
Post/406, 460;
Hst Riegersburg.
Rad: R11 Raabtal-Radweg; R12 Thermen-Radweg; R40 Schlösser-Radweg.
Transferstrecken:
• Fehring – Riegersburg 9 km.
• Feldbach – Riegersburg 10 km.
• Hatzendorf – Riegersburg 6 km.

Saubirnen bzw. der Balsam-Apfel-Essig.
Ab-Hof-Verkauf: Mo-Sa 8-12 und13-17 Uhr.
Familie Gölles, Tel. 03153/7555
www.goelles.at
Schokoladen-Manufaktur Zotter: Eine Institution von Weltruf.
schokolade@zotter.at
Seebad Riegersburg: Bade- und Freizeitsee am Fuße des Hofberges. Mai bis September. 18.000 m² Wasserfläche, 20.000 m² Grünflächen.
Vinothek Fink: Beim GH Zur Riegersburg. Sämtliche Weine aus der Süd-Ost-Steiermark sowie internationale Marken.
WeinDUFTikum: Am Aufgang zur Burg. Eröffnet 1999. Mit Multimediashow zur Geschichte des Weinbaues. April bis Oktober, Di–So 9–18 Uhr.

Einkehr-Tipp

Burgtaverne, nächst dem Eingang zum Burgmuseum; romantisches Kellerstübchen. Geöffnet 9–17 Uhr. Tel. 03153/82131

Zur Riegersburg, Gute Steirische Gaststätte; mit Kochweltmeister Hans-Peter Fink (R Do). Schmankerln: Blutwurstgröstl mit Gerstlsauerkraut, Heckenklescher-Rostbraten mit Pilzpolenta, Knuspriges Zanderfilet auf Kürbiscannelloni; Pflaumige Topfenknöderl in Nussbutterbrösel mit Zwetschkenröster.
Familie Fink, Tel. 03153/8216

Der Eingang in das Herzstück der Riegersburg.

Nah am Ort liegt dieser See: Riegersburg ist ganzjährig erholsam.

86

Kraftwanderweg Loipersdorf

Der starke Steinpark über der Therme

Auf den ersten Blick

Ausgangspunkt: Therme Loipersdorf (ca. 330 m).
Gehzeit: 1–2 Std.
Beste Jahreszeit: März bis November; auch ganzjährig.
Orientierung:
- Speziell beschildert.
- 20 Stationen; mit Beschreibung der einzelnen Steine.
- Folder und Broschüre „Kraft durch Steine".
- freytag & berndt, WK 423.

Informationen:
TV Loipersdorf;
Tel. 03382/8833
tv@loipersdorf-info.com
www.loipersdorf.com

Waldviertler Granit versetzt jene Besucher in Schwingung, wenn sie diesem *megalithischen Kraftwanderweg* folgen, der an 44 unterschiedlich großen Steinen entlangführt. Diese wurden unter Hunderten Steinen derart sorgfältig ausgesucht. Jeder der ausgewählten Steine hat seine spezielle Schwingung; in diesen liegt das Erfolgserlebnis. So will es *Erich Strasky.* Von ihm stammt die Idee zu diesem Kraftwanderweg, den er auch plante und in den Jahren 1994/95 errichtete.

Mit an Sicherheit grenzender Wahrscheinlichkeit findet jeder Besucher *seinen* Stein.
Der Kraftwanderweg beginnt gegenüber der Therme: Beim *Wächterstein.* Dieser bewacht das gegenüber platzierte Portal. Der *Linke Portalstein* und der *Rechte Portalstein* tragen in sich die Energie von Yang bzw. Yin. Als nächstes wird die *Wegsäule* erreicht.
Die Station fünf ist der *Herold,* eine imposante Steinnadel, ein echter Menhir; er strahlt nach oben.
Der *Steinmann* ist die älteste Form in der Kunst der Steinsetzung.
Man hält auch bei der *Windrose* inne: Sie besteht aus vier Steinen und reflektiert die vier Haupthimmelsrichtungen.
Der *Pyramidenwächter* steht – wo sonst? – nahe der *Pyramide.*
Station zehn: Im Zentrum des *Labyrinths* liegt ein stark aufladender Stein. Die Steinreihen des Labyrinths werden keinesfalls überquert, denn solche Schritte stören den Energieaufbau.
Es folgen der *Sattelstein,* der *Große Menhir,* der *Yang-Stein* und *Yin-Stein.*
Die Station 15 nutzt einen natürlichen Platz der Kraft: Der angestammte *Birnbaum* steht auf der Kreuzung zweier stark aufladender Kraftlinien.

An der Landesgrenze Steiermark/Burgenland: Die Therme Loipersdorf.

Beim *Indianischen Medizinrad* ist die Erschließung der Kraft nicht so leicht möglich.
Der *Mondstein* steht als letzte Station vor dem *Großen Steinkreis:* Den *Sonnenstein* umgeben die zwölf Steine der *Tierkreiszeichen.*
Der *Dolmen* ist genau Nord-Süd orientiert.
Am Ende des Kraftwanderweges gelangt man zum *Ankündigungsstein* beim Thermeneingang.
Energie aus Steinen fließt langsam. Folglich lassen sich Besucher dieses Kraftwanderweges ausreichend Zeit.

Besondere Erlebnispunkte

Therme Loipersdorf: Erlebnisbad mit Wasserrutsche, Baby-Beach, Grotte und Wildbach; Sauna-Dorf; Schaffelbad – Ort der Ruhe und Entspannung. Im Sommer auch Wellenbad, Acapulco-Becken und Kinderparadies.
Täglich 8.30–21 Uhr, Mi und Fr bis 23 Uhr. Tel. 03382/8204
www.therme.at
Laufparadies: Im Umgebungsbereich der Therme vier Rundkurse: 1,4 km; 2,4 km; 3,7 km und 5,5 km. Spezielles Infoblatt.

Kraft schöpfen: Im Abendlicht durch den Steinpark.

Zusätzliche Erlebnispunkte

Golfplatz: In Gillersdorf.
Steirerladen: In Dietersdorf, an der Straßengabelung Therme/Golfplatz. Europas größter Bauernladen: Spezielle Produkte aus dem Thermenland. Mit Vinothek und Jausenstation.
Täglich 9–20 Uhr.
Familie Hradil, Tel. 03382/8270

Einkehr-Tipp

Zur Alten Press, Café-Restaurant; bei der *Hirczy-Kapelle* in Henndorf; Di-Fr ab 15 Uhr; Sa, So, Fei ab 11 Uhr (R Mo).
Schmankerln: Steirisches Backhendl, Fisch-Spezialitäten; hausgemachte Mehlspeisen.
Heidi Ellmauer, Tel. 03329/48692

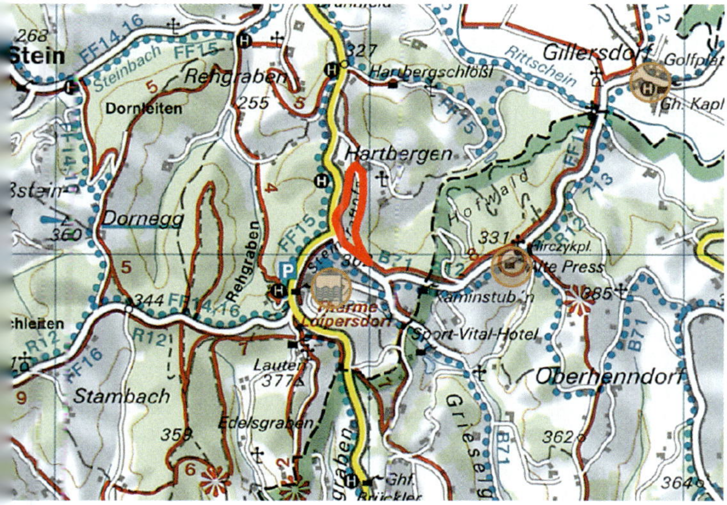

Anreise

Zur Therme Loipersdorf:
- Aus Richtung Graz via Fürstenfeld oder Jennersdorf.
- Aus Richtung Hartberg via Fürstenfeld.

Auto: A2 (Ausfahrt Gleisdorf-Süd oder Ilz). Parkplatz vor der Therme.
Bahn/Verbundlinie: ÖBB/R530; Bf Fürstenfeld oder Jennersdorf.
Bus/Verbundlinie: Post/486; Hst Therme Loipersdorf.
Rad: R12 Thermen-Radweg.
Transferstrecken:
- Fürstenfeld – Therme Loipersdorf 9 km.
- Jennersdorf – Therme Loipersdorf 7 km.

87

Keltischer Lebensbaumweg

Aus dem Raabtal bei Pertlstein von Baum zu Baum rund um die Burg Bertholdstein

Auf den ersten Blick

Ausgangspunkt: Gemeindeamt Pertlstein (280 m).
Gehzeit: 2 Std.
Weglänge: 6 km.
Beste Jahreszeit: März bis Oktober; auch ganzjährig.
Orientierung:
- Speziell beschildert.
- 21 Baumtafeln.
- Folder „Wandern in Pertlstein“.
- freytag & berndt, WK 412.

Informationen:
Gemeindeamt Pertlstein;
Tel. 03155/2308
gde@pertlstein.steiermark.at
www.pertlstein.steiermark.at

Bäume faszinieren den Menschen. Die Kelten lebten in besonders enger Verbundenheit mit der Natur und hatten vor Bäumen tiefe Ehrfurcht. Der Keltische Baumkalender basiert auf Zeiteinheiten in Kombination mit Menschenkenntnis aus vielen Generationen. Die keltische Zeiteinteilung misst nicht mit Wochen und Monaten, sondern mit jenen 40 unterschiedlich langen Perioden, welche den Lebens- und Wachstumszyklen der Bäume innerhalb eines Jahres entsprechen.

Nach der keltischen Zeiteinteilung sind 21 Bäume den 365 Tagen unseres Kalenders zugeordnet. Manche Bäume gelten für einen längeren Zeitraum; mitunter ist ein Lebensbaum gar nur einem bestimmten Tag zugordnet. Jeder Mensch hat *seinen* Lebensbaum. Das Projekt *Keltischer Lebensbaumweg* wurde im Rahmen der Dorfentwicklung in Zusammenarbeit mit der Ökologischen Landentwicklung Steiermark (ÖLE) in die Tat umgesetzt. Die Eröffnung des Weges fand am 21. April 2002 statt. Eine kindergerechte Adaptierung des Lebensbaumweges ist vorgesehen. Der gut beschilderte Weg leitet vom *Gemeindeamt Pertlstein* bzw. von der Raabtalhalle über Fluren in den Burgwald. Im weiteren erreicht man – an einem Weingarten ansteigend – eine Nebenstraße. Dieser folgt man bergwärts zu einem Höhenrücken. In aussichtsreicher Lage und entlang von Obstgärten geht man auf Bertholdstein zu. Vor dem Burgeingang steht eine mächtige Rotbuche: ein wahres Naturdenkmal. Der *Lebensbaumweg* führt parallel zu einem Waldweg bergab zu einem Pflegeheim und zum Gasthof

Idylle und Ausgangspunkt: Das Biotop vor dem Gemeindeamt Pertlstein.

Zach. Im weiteren erreicht man das Café Ingrid. Beim Gemeindeamt schließt die Rundstrecke.
Der ideelle Wert eines Baumes kann schwer ermessen werden; *Eugen Roth* lehrt jedoch folgenden überzeugenden Maßstab:
Zu fällen einen schönen Baum
brauch's eine halbe Stund',
zu wachsen, bis man ihn bewundert,
braucht er, bedenk' es, ein Jahrhundert!"

Besonderer Erlebnispunkt

Burg Bertholdstein (368 m): Mit Gästehaus und Urlaub auf der Burg. Exerzitientage.
Bekannt wurde Bertholdstein durch die 1968 erfolgte Verfilmung von Kafkas Roman *Das Schloss*. Hauptdarsteller Maximilian Schell – er mimte den Landvermesser K. – ist ein Urenkel von Karl Noe von Nordberg; dieser besaß 1852–1871 Bertholdstein.
Die Burg wurde zwischen 1170 und 1179 von Berthold I. von Emmerberg gegründet. Im Ersten Weltkrieg diente die Burg als Gefangenenlager.
Am 30. Oktober 1920 wurde die Burg auf die Abtei St. Gabriel überschrieben: Bertholdstein ist nunmehr Wohn- und Lebensraum der Schwesternabtei St. Gabriel, vom Orden der Benediktinerinnen. Besichtigung der Burgkirche möglich; an der Pforte läuten.
Messe: So und Fei, 9 Uhr.

Einkehr-Tipp

Café Ingrid, in Pertlstein (R Mi).
Schmankerln: Hausgemachte Mehlspeisen; Pizza.
Familie Binkenborn,
Tel. 03155/3193
Zach, GH in Pertlstein; mit Lehmkegelbahn (R Di).
Schmankerln: Fischspezialitäten (Forellen, Karpfen); jeden Donnerstag steirische Schmankerln.
Familie Zach, Tel. 03155/2357

Anhalten, nachlesen, vergleichen – staunen: Von Baum zu Baum.

Anreise

Nach Pertlstein:
- Aus Richtung Graz via Gleisdorf und Feldbach.
- Aus Richtung Jennersdorf via Fehring.

Auto: A2 (Ausfahrt Gleisdorf-Süd). Parkplatz vor dem Gemeindeamt.
Bahn/Verbundlinie: ÖBB/R530; Bf Feldbach, Fehring oder Hst Lödersdorf.
Bus/Verbundlinien: Post/409; ÖBB/488; Hst Pertlstein Gemeindeamt oder Kaufhaus Obenauf.
Rad: R11 Raabtal-Radweg.
Transferstrecken:
- Fehring – Pertlstein 4 km.
- Feldbach – Pertlstein 7 km.
- Lödersdorf – Pertlstein 2,5 km.

88

Waldlehrpfad Bad Gleichenberg

Der älteste Thermal-Kurort der Steiermark als Jungbrunnen

Von der Dorfkapelle in den schönen Wald am Gleichenberger Kogel.

Sieben Thermalquellen waren bereits den Römern bekannt. Seit bald 170 Jahren wird die heilende Kraft des Wassers im Kurbetrieb genutzt: Am 10. Mai 1834 legte Graf von Wickenburg den Grundstein für den *Curort Gleichenberg.* Dieser emanzipierte alsbald zu einem internationalen Treffpunkt des Adels. Seit 22. Juni 1926 trägt Gleichenberg das Prädikat „Bad" und ist somit der älteste Thermal-Kurort der Steiermark. Zur Zeit erlebt Bad Gleichenberg einen enormen Investitionsschub. Schließlich wird im Frühjahr 2003 auch der Waldlehrpfad revitalisiert. Bad Gleichenberg hat also viele neue Gesichter als beständiger Jungbrunnen im Freizeitbereich.

Der Waldlehrpfad kann ganzjährig besucht weden. Im Winter ist das Waldgelände überwiegend angenehm begehbar, weil dank laubloser Baumkronen das Sonnenlicht bis zum Boden vordringen kann. Den Rundweg beginnt man nahe der *Evangelischen Kirche,* von welcher die Erzherzog-Johann-Promenade – leicht bergan führend – zur Dorfkapelle leitet. 400 Meter weiter beginnt der Waldlehrpfad.

Im Wald stehen – derzeit – kuriose Tafeln, beispielsweise „Waldlehrpfad 4130 m" oder „Mühlsteinbruch 2050 m". Erraten! Diese Angaben beziehen sich auf die Weglängen. Denn der Gleichenberger Kogel misst exakt 598 m. Insgesamt hält man sich an den Weg Nummer eins; er leitet durch herrlichen Mischwald bergan. Wo man eine kleine *Unterstandshütte* erreicht, lohnt folgender Abstecher:

Auf den ersten Blick

Ausgangs- und Zielpunkt: Gendarmerie, Bad Gleichenberg (317 m).
Höchster Punkt: Gleichenberger Kogel (598 m).
Gehzeit: 3 Std.
Weglänge: 8 km.
Höhenunterschied: 280 m.
Beste Jahreszeit: März bis Oktober; auch ganzjährig.
Orientierung:
- Speziell beschildert.
- Markierte Wanderwege.
- Rund 25 Info- und Baumtafeln.
- Wanderkarte „Bad Gleichenberg".
- freytag & berndt, WK 412.

Informationen:
TV Bad Gleichenberg:
Tel. 03159/2203
info@bad-gleichenberg.at
www.bad-gleichenberg.at

Im Kurpark von Bad Gleichenberg.

Bild links unten: Der Mühlsteinbruch.

Auf dem Weg Nummer zwölf entlang der Forststraße südseitig um den *Kogel* herum und schließlich auf einem Steig steil hinauf zur bewaldeten Gipfelkuppe; auf dieser stehen Mauerreste. Man folgt nun nordseitig bergab einem gut begehbaren Steig (Weg 12a) und erreicht wieder die Unterstandshütte.
Der Waldlehrpfad führt nordseitig um den Gleichenberger Kogel in den Bschaidkogelsattel, worin sich sechs Routen vereinigen bzw. gabeln.
Just der Weg Nummer 13 leitet zum Rastplatz beim *Mühlsteinbruch* – ein interessantes Gelände! Der Waldlehrpfad mündet mit seinem Schlussstück in den Eichgrabenweg.
Mit der Bernreither Straße schließt sich diese Rundstrecke, mit welcher man Bad Gleichenberg von seiner ursprünglichen Seite kennen lernt.

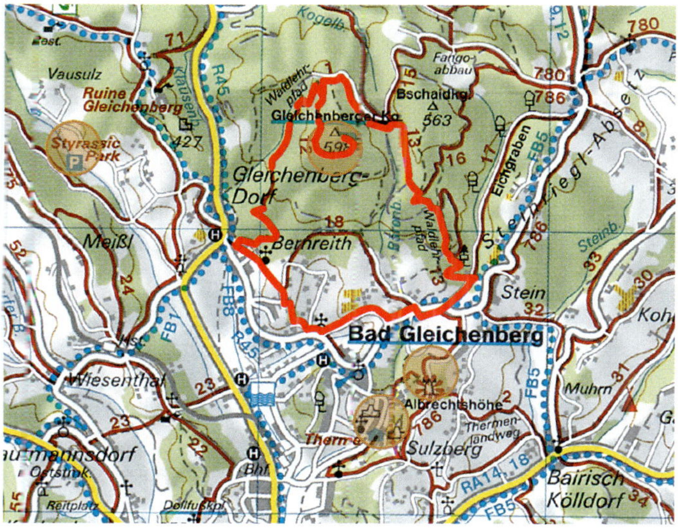

Anreise

Nach Bad Gleichenberg:
- Aus Richtung Graz oder Jennersdorf via Feldbach.
- Aus Richtung Leibnitz oder Bad Radkersburg via Halbenrain.

Auto: A2 (Ausfahrt Gleisdorf-Süd); A9 (Ausfahrt Vogau). Parkplatz nächst der Landesberufsschule Bad Gleichenberg.
Bahn/Verbundlinien: ÖBB/R530; Bf Feldbach. ÖBB/R560; Hst Purkla. STLB/R532; Bf Bad Gleichenberg.
Bus/Verbundlinien: ÖBB/400; STLB/416; Hst Bad Gleichenberg Gendarmerie.
Citybus: Benutzung kostenlos. Betriebszeit Mo–Sa; 23 Haltestellen; u. a. Bahnhof, Gendarmerie, Pfeilerhof, Therme; bis Bairisch-Kölldorf.
Rad: R12 Thermen-Radweg; R45 Gleichenberger Radweg.
Transferstrecken:
- Feldbach – Bad Gleichenberg 11 km.
- Purkla – Bad Gleichenberg 15 km.

In höheren Sphären: Auf der frei zugänglichen Enzianwarte.

Besondere Erlebnispunkte

Bad Gleichenberg:
Kurpark: Auch „Grüner Salon" genannt. Arealgröße 20 ha. Angelegt im Jahr 1837; großzügig gestaltet; zahlreiche exotische Bäume, u. a. Atlas-Zeder und Trompetenbaum. Herausragend der Mammutbaum, *Sequoiadendron giganteum*, gesetzt im Jahr 1872.
Kurtherme: Thermal-Hallenbecken und Freibad. Jede Quelle mit spezieller Mineralisierung und Wirkung. Mo–Sa 9–21 Uhr, So 9–20 Uhr.
Tel. 03159/2294
www.kurtherme.at

Mühlsteinbruch (480 m): Am Waldlehrpfad; mit Bergkreuz. Idyllischer Spielplatz; auch Russische Kegelbahn. Die *Enzianwarte* bietet prächtigen Ausblick auf Straden; mit gemalter Panorama-Tafel.

Zusätzliche Erlebnispunkte

Größtes Feuerwehrauto der Welt: In Bairisch-Kölldorf; seit Mai 2002; im Buch der Rekorde. Tatsächlich handelt es sich um das Rüsthaus; es wurde einem Feuerwehrauto detailgetreu nachgebaut. Täglich um 11.45 Uhr wird eine Löschaktion simuliert.
www.bairisch-koelldorf.at

Styrassic Park: Spannende Urzeit-Welt; derzeit 70 Dinosaurier. Der größte: *Tyrannosaurus Rex;* 10 m lang, 6 m hoch. Im Parkgelände das Restaurant „Reblaus"; mit Kinderspielplatz.
1. März bis 31. Oktober, 9–17 Uhr; im März und Oktober bis 16 Uhr.
Tel. 03159/2875
www.styrassicpark.at

Einkehr-Tipp

Gleichenberger Weinstüberl, März bis Dezember, täglich ab 15 Uhr, Bernreither Straße (R So).
Schmankerln: Aufstrichbrote, Breinwurst, Presswurst; Strauben, Grammelstrudel, Winzersalat, Selchripperl, Hoadn-Tommerl und Saure Suppe.
Lisa Ulrich, Tel. 03159/2733

Johannishof, Buschenschank, November bis Februar; Schulstraße 49 (kein R).
Schmankerln: Genserteller, Mac-Genser (für Kinder); Buchteln, Strauben.
Familie Genser, Tel. 03159/2396

Pfeilerhof, Gasthof-Pension in Gleichenberg Dorf (im Sommer kein R; November–Februar Do).
Schmankerln: Steirerschnitzerl mit Kürbiskern-Panade, Chef-Teller, Pfeilerhofplatte; Apfelscheiben mit Mostschaum, Kaiserschmarren.
Familie Pfeiler, Tel. 03159/2284-0

Geo-Trail Kapfenstein

Heiß wie Lava: Der erste Vulkan-Lehrpfad in Österreich

„Vor zwei Millionen Jahren, in einer Zeit, als die Menschheit gerade im Entstehen begriffen war, stieg am Rande des Pannonischen Beckens glühend heißes Magma aus dem Erdinneren an die Oberfläche. In dieser Zeit brachen im Steirischen Vulkanland mehr als 40 Vulkane aus. Einer dieser Vulkane war der Kapfensteiner Vulkan. Er entstand durch zahlreiche Eruptionen."

Das *Geologic-Team* Manfred Messner, Siegfried Hermann und Jürgen Loizenbauer hat diesen österreichweit einzigartigen Vulkan-Lehrpfad eingerichet. Der im Jahr 2001 eröffnete Geo-Trail führt rund um den Kapfensteiner Kogel. Der Vulkanberg ist im Besitz der Familie Winkler-Hermaden. Deren Name ist Gesteinskundigen ein Begriff:
Arthur Winkler von Hermaden (1890–1963) war Geologe.
Die Idee zu diesem Geo-Trail entsprang *Manfred Messner:*
„Mir schwebte ein Projekt vor, das den Vulkanismus touristisch näher bringt."
An elf anschaulich gestalteten Stationen – jede gestaltet in Form einer kreisrunden farbigen Tafel, die von einer handgeschmiedeten Rosette umrahmt ist – erfahren Besucher in populär-wissenschaftlicher Weise Vorgänge der wortecht *feurigen* Entstehungsgeschichte im Bereich des Steirischen Thermenlandes. Drei speziell adaptierte, standortfeste Schein-Fernrohre suggerieren Panoramen mit aktiven Vulkanen samt deren feuerroten Lavaströmen.
Der Einstieg in den Geo-Trail erfolgt gegenüber dem Kapfensteiner Hof.

- Die Station eins informiert über die *Entstehung unseres Vulkans.*
- Nächst der Kirche die beiden nächsten Schautafeln. Station zwei zeigt *Lavaströme am Stradner*

Eine ideell wertvolle Ergänzung: Der Energie-Schauplatz Kapfenstein.

Auf den ersten Blick

Ausgangs- und Zielpunkt: Kapfensteiner Hof; nächst der Kirche (405 m).
Gehzeit: 1 Std.
Weglänge: 2 km.
Beste Jahreszeit: März bis Oktober; auch ganzjährig.
Orientierung:
- Speziell beschildert.
- 11 Stationen; mit Texten.
- Folder und Broschüre „Geo-Trail Kapfenstein".
- freytag & berndt, WK 412.

Informationen:
Gemeindeamt Kapfenstein
Tel. 03157/2235
gemeinde.kapfenstein@aon.at
www.kapfenstein.com
Geologic GmbH,
Dirnbach 38, Stainz bei Straden;
Tel. 03473/8094
geologic@utanet.at
www.geo-logic.at

Von Werner Pirs kunstvoll geschmiedet: Die Geo-Trail-Rosetten.

Kogel und die Station drei definiert den Standort: *Im Schlot des alten Vulkans.*

- Ein Waldweg leitet zur Station vier. Die kleine Plattform wurde am 28. 10. 2001 errichtet. Mit Hilfe eines Schein-Fernrohrs sieht man den *Vulkan von Gleichenberg.* Nun folgt man im steilen Wald einem neu angegrabenen, gut begehbaren Steig.
- Die Station fünf lokalisiert den Standort: *Am Rande des neuen Kraters.*
- Die Station sechs beweist: *Der Vulkan als Baumeister.*
- Am Weg zur nächsten Schautafel – Station sieben: *Der Vulkan durchs Mikroskop* – dient gar ein Stück Drahtseil zum Festhalten.
- Im weiteren hält man sich bergan zur Gipfelkuppe (461 m) und Station acht: *Der Vulkan von Riegersburg.* Im Schein-Fernrohr erblickt man einen Feuerschlot.
- Vom prächtigen Platz der Herz-Jesu-Kapelle gelangt man zu Weingärten und durch diese zur Station neun: *Im Schlot des jüngeren Vulkans.*
- Der Geo-Trail führt nun „erdverbunden" – weil entlang eines Ackers – bergab, am Schloss Kapfenstein nordseitig vorbei, zur Station zehn: *Edler Stein aus großer Tiefe.* Es handelt sich um den *Olivin,* ein höchst selten vorkommendes Mineral. Dessen Name steht nunmehr für den Spitzenwein des Weingutes Winkler-Hermaden.
- Nun führt der Weg etwas steiler bergab – auch hier dient ein Drahtseil als Handlauf – zur Station elf: *Die Eruptionen.*

Unweit dieser letzten Station erreicht man den Kapfensteiner Hof, wo der Geo-Trail als Runde schließt.

Anreise

Nach Kapfenstein:

- Aus Richtung Bad Gleichenberg via Bairisch-Kölldorf.
- Aus Richtung Bad Radkersburg via Klöch – St. Anna am Aigen.
- Aus Richtung Graz via Gleisdorf – Feldbach – Fehring.
- Aus Richtung Jennersdorf via Fehring.

Auto: A2 (Ausfahrt Gleisdorf-Süd); A9 (Ausfahrt Vogau). Parkplatz im Bereich Kapfensteiner Hof.
Bahn/Verbundlinie: ÖBB/R530; Bf Fehring.
Bus/Verbundlinie: Post/409; Hst Kapfenstein Schloss.
Rad: R12 Thermen-Radweg.
Transferstrecke: Fehring – Schloss Kapfenstein 10 km.

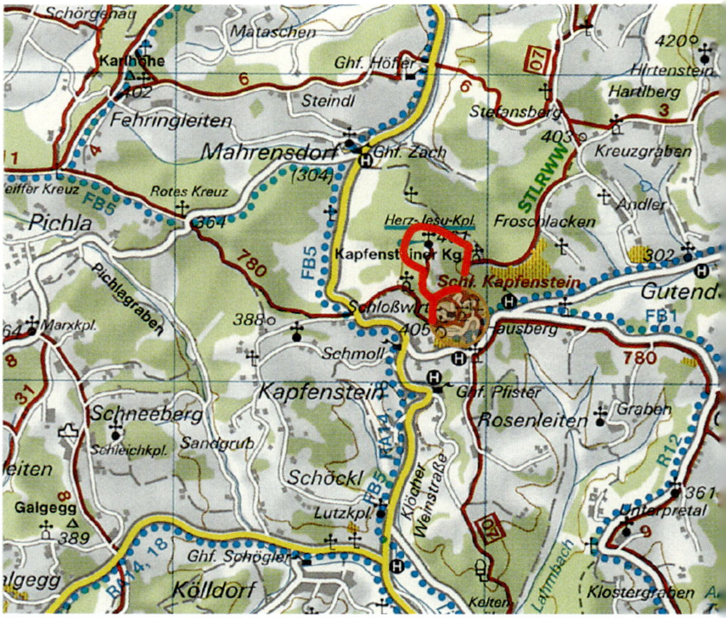

Wein am Vulkan: Von der Kirche um den Kapfensteiner Kogel.

Besondere Erlebnispunkte

Geo-Trail Kapfenstein: Entlang des Weges sind mehrere Stellen des ursprünglichen Geländes freigelegt, so dass die Strukturen der vulkanischen Sedimentschichten gut sichtbar sind. Besonders eindrucksvoll sind die Suggestionen mit Hilfe der Schein-Fernrohre. Die Rosetten schuf der Kapfensteiner Kunstschmiedemeister *Werner Pirs.*
Schloss Kapfenstein: Ehemalige Wehrburg, errichtet im 12. Jhd. Seit 1918 im Besitz der Familie Winkler-Hermaden. Vom südseitigen Schlossgarten einzigartiger Ausblick über das Vulkan- bzw. Thermenland. Kellerführungen und Besichtigung der Steinsammlung nach Voranmeldung.
Tel. 03157/2322

Zusatzstrecke

Weg der Besinnlichkeit: Rund um den Kapfensteiner Kogel. Man gelangt dabei zu neun ausgewählten Plätzen: Hoher Stein, Marienbründl, Josefsbild, Ort des Feuers, Herz-Jesu-Kapelle, Vitales Zentrum, Ort des Tanzes, Pfarrkirche zum heiligen Nikolaus, Platz an der Kirche. Jeweils mit meditativen Texten. Broschüre in Vorbereitung.

Einkehr-Tipp

Kapfensteiner Hof, GH am Beginn des Geo-Trails (R Mi).
Schmankerln: Mostschaumsuppe; Kürbiskernschnitzel, Gemüselaibchen, Hubertusteller; Eisbecher Vulcano.
Familie Url, Tel. 03157/30014
Schloss Kapfenstein, Herrenhaus-Hotel und Restaurant (kein R). 24. April–9. November durchgehend; 10. November–21. Dezember und 15. März–23. April jeweils Do–So.
Schmankerln: Karpfengulasch mit Rahmpolenta; jeden Freitag Degustationsmenü mit Hausweinen; Kapfensteiner Kürbiskernknödel mit Hollersoße.
Familie Winkler-Hermaden,
Tel. 03157/300300
www.winkler-hermaden.at

90

Weinweg der Sinne

Vom Weindorf St. Anna am Aigen zur Aussichtswarte in Gießelsdorfberg

Hoher Wendepunkt: Die Aussichtswarte in Gießelsdorfberg.

Das Motto heißt „Sehen, Hören, Fühlen, Riechen und Schmecken." Der Themenweg wurde am 27. Mai 2001 eröffnet. Dessen Strecke ist lang genug und derart inhaltsreich, dass sich Besucher mit dem Weg und dessen anliegenden Erlebnispunkten mehrere Tage beschäftigen können. Ideal ist beispielsweise ein – eventuell verlängertes - Wochenende. Der ideenreich gestaltete Weinweg der Sinne animiert seine Besucher ebenso, die eine oder andere Variante miteinzuflechten.

Es gibt unendlich viele Motive! Und zusätzlich viele gastfreundliche Willkommenspunkte. Führt doch der Themenweg an etliche Wein- und Obstbetriebe heran und an etlichen Buschenschänken vorbei.

Der allgemeine Einstieg erfolgt in St. Anna: Zwischen dem Postamt und Pfarrheim – gegenüber dem Kaufhaus Lippe – führt ein Wiesenweg relativ steil bergab. Man gelangt zum *Barrique-Tunnel.* Ein empfehlenswerter Abstecher leitet zu einem *Kalksteinbruch:* Hier dreht sich das Rad der Zeit zwölf Millionen Jahre zurück.

Der nächste Erlebnispunkt liegt im Talgrund: Große wie kleine Besucher üben sich mit gleicher Begeisterung an der *Wasserorgel;* außerdem gibt es *Hör- und Sprechrohre.* Alsbald führt der Weg aus dem engen Pleschbachtal steil bergan zu den *Weinbauerhöfen* Hütter und Pfeifer. Wer zu fachsimpeln beginnt, darf mit einer Kostprobe rechnen.

In Schemming – auch Scheming geschrieben – erreicht man gegenüber von einem Pestkreuz (von

„Orientierungs-sinnig": Wo der Hals, dort die Richtung des Weges.

Die so genannte „Freitreppe" überquert einen Weingarten.

157?) einen *Rosengarten;* er liegt am Wegrand. Unweit davon gibt es auch einen *Kräutergarten.*
Ein Abstecher leitet bergwärts zur *Schemmingkapelle* (469 m; Marienkapelle von 1863). Diesen Zusatz verbindet man jedoch vorteilhafterweise mit einem – relativ zeitaufwändigen – Besuch bei den Wa tra-Felsen, die gar nicht so nahe liegen.
Man folgt daher der Höhenstraße. Unser Themenweg leitet alsbald in einen Buchenwald. Darin folgt man dem *Alten Schulweg* und steigt dabei über Basaltstein-Stufen an. Zur Bewusstseinsbildung: Bis in die Zeit um 1975 war dieser Schulweg die kürzeste Verbindung zwischen Hochstraden und St. Anna.
Nach einigen Gehöften gelangt man in das Quellschutzgebiet *Haselrinne:* Diese Quelle – sie versorgt 40 Haushalte – zählt zu den besten der Steiermark.
Es wird Zeit zum tief Durchatmen und Ausschauen: Wie gerufen erlebt man eine *Holzterrasse.*
Nun wird es spannend bis schaurig: Angeblich bewohne der Teufel den *Höllischgraben.* Glaubt man

Auf den ersten Blick

Ausgangs- und Zielpunkt: Vinothek, St. Anna am Aigen (403 m).
Gehzeit: 5 Std.
Weglänge: Insgesamt 13,9 km.
Oder zwei Teilstrecken:
- Schleife St. Anna; Gehzeit: 3 Std.; 8,6 km.
- Schleife Gießelsdorf; Gehzeit: 2 Std.; 6,5 km.

Beste Jahreszeit: März bis Oktober.
Orientierung:
- Weinflaschen als Wegweiser.
- 20 Stationen.
- Folder „Weinweg der Sinne".
- freytag & berndt, WK 412.

Informationen:
Gemeindeamt St. Anna am Aigen;
Tel. 03158/2212
gemeindeamt@st-anna.at
www.st-anna.at

Anreise

Nach St. Anna am Aigen:
• Aus Richtung Graz via Gleisdorf und Fehring.
• Aus Richtung Leibnitz und Bad Radkersburg via Klöch.
Auto: A2 (Ausfahrt Gleisdorf-Süd); A9 (Ausfahrt Vogau). Parkplatz am Ortsrand.
Bahn/Verbundlinien:
ÖBB/R530; Bf Fehring.
STLB/532;
Bf Bad Gleichenberg;
ÖBB/R560;
Bf Bad Radkersburg.
Bus/Verbundlinie:
Post/409; Hst St. Anna am Aigen PA.
Rad: R12 Thermen-Radweg.
Taxi:
Fa. Hirtl, St. Anna,
Tel. 03158/2223
Transferstrecken:
• Fehring - St. Anna am Aigen 16 km.
• Bad Radkersburg – St. Anna am Aigen 20 km.

den Sagen und Großmutters Mären, war der Stradnerkogel auch ein Versammlungsort der Hexen. Gar nicht verhext ist der gute Umstand, dass man am *Grenzlandhof* in Gießelsdorfberg gastlich aufgenommen wird. Die Rast darf dauern – dennoch nicht zu lang: Das nächste Ziel ist zugleich das höchste: Oberhalb von Obstgärten spaziert man sonnseitig an der Höhenstraße direkt zur *Aussichtswarte*, von dort hat man einen wunderbaren Rundblick über das Vulkanland. Der Rückweg führt durch Wald bergab zu einer Flurstraße an den Rieden von Stradenberg. Man erreicht die *Alte Presse;* danach das *Gästehaus Pachler* und in Damberg den ebenso gastlichen wie bekömmlichen *Obstbaubetrieb Weiß:* Hier gibt es feine Fruchtsäfte!
Originell ist die anschließende Überquerung eines Weingartens auf der so genannten *Freitreppe,* einem wahren „Seelensteig". Prächtig ist auch hier der Rundumblick. Man erreicht die *Weinhöfe* der Familien Wolf und Scharl. Auf einer kleinen Brücke überquert man den Pleschbach und gewinnt nun zunehmend fast alle jener Höhenmeter wieder, die man zuvor leichtfüßig verloren hat.
Das Ortsbild von St. Anna ragt auf: An Flurwegen steigt man hinauf zu *Fredis Kellerstub'n* (Buschenschank; R Mi, Do) und erreicht auf der sogenannten *Steilen Leit'n* das merkwürdige *Xylophon* und den *Tastturm.* Vor der Kirche von St. Anna überblickt man recht stolz den Weinweg der Sinne. Die Riechfläschchen duften nach und wecken Vorfreude: Nächstes Mal gehen wir den *Weinweg der Sinne* in umgekehrter Richtung – oder verknüpfen die Wegteile zu einer

Von Weinstöcken wie belagert: St. Anna am Aigen.

Achterschlinge. Alles ist mögich. Auch mit einem Ausflug zu den Felsen von Waltra.

Besondere Erlebnispunkte

Aussichtswarte: Am Gießelsdorfberg. 41 m hohe Stahlkonstruktion; im Jahr 1987 errichtet. 180 Stufen führen zu diesem prächtigen Aussichtsplatz. Frei zugänglich.
Gesamtsteirische Vinothek: Rund 100 Weinsorten; moderne Aussichtsterrasse, wie ein Schiffsbug geformt.
April–September, täglich 11–18.30 Uhr, im Oktober täglich 11–17.30 Uhr (R Mo; im Oktober kein R).
Tel. 03158/2801

Zusatzstrecke

Waltra-Felsen: Von der Schemmingkapelle auf dem Weg 4 bis zum Waldrand; hier rechtshaltend und auf Steigspuren abwärts an den Fuß der Felswände: Zur Kupferzeit, vor etwa 5000 Jahren, entstand an der Basis des Waltra-Felsen – auch Teufelssitz genannt – eine Siedlung. Die Waltra-Schale ist ein bedeutendes Fundstück (Joanneum Graz).
Der letzte Felssturz ereignete sich Anfang 20. Jhd. Von diesem Platz nordseitig auf einem Steig abwärts nach Waltra; entlang der Straße, dann abkürzend, wiederum zum Themenweg.
Beschilderung vorgesehen.

Einkehr-Tipp

Grenzlandhof, GH in Gießelsdorfberg; Karsamstag bis 26. Oktober (R Mo, Di).
Schmankerln: Weinsuppe im Brotschüsserl; Grammelstrudel; Topfennockerl, Gundelpalatschinke.
Familie Ulrich, Tel. 03158/2270
www.grenzlandhof.at

91

Waldlehrpfad Hofstättenberg

Erholsames Spazieren im hügelreichen Gemeindegebiet von Deutsch Goritz

Am Ertlhof schlagfertig: Fassreifen müssen gut sitzen.

Auf den ersten Blick

Ausgangs- und Zielpunkt: Hofstättenberg (350 m).
Gehzeit: 1.30 Std.
Weglänge: 5 km.
Beste Jahreszeit: Mitte März bis Ende Oktober.
Orientierung:
- Markierter Wanderweg (Ertl-Weg 33).
- 4 Schaukästen.
- 15 Baumtafeln.
- Wanderkarte „Radkersburger Teich- und Hügelland".
- freytag & berndt, WK 412.

Informationen:
TV Radkersburger Teich- und Hügelland, in Gosdorf;
Tel. 03472/3459-3 oder 2480
Tel. 0664/3303829
office@teichundhuegelland.at
www.teichundhuegelland.at

Dieser Waldlehrpfad leitet durch einen artenreichen, großteils von Bauernhand gepflegten Mischwald. Darin stehen Eichen, Rotbuchen, Espen, Fichten, Kiefern, Linden, Eschen, Erlen, Hainbuchen, Kastanien, Tannen, Akazien, Birken, Lärchen und Vogelkirschen.

Die *Kammer für Land- und Forstwirtschaft* in der Steiermark unterstützte die Realisierung dieses Themenweges. Kinder der *Hauptschule Deutsch Goritz* gestalteten im Rahmen des Biologieunterrichtes die Schautafeln. Vier Schaukästen informieren über Holz- und Holzwirtschaft sowie über das Leben im Wald. Mitglieder der örtlichen *Berg- und Naturwacht* errichteten Stege und brachten Nistkästen an. Kurzum: Dieser Waldlehrpfad am Hofstättenberg ist ein Gemeinschaftswerk *für die* Gemeinschaft.
Der Weg von der Idee zur Realität war lang und trägt seit Anbeginn bis zum Ist-Stand die Handschrift des am Hofstättenberg ansässigen Bauern *Anton Ertl.* Ihm zu Ehren wurde die gesamte Strecke des Wanderweges Nummer 33 *Ertl-Weg* genannt. Im selben Wanderweg ist der Waldlehrpfad integriert. Dieser leitet entgegen dem Uhrzeigersinn herum:
Man folgt ab dem *Ferienhof Ertl* der Asphaltstraße durch ein nur kurzes Waldstück und erreicht sogleich den offiziellen Einstiegspunkt: Inmitten von zwei Eichenstämmen steht ein massiver Wegweiser. Der Lehrpfad leitet durch den Glauninger Wald südwärts. In Höhe des Gehöftes Waldschuster geht man jedoch ostwärts weiter und gelangt – leicht bergabwärts – zu einem Brückerl (279 m). Von diesem tiefsten Punkt des Rundweges schlängelt sich der Lehrpfad in Richtung Schrötten-

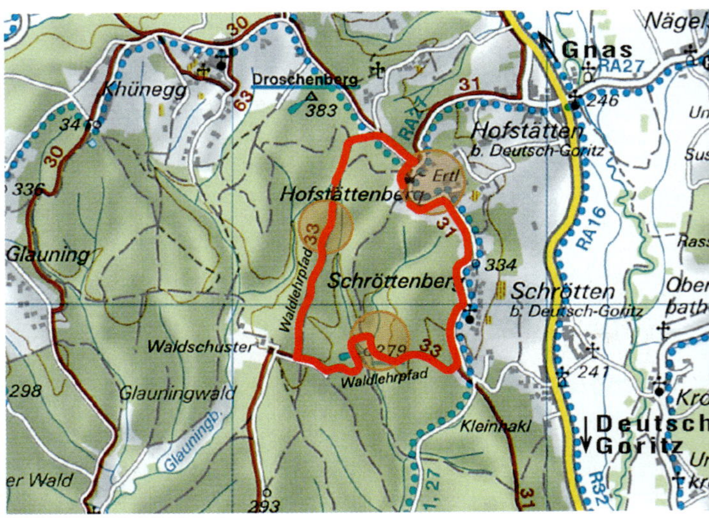

berg und – nach einem nur kurzen Stück Asphaltstraße – wiederum durch Wald zum Ferienhof Ertl. Der Lehrweg wurde am 15. Juni 1995 eröffnet. Die jüngste Adaptierung datiert vom Frühjahr 2002.

Besondere Erlebnispunkte

Alte Baumpresse: Mostpresse beim Gehöft Ertl am Schröttenberg.
Hofstättenberg: Obstkulturen und Panorama-Ausblicke.
Waldlehrpfad Hofstättenberg: Führungen ab 5 Personen. Anmeldungen unter Tel. 03474/8493

Zusatzstrecke

Deutsch Goritz – Hofstättenberg: Wanderweg, Nummer 31; Flur- und Waldwege; Nebenstraßen. Gehzeit: 1.30 Std.; 5 km.

Der Ertl-Weg lässt sich nach beiden Richtungen gut begehen.

Einkehr-Tipp

Ferienhof Ertl, am Hofstättenberg; Mitte März bis Allerheiligen, Mostschänke 14–22 Uhr (R Di, Mi). Schmankerln: Alles hausgemacht; Aufstriche; Hausbrot; Speckjausen; Apfelschlangel, Krapfen, Topfenflecken; Apfel- und Traubensaft; Holunderwein.
Familie Ertl, Tel. 03474/8493

Anreise

Nach Hofstättenberg:
- Aus Richtung Graz, Leibnitz oder Mureck via Gosdorf und Deutsch Goritz.
- Aus Richtung Bad Radkersburg via Weixelbaum und Deutsch Goritz.
- Aus Richtung Feldbach oder Bad Gleichenberg via Gnas.

Auto: A9 (Ausfahrt Vogau). Von Schrötten oder Hofstätten nach Hofstättenberg.
Bahn/Verbundlinie: ÖBB/R560; Bf Gosdorf.
Bus/Verbundlinie: ÖBB/600; Hst Deutsch Goritz GH Bader.
Rad: R32 Gnastal-Radweg.
Transferstrecken:
- Deutsch Goritz – Hofstättenberg 5 km.
- Gosdorf – Hofstättenberg 9 km.

Ausgangspunkt und Ziel: Der Ferienhof Ertl am Hofstättenberg.

92

Au-Erlebnisweg Mureck

Versteckte Wege und Winkel in den Mur-Auen

Die Mur-Auen im Bezirk Radkersburg sind ein bedeutendes Feuchtbiotop und zugleich ein wahrer Dschungel. Diesen Eindruck gewinnen auch Ausflugsgäste, selbst wenn sie nur vom Murecker Erlebnisbad zur Murmühle spazieren. Es lag nahe, im stadtnahen Aubereich einen Erlebnisweg einzurichten. Der im Jahr 1997 eröffnete Weg koppelt in erholsamer Art das Erleben in der Natur mit dem Erfahren aus der Natur.

Wieder festgemacht und in Betrieb: Die Murecker Schiffsmühle.

Auf den ersten Blick

Ausgangs- und Zielpunkt: Mureck (237 m).
Gehzeit: 1.30 Std.
Weglänge: 4 km.
Beste Jahreszeit: März bis Oktober; auch ganzjährig.
Orientierung:
• Speziell beschildert.
• 12 Stationen.
• Folder „Au-Erlebnisweg Mureck".
• freytag & berndt, WK 412.
Informationen:
TV und Gemeindeamt Mureck,
Hauptplatz 30;
Tel. 03472/2105-12
m.rauch@mureck.steiermark.at
www.mureck.steiermark.at

Der Murecker Au-Erlebnisweg beginnt beim Erlebnisbad. Zwölf Stationen informieren über verschiedene Biotope und natürliche Abläufe:
• Die Station eins informiert über die *Frühblüher* in der Au.
• Bei der Station zwei – *Der Fluss formt die Landschaft* – will ein Baumstamm der besonderen Art bewundert werden: Die „Schotter-Eiche"; sie wurde 150 v. Chr. (!) entwurzelt und in den Murschottern eingebettet. Im Jahre 1995 fand man den uralten Baumstamm vier Meter unter der Geländeoberfläche.
• Über ein Brückerl erreicht man die Station drei und bei ihr das Thema *Wasser prägt die Au.* In Nachbarschaft gibt es den gastlichen Mühlenhof und die – restaurierte – Schiffsmühle.
Man hält sich nun flussaufwärts und erfährt an den Stationen vier und fünf Einzelheiten über *Erosion und Anlandung* sowie *Au-Unkräuter;* diese werden in Fachkreisen *Neophyten* genannt.
• Ab der Station sechs – *Der Sonne entgegen* – führt ein abkürzender Weg zur Station zehn.
• Indessen leitet die originale Route flussaufwärts zur Station sieben; diese informiert über *Gehölze der Au.*
• An der Station acht löst sich das *Rätsel für Auwald-Gourmets:* Man erfährt Einzelheiten zum delikaten Thema „Bärlauch".
• Beim Rückweg gibt es an der Station neun klangvolle Informationen über Singvögel: *Aufgepasst, hier piepst's.*
• Die Sation zehn stellt uns die Lurche vor: *Die Wundersame Verwandlung.*
• Der *Stockswerksbau des Waldes* ist eine aufwändige Sache – nicht nur in der Natur. Deshalb hat sich die dafür vorgesehene Station elf ein wenig verspätet.
• Nun aber schlägt es zwölf: *Im Wandel der Jahreszeiten.* Der Erlebnisweg endet beim Freibad.

Neues, rosiges Leben: Renaturierter Schotterteich in den Mur-Auen.

Besondere Erlebnispunkte

Energie-Schau-Platz: Mit der größten Laterne der Welt; im Stadtzentrum (gegenüber dem Haus Grazer Straße 1).
Der Schauplatz Nr. 9 auf der *1. Internationalen Energie-Schau-Straße.*

Am Eingang zu den Mur-Auen: Das Erlebnisbad Mureck.

Mit dem *Energiekreislauf* – Einsatz von Bio-Diesel – gewann Mureck 2001 den World Energy Globe.
Freizeiteck Mureck: Im Au-Park.
• *Campingplatz:* Mai bis Anfang November.
• *Erlebnisbad:* Mai bis September. Solarbeheizt; 56 m lange Wasserrutsche; Strömungskanal; Kinder-Spielplatz.
• Weiters: Minigolf, Tennishalle und Tennis-Freiplätze sowie Jugend- und Radlerherberge.
Murecker Schiffsmühle: In Betrieb Anfang März bis Oktober; Führungen Mi–So.
Errichtet 1997 nach historischem Vorbild. Am 13./14. August 2002 vom Hochwasser schwer beschädigt, im Herbst desselben Jahres wieder instand gesetzt.

Einkehr-Tipp

Mühlenhof, GH, bei der Murmühle; 1. März bis Ende Oktober (R Mo, Di). Schmankerln: Zanderfilet, Schwammerlsuppe mit Heidensterz; Strudel.
Tel. 03472/2952

Anreise

Nach Mureck:
• Aus Richtung Graz und Leibnitz via Weitersfeld.
• Aus Richtung Bad Radkersburg via Gosdorf.
Auto: A9 (Ausfahrt Gersdorf). Parkplatz beim Freibad im Au-Park.
Bahn/Verbundlinie: ÖBB/R560; Bf Mureck.
Bus/Verbundlinie: ÖBB/600; Hst Bbf Mureck.
Rad: R2 Mur-Radweg.

Graz
und
Umgebung

93

Erzherzog-Johann-Natur-Lehrpfad Bärenschützklamm

Zwischen dem Murtal bei Mixnitz und der Teichalm liegt eines der populärsten Naturdenkmäler Österreichs

Auf den ersten Blick

Ausgangs- und Zielpunkt: Parkplatz Bärenschütz (492 m).
Höchster Punkt: GH Zum Guten Hirten (1209 m).
Gehzeit: Als Rundweg 4.30 Std.
Weglänge: Als Rundweg 11 km.
Höhenunterschied: Bis 760 m.
Beste Jahreszeit: Mai bis Oktober.
Orientierung:
- Markierte Wanderwege.
- Natur-Erlebnispunkte nummeriert.
- Broschüre „Naturführer Bärenschützklamm".
- Broschüre „100 Jahre Steiganlage Bärenschützklamm".
- Verbund-Wanderfolder „Bärenschützklamm".
- freytag & berndt, WK 131.

Informationen:
TV Pernegg-Mixnitz-Bärenschützklamm,
Kirchdorf 16;
Tel. 03867/8044
tourismus@pernegg.at
www.pernegg.at

Am 6. Mai 2001 feierte die OeAV-Sektion Mixnitz das Jubiläum „100 Jahre Steiganlage durch die Bärenschützklamm". Ab 1901 wuchs die Popularität der Klamm derart an, dass der Name des am Klammeingang liegenden Ortes zum Begriff Mixnitz-Bärenschützklamm verschmolz; so heißt seit 15. Mai 1934 der örtliche Bahnhof.

Aufgrund ihrer Einzigartigkeit wurde die Bärenschützklamm 1978 zum Naturdenkmal erklärt. Das Erzherzog-Johann-Jahr 1982 war schließlich ein guter Anlass, den *Naturkundlichen Lehrpfad Bärenschützklamm* einzurichten. 15 Jahre später, exakt am Samstag, dem 6. September 1997, zerstörten gewaltige Sturzfluten – verursacht durch ein Unwetter und verstärkt durch das Ablassen des Teichalmsees – insgesamt 60 Brücken und Leitern der Steiganlage. Doch bereits am 28. Juni 1998 wurde der Klammsteig wieder eröffnet: Einmal mehr hatten die den Steig und das lokale Wegenetz betreuenden Mitglieder der OeAV-Sektion Mixnitz ihren Zusammenhalt bei freiwilligen Arbeitseinsätzen anschaulich unter Beweis gestellt.

Die Strecke des *Erzherzog-Johann-Natur-Lehrpfades* ist identisch mit der klassischen Wanderroute durch die Bärenschützklamm.

Am Beginn des Klammbereiches liegt der *Kaskadenfall*, von welchem man auf einem Fahrweg zur sogenannten „Kassierhütte" gelangt. Diese scheint in Wanderkarten als Hans-Kerl-Hütte auf.

Das Herzstück der Bärenschützklamm wird mit Hilfe von Leitern und Brücken überwunden. Der Ausstieg erfolgt bei der Almgaststätte *Zum Guten Hirten*.

Im Sinne des Lehrpfades steigt man über den Prügelweg zur

Das Gasthaus Zum Guten Hirten: Ein traditioneller Stützpunkt im Grazer Bergland.

Schwaigeralm ab und erreicht bei der Kassierhütte wieder die Hauptroute.
Im handlichen *Naturführer Bärenschützklamm* werden alle entlang des Weges erfahrbaren botanischen Besonderheiten ausführlich beschrieben.

Besonderer Erlebnispunkt

Bärenschützklamm: Das Herzstück der Klamm liegt oberhalb der Kassierhütte. Steiglänge etwa 1,4 km; Höhenunterschied 350 m. Mit 109 Bücken und 51 Leitern.

Zusatzstrecke

Hochlantsch (1720 m): Der höchste Berg des Grazer Berglandes. Gut markierte Wanderwege leiten vom Guten Hirten nach Schüsserlbrunn; Wallfahrtskircherl und GH Steirischer Jokl. Ab hier führt ein teilweise steiler Steig gipfelwärts. Ab GH Zum Guten Hirten: Anstieg 1.30 Std.

Einkehr-Tipp

Zum Guten Hirten (1209 m), GH, 1. Mai–31. Oktober.
Schmankerln: Knuspriger Schweinsbraten; reiche Auswahl an hausgemachten Mehlspeisen, z. B. Mohnstrudel, Streuselkuchen, Topfen- und Kürbiskerntorte.
Familie Ryavec, Tel. 0664/5365004
Grassauer, Jausenstation am Klamm-Eingang (kein R).
Schmankerln: Brettljause, Fleischbrote; Hausschnäpse.
Familie Grassauer, Tel. 03867/8668
Fuchswirt, Mixnitz (November–April R Mo).
Schmankerln: Ganzjährig Wild- und Fischspezialitäten.
Ewald Semlitsch, Tel. 03867/20510

Wer gern dem Wasserlauf folgt, steigt durch die Bärenschützklamm ab.

Anreise

Nach Mixnitz:

- Aus Richtung Bruck an der Mur via Kirchdorf oder Pernegg.
- Aus Richtung Graz via Frohnleiten.

Auto: Parkplatz Bärenschütz.
Bahn/Verbundlinie: ÖBB/R501; Bf Mixnitz-Bärenschützklamm.
Bus/Verbundlinien: ÖBB/100; Post/170; Hst Mixnitz Abzw. Post/167; Hst Mixnitz Bf.
Rad: R2 Mur-Radweg; MTB Drachentour.
Transferstrecke: Mixnitz – Parkplatz Bärenschütz 1,5 km.

94

Auf den ersten Blick

Ausgangspunkt: Römerpark, Frohnleiten (468 m).
Zielpunkt: Infostation nächst der Murbrücke in Badl (413 m).
Gehzeit: 2.30 Std.
Weglänge: 8 km.
Beste Jahreszeit: April bis Oktober.
Orientierung:
- Übersichtstafeln in Adriach und Badl.
- Mehrere Stationen.
- Folder „Straße der Archäologie".
- freytag & berndt, WK 131.

Informationen:
TV Frohnleiten,
Brückenkopf 1;
Tel. 03126/2374
tourismus@frohnleiten.at
www.frohnleiten.at

Hat per 1. Oktober 2001 das Stadtrecht erhalten: Frohnleiten.

Straße der Archäologie

Auf den Spuren der Römer: Vom Europapark in Frohnleiten zum Schloss Rabenstein und Kugelstein

Die entlang der Mur führende Römerstraße war eine wichtige Verbindung zwischen der im Leibnitzer Feld angesiedelten Legions-Hauptstadt Flavia Solva und der Obersteiermark. Im engsten Abschnitt – jenem zwischen Peggau und Badl – war die Römerstraße am Fuße des Kugelsteins trassiert. Südlich vom Kugelstein wurden zwei Meilensteine gefunden, welche diese Trasse als Staatsstraße erster Ordnung nachweisen.

Gehwege leiten vom Bahnhof Frohnleiten durch die Mauritzener Hauptstraße zum Europapark, über die Murbrücke zum Tabor, hinauf in das Stadtzentrum. Die Dr.–Amman-Straße führt direkt nach Adriach. Oder man folgt gleich nach der Murbrücke am rechten Ufer der Promenade flussabwärts und gelangt an der Römerstraße nach Adriach.
Drittens verbindet der Schulweg vom Römerpark nach Adriach. Nahe vom Dorfwirt und Altenheim in *Adriach* informiert eine große Tafel über die Straße der Archäologie.
Die ehemalige Römerstraße leitet südwärts in Richtung Rabenstein und Murhof. Auf einer Straßenkuppe ist nachzulesen über *Siedlungen der Urnenfelderzeit* (1300–750 v. Chr.).
Nach dem Schloss Rabenstein und ein paar Straßenkuppen gelangt man zuerst zum *Heumannhof,* kurz danach zum *Fundort des Münzschatzes.*
Die STEG-Wehranlage wurde in den Jahren 1906–1909 errichtet. Nach dem *Golfplatz Murhof* erreicht man den Archäologie-Infostand; er dient zugleich als Rastplatz und liegt nächst der Badler Murbrücke.
Die sehenswerte *Römerbrücke* ist

Anreise

Nach Frohnleiten: Aus Richtung Graz oder Bruck an der Mur.

Auto: A9 (via Knoten Friesach) und Schnellstraße. Park+Ride-Platz am Bahnhof; oder am Römerpark.

Bahn/Verbundlinie: ÖBB/R501; Bf Frohnleiten.

Bus/Verbundlinien: ÖBB/100; Hst Frohnleiten Römerpark. Post/170; Hst Frohnleiten Bf.

Rad: R2 Mur-Radweg.

Rückreise

Von Badl, Deutschfeistritz oder Peggau:

Bahn/Verbundlinien: ÖBB/R501; ab Bf Peggau-Deutschfeistritz. STLB/R540; ab Hst Deutschfeistritz.

Bus/Verbundlinie: ÖBB/150; ab Hst Deutschfeistritz GA.

Rad: R2-Mur-Radweg

Taxi: Fa. Eibisberger Frohnleiten; Tel. 03126/2071

Transferstrecken:

- Badl – Frohnleiten 8 km
- Deutschfeistritz – Frohnleiten 11 km.

Steht unscheinbar inmitten einer Wiese: Die Römerbrücke.

nur wenige Gehminuten entfernt. An der Zufahrt zum Gehöft Peter im Greith liegen Fundamente, die zur *Tempelanlage* gehörten; der Tempel des Herkules und der Victoria wurden freigelegt.
Bei der Höhensiedlung am Kugelstein – der am Waldrand liegende Platz ist sonnenreich und gewährt weit reichende Aussicht – erfolgten Grabungen bereits in den Jahren 1885–1887 und 1917. Während der Römerzeit in der Steiermark (15 v. Chr.–476 n. Chr.) bestand auf dem Kugelstein-Plateau eine bedeutende Siedlung. Spuren dieser einstigen Wallanlage sind noch wahrnehmbar.
Aus logistischen Gründen empfiehlt sich, die Straße der Archäologie eher als Ziel für einen *Rad-Ausflug* zu nutzen.

Besondere Erlebnispunkte

Frohnleiten: Mit Europapark, Tabor und Katharinenkirche, Mariensäule.
Heumannhof: Gehöft; am Eingang zum Heumanngraben (Zufahrt Poldlwirt). Die Haus-Chronik reicht bis 1441 zurück. Die einzigartige Sgraffito-Fassade stammt von 1597.
Kirche St. Georg in Adriach: Im Jahre 1066 erstmals urkundlich erwähnt, zählt zu den ältesten Sakralbauten der Steiermark. Mit römischem Grabstein.
Schlüssel bei Familie Grabenhofer.
Münzschatz: Im Februar 1952 wurde „ein Töpfchen mit 289 römischen Silbermünzen" entdeckt. Geprägt unter den Kaisern Septimius und Severus (193–211 n. Chr.). Der Münzfund ist im Grazer Schloss Eggenberg ausgestellt.
Schloss Rabenstein: Aus dem 14. Jhd.; eine der eindrucksvollsten Wehranlagen der Steiermark. 200 Jahre zuvor bestand oberhalb des Schlosses eine kleine Wehranlage (Ruine Rabenstein).
Serenaden-Abende und Theater-Aufführungen.
Tel. 03126/2374
Römerbrücke: Bauhistorisches Denkmal; die ursprüngliche Breite betrug 3,4 m. Eines der wenigen Zeugnisse römischer Ingenieurkunst im Ostalpenraum. Vom Infopunkt bei der Badler Murbrücke nur wenige Gehminuten, leicht bergan, entfernt.

Zusatzstrecken

Murbrücke Badl – Römerbrücke – Kugelstein: In Höhe der Römerbrücke entlang der Hofzufahrt zum Gehöft Peter im Greith; Flurwege leiten auf den Kugelstein.
Gehzeit: Hin und zurück 1.30 Std.
Über den Kugelstein:
• Murbrücke Badl – Römerbrücke – Gehöft Peter im Greith – Kugelstein – Kirchberg – Stiege – Rüsthaus Deutschfeistritz.
Gehzeit: 1.30 Std.
• Rüsthaus Deutschfeistritz – Sensenwerk-Museum – Bf in Peggau. Gehzeit: 20 Min.

Einkehr-Tipp

Dorfwirt, GH in Adriach (R Mo, Di; außer wenn Feiertag).
Schmankerln: Regionale bürgerliche Küche, Wildspezialitäten.
Familie Hörmann, Tel. 03126/3711

Dr.-Novy-Weg

Rund um den heilklimatischen Kurort St. Radegund bei Graz

Vornamen von Damen aus dem Kreis der *einstigen k&k-Curgesellschaft* schmücken viele Quellen im Bereich des Kurortes St. Radegund: Diese heißen beispielsweise Theresien-Quelle, Melanie-Quelle, Katharinen-Quelle oder Albertinen-Quelle. An die einst zahlreichen ungarischen Kurgäste in St. Radegund erinnert die Quelle *Ungarische Madonna.*

Andererseits gibt es auch eine *Räuberquelle.* Der Sage nach hausten auf der darüber aufragenden Burg Ehrenfels einst Raubritter. Nahe vom Gasthof Schöcklbartl (1031 m) entspringt die höchst liegende Quelle. Diese trägt den Namen des aus Schlesien stammenden Arztes *Dr. Vincenz Prießnitz* (1799–1851); er zählt zu den Begründern der Naturheilkunde.

Mit St. Radegund ist jedoch der Name des Arztes *Dr. Gustav Novy* am engsten verbunden: Dem überaus beliebten und verehrten Leiter der Kuranstalt wurde zum 25. Jahrestag seiner Promotion auf dem Novystein ein Denkmal gesetzt.

Der *Dr.-Novy-Weg* beginnt am Fuß des Kalvarienberges, bei der Kalvarienberg-Quelle. In Nachbarschaft sprudelt die Eremiten-Quelle. Durch die Kalvarienbergstraße gelangt man zur Kapelle Klammerkreuz. Über die Rastleiten bergab gehend, in einem Hohlweg zur Willkomm-Quelle. Von der Brücke im ortsüblich genannten *Teufelsgraben* – dieser heißt laut Karte Mühlgraben – geht man an einem Bächlein grabeneinwärts bis zu einer markanten Straßenkurve. Mehrere Wegweiser.

Hier kann man sich in *Varianten* einklinken:

Markierte Wanderwege leiten zur nahen Katharinen-Quelle wie auch zum *Novystein* auf der Fürwallnerhöhe.

Entlang der Straße gelangt man in Richtung St. Radegund zuerst zur *Räuberquelle.* An der folgenden Gabelung leitet der Dr.-Novy-Weg bergan zum Gehöft Wartbichler (Haus Nr. 8).

Nun folgt man einem Flurweg leicht bergan. Ab dem Hinweis *Sponner-Quelle* ist man auf dem *Isenrode-Weg* unterwegs und gelangt in einer ebenen Querung – unterhalb des Schlösschens – zur Schöcklstraße.

Nun bergab zum *Rehabilitations-Zentrum* und durch dessen Parkanlage spazierend zur Villa Elisabeth. Ab dem Schöcklhof folgt man der *Kurpromenade* so weit, bis halblinks ein Flurweg abzweigt. Man überquert nun – an einem Bildstock vorbei gehend – eine große Wiese. Der anschließende *Wernbacherweg* leitet ostwärts zum *Stiegenhaus.* Hier überblickt man den Kalvarienberg, über den man auf schönen Weglein in die Kalvarienbergstraße absteigt.

Auf den ersten Blick

Ausgangs- und Zielpunkt: St. Radegund bei Graz (718 m).
Gehzeit: 1.30 Std.
Weglänge: 5,5 km.
Beste Jahreszeit: Mai bis Oktober.
Orientierung:
- Speziell beschildert.
- Markierte Wanderwege.
- Wanderkarte „St. Radegund“; mit Verzeichnis der Quellen.
- Verbund-Wanderfolder Nr. 07 „Novystein und Kalvarienberg“.
- freytag & berndt, WK 131.

Informationen:
Kurkommission St. Radegund;
Tel. 03132/2334
info@radegund.at
www.discover.at
st.radegund

Im fließenden Verkehr unbeachtet: Die Räuberquelle in der Klamm.

Zählt österreichweit zu den bedeutendsten Kalvarienbergen.

Anreise

Nach St. Radegund aus Richtung Graz via Faßlberg oder Kreuzberg.
Auto: Parkplatz am Ortsrand.
Bus/Verbundlinie: Post/250; Hst St. Radegund PA.
Rad: MTB-Strecke am Schöckl.
Schöckel-Seilbahn: Gondelbahn.

Besonderer Erlebnispunkt

Kalvarienberg St. Radegund: Erbaut um 1768 unter Pfarrer Franz Xaver Braun. Malerei und Figuren stammen von J. M. Pregenzer, genannt „Maler-Michl".

Sonstige Erlebnispunkte

Abenteuer Wald: Geführte Wanderungen mit dem Schöckl-Förster. Auch Märchenwanderungen. In den Sommermonaten.
Treffpunkt beim GH Schöcklbartl.
Novystein: Der 20 m hohe Obelisk wurde im Jahr 1883 für „den Wohlthäter und großen Meister der Wasserheilmethode, Doctor Gustav Novy, von dankbaren Curgästen" errichtet.

Zusatzstrecken

Novystein: Zugang aus der Klamm-Straßenkurve 35 Min.
St. Radegunder Quellenwege: In beliebig langen Runden gestaltbar. Insgesamt 22 bezeichnete Quellen. Beschreibung aller Brunnen in einem Infoblatt.
Ungarische Runde: In Verbindung mit Demelius-Quelle, Dr.-Pollak-Quelle, Rosa-Quelle, Ungarischer Madonna und Desirée-Quelle; mit Abstecher zur Theresien-Quelle. Gehzeit: Ab Postamt St. Radegund 45 Min.; 2 km. Infoblatt mit Wegbeschreibung.

Einkehr-Tipp

Budapest GH (R Mi bis 17 Uhr und Do ganztägig).
Schmankerln: Forelle Budapester Art, Grillplatte; hausgemachte Mehlspeisen.
Familie Bahr, Tel. 03132/2316
Kirchenwirt (R So ab 15 Uhr und Mo).
Schmankerln: Hexenkotelett, Zwiebelrostbraten, Truthahn indisch.
Familie Pichler, Tel. 03132/2234
Lamprecht, GH (R Di, Mi).
Schmankerln: Ripperlessen (jeden 1. Sa im Monat).
Familie Lamprecht,
Tel. 03132/2319
Schöcklbartl, GH (R Mo).
Schmankerln: Ofenfrische Stelzen (Do), knuspriger Schweinsbraten (Sa); verschiedene hausgemachte Strudel.
Familie Pieber, Tel. 03132/2439
www.schoecklbartl.com

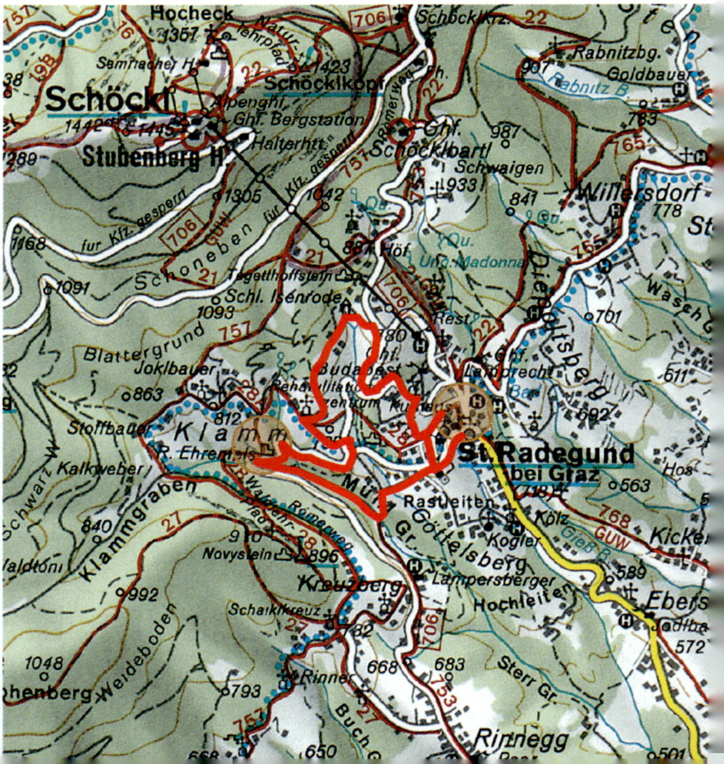

Schlossberg-Spaziergänge

Hoch über den Dächern des „größten ursprünglichen Altstadt-Ensembles im deutschsprachigen Raum“

96

„Graz darf alles.“ Dieses Motto für Europas einzige *Kulturhauptstadt 2003* tönt ganz schön selbstbewusst – und weckt in den Gästen sogleich Erwartungshaltungen für ein jeweils hohes Niveau in allen Bereichen. Folglich liegt auch jene Latte hoch, welche die Stadtregierung und Touristiker im informellen Wettstreit mit den „Besten Europas“ überspringen wollen.

Die steirische Landeshauptstadt ist seit 1. Dezember 1999 UNESCO-Weltkulturerbe. Unbestritten dürfen sich Stadtbesucher viel erwarten. Das gilt ebenso für jene Grazerinnen und Grazer, die hin und wieder *mit den Augen eines Gastes* ihre eigene Stadt gern durchstreifen. In die Vorbereitungen zum epochalen, fast ein volles Jahr dauernden *Kulturstadt-Ereignis* wurde auch der Grazer Schlossberg einbezogen. Dieses einzigartige Naturgeschenk überragt den Hauptplatz um 124 Meter.

Am *Schlossbergplatz*, nächst dem Beginn des Schlossbergsteiges, informiert eine große Panoramatafel über das Spazierwegenetz.
Vier Zugänge leiten sternförmig auf den Schlossberg. Als mit Abstand inhaltsreichste Strecke gilt jene, die unmittelbar aus dem Altstadtkern bergwärts führt. Unser Haupt-Ausgangspunkt am Schlossberg ist in diesem Fall der Uhrturm:
• Der „Kleine Rundgang“ (Teil A, rotes Dreieck) führt über den Türkenbrunnen und die Stallbastei zum Glockenturm.

Auf den ersten Blick

Ausgangspunkt: Hauptplatz (350 m).
Zielpunkt: Schlossberg-Plateau (474 m).
Gehzeit: 1–3 Std.
Beste Jahreszeit: März bis Oktober; auch ganzjährig.
Orientierung:
• Übersichtstafel am Schlossbergplatz.
• Zahlreiche Infotafeln
• Wegweiser (rote, gelbe Dreiecke).
• Folder „Schlossbergführer“ u. a.
• Broschüre „Grazer Spaziergänge mit Tram und Bus“, Styria.
• freytag & berndt, Stadtplan Graz.
Informationen:
Graz-Tourismus,
Herrengasse 16;
Tel. 0316/8075-0
info@graztourismus.at
www.graztourismus.at
Fremdenführerklub für Graz und Steiermark,
Sporgasse 7/II;
Tel. 0316/586720
info@grazguides.at
www.grazguides.at

Das Wahrzeichen der Landeshauptstadt Graz: Der Uhrturm.

Von der Bürgerbastei über die Dächer der Innenstadt zum Rathaus.

• Der „Großer Rundgang" (Teil B, gelbes Dreieck) leitet vom Glockenturm weiter über das Plateau zum Hackher-Denkmal, sodann durch das Gotische Burgtor abwärts, auf dem Major-Hackher-Weg zum Starcke-Häuschen und Türkenbrunnen, schließlich durch die Unterführung zwischen Stallbastei und Chinesischem Pavillon zurück zum Uhrturm.
Sowohl diese beiden klassischen Spaziergang-Routen als auch die Zugänge auf den Schlossberg lassen sich derart individuell gestalten, dass man Lust verspürt, den stadteigenen Hausberg bald wieder zu besuchen.

Besondere Erlebnispunkte

Bürgerbastei: Der „schönste Blick auf die einzigartige Dachlandschaft der Innenstadt." Zugleich der „blumenreichste Teil des Schlossberges". Die Bastei wurde 1551/52 vom italienischen Baumeister Domenico del' Allio errichtet.
Chinesischer Pavillon: Errichtet 1890. Idyllischer Rastplatz, nahe vom Türkenbrunnen.
Dom im Berg: Das multifunktionelle Event-Zentrum. Eingerichtet in einem Stollensystem, das während des Zweiten Weltkrieges angelegt wurde.
Glockenturm: Erbaut 1588. Die *Liesl* – drittgrößte historische Glocke der Steiermark – läutet täglich um 7, 12 und 19 Uhr. Die jeweils 101 Glockenschläge erinnern daran, dass die *Liesl* aus dem Material von 101 türkischen Kanonen gegossen wurde. Diese waren im Jahre 1532 erbeutet worden.
Gotisches Burgtor: Es führte aus dem Hinteren Zwinger in das Innere der mittelalterlichen Burg. Freigelegt ab 1998.
Hackher-Löwe: Bronzedenkmal; errichtet zum Gedenken an Major Franz Hackher; unter dessen Befehl wurde im Mai 1809 die Schlossberg-Festung gegen die napoleonischen Truppen erfolgreich verteidigt.
Herbersteingarten: Die größte Blumenanlage am Schlossberg.
Jubiläumssteig: Errichtet 1924–1928, anlässlich des Jubiläums „800 Jahre Stadt Graz".
Kasematten: 1937 entstand aus den Kellergewölben des Schlosshauptmann-Hauses eine Freilichtbühne. Diese wurde im selben Jahr mit Beethovens Freiheits-Oper „Fidelio" eröffnet. Seit 1987 sind die Kasematten überdacht.

Märchen-Grottenbahn: Neben dem Eingang zum Dom im Berg.
Schlossbergbahn: Standseilbahn; Höhenunterschied 108 Meter. Eröffnet 25. November 1894. Verkehrt von April bis September 9–23 Uhr; Oktober bis März 10–22 Uhr. Zur Talstation mit Tramlinien 4 und 5.
Schlossbergführungen: Ostern bis Mitte Oktober, täglich 9–17 Uhr, zur vollen Stunde ab Glockenturm.
Schlossberg-Plateau: Umfassender Überblick auf die Landeshauptstadt und deren Umgebung. Mit Orientierungstafeln, Wetterstation.
Schlossbergplatz: Ausgangspunkt zum Dom im Berg, Lift im Berg, Schlossbergsteig sowie zur Märchen-Grottenbahn.
Zugang: Vom Hauptplatz durch die Sackstraße.
Schlossbergsteig: Errichtet 1914–1918, unter Mithilfe russischer Kriegsgefangener.
Stallbastei: Erbaut 1544–1546. Mit Kanonenhütte und Garnisonsmuseum; geöffnet ab Palmsonntag bis zum zweiten Sonntag im Oktober, Di–So 10–17 Uhr. An der Brüstung eine große, nach Süden gerichtete Panoramatafel. Davor ein Denkmal der Deutsch-Untersteirer.
Starcke-Häuschen: Ursprünglich, 1575, als Pulverturm errichtet; 1809 zerstört. 1820 als Winzerhaus mit neugotischem Krabbenturm errichtet. Seit 1997 Einkehrstätte.
Türkenbrunnen: 94 m tiefer Schacht, gegraben 1554–1558.
Uhrturm: Das Wahrzeichen von Graz; laut Guinnes' Buch der Rekorde „die weltweit größte Turmuhr"; Durchmesser des Ziffernblattes 5,40 m. Als Wehrturm 1265 errichtet; seit 1560 in der heutigen Form, mit dem typischen hölzernen Laufgang. Nächst vom Turm die Lift-Bergstation sowie die Bürgerbastei mit Herbersteingarten.
Zisterne: Auf dem Plateau. Erbaut 1544–1547, Fassungsvermögen 900.000 Liter. Schmiedeeiserne Brunnenlaube Ende 19. Jhd.

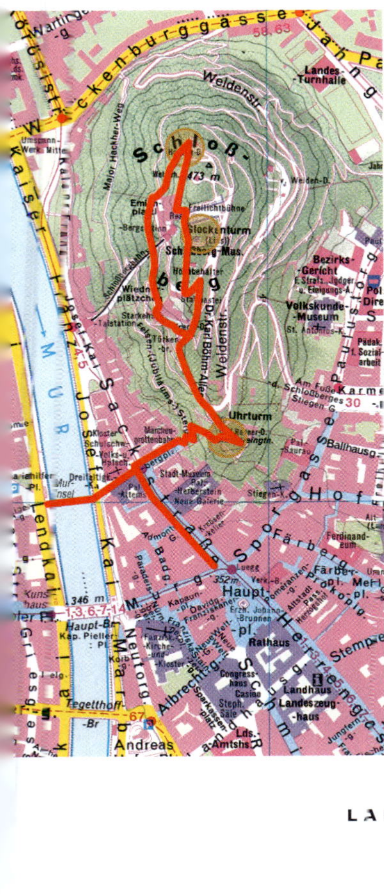

Weitere Erlebnispunkte

Stadtführungen & Spaziergänge: „Altstadt-Rundgang", „Blickfänge", „Graz nach Noten", „Graz schräg", „Grazsüchtig – Mondsüchtig", „Kulturachse Graz", „Spotlights".

Einkehr-Tipp

Schlossberg-Restaurant, mit Bergstation der Schloßbergbahn; gj. (Mai bis Oktober kein R). Schmankerln: Kürbiscremesuppe mit Röstbrotwürfel, grüner Salat mit Putenstreifen; Marillenkuchen. Erich Wegscheidler, Tel. 0316/830417, 823050
Starcke-Winzerhaus, mit Gastgarten; täglich ab 11 Uhr (kein R). Schmankerln: Schafkäsestrudel, Wild, Nudel- und Bärlauchgerichte. F. Just, Tel. 0316/834300

Im Museum Stallbastei: Mögen alle Waffen für immer schweigen.

Anfahrt

Zum Grazer Hauptplatz im I. Bezirk, Innere Stadt.
Straßenbahn/Verbundlinien: GVB/1, 3, 4, 5, 6, 7; Hst Hauptplatz-Grazer Congress.
Rad: R2 Mur-Radweg; von der Hauptbrücke ins Zentrum.

Natur- und Kultur-Lehrpfad Straßgang

Im Nahbereich einer Großstadt – und doch auf dem Land

Dieser Themenweg wurde in Zusammenarbeit mit der Berg- und Naturwacht-Gruppe der Stadt Graz errichtet. Der Lehrpfad führt über den Florianiberg; dabei gelangt man auch zur gleichnamigen Kirche: Sie ist wortecht der Höhepunkt dieser Wanderung – oder der zweithöchste Kulminationspunkt, falls man die empfehlenswerte Zusatzstrecke anschließt, welche über den Buchkogel führt.

Aussichtsreich: Über 50 Stufen zur Plattform der Rudolfswarte.

Auf den ersten Blick

Ausgangs- und Zielpunkt: Straßganger Kirche (349 m).
Zielpunkt der Zusatzstrecke: GVB-Bushaltestelle Ankerstraße.
Gehzeit: Lehrpfad 45 Min.; mit Zusatzstrecke 3 Std.
Weglänge: 2 km; mit Zusatzstrecke 8 km.
Beste Jahreszeit: März bis Oktober.
Orientierung:

- Spezielle Baumschilder.
- Markierte Wanderwege.
- freytag & berndt, Grazer Stadtplan 1:15.000.
- Österreichische Karte 1:25.000, Blatt 164.

Von der Kirche Straßgang folgt man der Florianibergstraße entlang der Friedhofsmauer. Unmittelbar am Beginn des Lehrpfades steht eine große Übersichtstafel. Die Strecke des Lehrpfades ist identisch mit dem AV-Weg Nummer zwei. Entlang des Waldweges steht vor vielen Bäumen jeweils ein Namensschild.
Der Lehrpfad und Wanderweg ist zugleich der Kreuzweg zur Florianikirche auf dem Florianiberg (520 m). Dessen Bereich „... gehört zu den bedeutendsten archäologischen Fundzonen in Graz. Streufunde lassen eine Existenz einer Kupferzeitlichen Siedlung bereits im vierten Jahrtausend v. Chr. vermuten."
Entlang von Weingärten leitet der Weg sachte abwärts in einen Straßensattel (495 m), welcher im Volksmund *Schaflacke* genannt wird. Hier endet der Lehrpfad.
Ab diesem Punkt beginnt die in Richtung Buchkogel führende Zusatzstrecke.

Besondere Erlebnispunkte

Florianikirche: Erbaut 1597; im Auftrag von Erzherzogin Maria von Bayern. 1667 bauliche Veränderungen und teilweise Neugestal-

Idylle wie im Biedermeier: Am Weinhang.

tung des Innenraumes (Barockisierung). 1767 Zubau einer Seitenkapelle. 1997 Restaurierung der Kirche.
Kronprinz-Rudolf-Warte: Auf dem Buchkogel (656 m); errichtet anno 1879. Wendeltreppe mit 50 Stufen; Höhe der Warte 11 m. Von der Berg- und Naturwacht Graz im Jahre 1975 erneuert. Eigentümerin: Alpenvereinssektion Graz.
Schloss St. Martin: Im 11. Jh. als Aribonenbesitz genannt; ab 1144 im Besitz des Stiftes Admont. Sein heutiges Aussehen erhielt das Schloss im 17. Jh. Das Land Steiermark erwarb das Schloss im Jahre 1936; es dient als Volksbildungsheim.

Zusatzstrecke

Über den Buchkogel (656 m): Von der „Schaflacke" (am Ende des Lehrpfades) auf dem Wolfgangweg zur *Greifgrube* – große Doline – und Bildföhre. Weiter auf dem Weg Nr. 2 zum GH Orthacker. Zuletzt führt ein schöner Waldweg auf den Buchkogel.
Von der Rudolfswarte anfangs nordwärts leicht bergab. Danach gibt es mehrere Wanderwege, die nach St. Martin leiten. Der erste abzweigende Weg ist mit der Nummer 7c bezeichnet.
Am modern gestalteten Entlüftungsschacht abwärts zur Straße „Am Weinhang" und nach St. Martin. Die Wegmarkierung leitet bis zur Bushaltestelle Ankerstraße. Gehzeit: Ab Schaflacke 2.15 Std.; 6 km.

Einkehr-Tipp

Orthacker, GH am Buchkogel; im August geschlossen (R Di, Mi). Schmankerln: Brettljausen; hausgemachte Mehlspeisen; an Sa und So auch warme Küche.
Familie Orthacker, Tel. 0316/285482

Anreise

Nach Graz-Straßgang via Kärntnerstraße.
Auto: Parkplatz gegenüber Straßganger Friedhof.
Bus/Verbundlinie:
GVB/32, 62;
Hst Straßgang Zentrum.

Rückreise

Aus Richtung Schloss St. Martin.
Bus/Verbundlinien:
GVB/31, 62;
ab Hst Ankerstraße.

West-
& Süd-
steiermark

98

Teichpark Lannach

Die Lehmgruben von einst sind die Biotope von heute

Der Ursprung der gesamten Anlage reicht gut 100 Jahre zurück: Damals wurden für die *Lannacher Ziegelbrennerei* zahlreiche Lehmgruben ausgehoben. Nach der Schließung des Ziegelwerkes füllten sich die Lehmgruben allmählich mit Wasser. Im Jahr 1987 wurde der Teichpark unter Naturschutz gestellt und naturkundlich-informativ eingerichtet. Die Idee stammt von *Dr. Johannes Gepp*; die Umsetzung des Projektes ermöglichte der Lannacher Bürgermeister *Josef Niggas*.

Aktuelle Anlässe machen bewusst: Lebensqualität auch für alle Kreaturen.

Auf den ersten Blick

Ausgangs- und Zielpunkt: Park+Ride-Platz am Bf Lannach (349 m).
Exkursion zum Teichpark: 1–2 Std.
Beste Jahreszeit: März bis Oktober.
Orientierung:
- Speziell beschildert.
- Markierte Wanderwege.
- Broschüre „Teichpark Lannach".
- Broschüre „Waldlehrpfad im Teichpark Lannach".
- Verbund-Wanderfolder Nr. 06 „Teichpark Lannach".
- freytag & berndt, WK 411.

Informationen:
Gemeindeamt Lannach;
Tel. 03136/82104-0
gde@lannach.steiermark.at
www.lannach.at

Vom Bahnhof Lannach leiten Gehsteige zur Bahnübersetzung und an der Landesstraße auf die Kainachtaler Seite. Über den Fischerweg kommt man zum ersten Waldstück im *Teichpark*.
Gegenwärtig gibt es in den Gemeindebereichen von Lannach und Muttendorf (Gemeinde Dobl) 19 Teiche.

Durch das Feuchtraum-Biotpop im *Teichpark Lannach* führen nunmehr acht Erlebnispfade:
Der Hauptpfad, Dammweg, Nistkastenpfad, Waldlehrpfad sowie der Laubfrosch-, Dschungel-, Teich- und Naturschutzpfad.
Dort, wo aus der Eisteichstraße die allgemeine Zufahrt heranführt, sind zwei Jungbaumreihen ge-

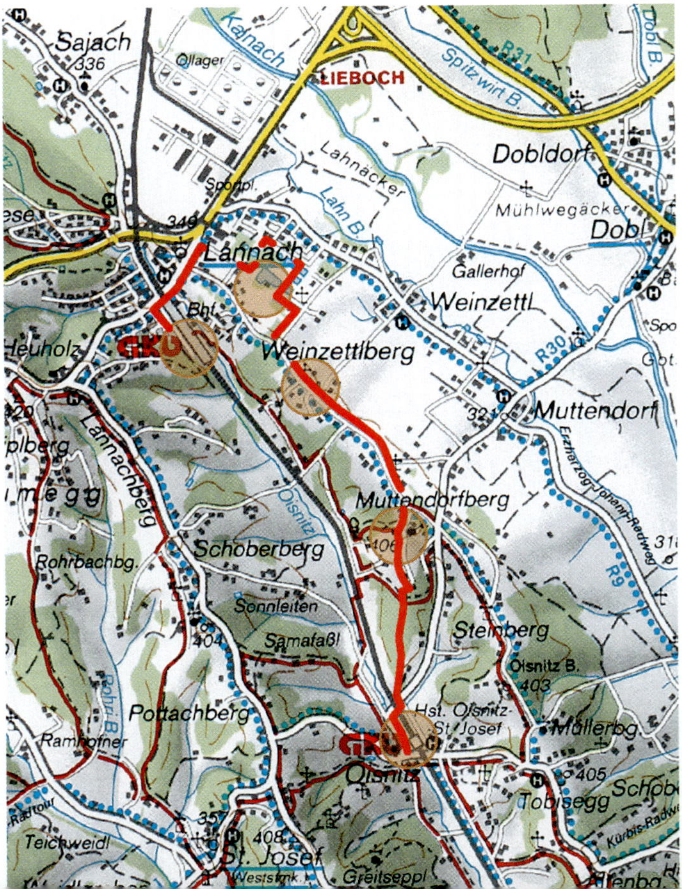

pflanzt. Jedes der 51 Bäumchen verdankt sein Leben einem Paten. Auf dem *Rastplatz* sind die Bänke im Halbrund angeordnet, so dass auch größere Gruppen bzw. Schulklassen unter freiem Himmel gut kommunizieren können.

Besonderer Erlebnispunkt

Baum-Allee im Teichpark: Auch mit exotischen Bäumen, z. B. Colorado-Tanne *(Abies concolor)* aus Nordamerika;
Ginkgobaum *(Ginkgo biloba)* aus China;
Korea-Tanne *(Abies koreana)*;
Nordmannstanne *(Abies nordmannia)* aus der Türkei bzw. auch Rußland;
Schlangenhautkiefer *(Pinus leucodermis)* aus Südosteuropa;
Weymouthskiefer *(Pinus strobus)* aus Mitteleuropa.

Zusatzstrecke

Den Teichpark verlässt man bei den großen *Fischteichen*.
Ein Fahrweg führt südwärts; dann folgt man der bergauf führenden Teichstraße. Zuletzt leitet ein Ziehweg durch einen *Strauchtunnel* zur Straße am Weinzettlberg.
Der ausgesprochen schöne Höhenrücken gewährt weit reichende Aussicht über das Kainachtal und bis in das Grazer Bergland.
Die verkehrsarme Höhenstraße verbindet vom Weinzettlberg südwärts zum *Muttendorfberg*.
Vom Ortsende folgt man jenem Stichweg zu „Heli's Heurigen-Wirtshaus" (GH Hörzer). Es steht über dem Oisnitztal.
Die Farben der Trikolore leiten die Burgstallerstraße bergab und durch einen Hohlweg zu einer Gabelung. Ein Waldweg und Steig leiten in das Oisnitztal. Die Bahnhaltestelle liegt zum Greifen nahe. Bis zur Abfahrt des Zuges ist man beim Gasthof Hitty-Hösele gut aufgehoben – oder man schnuppert am „Reitzentrum Süd".
Gehzeit: Teichpark – Oisnitz 1.30 Std., 5 km.

Einkehr-Tipp

Fürnschuss, GH, Lannach (R Sa, So).
Schmankerln: Alle weststeirischen Wurst- und Fleisch-Spezialitäten aus der eigenen Fleischerei (geöffnet auch Sa, bis 14 Uhr).
Familie Fürnschuss,
Tel. 03136/82427
Venezia, Pizzeria; Lannach (R Mo).
Schmankerln: Italienische und griechische Spezialitäten.
Familie Kücükyasar,
Tel. 03136/82213
Hitty-Hösele, GH; Oisnitz (R Di, Mi).
Schmankerln: Gutbürgerliche Küche.
Wilhelmine Hösele,
Tel. 03136/81122

Von Teich zu Teich: An diesem Fischwasser werden Gäste geduldet.

Anreise

Nach Lannach:
- Aus Richtung Graz und Voitsberg via Lieboch.
- Aus Richtung Deutschlandsberg via Stainz.

Auto: A2 (Ausfahrt Lieboch). Parkplatz am Bahnhof.
Bahn/Verbundlinie: GKE/R550; Bf Lannach.
Bus/Verbundlinie: GKE/760; Hst Lannach Ost.
Rad: R9 Erzherzog-Johann-Radweg.

Rückreise

Von Oisnitz in Richtung Lannach und Graz oder Deutschlandsberg.
Bahn/Verbundlinie: GKE/R550; ab Hst Oisnitz-St. Josef.

Igelpfad in Rosental

Biotope im ehemaligen Bergbaugebiet „Karlschacht“

Auf den ersten Blick

Ausgangs- und Zielpunkt: Gemeindeamt Rosental an der Kainach (420 m).
Gehzeit: 1–2 Std.
Beste Jahreszeit: März bis Oktober.
Orientierung:
- Speziell beschildert.
- Mehrere Infotafeln.
- Broschüre „Der Igelpfad in Rosental“.
- freytag & berndt, WK 132.

Informationen:
Gemeindeamt Rosental;
Tel. 03142/22242
gemeinde@rosental-kainach.at
www.rosental-kainach.at

Nur zehn Jahre danach: Ein Biotop überdeckt das ausgekohlte Revier.

Der Bergbaubetrieb im Kohlenrevier *Karlschacht* wurde am 6. Juli 1992 geschlossen. Nach dessen Auskohlung wurde das Tagbaugelände bis zum Jahr 1998 von Industriebetrieben als Aschenkippe benutzt. Anschließend wurde ein Teilbereich das ehemaligen Kohlen-Tagbaugeländes zum Naherholungsgebiet umgestaltet. Im Zuge dessen entstand in diesem ehemaligen Kohle-Abbaugebiet der Graz-Köflacher-Bergbaugesellschaft der *Igelpfad.*

Der mit dem Igelpfad identische *Biotop-Lehrpfad Rosental* wurde von Mag. Gerda Hofer-Taferner praxisnahe aufbereitet: In der einst „ungeliebten Aschenkippe“ wurden neue Lebensräume für Tiere und Pflanzen angelegt. Zugleich entstand für die anrainende Bevölkerung ein neuer Naherholungsraum.
Die *Igelpfad-Broschüre* informiert ausführlich über die verschiedenen Biotope mitsamt deren Tier- und Pflanzenwelt, wie beispielsweise Hecken, Stillgewässer, Brachland, Streuobst- und Blumenwiesen, Kräutergärten, Feuchtstandorte, Ruderal-Standorte (für geordnete Schutt- und Abfalldeponie), nährstoffreiche Abfallplätze sowie Exoten.
Jedem Besucher wird folgender Tipp mitgegeben:
„Nehmen Sie sich vor allem eines, um die Natur zu entdecken: *Viel Zeit!*“
Man spaziert in beliebiger Weise auf gebahnten Wegen, aber auch auf Pfaden durch das Gelände. Beim Hinweis *Traubenkirsche* zweigt man zu einem Teich ab und gelangt auch zum *Technologie-Park;* dieser liegt im Bereich des ehemaligen Karlschacht-Schrägaufzuges. Dessen Maschinenhaus ist nunmehr ein sehenswertes

Industriedenkmal. Laut Augenzeugenberichten wurde die Anlage im „letzten Augenblick vor dem Bagger gerettet".
Unweit vom Maschinenhaus steht das Heim des Knappenschaftsvereins. Mit dessen Hilfe sicherte die *Gemeinde Rosental* nach Auflassen des Bergbaubetriebes viele maschinelle Einrichtungen. Nun sind Schalter, Hebel, Räder, Schienen, Kippwagen, Grubenloks und viele andere Objekte unter freiem Himmel frei zugänglich zu besichtigen. Das Überziel dieser Objekt-Sicherung ist die Einrichtung einer „Montan-Erlebniswelt". Ein Realisierungstermin ist derzeit nicht bekannt.
Nach diesem Schnupper-Abstecher setzt man den Rundgang auf dem Igelpfad fort. Bei der Tafel 10 – *Steinhaufen* – liegt zugleich ein schöner Rastplatz.
Vom *Wendepunkt am Igelpfad* gelangt man zum Binderteich und Binderwirt.
Der Rückweg nach Rosental erfolgt wiederum entlang verschiedener Biotope und nach eigener Kombination.

Besondere Erlebnispunkte

Technologie- und Gründer-Park Rosental: Karlschacht 1; mit Stollenmodell und Maschinenhaus. Schrägaufzug führte 170 m in die Tiefe.
Anmeldungen zu Führungen und Seminaren beim Gemeindeamt Rosental.
Betenmacherkogel (430 m): Zugang wenige Minuten vom Maschinenhaus.
Prähistorischer Siedlungsplatz: An Ort und Stelle nachzulesen: „Hier befand sich im 4. Jahrtausend v. Chr. eine Siedlung. Die geborgenen Funde gehören zur *Lasinja-Kultur.* Diese nach einem Fundort in Kroatien benannte Kultur-Epoche gehört zur Älteren Kupferzeit und diese zur Späteren Jungsteinzeit."
Wald-Erlebnispfad: Mit spaßigen Bauernregeln für jeden Monat. „Einer Traube und einer Geiß wird es im September selten zu heiß."
Hacken- und Holzmuseum sowie ein originell eingerichteter Spielplatz.
Führungen auf Voranmeldung. August Reinthaler, Tel. 03144/3894

Einkehr-Tipp

Binderwirt, Alpineweg 1, am Beginn der Karlschachter Straße (R Mo). Schmankerln: Binderwirt-Platte, Gefülltes Grillschnitzerl; Kürbiskern-Palatschinken.
Familie Neukam, Tel. 03144/4500

Bitte nicht irritieren lassen: Der Name ist nur eine Suggestion.

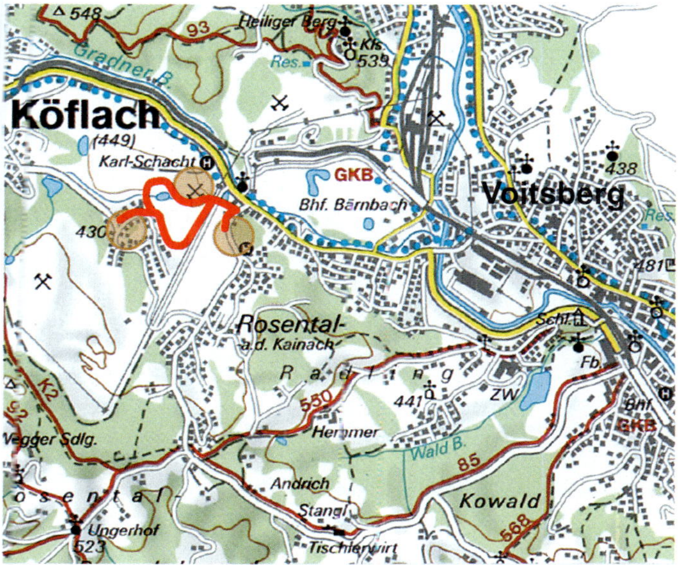

Anreise

Nach Rosental aus Richtung Graz via Voitsberg.
Auto: A2 (Ausfahrt Mooskirchen). Parkplatz beim Gemeindeamt.
Bahn/Verbundlinie: GKE/R550; Bf Bärnbach.
Bus/Verbundlinien: GKE/700, 710; Hst Rosental Schule
Rad: R14 Kainachtal-Radweg; R44 Piberstein-Radweg.
Zugang: Vom Kreisverkehr gegenüber dem Gemeindeamt Rosental.

100

Wald-Erlebniswelt Hebalm

Ein Kinderspiel: Junge Waldpädagogen entlocken altem Boden in erfrischender Weise alte Geheimnisse

Der Dom kann nicht zum Wald werden, aber der Wald zum Dom." Wie wahr! Peter Roseggers Wort fügt sich maßgeschneidert auf ein besonderes Stück der Hebalm: Die mit Felsen bestandene Gipfelkuppe des *Kampelekogels* (1494 m) liegt inmitten jenes künstlerisch gestalteten Grundrisses, welcher naturgetreu – im Maßstab eins zu eins – dem des Mailänder Domes nachgebildet wurde.

Die von Forstmeister *Clemens Spörk* aktivierte „Wald-Erlebniswelt" verzichtet auf spezielle Einrichtungen, nutzt jedoch die im Bereich des Kampelekogels vorhandene touristische Infrastruktur. Im Besonderen spielt sich dieselbe Erlebniswelt in gruppendynamischer Weise ab. Die Teilnehmer aller Altersklassen sollen – *und wollen!* – den Wald bewusst erleben lernen:

- Mit geschlossenen Augen über den Boden gehen und dabei dessen Beschaffenheit ertasten und fühlen.
- Hand in Hand einen Kreis bilden und darin die Bäume zählen – aber nicht nur die großen.
- Den Wald aus ungewohnten Perspektiven sehen: Beispielsweise über die Schulter blickend; ein anderes Mal aus der Schräglage eines Hüftknicks; schließlich aus einer Rumpfbeuge – sozusagen in einer „verkehrten Welt" – zu den Wipfeln der Bäume aufschauend.

Das Überziel bei solchem Spaß liegt darin, dass man seine Bewusstseinsbildung punkto Wald erneuert und vertieft. Dazu verhilft auch das Wahrnehmen und Erkennen von Fährten und Spuren. Schließlich leben Waldtiere in speziellen „Wohnungen" – aber wer weiß, welches Tier wo und wie lebt?

Auf den ersten Blick

Ausgangs- und Zielpunkt: GH Fichtenhof, Hebalm (1294 m).
Unterwegszeit: 4–5 Std.
Beste Jahreszeit: Mai bis Oktober.
Begleitpersonen auf jeder Exkursion:
Förster bzw. Waldpädagogen.
Orientierung:
- Folder „Wald-Erlebniswelt Hebalm".
- freytag & berndt, WK 411.

Informationen:
Hebalm Malteser Tourismus, Ligist 1;
Tel. 03143/6030
Tel. 03142/24070
info@walderlebnis.at
www.hebalm.at

Credo auf der Hebalm: „Den Wald natürlich gedeihen lassen."

Natürlich stellt der die Gruppe begleitende Waldpädagoge an seine ihm blind vertrauenden Schützlinge auch so manche knifflige Frage zum Thema „Wald“. Die Lösungen werden spielend leicht erlernt. Der Ausflug dauert vom Vormittag bis in den Nachmittag. Deshalb gibt es zu Mittag eine kräftige „Försterjause“.

Die Hebalm darf sich nach strenger Begutachtung „erstes nach der EMAS-Norm (Öko-Audit) zertifiziertes Tourismusgebiet“ nennen. Damit signalisiert der Tourismusbetrieb des Malteser Ritterordens, dass auch permanente Verbesserungen im Hinblick auf Umweltverträglichkeit der Tourismusanlagen angestrebt werden. Zu diesen gehören auch permanente MTB-Strecken sowie thematisierte Wanderwege und kategorisierte Orientierungslauf-Strecken.

Besondere Erlebnispunkte

Dom des Waldes – Il duomo nel Bosco: Gestaltet von Anne & Peter Knoll. Der bodennah begehbare Holzlaufsteg ist dem Grundriss des Mailänder Domes maßstabgetreu nachgebaut. Der Eintritt erfolgt durch eines der fünf „Holzportale“, die ebenfalls den Echtmaßen der Vorbilder gleichen. Im Juni und September Walddom-Konzerte und Dichterlesungen.

Wald-Erlebniswelt Hebalm. Fachkundig geführte Exkursionen; auch Sonderführungen, z. B. für Schulklassen. Jeweils auf Anmeldung.

Einkehr-Tipp

Fichtenhof, gj. (R Mo). Mit Hausmusik auf Bestellung. Schmankerln: Backhendl, Schilcherrahmschnitzel, Schwammerlsuppe mit Heidensterz; hausgemachte Strudel und Torten. Familie Gruber, Tel. 03146/8185

Das wahre Erlebnis: Den Wald verstehen lernen.

Anreise

Auf die Hebalm:

- Aus Richtung Graz, Köflach oder Lavanttal via Packalpe.
- Aus Richtung Deutschlandsberg via Freiland und St. Oswald

Auto: A2 (Ausfahrt Packsattel). Parkplatz gegenüber GH Fichtenhof.

Rad: Packer Bundesstraße; Hebalm-Landesstraße; MTB-Strecken.

Am Wendepunkt der Exkursion: Bereit für die „Förster-Jause“.

101

Vogelstimmenweg in Ligist

Erst zur Burgruine Ligist – danach auf den Spuren der Kelten

Auf den ersten Blick

Ausgangs- und Zielpunkt: Gemeindeamt Ligist (392 m).
Gehzeit: 1 Std.
Weglänge: 2 km.
Beste Jahreszeit: März bis Oktober; auch ganzjährig.
Orientierung:
- 3 Infotafeln.
- Pult mit Vogelstimmen.
- freytag & berndt, WK 412.

Informationen:
Gemeindeamt Ligist;
Tel. 03143/2229
gde@ligist.steiermark.at
www.ligist.at

Historischer Abriss: Wo lebten „die alten Rittersleut"?

Dieser Erlebnisweg wurde 1999 von der Marktgemeinde Ligist mit Unterstützung von *Bird Life Österreich* errichtet. Ein Waldstück und dessen sonnseitiger Randbereich sind das Gelände für diesen stimmenreichen wie ebenso stimmungsvollen Rundgang um die ehemalige *Burg Lubgast*, die heutige Burgruine Ligist.

Der Zugang erfolgt vom Hauptplatz und führt ab dem Burg-Café den Ligistberg aufwärts zur Burgruine. Eine große, speziell adaptierte Infotafel zeigt die im Schlosswald Ligist beheimateten Singvögel: Rotkehlchen, Singdrossel, Amsel, Mönchsgrasmücke, Ringeltaube, Grünspecht, Buntspecht, Zaunkönig, Buchfink, Grünling, Zilp-Zalp, Blaumeise, Kohlmeise, Kleiber, Eichelhäher.
Auf *Knopfdruck* hört man die jeweilige Vogelstimme.
Nach einer kleinen Exkursion bei der Burgruine Ligist – ein „Steirisches Wahrzeichen"– folgt man dem kurzen, jedoch lohnenden Rundweg, bestehend aus einem Waldsteig und Stück Asphaltstraße; danach überquert man ein Brückerl. Durch schönen Mischwald spaziert man bergab, bergauf zur Burgruine und zuletzt die Ligistbergstraße abwärts in die Ortsmitte.

Besondere Erlebnispunkte

Burgruine Ligist: Urbau hieß Dietenburg; 1066 urkundlich erwähnt; eine der ältesten Burgen der Steiermark. Burg Lubgast aus dem 12. Jh. Talseitig einst mächtiges Kanonenrondell.
Erhaltungsarbeiten nimmt der Burgverein vor.
Markt Ligist: Gepflegtes Ortsbild.
Heimatmuseum: Im Schloss Ligist. Mai bis Oktober; nach Voranmeldung.
Tel. 03143/3311
Marktbrunnen: Geschaffen vom Ligister Bürger Eduard Walcher (1899–1977).
Keltenhaus am Dietenberg: Beim Schilcherhof. Dokumentation zu den Lebens- und Wohnbedingungen vor über 2000 Jahren. Mit

Ein neues Dach über alten Mauern: Burgruine Ligist.

Zeittafel zur Besiedelungsgeschichte: 3000 v. Chr. Spätsteinzeitliche Ansiedlung; 1000 v. Chr. Urnenfelderzeitliches Dorf; 700 v. Chr. Hallstattzeitliches Grab; 300 v. Chr. Keltische Höhensiedlung;
1.–4. Jhd. n. Chr. Römischer Gutshof am Fuße des Dietenberges;
10. Jhd. Burg am Dietenberg;
13.–16. Jhd. Kreidfeuerstation.
Führungen: Mai bis Oktober.
Tel. 03143/6080

Zusatzstrecke

Urgeschichtlicher Wanderweg: Am Dietenberg. Eine Adaptierung ist vorgesehen.
Zugang oder Zufahrt von Ligist wie in Richtung Keltenhaus; auf der Anhöhe (Hinweistafel) jedoch linkshaltend, bergwärts, zum Buschenschank Kremser-Greitbauer. Die Tafel *Kreidfeuerstation Draulinie* informiert auch über die wichtige Funktion der ehemaligen Dietenburg.
Danach zu Ausgrabung: Standort einer keltischen Höhensiedlung aus der La-Tène-Zeit.
Auf einem Waldweg, zuletzt entlang von Weingärten zurück zum Ausgangspunkt am Dietenberg.
Gehzeit: Als Rundweg 1.30–2 Std.

Einkehr-Tipp

Kremser-Greitbauer,
Buschenschank am Dietenberg; geöffnet ab 14 Uhr; im Juli geschlossen (R Mi und Do).
Schmankerln: Alles Gute vom Bauernhof; Germstrauben; Traubensaft.
Tel. 03143/2805
In Ligist:
Alle Gaststätten sind empfehlenswert.
Schmankerln: Jeweils Spezialitäten nach Art des Hauses.
Gangl, GH (R Mi);
Familie Gangl, Tel. 03143/33286
Kirchenwirt (R Mi);
Familie Hütter, Tel. 03143/4290
Krämerwirt (R Mo);
Familie Zolgar, Tel. 03143/3040
Wörgötter, GH (R Mo, Di);
Familie Wörgötter, Tel. 03143/2279

Der Rundweg am Dietenberg: „Frisch. Saftig. Steirisch."

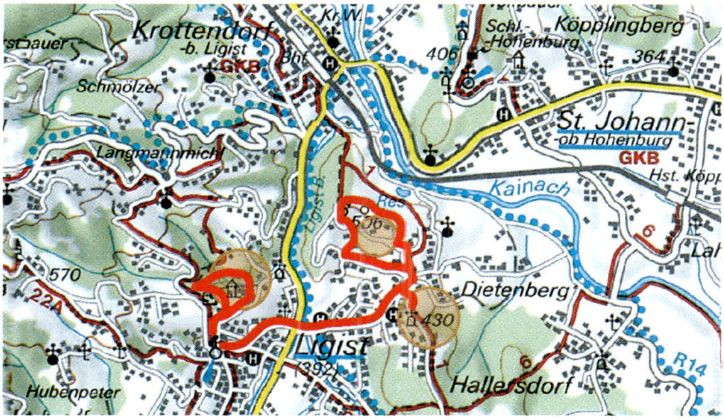

Anreise

Nach Ligist aus Richtung Graz via Lieboch.
Auto: A2 (Ausfahrt Mooskirchen oder Steinberg).
Parkplatz beim Gemeindeamt.
Bahn/Verbundlinie:
GKE/R550;
Hst Krottendorf-Ligist.
Bus/Verbundlinien:
GKE/700; Hst Krottendorf; 703; Hst Ligist.
Rad: R14 Kainachtal-Radweg.
Taxi:
Fa. Sonnberger, Ligist,
Tel. 03143/2210
Transferstrecke:
Krottendorf – Ligist 2 km.

Hollenegger Waldlehrpfad und Ameisenpfad in Aichegg

Zuerst Prachtblicke in einem Schlosspark – danach Einblicke in eine musterhafte „Überlebensorganisation“

Die Kombination dieser beiden Themenwege birgt die Harmonie besonderer Gegensätze: Zunächst erlebt man das üppige, herrschaftliche Flair im Nahbereich des Schlosses Hollenegg. Dessen Park ist ein kleines Juwel. Darauf folgt man den Sprüngen des weißen Rössls – es symbolisiert als Qualitätssujet den Steirischen Schilcher – inmitten von Weinhängen in Richtung Aichegg. Als dritten Teil lernt man unter sackundiger Führung den Ameisenlehrpfad kennen.

Auf den ersten Blick

Ausgangs- und Zielpunkte: Ameisenpfad: BS Eckfastl, Aichegg (480 m). Waldlehrpfad: Bauerngarten, Hollenegg (456 m).
Exkursionsdauer: Jeweils ca. 1.30 Std.
Beste Jahreszeit: April bis Oktober.
Orientierung:
- Speziell beschildert.
- Waldlehrpfad: zahlreiche Infotafeln.
- Ameisenpfad: dzt. 8 Stationen.
- freytag & berndt, WK 411.

Informationen:
Gemeindeamt Hollenegg:
Tel. 03462/2746
gde@hollenegg.steiermark.at
www.hollenegg.steiermark.at

Schlosspark Hollenegg und Waldlehrpfad
Kurz nach dem Eingang steht ein Naturdenkmal in Form einer Platane; die *Platanus orientalis* stammt aus dem Jahr 1870.
Am westseitigen Schlosseingang steht – hoch wie ein Wachtturm – ein Mammutbaum – *Sequoiadendron giganteum* – gar von 1840.
Tiefer in den Park gehend, gelangt man an eine Hochlandrinder-Weide: Diese Perspektive erweist sich als der „schönste Blick auf das Schloss“.
Informationen zum Thema „Wald im Bezirk Deutschlandsberg“ säumen jenen Weg, der an der Ostseite des Schlosses hinausführt zu Obstplantagen.
Bei einer kleinen Zufahrtsstraße folgen Informationen zum Thema Jagd; dazu gehören auch der kurze *Tierlehrpfad*.
Auf ungefähr derselben Route kehrt man zum Parkausgang zurück. Dort sollte man nicht übersehen, den *Bauernladen* kurz zu besuchen.
Schlussendlich schlendert man durch den gepflegten *Bauerngarten*.

An der Schilcherstraße in Neuberg bei Hollenegg.

Ameisenlehrpfad am Haderberg in Aichegg

Der Zugang erfolgt vom Buschenschank Eckfastl bzw. von der Eckfastl-Kapelle an der Straße bergab zur ersten Straßenkehre; Hinweistafel *Ameisenlehrpfad*. Von außen ist dieser Lehrpfad kaum als solcher zu erkennen und die Stationen sind höchst einfach gestaltet. Erst aus den fachkundigen, populär-wissenschaftlichen Ausführungen von *Werner Kolleritsch* – er ist der Erfinder dieses österreichweit einzigartigen Lehrpfades – erfahren Besucher jenen Inhalt, auf den es ankommt. In Europa gibt es 120 Arten Ameisen, in Österreich 100 Arten. Ein Ameisenvolk besteht aus bis zu zwei Millionen Einwohnern und vernichtet pro Tag rund 100.000 Schädlinge. Die Lebensdauer der Ameisen ist höchst unterschiedlich: Die Drohnen leben nur einige Monate, die Arbeiterinnen zu bis 6 Jahre, die Königin lebt gar bis zu 25 Jahre.

Schloss Hollenegg: Blüten, Pracht und Perspektiven.

Ameisen können bis zum 40-fachen ihres Körpergewichtes tragen und Ameisenvölker leben gleich organisiert wie Bienenvölker. Die einzelnen Stationen bzw. Ameisenhügel entstanden seit dem Jahr 1988. Diese verändern bzw. entwickeln sich unterschiedlich. Wird ein Ameisenhügel von außen her derart beschädigt, dass durch die grundsätzlich wasserundurchlässige Schichte Nässe in das

Anreise

Nach Hollenegg aus Richtung Graz via Deutschlandsberg.

Auto: A2 (Ausfahrt Lieboch). Parkplatz nächst Schloss Hollenegg.

Bahn/Verbundlinie: GKE/R550; Hst Hollenegg.

Bus/Verbundlinien: GKE/760+769; Hst Hollenegg Abzw.

Rad: R1 Sulmtal-Radweg; R4 Schilcher-Radweg.

Rückreise

Bahn/Verbundlinie: GKE/R550; ab Bahnhof Schwanberg.

Der „Erfinder" des Ameisenpfades: Werner Kolleritsch.

Hügelinnere eindringen kann, überleben Ameisen keinen Winter. Die logische Folge: Der Hügel stirbt ab.
Derzeit gibt es acht Stationen; diese infomieren über Ameistenarten, den Aufbau eines Ameisenvolkes, Ameisenschutz, die Nahrung sowie das Leben der Ameisen im Jahreslauf.

Besondere Erlebnispunkte

Ameisenlehrpfad: Führungen nach Vereinbarung.
Werner Kolleritsch, Tel. 03467/7527
Hollenegg und Schloss:
Bauerngarten: Mit kleinem Holzhaus von 1829.
Schlosskirche: Zugang durch den Innenhof; Ostern bis Allerheiligen, zur Zeit der Sonntagsmesse, 9–11 Uhr.
Schlossgeister: Bauernladen im Kultursaal (ehem. Rossstall) am Schlosseingang; Mai bis Oktober, Sa und So, 13–17 Uhr.
Schlosspark: Frei zugänglich. Aus dem Schlosspark zum Waldlehpfad und Vier-Schlösser-Wanderweg.
Schilcherweinstraße: Teilstrecke Hollenegg – Eckfastl-Kapelle – Aichegg. Ab-Hof-Verkauf; Buschenschänken.

Zusatzstrecken

Bahnhaltstelle Hollenegg – Schloss Hollenegg: Durch eine Allee zur Bundesstraße (B67); jenseits der Straße durch Wald bergan zum Schloss.
Gehzeit: 20 Min.; 1 km.
Schloss Hollenegg – Rettenbach – Eckfastl-Kapelle: Teilstrecke des *Vier-Schlösser-Weges.* Auf einem Fahrweg südwärts nach Hoferberg und zum GH Schöne Aussicht. Nordseitig bergab zum Rettenbach. Bei der Teichschänke bergan durch Wald nach Rettenberg. Den Höhenrücken entlang zur Eckfastl-Kapelle; hier der Buschenschank und Ameisenlehrpfad.
Gehzeit: 45 Min.; 3 km.
Eckfastl-Kapelle – Kleinobl – Bahnhof Schwanberg: An der Straße bergab, die Bundesstraße überquerend nach Kleinobl. Rechtshaltend zur Stullnegg; bachabwärts zur Rettenbachstraße. Nun rechts, über die Stullnegg, zur Hauptstraße; 500 m weiter der Bahnhof.
Gehzeit: 1 Std.; 4 km.

Einkehr-Tipp

Eckfastl, Buschenschank in Aichegg; Ostern bis November (kein R).
Schmankerln: Alles vom Bauernhof und hausgemacht. Aufstriche, Brot, Geselchtes, Kübelfleisch, Leberpasteten; Edelbrände, Frucht-Nektare, Fruchtsäfte.
Familie Kolleritsch, Tel. 03467/7527
Zur Taverne, GH am Schlosszugang (R Di).
Schmankerln: Backhendel, Schilcher-Rahmschnitzel, Kürbiskernschnitzel.
Familie Lambauer, Tel. 03462/2973

Weg der Wandlungen in Soboth

Mit verbundenen Augen gehen und aus einer Hochseilschaukel die Landschaft sehen

Zuerst beim Messner den Rucksack holen und dann gleich loswandern zum Hören, Tasten, Sehen, Riechen und Fühlen. Zwischendurch gar barfuß!" So einfach erfolgt der Einstieg zu diesem steiermarkweit einzigartigen Erlebnisweg, der sich dank des „Sommergipfels" der Kleinen Zeitung zu einem wahren Hit entwickelt hat.

Der in Soboth lebende Künstler *Edmund Enzi* schuf mit Unterstützung seiner Gemeinde diesen erlebnisreichen Themenweg; er besteht seit dem Jahr 2000. Edmund Enzis Credo lotet profund aus: „Nichts ist gewonnen, wenn der Mensch nur in die Natur hinein geht. Viel mehr muß die Natur auch in den Menschen eingehen."

Der ideelle Inhalt des Weges der Wandlungen ist ähnlich reichhaltig, wie die Sensibilität und Erwartungshaltung der Besucher unterschiedlich.

Es soll deshalb genügen, an dieser Stelle den Ablauf dieses speziellen Ausfluges nur anzureißen:

Kopfhörer aufsetzen und vom Gasthof Messner bergab schlendern zu einem Bächlein und Miniatur-Mühlrad.

Brille aufsetzen und blind einem Handlauf folgen.

Eine Liegefläche bereiten und beim Gehöft Kremser die Baumkrone einer 500 Jahren alten Linde betrachten.

Die Schuhe ausziehen, diese in einen Karabiner klinken und am fixmontierten Drahtseil ablassen. Selber barfuß über die Wiese absteigen.

Im Labyrinth dessen Zentrum finden.

Die weiteren Abschnitte des Weges werden „gewandelt" mit Hilfe von verschiedenen Rohstoffen aus dem Wald, mit einer Hängebrücke, einem Geschicklichkeitsspiel, beweglichen Brettern, einer Hochseilschaukel – unbedingt anschnal-

Lustige Station: „Zieh die Schuhe aus, schick diese am Seil talwärts."

Auf den ersten Blick

Ausgangs- und Zielpunkt: GH Messner, Soboth (1065 m).
Gehzeit: 45 Min., samt Spielzeit 2–3 Std.
Weglänge: 2 km.
Beste Jahreszeit: April bis Ende Oktober.
Orientierung:
- Speziell beschildert.
- Spezieller Rucksack.
- Folder „Weg der Wandlungen".
- freytag & berndt, WK 411.

Informationen:
Gemeindeamt Soboth;
Tel. 03460/500-0
gde@soboth.steiermark.at
www.soboth.at

Blickwandel: Schau in das Blätterdach dieses Naturdenkmals.

Anreise

Nach Soboth aus Richtung Graz via Deutschlandsberg oder Leibnitz.
Auto: A2 (Ausfahrt Lieboch); A9 (Ausfahrt Leibnitz). Parkplatz vor dem GH Messner.
Bahn/Verbundlinie: GKE/R550; Bf Wies-Eibiswald.
Rad: R4 Schilcher-Radweg.
Taxi: Standorte in Eibiswald. Fa. Kiefer Gottfried, Tel. 03466/45278, 0664/1310664
Fa. Kiefer Karl, Tel. 03466/42496, 0664/1240408
Fa. Sluka Norbert, Tel. 03466/42452
Transferstrecke: Bf Wies-Eibiswald – Soboth 25 km.

len! – sowie mit einer Wippe, einem Flying fox, einer Schaukel mit einem Stein.
Am Ende des Weges steht eine frei zugängliche Labehütte; diese wurde von der *Familie Tratinek* gespendet.

Besondere Erlebnispunkte

Ort Soboth: Im Ortsgebiet sind viele skurrile Holzfiguren platziert; angefertigt vom Künstler Enzi Edmund.
Erlebniswerkstatt: Mit Holzschnitzen.
Labehütte Tratinek: Für Tagegäste-Selbstversorger; frei zugänglich. Mit Spielplatz; Gerätebenutzung kostenlos (freiwillige Spenden erbeten).
Wassererlebnis Stausee Soboth (1080 m): Wasserfläche 80 ha, 3 km Länge. Stausee errichtet 1988–1993 von der KELAG. Aktive Freizeit mit Schwimmen, Boot fahren, Surfen, Segeln, Tauchen. Mit See-Cafè.
Weg der Wandlungen: Idee und Ausführung von Edmund Enzi, der offen eingesteht: „Liefere gerne Ideen für einen weiteren Themenweg.“ Tel. 0664/2865456

Einkehr-Tipp

Messner, Alpengasthof (kein R). Schmankerln: Backhendl, Kärntner Nudeln, Rindsbraten in Weinmostsauce; Haus-Mehlspeisen. Familie Maritschnegg, Tel. 03460/209 www.tiscover.com/alpengasthof.messner
Mörth, GH Zum deutschen Grenzland (Dezember bis April R Mo). Schmankerln: Heidensterz, Kaspressknödel, Krautfleckerl, Ritschert, Spinatspätzle, Kürbisgemüse mit Röstitascherl. Familie Mörth, Tel. 03460/208

Kirchen-Linden-Weg

Mit dem Reisepass: Von St. Lorenzen ob Eibiswald hoch über dem Drautal nach St. Bartlmä

Der grenznahe Raum zwischen Eibiswald und der Soboth strahlt einzigartige Stimmungen ab. Die kleinbäuerlich strukturierte Welt dies- und jenseits der Staatsgrenze entrückt Wandergäste in erlebenswerte Sphären. Zu beiden Seiten der Staatsgrenze stehen kostbare Sakralbauten. Der *Kirchen-Linden-Weg* verknüpft St. Lorenzen ob Eibiswald mit den Kirchen St. Leonhard, St. Anton, Hl. Drei Könige, St. Primon und St. Bartlmä. Wie Schutzwächter säumen riesengroße Linden diesen Rundwanderweg. Dessen Strecke lässt sich mit Mountainbikes grundsätzlich befahren.

Von St. Lorenzen leitet die spezielle Touristenweg-Markierung parallel zum Weitwanderweg 03 an der Landesstraße bergab zur Osojnikwiese an der Staatsgrenze. Der *Grenzübertritt* (Tafel) erfolgt beim Grenzstein XIII/137.
Hierher gelangt man – kürzer – auch vom Bauerngasthaus Temel. Wem die Hauptroute lang genug ist, lässt den Hinweis „St. Anton" unbeachtet und geht sogleich in Richtung Sveti Trije Kralji/Heilige Drei Könige.
Vom Buschenschank Glovar liegt das Bergdörfchen Sv. Primoz keine zehn Gehminuten entfernt.
Gegenüber der Kirche zeigen Wegweiser:
• Über Bricnik nach St. Lorenzen 1.30 Std.
• Über Sv. Jernej/St. Bartlmä und Puschnigg nach Lorenzen 2.15 Std.
Die originale (längere) Route verläuft parallel zur Straße auf einen Graben zu. In der Haarnadelkurve verlässt man die Straße und steigt aus dem Grabengelände steil bergan zum Gehöft Izek.

Auf den ersten Blick

Ausgangs- und Zielpunkt: Parkplatz nächst GH Silgener, St. Lorenzen (947 m).
Gehzeit: 7 Std.
Weglänge: 20 km.
Höchster Punkt: St. Bartlmä (1038 m).
Höhenunterschied: 400 m; zahlreiche Gegensteigungen.
Beste Jahreszeit: Mai bis Oktober.
Orientierung:
• Touristenweg-Markierung, grün-rot-weiß.
• Broschüre „Kirchen und Linden"; mit Wegbeschreibung.
• freytag & berndt, WK 411.
Grenzübertritt: Nur mit gültigem Reisedokument; auch bei jenen Grenzsteinen, wo Wanderer und Radfahrer im Sinne des „Touristenweg-Abkommens" die Staatsgrenze A/SLO überqueren dürfen.
Informationen:
TV Südliche Weststeiermark;
Infobüro Eibiswald;
Tel. 03466/43256
tv.suedwest@1012surfnet.at
www.aibl.steiermark.at

Auf slowenischem Boden auch von Gehöft zu Gehöft.

Anreise

Nach St. Lorenzen ob Eibswald aus Richtung Graz via Deutschlandsberg oder Leibnitz.
Auto: A2 (Ausfahrt Lieboch); A9 (Ausfahrt Leibnitz). Parkplatz nächst GH Silgener.
Bahn/Verbundlinie: GKE/R550; Bf Wies-Eibiswald.
Rad: R4 Schilcher-Radweg.
Taxi:
Fa. Fruhmann, Wies, Tel. 03465/2432
Fa. Kiefer Gottfried, Tel. 03466/45278, 0664/1310664
Fa. Kiefer Karl, Tel. 03466/42496, 0664/1240408
Transferstrecke: Bf Wies-Eibiswald – St. Lorenzen 14 km.

Der Hinweis *Sveti Jernej* vor derselben Straßenkurve gilt nur für Mountainbiker und Autofahrer; diese Strecke ist sechs Kilometer länger.
Vom Weiler Sv. Jernej bzw. St. Bartlmä gelangt man auf schönem, ebenem Waldweg zur *Grenzübertrittstelle* beim Grenzstein XIV/87.
Auf österreichischer Seite geht man nun über ein Wiesenstück, das einem Almboden gleicht.
Die für den Kirchen-Linden-Weg gültige Touristenweg-Markierung verläuft parallel zur rotweißroten Wegmarkierung 560 von der Puschniggkapelle zum einschichtig liegenden Gehöft Samernegg-Peter. Man steigt zum Puschniggbacherl bzw. Standort der ehemaligen Puschniggmühle ab. Durch Wald kehrt man zurück zum Parkplatz nächst dem Gasthaus Silgener.

Die Riesenlinde von Sveti Jernej schützt das Gasthaus Primoz.

Besondere Erlebnispunkte

Hl. Drei Könige/Sv. Trije kralji: Errichtet 1732. Eine der bedeutendsten Kirchen des Drautales. Schutzpatrone Alexius und Isidor.
Riesen-Linden: In St. Bartlmä, St. Primon und Hl. Drei Könige.
St. Anton: Wallfahrtskirche; urkundlich erwähnt 1617. Auch vom Radlpass erreichbar.
St. Bartlmä/Sv. Jernej: Von 1382; mit wertvollen Fresken. Eine der ältesten Kirchen im Drautal. Mehrere Male abgebrannt. Heutige Form von 1625.
St. Leonhard in der Eben: Wallfahrtskirche; eine der bedeutendsten Kirchen in der Südwest-Steiermark. 1545 erstmals genannt. Über Fürbitte der Meßnerbäuerin *Marie Praßnik* wurde anno 1919 die Staatsgrenze so gezogen, dass die Kirche bei St. Lorenzen ob Eibiswald verblieb.
St. Lorenzen: Pfarrkirche St. Laurentius; Bau von 1399. Als Barockkirche 1670 erbaut. Zwischen St. Lorenzen und der Leonhardikirche verlief die Grenze zwischen der Eibiswalder und Mahrenberger Herrschaft.
St. Primon/Sv. Primoz: Bergkirche von 1425. Mit ungewöhnlichem Turmpaar: Ein Holzturm (ursprünglich Glockenturm) und ein gemauerter Turm.

Blieb der Steiermark erhalten: St. Leonhard in der Eben.

Einkehr-Tipp

Glovar, Buschenschank gj; St. Primon/Sv. Primoz; Tel. 00386/2/8761262
Primoz, GH an Wochenenden und Feiertagen; St. Bartlmä/Sv. Jernej; Tel. 00386/2/8763004
Silgener, GH in St. Lorenzen (R Mo). Schmankerln: Hausmannskost; auf Bestellung auch Backhendl; Mehlspeisen am Wochenende: Wuchteln, Blechkuchen, Kärntner Reindling.
Familie Silgener, Tel. 03466/8105
Temel, Bauern-Gasthaus; St. Lorenzen (kein R). Schmankerln: Gutes vom Bauernhof; Brettljause. Auf Vorbestellung auch warme Küche.
Familie Temel, Tel. 03466/8108

105

Volkskundlicher Wanderweg Großradl

Von Eibiswald durch die Kulturlandschaft am Radl

Nur scheinbar nutzlos: Als Schmuckstück unverzichtbar.

„Essen und Trinken hält Leib und Seel z'samm'." Diesem volkstümlichen Motto werden hier Spaziergänge in besonderem Maße gerecht: Die Gastfreundschaft im Gemeindegebiet von Großradl ist ebenso herzlich wie großzügig. Der in diesem grenznahen Raum wohnende Menschenschlag erweist sich außerdem als leutselig. Womit sich ein nächstes volkstümliches Motto leicht erfüllt: „Beim Reden kommen die Leut' z'samm'."

Den Inhalt bilden Sagen im Grenzland, Volksfrömmigkeit, Tabak und Bienenzucht, bäuerliche Selbstvermarktung, Baukultur, Jahresbrauchtum, Weinbau und Landwirtschaft, Großfamilie, Volksmedizin, Tracht und Kleidung, Vor- und Frühgeschichte.
Es ist grundsätzlich nicht vorgesehen, am Volkskundlichen Wanderweg fachkundig begleitet zu werden. Andererseits kommt man ohne Hintergrundinformationen kaum aus. Was liegt näher, als zwischendurch bei einer Gaststätte zuzukehren oder an einem Bauernhof anzuhalten. Schnell ist man von dem so sympathisch klingenden Dialekt umfangen.
Der Zugang erfolgt vom Kirchplatz in Eibiswald. Man „zwängt" sich zwischen dem Kloepferkeller und dem Gasthof „Zur Singenden Wirtin" durch eine Straßen-Engstelle und folgt im Weiteren den Markierungen der Wanderwege 592/03.
Ein kurzer Abstecher leitet zum

Auf den ersten Blick

Ausgangs- und Zielpunkt: Eibiswald (361 m).
Höchster Punkt: Gehöft Stindlweber (575 m).
Gehzeit: Als Rundweg 4 Std.
Weglänge: Insgesamt 13,5 km.
Höhenunterschied: Rund 300 m.
Beste Jahreszeit: April bis Oktober.
Orientierung:
- Speziell beschildert.
- Markierte Wanderwege.
- 14 Stationen; mit inhaltsreichen Holztafeln.
- Broschüre „Volkskundlicher Wanderweg Großradl".
- freytag & berndt, WK 411.

Informationen:
TV Südliche Weststeiermark, Infobüro Eibiswald; Tel. 03466/43256
tv.suedwest@1012surfnet.at
www.aibl.steiermark.at

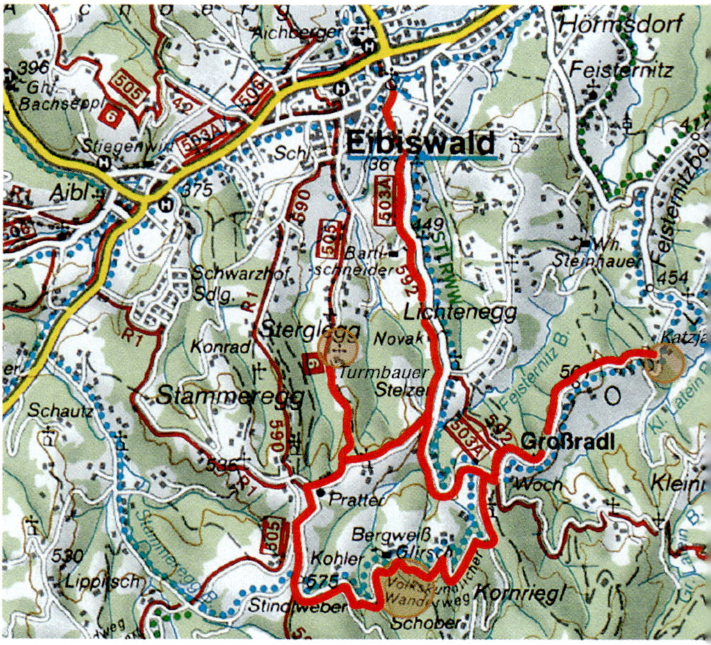

Vorletzte Station: Das Gehöft Marauli vulgo Woch.

Bartlschneider. Ein Wegstück oberhalb lädt der *Novak* ein.
Die *Kohlweißkeusche* ist ein 300 Jahre altes Haus (Nr. 21); es blieb in der typischen Bauform der Region erhalten. Vor dem Haus ist das Gedicht „Der Schilcher“ nachzulesen. Von der Kohlweißkapelle geht es weiter bergwärts nach Belieben, beispielsweise in dieser Reihenfolge: Erst zum Gehöft *Pratter* (Station Volksmedizin), dann zum *Stindlweber* (Individuum – Familie – Großfamilie), Gehöft vulgo *Glirsch* (Weinbau); es folgen der Buschenschank *Krottmayer* (Unser Wein; R Mi), die Gehöfte *Bergweiß* (Jahresbrauchtum) und *Merauli vulgo Woch* (Weinbau, Selbstversorger-Wirtschaft); schließlich zum *Truschnegg vulgo Katzjäger* mit dem Thema „Bienenzucht und Tabak“.

Besondere Erlebnispunkte

Im Markt Eibiswald.

Kloepfer- und Heimatmuseum: Geburtshaus des Mundartdichters und Arztes Dr. Hans Kloepfer (1867–1944). Besuch nach Voranmeldung.
Lerchhaus: Bürgerhaus von 1612; ältestes Haus von Eibiswald. Ausstellungsräume; kulturelle Veranstaltungen.
Schilcherkeller: Vinothek im Lerchhaus, mit Schilcherland-Spezialitäten. Mo–Mi, Fr 9–12 und 14–17 Uhr, Sa 9–12 Uhr.
OeAV-Weitwander-Museum: zum Gedächtnis an den Bildhauer Carl Hermann, „Erfinder“ des Nord-Süd-Weitwanderweges. Besuch nach Voranmeldung.

Einkehr-Tipp

Bartlschneider, GH und Bauernhof; Sterglegg (kein R).
Schmankerln: Brettljausen, Hauswürstl; auf Vorbestellung Backhendl, Forellen.
Familie Kofler, Tel. 03466/42726
Novak, GH, mit Weingarten; Sterglegg (R Do).
Schmankerln: Geselchtes; auf Vorbestellung Forellen, Backhendl.
Familie Weiß, Tel. 03466/42787

Anreise

Nach Eibiswald aus Richtung Graz via Deutschlandsberg oder Leibnitz.
Auto: A2 (Ausfahrt Lieboch); A9 (Ausfahrt Leibnitz).
Parkplatz nächst der Kirche.
Bahn/Verbundlinie:
GKE/R550;
Bf Wies-Eibiswald.
Bus/Verbundlinie:
GKE/782; Hst Eibiswald.
Rad:
R3 Weiße-Sulm-Radweg;
R4 Schilcher-Radweg.
Taxi:
Fa. Kiefer Gottfried,
Tel. 03466/45278,
0664/1310664
Fa. Kiefer Karl,
Tel. 03466/42496,
0664/1240408
Fa. Sluka Norbert,
Tel. 03466/42452
Transferstrecke:
Bf Wies-Eibiswald – Eibiswald 4 km.

Inmitten von Eibiswald: Das Kloepfer- und Heimatmuseum.

106

Greithwege St. Ulrich

Ein Erlebniszentrum in der Peripherie: Das „Laubdorf“ lädt ein

Vier Ideensäulen tragen das Projekt „Laubdorf St. Ulrich“: das Kulturhaus zum Annähern; die Dorf-Erneuerung zum Wiederfinden; die Greithwege zum Durchatmen sowie die Direktvermarkter zum Stärken. Alles bodenständig!

Elegant gestaltet: Die Info-Punkte an jedem Greith-Weg.

Auf den ersten Blick

Ausgangs- und Zielpunkt: Kulturhaus, St. Ulrich im Greith (397 m).
Gehzeit: 2 Std.
Weglänge: 6 km.
Beste Jahreszeit: April bis Oktober; auch ganzjährig.
Orientierung:
- Beschilderte Wege.
- Broschüre „Greithwege“.
- freytag & berndt, WK 411.

Informationen:
Gemeindeamt Sulmeck-Greith,
Gasselsdorf;
Tel. 03465/2350
gde@sulmeck-greith.steiermark.at
www.laubdorf.at

Das vom renommierten Grazer Architektenpaar *Michael Szyszkowitz* und *Karla Kowalski* geplante Kulturhaus fokussiert ebenso naturbezogene Sphären: Just vor dem Kulturhaus-Eingang steht der Startblock der drei unterschiedlich trassierten „Greithwege“. Einer deren Hauptzwecke besteht darin, die vielen Direktvermarkter mit gar noch mehr Liter..., Liter..., *Literaturstellen* zu verbinden. Ein Unterfangen, bei welchem infolge Genusses purer *und* veredelter Naturprodukte eine Eigendynamik entsteht, über deren Wirkungen man sich genussreich erinnert. Das Laubdorf St. Ulrich hält sich bei seinen Gästen in vielfältiger Art und nachhaltiger Weise in Erinnerung.

Entlang der Greithwege dienen sogenannte *Landschafts-Sofas* sowohl dem Ausblicken als noch viel mehr dem Einsehen. Dieselben Wege führen inmitten jenes von Gerhard Roth subtil recherchierten Lebensraumes, dem derselbe Dichter mit seinem Roman „Der Stille Ozean“ ein Denkmal setzte. Offiziell gibt es folgende drei Greithwege:

- Den St.-Ulrich-Rundweg (blau markiert); 4 km.
- Die Genusstour (rot); 12 km.
- Den Großen Weg (orange); 22 km.

Das Leitsystem für diese drei Greith-Rundwege – entworfen von den Künstlern *Anne & Peter Knoll* – enthält aus Presseberichten gesammelte Zitate. Diese sollten den Besuchern zu deren „innerer Orientierung“ dienen.

Die in der Landschaft platzierten historischen Punkte, wie beispielsweise in Bezug mit dem Bergwerk, der Hölle, dem Ziegelwerk, der Tante Juliane oder mit dem Alten Mautner, verbinden zu den Texten im Begleitheft „Greithwege“.

Dominant ist natürlich die nachvollziehbare Lebensfreude: Die natur-puren Erlebnisse aus Greithweg-Besuchen ereignen sich unter Lauben, in Höfen, auf Kuppen wie an Teichen. Auch

Entspannend: Das „Landschafts-Sofa“ in Kopreinig.

Nussbäume, Rebenhänge, Obst und Kastanien reichern dieses von Natur aus einzigartig gestaltete, typisch südweststeirische Ensemble an.

Der vierte Greithweg ist unsere Eigenkomposition und entspringt dem typischen Verlangen des Städters nach mehr Naturboden: So führt diese Wegstrecke vom Gasthaus Jauk zum Gehöft Teichstelzl (Brennerei von 1710). Vor dem Kettenhund muss sich niemand fürchten. Der durch ein Waldstück bergabführende Ziehweg zielt unmittelbar auf die im Talboden liegenden Teiche. Als erstes erreicht man den Kürbischteich. Sodann umrundet man den – östlich liegenden – Mathansteich an dessen Südseite und erreicht an dessen Rand bei den Fütterungsplätzen ein *Landschafts-Sofa*. So stellt man sich Oasen fernab des Alltags vor! Die nächsten Schritte führen anfangs noch auf Waldboden, dann durch eine Wiese zum dritten Teich: dem Hubenjoslteich

Von so viel Gelassenheit beseelt, stört es einen nicht, zuletzt an einem Asphaltsträßchen bergan zu steigen. Das Ziel spornt an: Das „Laubdorf" lädt ein!

PS: Unter anderem ist die Wiederbelebung eines ehemaligen „St. Ulricher Rundwanderweges" vorgesehen.

Ein Trumpf-Ass: Pur Natur am Mathansteich und rund herum.

Besondere Erlebnispunkte

Kulturhaus St. Ulrich im Greith: Ausstellungszentrum; in der heimischen Kunstszene als „Greith-Haus" bekannt.
kulturhaus@styria.com

Einkehr-Tipp

Gosch, GH in Kopreinig (R Mo, Di).
Schmankerln: Brat- und Backhendl; hausgemachtes Eis; im Winter auch hausgemachte Mehlspeisen.
Angela Nell, Tel. 03465/2456

Neuwirt, Radfahrerfreundliche Gaststätte in Tombach; mit Kegelbahn (R Do).
Schmankerln: Gulasch; auf Vorbestellung Brathendl und Hausmannskost.
Familie Jauk, Tel. 03465/2458

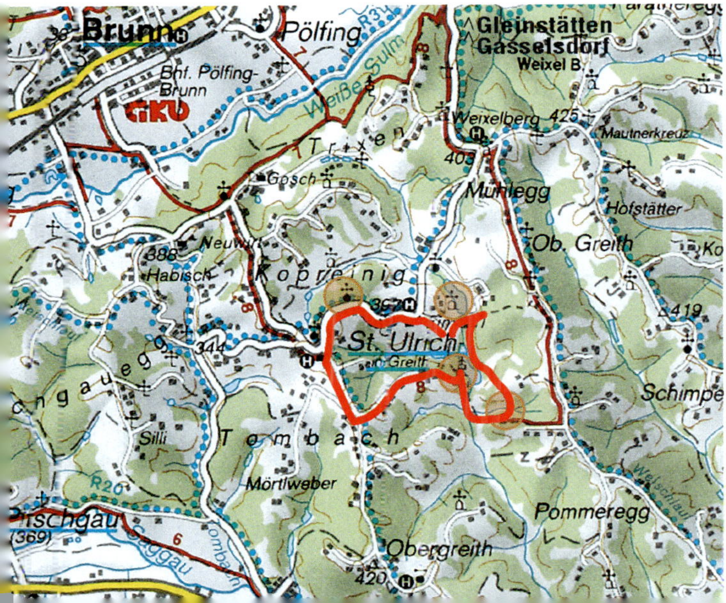

Anreise

Nach St. Ulrich im Greith aus Richtung Graz via Deutschlandsberg oder Leibnitz.
Auto: A2 (Ausfahrt Lieboch); A9 (Ausfahrt Leibnitz). Parkplatz beim Kulturhaus.
Bahn/Verbundlinie: GKE/R550; Bf Pölfing-Brunn.
Rad: R1 Sulmtal-Radweg; R3 Weiße-Sulm-Radweg; R20 Saggautal-Radweg.
Taxi: Fa. Fruhmann, Wies, Tel. 03465/2432
Transferstrecke: Bf Pölfing-Brunn – St. Ulrich 4 km.

107

Erlebnis „Weinlehrpfad Silberberg“

Über dem Sulmsee durch einen Schulweingarten zu Aussichtswarten

Wer kommt denn da? Die Reblaus – und kein außerirdisches Wesen.

„Ein Weinbauer geht sieben Mal in den Weingarten: Zum Schneiden, Binden, Düngen, Laubarbeiten, Grasmähen, Pflanzenschutzspritzen und schließlich zum Lesen.“ Dieser Themenweg – er wurde im Jahr 1995 errichtet – gewährt in erster Linie hervorragenden Ausblick in dieser wahren Perle südsteirischer Landschaft. Jedoch erhält man einen ebenso nachhaltigen Einblick in die mühevolle Arbeit des Winzers.

Die großflächigen Infotafeln geben interessante Details preis:
Bereits die *Kelten* frönten der Weinkultur. Die *Römer* unter Kaiser Probus verbreiteten den Weinbau in der heutigen Steiermark.
Infolge *Völkerwanderung*, Awaren- und Hunneneinfälle wurden jedoch unsere heimischen Weinbaugebiete zerstört. Erst *Karl der Große* (768–814) förderte wieder die Rebkultur; diese entwickelte sich innerhalb der nachfolgenden eintausend Jahre in unterschiedlicher Qualität.
Anno 1784 gab Joseph II. jenen Erlass heraus, der als *Buschenschank-Patent* auch heute noch gilt, „selber erzeugte Lebensmittel und Wein zu allen Zeiten des Jahres zu verkaufen“.
Eine letzte große Krise erlebte der Weinbau um die Jahrhundertwende 1900, als die eingeschleppte Reblaus Weingärten großteils vernichtete.
Der steirische Weinbau in Zahlen: Insgesamt gibt es 3600 Betriebe. Die Gesamt-Rebfläche beträgt 3980 ha; davon in der Südsteiermark 2090 ha, Südost-Steiermark 1350 ha, Weststeiermark 540 ha.

Auf den ersten Blick

Ausgangs- und Zielpunkt: Kellerei der Weinbauschule Silberberg (280 m).
Gehzeit: 1–3 Std.
Weglänge: Lehrpfad 1,5 km; mit Varianten 2–8 km.
Beste Jahreszeit: April bis Oktober; bzw. ganzjährig zugänglich.
Orientierung:
- Folder „Erlebnis Weinlehrpfad Silberberg“.
- freytag & berndt, WK 411.

Informationen:
Weinbauschule Silberberg;
Tel. 03452/82339
lfssilberberg@stmk.gv.at
www.silberberg.at

Rundwanderung

Der Weinlehrpfad leitet durch den nun horizontal trassierten Weingarten bergan zur Aussichtswarte (426 m). Im weiteren folgt man einem Flur- bzw. Höhenweg zur Kreuzkogelwarte (496 m). Über eine Holztreppe erreicht man die Aussichtsplattform.
Im weiteren geht man von der Warte nordwärts, leicht bergab, zum Buschenschank Krautgasser. Von hier erreicht man auch den Buschenschank Kieslinger.
Als *Rückweg* benutzt man entweder jene Flurstraße, die vom Krautgasser den Hang entlang zum Silberberg führt.
Oder man folgt vom Kieslinger jener Straße, die nach einem Waldstück über eine kleine Kuppe im Freiland führt, wo man die Wegnummer 12/6 erreicht; diese leitet direkt talwärts.
Schöner ist es jedoch, bergan zu steigen zur *Lorberkapelle* (485 m). Am südseitigen Höhenrücken lässt sich gut absteigen (die Türln bitte verlässlich wieder schließen). Zuletzt hält man sich halblinks in den Wald; der Ziehweg mündet bei einer Kapelle zur Wegnummer 12/6 ein. Unweit davon erreicht man die Weinbauschule.

Besondere Erlebnispunkte

Aussichtswarte Silberberg: Frei zugänglich. Mit Gedenktafel zur Erinnerung an Friedrich Freiherrn von Roon zu Kirchrath. Prächtiger Überblick auf das Sulmtal sowie Schloss Seggau und den Ort Frauenberg.
Kreuzkogelwarte: Frei zugänglich. Erbaut 1849, erneuert 1971/72. Am 20. Oktober 1963 übergab der Fremdenverkehrsverein Leibnitz die Warte an den Kaindorfer Verein. Die 150-Jahr-Feier fand am 17. Oktober 1999 statt.
Weinbauschule Silberberg: Anno 1895 gegründet. Vor dem Kellergebäude wacht der heilige Urban, der Schutzpatron für die Weinbauern.
Weinverkauf: Mo–Fr 7–12 und 13–17 Uhr; zusätzlich April bis Juni sowie September und Oktober auch Sa 9–15 Uhr.

Alles Steiermark: Vom Silberberg über Frauenberg an ferne Horizonte.

Weiterer Erlebnispunkt

Tempelmuseum Frauenberg: Das Gelände gilt als der „zweitstärkste Kraftplatz Österreichs". Die Hauswand (ehem. Schule) trägt eine in Form eines Bandes gestaltete Zeittafel; diese reicht von 4500 v. Chr. bis zur künftigen Landesausstellung im Jahre 2004.
Führungen von April bis Oktober, 10–16 Uhr.
Tel. 03452/86320
Außerhalb der Öffnungszeiten: Anfragen und Schlüssel bei Frau Strametz, Frauenberg 18 (das Haus schräg gegenüber).
Zufahrt von Silberberg und vom Sulmsee.

Einkehr-Tipp

Kieslinger, Buschenschank und Weingut in Kogelberg; März bis Mitte September, Mo–Fr ab 14 Uhr, Sa und So ab 12 Uhr (R Mi).
Schmankerln: Winzersalat, Kürbiskern-Aufstriche, Topfenkren im Selchfleischmantel; Nusspotize.
Familie Kieslinger, Tel. 03452/82780

Anreise

Nach Silberberg:
- Aus Richtung Graz via Leibnitz.
- Aus Richtung Deutschlandsberg via Gleinstätten.

Auto: A9 (Ausfahrt Leibnitz). Parkplatz vor der Weinbauschule.
Bahn/Verbundlinien:
- ÖBB/R501; Hst Kaindorf an der Sulm; Bf Leibnitz.
- GKE/R550; Bf Pölfing-Brunn.

Bus/Verbundlinie: GKE/606; Hst Silberberg Schule.
Rad: R1 Sulmtal-Radweg.
Transferstrecken:
- Hst Kaindorf – Silberberg 4 km.
- Bf Leibnitz – Silberberg 6 km.
- Bf Pölfing-Brunn – Silberberg 22 km.

108

NATURPARK SÜDSTEIRISCHES WEINLAND

Urgeschichtlicher Wanderweg

Von Gleinstätten im Sulmtal über den Burgstallkogel nach Großklein im Saggautal

Erhellend: Die Richtung in den dunklen Gräberwald voll Urgeschichte.

Die *Hallstatt-Nekropole Sulmtal* zählt zu den größten und bedeutendsten hallstattzeitlichen Gräberfeldern Europas: Zwischen Gleinstätten und Großklein sind rund 700 Hügelgräber wahrnehmbar. Es kann angenommen werden, dass ursprünglich bis zu 2000 Gräber vorhanden waren. Dieser Friedhof der besonderen Art bestand vom Ende des 8. bis Anfang des 6. Jahrhunderts v. Chr. und gehörte zur großen ehemaligen Höhensiedlung auf dem Burgstallkogel.

In der Natur ist zwar weniger „Greifbares" zu sehen, jedoch etliches nachzulesen. Für die Exkursion benutzt man besser ein Fahrrad. Anfangs ist die zu den Hügelgräbern leitende Route nur dürftig bezeichnet: Von Gleinstätten folgt man der südwärts führenden Landesstraße über die Sulm bis zur nächsten Brücke. Danach zweigt man links bzw. ostwärts in eine Nebenstraße und gelangt durch eine aufgelockerte Siedlung zur *Holzannerl-Kapelle* (erbaut 1878, renov. 1994); Weggabelung. Nun an der Straße waldwärts bergan in Richtung Obergoldes. Beim folgenden Wegkreuz linkshaltend. Nach einer Geländekuppe zweigt der Wanderweg von der Straße links bzw. waldseitig ab.

Die *Kaiserschneiderwald-Gruppe* besteht noch aus 145 Hügelgräbern. Bei einer Kapelle (380 m) zweigt man rechts ab, folgt der Flurstraße jedoch nur rund 500 Meter. Ein grüner Pfeil weist in spitzem Winkel in einen Flurweg. Dieser leitet wieder nordwärts: Im *Ofenmacherwald* informieren Tafeln über *Bestattungssitten* und die *Burgstallkogel-Siedlung*.
An der Straße erreicht man den ehemaligen Buschenschank Nußmüller. Ein steiler Waldweg führt geradewegs auf den *Burgstallkogel:* Dabei erfährt man über Eisenabbau und Verhüttung sowie über urgeschichtliche Siedlungsterrassen.
Im *Haiblwald* – dieser liegt an der Nordwestseite des Burgstallkogels

Auf den ersten Blick

Ausgangspunkt: Schloss Gleinstätten (308 m).
Zielpunkt: Hallstattzeit-Museum, Großklein (321 m).
Gehzeit: 3–4 Std.
Weglänge: 9 km.
Beste Jahreszeit: April bis Oktober.
Orientierung:
- Straßenschilder, Wegmarkierungen.
- Mehrere Schau- und Infotafeln.
- Infoblatt „Urgeschichtlicher Wanderweg".
- freytag & berndt, WK 411.

Informationen:
Gemeindeamt Großklein;
Tel. 03456/2289
gde@grossklein.steiermark.at
www.grossklein.steiermark.at

Der Treffpunkt in Großklein: Das Museum steht an der Landesstraße.

Zentrum des Sulmtales auch für den Tourismus: Schloss Gleinstätten.

– wurde ein hallstattzeitlicher Webstuhl gefunden; der europaweit bisher größte seiner Art. Die Kuppe des Burgstallkogels (höchster Punkt 458 m) erweist sich als prächtiger Aussichtsplatz, von dem man sich nur ungern trennt. Die Abstiegsroute leitet ostseitig, am Rande von Weingärten, zu einer Straße und an ihr erreicht man den Buschenschank Ledinegg. Die Straße führt über Kleinklein und die Saggaubrücke direkt nach Großklein und dort geradewegs zum Museum.

Besonderer Erlebnispunkt

Hallstattzeit-Museum: In Großklein. Mit Rekonstruktion eines Grabhügels; weltberühmte Funde aus einem Fürstengrab. Ausstellungszeiten: Di, Mi und Fr–So 10–12 und 14–16.30 Uhr, Do 10–12 Uhr; auch nach Vereinbarung.

Einkehr-Tipp

Ledinegg vlg. Gritsch, BS in Burgstall; gj. (kein R).
Schmankerln: Belegte Brote; Salate; Buchteln und diverse Ab-Hof-Produkte.
Familie Ledinegg, Tel. 03456/2568
Steirerkeller, GH, Großklein (R Di).
Schmankerln: Schnitzerl; alle 14 Tage saisonbedingt Gutes aus der gutbürgerlichen Küche.
Familie Kröll, Tel. 03456/2321
Wagner, GH, Großklein (R Mi).
Schmankerln: Backhendl, Flecksuppe; Kaiserschmarren.
Familie Wagner, Tel. 03456/2219

Anreise

Nach Gleinstätten:
- Aus Richtung Graz via Leibnitz oder Preding.
- Aus Richtung Deutschlandsberg via St. Martin im Sulmtal.

Auto: A9 (Ausfahrt Leibnitz). Parkplatz vor dem Schloss.
Bahn/Verbundlinie: GKE/R550; Bf Pölfing-Brunn.
Bus/Verbundlinie: Post/650; Hst Gleinstätten Ort.
Rad: R1 Sulmtal-Radweg.
Transferstrecke: Bf Pölfing-Brunn – Gleinstätten 8 km.

Rückreise

Von Großklein in Richtung Gleinstätten oder Leibnitz.
Bahn/Verbundlinie: ÖBB/R501; ab Hst Kaindorf an der Sulm oder Bf Leibnitz.
Bus/Verbundlinie: Post/650; ab Hst Großklein PA.
Rad: R1 Sulmtal-Radweg; R20 Saggautal-Radweg.
Transferstrecken:
- Großklein – Bf Leibnitz 18 km.
- Großklein – Gleinstätten, 8 km.

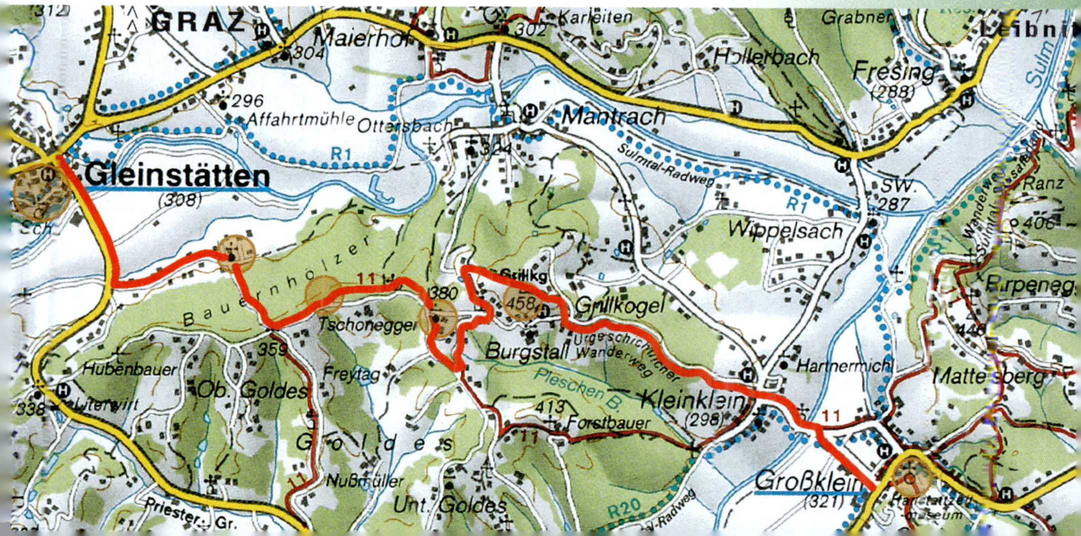

109

Schloßberger Mühlen

Durch die Heiligengeistklamm – und auch über die Grenze zur Kirche in Sveti Duh

Ein Meister aus einem Bilderbuch: Der „Krenn-Müller" August Muster.

Auf den ersten Blick

Ausgangs- und Zielpunkt: Gemeindeamt in Schloßberg (346 m).
Höchster Punkt: Gehöft Waucher (790 m).
Drei Varianten: Jeweils Rundweg.
Gehzeit: Bis 5.30 Std.
Weglänge: Bis 13,5 km.
Höhenunterschied: Bis 440 m.
Beste Jahreszeit: März bis Oktober; auch ganzjährig.
Orientierung:
- Markierte Wanderwege.
- Spezielle Wegweiser.
- Zahlreiche Schautafeln.
- Folder „Schloßberger Mühlen".
- freytag & berndt, WK 411.

Grenzübertritt: Entlang der Wanderwege jederzeit möglich, jedoch nur mit gültigem Reisedokument.
Informationen:
TV Rebenland,
Leutschach;
Tel. 03454/7070-10
rebenland@leutschach.at
www.rebenland.at

Mühlen gehörten auch im Weinland bis vor wenigen Jahrzehnten zum Landschaftsbild. Dieser Themenweg beginnt in Schloßberg dennoch bei einem quicken Mühlenbetrieb: Es ist jener der weithin bekannten, außerordentlich gastfreundlichen Familie Muster. Seit sechs Generationen – exakt seit dem Jahr 1784 – wird deren *Krennmühle* als Lohn- und Handelsmühle betrieben. *Elke Muster,* die den Betrieb führt, war im Jahr 1990 „Österreichs jüngste Müllermeisterin".

Ab der Krennmühle leitet ein Gehweg rund drei Kilometer – teilweise am Waldrand oder an Hopfenfeldern entlang – taleinwärts zur *Spitzmühle,* wo bis um 1965 die Schmirnberger Mühle stand.
Ab dem Parkplatz führt ein markierter Weg in die romantische *Heiligengeistklamm;* darin standen einst etliche Kleinmühlen:
Die *Purkitzer Mühle* wurde bereits vor mehr als 50 Jahren stillgelegt. Bei der ehemaligen *Joschlmühle* liegt ein schöner Rastplatz. Hier liest man die Sage „Müller, Müller, Sackl ..." nach, die von einem schlauen Müller berichtet.
Auch die *Kuremühle* wurde vor rund 50 Jahren stillgelegt. Von deren Standort zweigt ein markierter Weg ab, der eine verkürzte Rundstrecke ermöglicht.
Aus dem obersten Teil der Heiligengeistklamm führt ein schöner Wiesenweg bergan zum Gehöft Waucher. Von diesem ehemaligen Gasthaus leitet ein markierter Flurweg bergab, an die Staatsgrenze heran, durch Wald zum schön gelegenen Gehöft Kurebauer (beim Grenzstein XI/21) und Gehöft Krainz. Der bergab führende Wanderweg leitet vorbei

Nicht nur zur Maienzeit: Aufbruchstimmung im Rebenland.

am Reihof („Partlranch"). Beim Weinbauerngehöft Postl vlg. Dobay lässt sich gut zukehren! Im Weiteren steigt man entweder über den Oberen und Unteren Gueß ab nach Schloßberg oder vom Weinbau Grill vlg. Weisch zur Spitzmühle.

Besondere Erlebnispunkte

Heiligengeistklamm: Landschaftsschutzgebiet; idyllisches, dazu überraschend enges Gelände.
Sveti Duh nad Ostrem vrhu/ Heiligengeist am Osterberg: Wallfahrtskirche am Heiligen Berg. 1667–1669 als Filialkirche der Pfarre Leutschach erbaut; geweiht 1709. Seit 1892 eigene Pfarrgemeinde beiderseits der Grenze.

In der Heiligengeistklamm: An Vergangenes symbolisch erinnern.

Zusatzstrecken

Nach Heiligengeist/Sveti Duh (903 m): Vom Waucher an der Straße wenige Gehminuten zur Staatsgrenze. Reisepass! In Sveti Duh die zwei Gaststätten „Gostilna Koca Breza" und „Nada". Die Wallfahrtskirche steht auf dem Osterberg; zugleich ein herrlicher Aussichtsplatz. Gehzeit: Ab Waucher 25 Min.
Wein-Kultur-Garten Kollerhof, in Eichberg-Trautenburg. Länge des Rundweges 800 m.
Zufahrt: Vom Hauptplatz bzw. GH Resch in Leutschach ca. 3 km. Führungen, Weindegustation.

Einkehr-Tipp

Buschenschänken, entlang der Mühlenweg-Abstiegsroute.
Rasthütte, am Parkplatz Spitzmühle; nur an Wochenenden geöffnet; im Sommer 10–18 Uhr, im Herbst 10–16 Uhr.
Schmankerln: Jausen; Mehlspeisen. Telefonisch nicht erreichbar.
Kollerhof, BS in Eichberg-Trautenburg; Anfang April bis Ende November (R Mi). Urlaub am Weinbauernhof.
Schmankerln: Geräucherte Forellen; alles Gute vom Bauernhof.
Familie Lieleg, Tel. 03454/439

Anreise

Nach Schloßberg aus allen Richtungen via Leutschach.
Auto: A9 (Ausfahrt Vogau oder Spielfeld). Parkplatz beim Gemeindeamt in Schloßberg oder bei der Spitzmühle.
Bahn/Verbundlinie: ÖBB/R501; Bf Ehrenhausen.
Bus/Verbundlinie: Post/650; Hst Leutschach PA.
Rad: R25 Weinland-Radweg; R54 Südsteirischer Panorama-Radweg.
Taxi:
Fa. Musger, Fötschach Tel. 03454/3472
Fa. Neubauer, Ehrenhausen, Tel. 0664/1614184
Transferstrecken:
- Bf Ehrenhausen – Schloßberg 16 km.
- Leutschach – Spitzmühle 3,6 km.

Zugang: Leutschach – Schloßberg 1 km.

Glanzer Hoftour

Von der weltweit größten Weintraube in zwei Runden bergab und bergauf und „ins Land einischaun"

Bis in das Frühjahr 2001 war der *Klapotetz* das allein herrschende Wahrzeichen des Südsteirischen Weinlandes. Jedoch seither prangt in der Weinbaugemeinde Glanz – exakt auf dem Eorykogel – ein neues Wappen: Die „größte Weintraube der Welt". Dieses von *Willi Trojan* geschaffene Kunstwerk mutierte augenblicklich zu einem Anziehungspunkt der Extraklasse. Zugleich ist der Standort dieser Riesen-Weintraube der Ausgangs- und Zielpunkt der wortecht schmackhaften *Glanzer Hoftour:* Denn wer dieser fein ausgetüftelten Hoftour folgt, lernt nicht nur den Boden des Weinlandes kennen sondern ebenso Küche und Keller regionaler Selbstvermarkter-Betriebe.

Dieses Meisterwerk von Willi Trojan steht auf dem Eorykogel.

Auf den ersten Blick

Ausgangs- und Zielpunkt: Buschenschank Eory am Eorykogel (483 m).
Gehzeit: 6–7 Std.
Weglänge: 22 km.
Empfehlenswert: In zwei Rundstrecken halbieren.
Beste Jahreszeit: April bis Oktober; auch ganzjährig.
Orientierung:
- Speziell beschildert.
- Zahlreiche Stationen mit Direktvermarktung.
- Wanderkarte „Glanzer Hoftour".
- freytag & berndt, WK 411.

Informationen:
TV Rebenland, Leutschach;
Tel. 03454/7070-10
rebenland@leutschach.at
www.rebenland.at

Es empfiehlt sich, am Eorykogel die Wanderung in Richtung Leutschach zu beginnen, so dass man gleich zu Beginn eine wichtige Adresse erreicht: *Roswitha Narat-Zitz,* die Organisatorin des Hoftour-Projekts, informiert Gäste gern über alle Glanzer (Einkehr-)Geheimtipps. Die Orientierung entlang der Hoftour ist grundsätzlich einfach: Kleine, eher unauffällige Schilder weisen den Weg sowohl durch Weingärten als auch über Waldböden und durch Fluren. Bei feuchtem Wetter sind festere Schuhe vorteilhaft. Ein Rucksack sollte unbedingt mit dabei sein: Bei allen Direktvermarktern gibt es Köstlichkeiten jeder Art zum Mitnehmen, beispielsweise auch so feine hausgemachte Backwaren wie jene vom *Brothof.*
Die Glanzer Hoftour ist eine wortecht glanzvolle Ausflugspartie, empfehlenswert für alle Schuhgrößen!

Besondere Erlebnispunkte

Riesen-Weintraube: Auf dem Eorykogel; eingeweiht am 28. April 2001. *Willi Trojan* symbolisiert mit diesem Kunstwerk zugleich ge-

Beim Eory: „Treffpunkt Buschenschank".

läufige Zeiteinheiten: Die 365 Perlen dieser „größten Traube der Welt" stehen für die Tage jedes Jahres und die 366. Perle für den Schalttag. Die 50 Blätter, der Stamm und die Traube symbolisieren die 52 Wochen; 31 kleine Blätter die Tage eines Monats und zwölf mittelgroße Weinblätter die Monate. Sieben große Blätter stellen schließlich die Wochentage dar.

Weingut Eory: Die Vorfahren sind ungarischer Herkunft und kamen über Wien in das südsteirische Rebenland. Der älteste Teil des Weinkellers stammt aus dem 16. Jhd. Die Lage des an den Eorykogel sich schmiegenden Weingutes ist einzigartig. Kellerführungen und Degustationen nach Vereinbarung.

Einkehr-Tipp

Eory, BS und Weingut am Eorykogel; April bis Mitte/Ende November (R Do; im September und Oktober kein R).
Schmankerln: Bauernsalat, Sulzerlteller; Buchteln mit Vanillesoße, Südsteirische Strauben.
Familie Eory, Tel. 03454/360
www.weingut.eory.at

Anreise

Zum Eorykogel:
- Aus Richtung Gamlitz via Karnerberg – Klapotetzstraße.
- Aus Richtung Leutschach via Schloßberg – Südsteirische Weinstraße.

Auto: A2 (Ausfahrt Vogau). Parkplatz nächst der Riesen-Weintraube.
Bahn/Verbundlinie: ÖBB/R501; Bf Ehrenhausen.
Bus/Verbundlinie: Post/650; Hst Leutschach PA.
Rad: R25 Weinland-Radweg.
Transferstrecken:
- Bf Ehrenhausen – Eorykogel 15 km.
- Leutschach – Eorykogel 5 km.

Zugang: Ab Leutschach vom Schillerplatz (bp-Tankstelle) auf einem Stichweg zum Käsehof Abel/Anschlussstelle Glanzer Hoftour. Gehzeit: 15 Min.; 1 km.

Einfach glänzend: Im Gemeindegebiet Glanz.

111

Attemsmoor in Straß

Der spezielle Ausflugstipp für Mur-Radweg-Strampler im südlichen Leibnitzer Feld

Der Österreichische Moorschutzkatalog attestiert dem Naturschutzgebiet *Attemsmoor* „nationale Bedeutung". Entsprechend groß sind die Hinweisschilder an der Autobahn. Der reale Moorweg-Inhalt ist jedoch wesentlich bescheidener, wenngleich durchaus besuchenswert. Vor allem in Zusammenhang – *nomen est omen* – mit dem Straßendorf der Marktgemeinde Straß, welches vom Frühjahr bis zum Herbst in einem außergewöhnlich dichten Blumenschmuck prangt. Zudem ist derselbe Ort mit einer gut beschilderten Route an den *Mur-Radweg* angebunden und daher speziell für Radfahrer eine lohnende Destination.

Auf den ersten Blick

Ausgangs- und Zielpunkt: Nord-Eingang zum Attemsmoor (255 m).
Gehzeit: 1–2 Std.
Weglänge: 3 km.
Beste Jahreszeit: März bis Oktober; auch ganzjährig.
Orientierung:
- Speziell beschildert.
- Mehrere Stationen und Infotafeln.
- Folder „Das Attemsmoor".
- freytag & berndt, WK 412.

Informationen:
Gemeindeamt Straß;
Tel. 03453/2509-0
gde@strass.steiermark.at
www.strass.steiermark.at

Das Attemsmoor ist ein aus einem Überflutungsmoor hervorgegangenes *Durchströmungsmoor*. Ein solches enthält schnell wachsenden, lockeren Torf von hohem Ausdehnungsvermögen. Dieser Vorgang verhindert, dass der Grundwasserstrom die Oberfläche des Moores erreicht. Das Gelände umfasst insgesamt rund 1,5 Hektar. Knüppelwege und Stege führen unter anderem zum „schönen Ungeheuer im Moor", wie der *Sonnentau* – bekanntlich eine Fleisch fressende Pflanze – mitunter plakativ charakterisiert wird. Die Artenvielfalt an Pflanzen und Tieren im Attemsmoor ist ansehnlich groß, wie die folgende Auswahl belegt.

- *Flora:* Torfmoose, Rundblättriger Sonnentau, Schmalblättriges Wollgras, Geflecktes Knabenkraut, Blutweiderich, Gilbweiderich, Kammfarn, Sumpf-Schwertlilie, Sumpfdotterblume und Kuckucks-Lichtnelke.
- *Fauna:* Adonislibelle, Blauflügelige Prachtlibelle, Blaumeise, Kleiner Blaupfeil, Blindschleiche, Kleiber, Kohlmeise, Kuckuck, Moorfrosch, Ringelnatter, Rohrammer, Schwanzmeise und Singdrossel.

Führungen organisiert das Gemeindeamt, Tel. 03453/2509-0

Der bessere Standplatz: Die Plattform am Niedermoor.

Besondere Erlebnispunkte

Beobachtungswarte Niedermoor: Mit gedeckter Plattform über einem Tümpel.
Kneipp-Pfad: Am Linder Bachl; am Südeingang zum Moorgebiet. Kürzeste Zufahrt aus Richtung Gersdorf bzw. von der B69 (beschildert).

Weitere Erlebnispunkte

Erzherzog-Johann-Kaserne: 1550 von Bartholomäus von Eggenberg als Schloss erbaut. Am 5. November 1852 von Graf Attems an die Militärverwaltung verkauft. Ab 1853 k. k.-Kadettenschule. Derzeit Standort der Bundesheer-Garnison Straß mit dem Jägerbataillon 17.
Tegetthoffpark: Mit Kinderspielplatz.
Truppenmuseum Straß: Drei Räume in der Erzherzog-Johann-Kaserne mit Dokumentationen zur Geschichte des Marktes Straß; die Traditionsverbände der Kaserne; das erste Österreichische Bundesheer; Zweiter Weltkrieg; die B-Gendarmerie; das zweite Österreichische Bundesheer; Einsätze an der Staatsgrenze; UNO-Einsätze.
Anmeldung zu Führungen:
Erzherzog-Johann-Kaserne, Tel. 03453/2611
GH Sauer, Tel. 03453/2243

Einkehr-Tipp

Heuberger, Bäckerei-Konditorei (R So).
Koppitz, Café-Konditorei (R Di).
Sauer, GH und Pension, Hauptstraße 93 (R Mo).
Schmankerln: Flecksuppe, geröstete Leber, Zwiebelrostbraten, hausgemachte Breinwüste und Frankfurter; Salzburger Nockerl.
Familie Sauer, Tel. 03453/2243

Der Pfad zum Herzstück des Moores: Verschlungen, aber gut gebahnt.

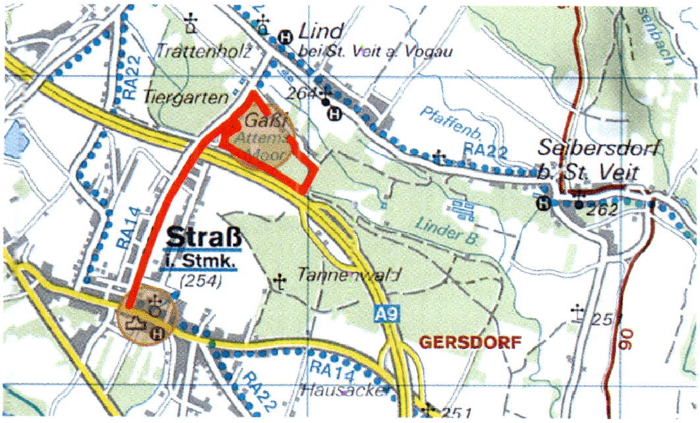

Anreise

Nach Straß in Steiermark:
- Aus Richtung Graz via Leibnitz.
- Aus Richtung Bad Radkersburg via Mureck.

Auto: A9 (Ausfahrt Vogau). Parkplatz beim Altstoff-Sammelzentrum, unweit vom Moor-Nordeingang
Bahn/Verbundlinie: ÖBB/R501; Bf Ehrenhausen oder Spielfeld-Straß.
Bus/Verbundlinie: ÖBB/600; Hst Straß PA.
Rad: R2 Mur-Radweg.
Transferstrecken: Zwischen Ehrenhausener und Spielfelder Murbrücke beim Truppenübungsplatz (TÜPl), die Radweg-Abzweigung.
- Bf Ehrenhausen – Attemsmoor 5 km.
- Bf Spielfeld-Straß – Attemsmoor 5 km.

Zugang: Café Koppitz – Kasernenstraße – Attemsmoor.
Gehzeit: 20 Min.; 1,5 km

Stichwortverzeichnis

Alle Zahlen beziehen sich auf die großen Tipp-Nummern

Orte und Gebiete mit Themenwegen